아시아·태평양 전쟁기의 일본제국주의와 농민세계

남 상 호

景仁文化社

머 리 말

1.

본서는 아시아·태평양전쟁 시기에 일본국민이 전쟁과 어떻게 연관되어가는지를 검토한 책이다. 아시아·태평양전쟁 시기란 1931 년 만주사변에서 시작하여 1937년 중일전쟁, 1941년 태평양전쟁을 거쳐 1945년에 패전에 이르는 시기로 파악한다.

이 시기 일본은 제1차세계대전 후 일본내 유행어였던 '세계 대세에 순응'에서 '세계신질서 건설'·'동아신질서 건설'로 슬로건이 변해갔던 시기이다. 최후의 원로 사이온지 킨모치西園寺公望가 메이지 이래의 일본외교를 되돌아보며, "국가의 전도를 어떻게 할 것인가에 관해서 이토히로부미 공을 비롯하여 우리들은, '동양의 맹주인 일본'이라든지 또 '아시아 먼로주의'와 같은 좁은 식견의 것이 아니라, 오히려 '세계의 일본'이라는 점에 착안해왔다. 동양의 문제에서도 역시 영미와 협조했기 때문에 그간 자연스럽게 해결할 수 있었다. '아시아주의'라든지 '아시아 먼로주의'라고 말하는 것보다 그 편이 해결의 첩경이다. 좀 더 세계의 대국적 견지에 서서 국가가 나아가야 할 방향을 생각하지 않으면 안 된다"고 말하는 데서 이를 단적으로 알 수 있다.

제1차세계대전 후 일본은 국제연맹의 상임이사국으로 세계 빅5의 일원이 되었다. 뿐만 아니라 식민지 대국이었다. 1895년 대만을 식민지화하고 1905년 사할린 남부 영유, 관동주 조차, 1910년 한국 병합, 1919년에는 남양군도 위임통치령을 획득하고 있다.

그러나 세계5대국의 일원이라는 국제적 지위에 걸맞지 않게, 타 열강에 비해 일본의 상태는 실로 열악하다는 인식이 일본 국민사이에 광범위하게 존재하였다. 제1차세계대전 전후의 일본산업의 급속한 발전은 매스컴의 발달, 중간층의 증대를 초래했고 사회문제를 현재화시켰다. 또한 이 전쟁의 결과 일어난 러시아의 공산주의 혁명이나 독일, 오스트리아 제국붕괴로 상징되는 여러 혁명은 일본 사회에도 강한 충격을 주었다. 이러한 시대적 배경 속에 전후 열강 간의 경쟁 격화에 대비해 국력 증강을 꾀하려는 움직임이 활발하였다. '세계의 대세에 순응'이라는 자기 정당화 인식하에 '데모크라시', '개조', '혁명', '해방', '유신'을 슬로건 삼아, 낡은 일본을 근본적으로 변혁시켜야 한다고 주장하는 많은 인물, 단체가 등장했다.

동경제국대학 학생조직인 신인회(1918), 요시노 사쿠조오吉野作造 등 학자나 저널리스트 결합체인 여명회(1918), 와세다대학 학생조직인 민인동맹회(1919), 민인동맹회에서 파생된 건설자동맹(1919), 메이지시기이래 보통선거 추진체였던 보통선거기성동맹의 재조직(1919), 개조동맹(1919, 파리강화회의 때 파리에 체재했던 정치가, 저널리스트 결집체), 일본사회주의동맹(1920, 탄압과 아나키즘계와 마르크스계의 대립으로 쇠퇴), 일본노동총동맹, 일본농민조합, 피차별부락민 해방을 부르짖는 전국수평사(1922), 신부인협회(1920), 무샤노고지 사네아츠나 다치바나 고사브로 등의 농본주의적 개조운동 등, 사회 모든 분야에서 개조운동이 일어나 단체가 결성되었다. 개조운동은 사상적으로 사회주의로 경사해 갔다.

대외적으로는 '세계의 대세에 순응'하여 국제협조와 군비축소에 비중을 둔 전후 국제질서를 일본에서도 무시할 수 없었다. 1920년대 일본에서는 파리강화회의·워싱턴회의를 거쳐 군축 기운이 고양되고 있었고 갖가지 데모크라시 상황이 진전되고 있던 시기였다. 또 현실적으로 미일간 경제관계가 대단히 양호한 시기이기도 하였다. 1929년 7월 성립된 하마구치 오사치濱口雄幸 민정당 내각의 정책 중심은 금해금金解禁과 긴축재정을 내용으로 하는 이노우에 재정과, 대중국 유화·대영미 협조외교 노선의 시대라 외교였다. 대영미

협조외교의 성과는 1930년 런던해군군축조약 체결로 나타났다.

2.

이러한 대외방침에 찬물을 끼얹은 사건이 1929년 세계대공황 발발과 1931년 만주사변이었고, 이는 아시아·태평양전쟁시기의 개막을 장식했다.

1929년 세계대공황은 자유경쟁을 기본으로 하는 종래의 자본주의에 대한 신뢰감이 약해져가면서, 구미열강은 국내경제 혼란이 가중됨에 따라 경제블록의 형성 및 내수지향의 정책을 한층 강화해갔다. 또 내부적으로는 자유민주주의 세력을 약화시켰으며 공산주의, 파시즘, 나치즘 정당들의 호소력이 강화되었다. 일본에서도 대공황 이후 통제경제론이 활발히 주장되어 힘을 얻게 된다.

한편, 만몽위기가 여론화 되고있는 가운데 1931년 9월 18일 관동군은 柳條湖사건을 조작하여 만주사변을 일으켰다.

유조호사건에 대하여 당시의 와카쓰키 레이지로若槻禮次郎 민정당 내각은 워싱턴체제를 준수하는 입장에서 불확대방침을 결정하였다. 육군의 수뇌도 이 방침에 따라 관동군의 요청을 받아 단독출병태세를 갖추던 조선군 사령관 하야시 센지로林銑十郎중장에게 파견중지를 명하였다. 그러나 관동군에 동조한 군 중앙은 강경 결의를 가지고 군수뇌와 정부를 압박, 9월 21일 조선군이 독단출병을 하자 22일 閣議에서 이것을 사후 추인하게 된다. 그 후도 불확대방침을 유지하고자하는 정부와 전 만주의 점령을 꾀하는 관동군 및 관동군을 후원하는 군 중앙과의 갈등이 존재했지만 관동군은 착착 일을 진행시켜갔다. 1931년 12월 제 2차 와카쓰키若槻 내각의 퇴진과 이누카이 쓰요시犬養毅의 정우회 내각 성립을 거치는 동안, 관동군은 1932년 2월까지 전 만주를 점령한 후, 제 1차 상해사변으로 열강의 이목이 그곳에 집중된 틈을 노려 3월 만주국을 발족시켰다.

육군성 조사반 『만주국의 승인에 대하여』(1932년 9월)는 만주국 승인을 '아시아 먼로주의의 선언'으로 자리매김하고 있다. 만주사변은 일본의 대외방침이 영미협조노선으로부터 아시아먼로주의노선으로 변경되는 전환점이 되었고, 이후 일본은 우여곡절을 거치면서 워싱턴체제로부터 이탈해 갔다.

만주사변 후 군부가 급속히 정치적 발언력을 강화시켜 부패한 정당정치의 인기하락에 반비례하여 정치혁신의 주역으로서 국민의 기대를 모으게 되었다. 이러한 분위기 속에 1931년부터 32년 사이 정당정치 타도를 꾀하는 쿠데타 계획이나 정당정치가 재계인에 대한 테러사건이 연달아 발생하였다. 1932년 2~3월에는 혈맹당 그룹에 의한 유력 정치가 이노우에 전 대장성 대신, 미쓰이 이사장 암살사건이 일어났다. 혈맹당사건의 충격이 끝나지도 않은 1932년 5월 15일 해군청년장교 등을 중심으로 한 세력이 수상관저를 습격, 만주국 승인을 주저하고 있던 이누카이 수상을 사살하는 사건이 일어났다(5·15사건). 이 사건은 수상뿐만 아니라 '군측君側의 간신'인 정당·재벌·관헌 등의 특권계급을 직접행동에 의해 토벌하고 계엄령을 발포하여 천황 아래에서 유신일본을 건설하려는 것이 목적이었다.

만주사변을 계기로 국내외의 현상타파를 부르짖는 혁신 개조세력이 정치표면에 분출하였다. 만주사변 후 일본의 현저한 현상 중 하나는 공산주의·사회주의 등의 개조 세력이 국가주의 혁신진영으로의 전향 혹은 군부와의 접근이었고, '자유주의'세력의 몰락이었다. 이와 같이 일본에서 아시아·태평양전쟁기는 1929년 세계대공황과 1931년 만주사변의 분위기 속에서 시작되었다.

그럼 이 아시아·태평양전쟁 시기는 일본으로서는 어떠한 시대였는가. 앞서 언급했듯 대외적으로는 '세계 대세에 순응'에서 '세계신질서 건설'·'동아신질서 건설'로 변해갔던 시기였다. 대내적으로는 개조세력에 의한 신체제운동이 전개되어 갔던 시기로 파악되기도 한다. 본서에서는 이 시기 최대 특징은 전쟁 수행을 최우선 목적으로 한 전 국민동원체제의 구축으로 파악한다.

세계대공황과 만주사변으로 인한 국제정세에 대응하여 1932년 국민갱생운동, 농촌경제갱생운동이 실시된 것을 시작으로, 1937년 중일전쟁의 확대 과정 속에 국민생활의 전시체제화를 꾀하기 위한 국민정신총동원운동, 1940년의 대정익찬회 결성 등 대대적인 국민운동이 전개되었다.

3.

본서의 내용을 크게 두 가지로 말하면, 첫째 아시아·태평양전쟁 시기의 국민동원정책은 일본국민에게 무엇을 요구하고, 어떠한 국민으로 만들어가고자 했는가. 즉 국민동원정책의 내용 및 특징을 밝힌 점이고, 둘째 일본 국민, 그중에서도 자기 나름의 생활문화와 향촌의식 위에 서있는 농민이 국민동원정책에 어떻게 대응해 갔는가, 또 전쟁과는 어떻게 연관되어 갔는지를 밝힌 점이다.

외람되지만 본서의 가치라고 한다면, 첫째 연구사적 공헌에 있다. 일본 역사학계의 기존연구는 일본역사학계의 문제관심 상, 주로 국민지배의 관점에서 파시즘체제 형성을 문제시해왔다. 파시즘체제하의 국민 특히 농민생활 장소인 촌락의 구조는 어떠한 것이 있는가, 그런 체제에 어떤 계급이 조직되어져 갔는가를 밝히는 연구가 주이다. 반면 농민 일상생활과 국가의 동원정책과의 구조를 문제시하는 시점이 희박했다.

본서에서는 선행 촌락연구에서 등한시하고 있는 일상생활의 영역을 복원하고자 하며, 이런 작업을 통하여 국민 개개인의 일상생활이 사회적으로 주목받는 아시아·태평양전쟁 시기의 촌락 농민 생활을 밝혀내고 이것과 국민국가와의 관계를 규명하고자 한 것이다. 전쟁시기의 국가권력이나 지식인들의 일상생활을 가치화하는 언설을 살피고, 나아가 그것을 논論이나 정책 레벨에서 그치게 하지 않고 생활장소인 촌락사회를 접목시켜 어느 정도까지 일상생활의 세부에까지 국가권력이 개입해오는가, 국가권력의 일상생활 개입에 대해 대응하며 실제로 촌락주민의 일상생활과 생활관념이 어떻게 형성되는지를 촌락주민의 입장에서 살펴봄으로써 그 역사적 의미를 찾아보고자 했다. 이를 통해 파시즘적 재편성론 일변도의 아시아·태평양전쟁 시기의 일본 촌락사회 연구에 새로운 지평을 제시하고자 했다.

둘째, 사료적 공헌도이다. 촌락사회를 연구할 때 사료수집에 적지 않은 어려운 점이 있는 것이 현실이다. 특히 주민의 솔직한 감정이 잘 나타나 있는 문서를 발굴하는 것은 어려운 일이다. 본서에서는 필자에 의해 처음 발굴된 방대한 재지사료在地史料가 이용되고 있다. 개인의 솔직한 감정이 잘 나타나는 일기류, 수첩, 메모류, 농업경영부를 비롯하여 촌락내의 동향에 대해서도 잘 알 수 있는 고문서를 포함하고 있다. 이 재지사료들은 우리나라 학계뿐만 아니라 일본학계의 지적공동재산으로써 사료적 공헌을 하리라 믿는다.

본서는 총 8편의 글로 구성되어 있는데, 이는 그 동안 발표하였던 글들을 개편 보완한 것이다. 부족한 이 책을 수준 높은 경인한일관계연구총서로 낼 수 있어 고맙게 생각하며, 경인한일관계연구총서를 내고 있는 경인문화사 한정희 사장님, 신학태 부장님, 편집부 및 한일관계사학회 여러분에게 감사드린다.

끝으로 이 도서는 2008학년도 경기대학교 연구년 수혜로 연구되었음을 밝힌다.

목 차

제1장 서 론

Ⅰ. 연구목적

　일본은 메이지明治유신으로 도쿠가와德川시대 250여 년 간의 독자적 전통을 배경으로 한 261개의 번을 폐지하고 중앙집권적 통일국가를 완성했다. 그리고 메이지유신 이후 불과 수 십 년 사이에 세계강대국으로서의 국제적 지위를 얻게 된다. 즉 제국주의란 국제적 시대 배경 속에서 청일전쟁·러일전쟁의 승리를 거쳐, 제1차 세계대전 후에는 세계3대 강국의 하나로서 불리게 되었다. 이런 국제적 지위의 상승은 "지금 우리 일본제국은 세계 일등국으로서 세계에 떨치고 있다"라고 하는 민족의 자부심을 가진 인간을 배출해냈다. 그런데 문제는 일등국이란 국제적 지위와 그에 부합되지 않는 국내 현실과의 괴리가 존재하고 있었던 것이다.

　1928년 당시의 농림대신 야마모토 데지로山本悌二郎는 일본이 일등국의 반열에 설 수 있었던 이유를 그들의 열등한 '문화', '경제', '산업', '군비' 등의 힘에 의해서가 아니라 국체관념과 야마토 타마시이大和魂 등의 자민족중심적인 가치에서 구하면서 국제적 지위와 국내 현실과의 괴리를 지적하고 있다. 괴리가 크면 클수록 국민에 대한 강한 지도와 요구를 하게 된다.

　더욱이 1930년대는 1929년의 세계대공황 이후, 자유경쟁을 기본으로 하는 종래의 자본주의에 대한 신뢰감이 약해질 정도로 세계적인 혼란기였다. 일본에서도 산업계와 더불어 농촌사회도 커다란 피해를 보았고, 이런 와중에서 일본의 정치권력자나 관료들은 어떻게 하면 일본이 일등국으로서의 지위를 유지해 갈 수 있는가라는 문제의식 아래 새로운 길을 모색했던 시기였다. 따라서 1930년대에 있어서 국제적 지위와 현실과의 괴리라는 배경 하에 일본의 국제적 지위를 유지, 발전시키고자 했던 국가관료는 일본국민에게 강한 요구를 하게 된다.

이에 본서의 과제를 크게 두 가지로 말하면, 첫째 아시아·태평양전쟁 시기에 일본의 국가관료는 일본국민에게 무엇을 요구하였고, 어떠한 국민으로 만들어가고자 했는가(국가관료의 국민동원정책의 내용 및 특징). 둘째 그것에 대해 국민, 그중에서도 자기 나름의 생활문화와 향촌의식 위에 서있는 농민이 어떻게 대응해 가는가 하는 점, 이 두 가지를 밝히는 것이다.

그런데 일본학계의 종래의 연구에서는 국가와 지방 향촌 사회의 관계에 대하여, 지주를 정점으로 하는 전통적 공동체의 보강설이나 이전의 지주적 부락공동체의 타파설에서 공통적으로 나타나듯이, 관료정책이 지방향촌사회를 규정해간다고 하는 '강한'국가상을 묘사해왔다. 한편 향촌사회 자체를 대상으로 한 연구에서는 관료정책을 향촌사회가 수동적으로 수용해 간다는 설과 적극적으로 협력해 간다는 설 등 그 차이는 있지만, 관료정책에 동조하고 충성을 다해가는 사회적 지지기반을 찾으려 하는 점에서는 일치하고 있다. 다시 말하여 기존의 연구에서는 관료정책과 향촌사회의 분석을 통하여 국가와 지방 향촌사회가 공고하게 결합되어 있는 '공고한'제국주의 국가상을 만들어 내었다.

본서의 목적은 이에 대한 사실 여부를 확인하고자 하며, 일본 파시즘기라 불리는 1930년대부터 패전에 이르는 시기의 제국주의 단계에서 향촌사회 농민의 일상성이 갖는 역사적 역할과 의미를 분석함으로써 이 시기 향촌사회에 대한 일본학계의 기존학설에 대해 새로운 시각을 제공하고자 하는 것으로 압축할 수 있다.

Ⅱ. 선행연구 검토

현 한국역사학계에서 1930년대-패전시기의 촌락사회와 국가와의 관계를 다룬 연구로는, 김봉식 「태평양전쟁기의 상회의 연구」(『일본역사연구』7, 1998.7)가 있다. 국민지배의 관점에서 익찬翼贊체제(파시즘체제)하에 행해진 국민동원·국민통합을 가능케 한 메커니즘을 밝히려는 의도에서 상회常會를 대상으로 국책의 전달 과정과 구조를 밝혔다. 조직화에 의한 국책의 상의하달 식의 강제적 철저성을 주장한다. 일본의 스자키 신이치須崎愼一의 시각과 일맥상통하는 면이 있다. 일본 역사학계에서 국가와 촌락사회와의 관계에 대한 선행연구를 보면, 촌락의 파시즘적 재편성론과 농민의식론으로 크게 이 두 가지 분야에 연구가 집중되어 왔다.1

1. 촌락 파시즘적 재편성론 검토

촌락사회 재편성론을 보면 이 시기의 국민지배를 파시즘 형성의 문제와 연관시켜 논의되어 왔다. 대표적인 것으로는 이시다 타케시石田雄와 모리 타케마로森武磨의 설이 있다. 이시다 타케시는 농촌경제갱생운동 시의 촌락사회의 산업조합·농사실행조합의 조직화와 기능, 촌락 행정담당자(특히 산업조합, 농사실행조합 간부)에 중견자작농의 진출 등을 중시하면서도 중견자작농의 보조적 역할에 의해 지주를 정점으로 한 공동체 질서가 보강되어 진다고 보았다(『近代日本政治構造の硏究』未來社, 1956). 즉 "지도자에 약간의 변화가 일고 정책방향에 차가 있다고 하여 그것이 곧 정치적 지도체계, 혹은 정치구조에 변화가 있었다고 생각하는 것은 단견이다"라고 보았다.

모리 타케마로는 갱생운동을 당시 국가권력의 사회적 기반, 생산력 기반과의 관계 속에서 검토하여, 일본 파시즘의 농촌지배의 원형으로 파악한 점에 특색이 있다. 그에 의하면 국가관료의 갱생운동의 목적은 종래 부락공동체 지배=지주제 지배를 배제하고 지주제와 대결해 온 자소작상층 및 자작농을 중핵적 담당자로 삼아 (농촌중견인물이라 부름), 부락을 지주제를 통해서가 아니라 국가-산업조합-농사실행조합이라는 루트를 통해 직접 파악하고자 했던 것이었고, 이런 관료의 정책에 의해 농촌 지배구조가 종래의 지주적 명망가 질서로부터 중농주도형으로 변해 가게 된다고 주장하였다. 모리 타케마로의 문제 제기 이후, 1930년대-패전 시기의 촌락사회를 둘러싼 쟁점은 주로 일본 파시즘의 사회적 기반의 규명이라고 하는 시점에서 촌락사회 행정 담당자의 계층 분석에 초점을 맞추거나, 조직화를 통한 촌락사회 통합 문제에 집중되었다.

즉 이시다 타케시의 설은 지주를 정점으로 하는 전통적 공동체의 보강설이라 부를 수 있고, 모리 타케마로 설은 종래의 지주적 부락공동체 타파설이라 할 수 있는 것으로 결론적으로 정반대의 입장에 서 있다. 그러나 오히려 필자의 연구와 관련하여 다음과 같은 것을 지적할 수 있다.

첫째로 양자 모두 농촌경제갱생운동에서의 농촌 중간층의 촌락행정에의 진출과 산업조합 등의 조직화를 중시하면서 결론은 정반대로 내리고 있는 점이다. 1930년대부터 패전 시기의 촌락공동체에 대한 정반대의 결론이 파시즘의 농촌지배 혹은 파시즘의 사회적 기반이란 동일 용어로 규정되어 지고 있어 오히려 파시즘론의 폭넓은 관용성이 부각될 뿐이며, 사료 해석에 있어서 일방적 자의성이 눈에 띈다.

생각건대 파시즘의 '반자본주의'적 선동에 가장 민감한 반응을 보인 사회계층이 중간층인 것은 자주 지적되어 왔다. 따라서 일본에서 일반적으로 중간층이 파시즘의 사회적 기반이 되어 왔다고 주장하는 이유도 여기에 있다고 보인다. 단 중간층이라 해도 존재형태는 다양하기에 일본에서는 파쇼화의 지지기반은 구중간층(중소·영세 상공업자층 소부르주아나 자작·자소작상층 등의 농촌중간층)이라는 색채가 강했다고 일본연구자는 말하지 않을 수 없었을 것이다. 이시다나 모리 양자에 보이는 농촌중간층의 강조는 이러한 인식을 전제로 하여 탄생했다고 사료된다.

그러나 담당자로서의 중간층 혹은 중견인물에 주목하고 강조하면서도 그 포인트가 될 중간층 혹은 중견인물 개개인의 의식 및 사회적·정치적 역할에 대한 구체적 분석이 결여되어 있으며, 의외로 산업조합, 농사실행조합의 말단 지배기구로서의 실태분석이 극히 적은 것이 지적되어져야 할 것이다.

둘째로 양자모두 관료지배의 강력함을 지적하고 있는 점이다. 전통적 공동체의 보강으로 보든 중농주도형의 새로운 부락질서의 건설로 보든 관계없이 그것을 이루어가는 관료지배의 강력함을 인정함에는 일치하고 있다. 나아가 모리 타케마로가 파시즘적 재편이라고 보는 근거 중 하나는 지주·소작 관계의 은폐·봉살封殺과 경제조직에 대한 관료통제 강화에 있다. 모리는 농가실행조합이 공동작업, 공동이용 등 생산통제, 이농 통제을 위한 관료적 강제기구로 전화하고, 또 '생산공동체'로부터 위반자는 거절시키는 등 강제적 동질화를 진행하는 파쇼적 지배기구로 변질해 갔다고 보았다.

이 강력한 관료지배를 극한적으로 묘사한 것으로 스자키 신이치의 「戰時下の民衆」(『體系日本現代史3』, 1979)이 있다. 스자키는 니이가타현新潟縣 이카사와 촌五十澤村 役場町·村 등 지방자치단체의 사무소 문서와 나가노 현長野縣 시모이나 군下伊那郡의 지주 일기를 주로 사용하면서 전시기 촌락사회 내의 식량증산, 공출, 저축증강, 식량난을 살피고 있다. 그는 이를 통해 전전 일본의 파쇼적 지배─강제적 동질화의 실태를 고발할 목적으로 국가권력의 민중에 대한 강제, 수탈의 실태를 강조했다.

생각건대 일본에서는 메이지유신 이후의 근대국가를 절대주의국가, 또 1930년대부터 패전 시기를 천황제 파시즘으로서 이해하는 것이 주류가 되어 왔다. 그 때문에 국가의 전제성, 강권성 즉 국민에 대한 강제와 수탈을 너무도 강조해서 촌락사회는 국가에 의해서 강제적으로 동질화되어 가는 객체로 보는 경향이 강했다. 메이지유신 이후 불과 수 십 년 사이에 세계강대국으로서의 국제적 지위를 얻게 되는 과정에서 국민에 대한 강한 지도와 국민의 큰 희생이 있었다는 것은 상상하기 어렵지 않다. 그러나 그것을 '강제'만으로 이해하는 것은 무리가 있다.

물론 일본연구자가 강제만을 강조하고 있는 것은 아니다. 야스다 츠네오安田常雄, 「戰中期民衆史の一斷面」(『昭和の社會運動』年報近代日本研究5, 1983)에서는 시나노매일신문信濃每日新聞에 연재되었던 「農村雜記」, 「街雜記」, 「短編小說」을 묶은 『農村靑年報告』全3冊(1940~1942년 간행)을 분석하여 민중의 생활의식에 보이는 전시체제 수용의 한 단면을 밝히고 있다. 한 예를 들면 물자부족에 의한 생활궁핍도 원시적 생활에의 회귀라고 적극적인 의미부여를 하며 스스로 납득해 간다고 설명하고 있다. 여기서는 국가권력이 문제시되고 있는 것이 아니라 민중의 자세에 초점이 맞추어져 있고 모순이 있더라도 시대상황에 몰려 자기 납득해가는 수동적인 농민상을 그리고 있다. 이에 대해, 이타가키 쿠니코板垣邦子, 「戰前·戰中期における農村振興運動」(『太平洋戰爭』年報近代日本研究4, 1982)에서는 야마가타 현山形縣 농본주의적 농촌지도자의 일생을 추적하면서 농촌진흥운동의 관점에서 농민 스스로 전시정책에 적극적으로 협력해 가는 모습을 살피고 있다. 여기서는 농민이 식량증산 등의 전시정책에 적극적으로 협력하는 배경에는 전시혁신에의 기대가 있다고 보고 있다.

이렇듯 연구동향을 보면 국가권력의 규정문제로부터 국가정책이 민중 사이에 어떻게 받아들여져 정착해 가는가 하는 '수용'의 문제로 관심이 변해갔다. 문제는 국가도 민중도 결국 한 덩어리가 된 존재로서 제시되고 있다고 보인다. 국가와 지방촌락사회가 공고하게 결합되어 있는 강한 국가상을 만들어 내었다.

이에 대해 본 연구에서는 전시기 국가정책에 대한 촌락사회의 대응을 종래의 강제적 동질화·수동적 자세·적극적 협력론과 같이 일면적으로 파악하는 것이 아니고 모순을 포함하면서도 자주적인 노력의 전개로서 파악하고자 하며, 이것이 역사적 사실에 부합한다고 본다.

2. 농민의식 연구 검토

다음으로 일본학계에서의 촌락사회 내 농민의식·행동에 관한 연구경향을 보면, 메이지유신 이후의 국가의 억압적 측면을 강조해 왔던 학계 주류적 논리와 밀접하게 연관되어 있다. 국가의 억압적 측면에 대해, 초기의 민중 의식에 대한 연구는 민중의 주체적 사상형성의 계기를 발굴하는데 주력함으로써 국가와 대립적 측면을 강조해 왔다. 그러던 것이 민중의식·행동연구도 1970년대 말부터 국가정책이 민중 사이에 어떻게 받아들여져 정착해 가는가 하는 '수용'의 문제로 관심이 확대되어 갔다. 즉 국가권력의 규정문제로부터 민중의 일상적 차원에서의 '수용'이 연구대상이 되었다. 다시 말하자면 '강제'와 '저항'의 축으로부터 '수용'으로 관심이 변해가면서 국가에 대한 사회적 지지기반을 찾아내고자 했다.

단 1930년대부터 패전 시기의 농민의식·행동에 대해서는 일찍부터 파시즘을 지탱해주는 온상이란 평가가 내려져 있었다(마루야마 마사오丸山眞男, 「日本ファシズムの思想と運動」『現代政治の思想と行動』, 未來社, 1964.

이 논문은 1947년에 발표됨). 이 견해는 현재까지 계승되어 오고 있는데, 이를 더욱 발전시켜 민중의식 레벨까지 파헤치면서 파시즘에 이르는 도정을 '대정大正데모크라시기期'와의 내적 관련 속에서 찾고자 했던 것이 카노 마사나오鹿野政直, 『大正デモクラシーの底流』(일본방송출판협회, 1973)이다. 그는 1920년대부터 1930년대의 역사과정에 복류하는 민중의식의 모습을 '토속적 정신'으로 규정하고 그 속에서 '대정大正데모크라시(근대합리주의정신)'의 해체계기를 찾고자 했다. 촌락사회 청년단의 『時報』를 사료로 하여, 농촌청년들이 농촌수난이란 폐색 상황을 모색하면서도 결국 그 광명을 찾아내지 못하고 절망과 원한에 빠지다가 1930년대에는 국수적 가치, 농본적 가치에 유인되어 간다고 보았다.

이렇게 농본주의적 의식에 대한 연구가 어떠한 사회적 기반위에 성립하고, 또 그것이 권력 측으로 볼 때 어떠한 정치적 역할을 수행하는가 하는 것에 치중하면서 농본적 의식을 마이너스 이미지로 파악하고자 하는 것에 대해, 플러스적 효과를 강조하려는 연구경향이 있다. 대표적인 것이 츠나자와 미츠아키綱澤滿昭의 『近代日本の土着思想-農本主義』(風媒社, 1969) 등의 연구 성과이다. 근대합리주의에 대한 츠나자와 나름대로의 회의 하에 농본주의의 대표자들을 다루면서 공동체적 발상 등을 높이 평가하고 있다.

그런데 이 상반된 시각의 두 경향이 도시와 농촌을 대립적으로 파악하고 있는 점에서는 동일한데, 이에 대해 이타가키 쿠니코의 『昭和戰前·戰中期の農村生活』(三嶺書房, 1992)은 도시와 농촌의 공통항을 찾고자 하는 문제의식 하에, 농촌가정잡지 『家の光』를 분석대상으로 삼아, 당시의 농민들 사이에서는 반反도시적인 농본주의의 영향은 약하고 도시의 문화생활(모더니즘)에의 동경이나 개인중심의 경향이 강했다는 결론을 도출해 내고 있다. 즉 모더니즘이라는 도시와 농촌의 공통항을 찾아냈다. 이타가키 쿠니코의 논리는 충분히

수긍할만하나, 문제는 농본주의와 모더니즘을 대립관념으로서 파
악하고 있는 점이다. 근대화 과정에서 소외된 약자로서의 농민이
사회적·경제적 지위향상을 위해 주장된 농본주의와 생활향상을 위
한 모더니즘과는 접목되는 곳이 많다고 생각되어지기 때문이다.

따라서 이와 관련하여 본서에서는 첫째, 농민은 일본 국민으로
서 국가적 가치를 어떻게 수용해 가게 되었는가, 둘째 농민의 농본
주의적 의식은 반도시·반서양적이었는가, 하는 점에 중점을 두고
농민 의식을 검토하고자 한다.

제2장 아시아·태평양전쟁기의 일본의 국민동원정책

Ⅰ. 머리말

동아시아 세계질서 속의 한나라에 불과했던 일본은 메이지유신 이후 불과 수 십 년 사이에 세계 강대국으로서의 국제적 지위를 얻게 된다. 즉 제국주의라고 하는 국제적 시대 배경 속에서 청일전쟁·러일전쟁의 승리를 거쳐, 제1차 세계대전 후에는 세계 3대강국의 하나로 불리게 되었다. 이런 국제적 지위의 상승은, "지금 우리 일본제국은 일등국으로서 전 세계에 떨치고 있다"라고 외치는 민족적 자부심을 가진 인간을 배출해 냈다.

그러면 당시의 일본인은 일본이 어떻게 해서 일등국이 될 수 있었다고 보았던가. 1928년 당시의 농림대신인 야마모토 데지로山本悌二郎는, "어떻게 해서 우리 일본제국은 일등국의 대열에 설 수 있었는가. 세계 문화에 지대한 공헌을 했기 때문인가. 아니면 경제, 산업에서 탁월한 힘을 갖고 있기 때문인가. 아니다, 그 어떠한 것도 아니다. 그것은 일청·일러 양전역에서 그 위엄을 해외에 과시했기 때문이 아닌가. (略) 우리는 뒤지는 경제력과 군비를 가지고 멋들어지게 그들의 숨통을 끊어 놓았다. (略) 그 위력은 도대체 어디에서 나왔는가. 그것이야말로 우리 황실 중심의 국체관념에서 생겨난 것이다. 우리들이 자랑하는 야마토 타마시이大和魂가 바로 그것이다.

따라서 한마디로 말하자면, 야마토 타마시이가 국체를 옹호해서 승리를 이룰 수 있었던 것이다"[1] 라고 강조했다.

이 짧은 말에서 우리는 두 가지를 읽어 낼 수 있다. 하나는 일등국이 된 이유를 국체관념과 야마토 타마시이 등의 자민족 중심적인 가치에서 구하고 있다는 점이고, 또 하나는 일등국이라고 하는 국제적 지위와 그에 부합되지 않는 국내 현실과의 괴리의 문제이다. 위의 야마모토 데지로에게 있어서는 '문화'가 그렇고, '경제'·'산업'·'군비'가 그러했다. 실로 일등국의 지위를 얻은 그 시기에 많은 국민은 일등국민이란 의식과는 무관하게, 그 국제적 지위와는 동떨어진 현실 사회에서 살고 있었다.

그 현실 세계, 그 중에서도 농촌에서는 농촌 피폐나, 소작쟁의 등의 농촌 내부의 대립 문제가 사회적으로도 정치적으로도 크게 문제시되고 있었다.[2] 더욱이 1930년대는 1929년의 세계대공황 이후, 자유경쟁을 기본으로 하는 종래의 자본주의에 대한 신뢰감이 약해질 정도의 세계적인 혼란 속에서 일본에서도 산업계와 더불어 농촌사회도 커다란 타격을 받게 된다. 이런 와중에서 일본의 정치권력자나 관료들은 어떻게 하면 일본이 일등국으로서의 지위를 유지해 갈 수 있는가를 둘러싸고 알력과 갈등을 일으키면서 새로운 길을 찾고자 했던 시기가 바로 1930년대이다.

괴리가 크면 클수록 국민에 대한 강력한 지도와 요구가 뒤따르게 마련이다. 따라서 국제적 지위와 현실과의 괴리라고 하는 배경 하에, 일본의 국제적 지위를 유지·발전시키기 위해 당시의 관료가 일본국민에게 무엇을 요구하였는가, 그리고 국민을 어떤 방향으로

---

1) 山本悌二郎, 「我等の責任は重大」 『政友』 329호, 1928년 5월.
2) 大正시대의 農政을 둘러싼 정치과정에 대해서는 宮崎隆次의 「大正デモクラシー期の農村と政黨(1),(2),(3)」(『國家學會雜誌』 93-7·8, 93-9·10, 93-11·12, 1980년)을 참조.

이끌고 가려 하였는가 하는 점을 관료의 지방정책을 통해서 밝히
고자 하는 것이 본 연구의 목적이다.

1930년대 관료의 국민동원정책으로서는 농촌경제갱생운동과 국
민갱생운동을 들 수 있다. 농촌경제갱생운동은 1929년의 세계대공
황과 이에 의해 야기된 일본의 농촌 공황 및 5·15사건 등 사회불안
을 배경으로 시작되었다. 주지의 사실처럼, 제63회 구농 임시의회
에서 결정한 농촌구제대책의 5개 대책 중 '경제갱생에 관한 시설'을
실시하기 위해, 농림성은 1932년 9월 27일 경제갱생부를 신설하고
공황극복 종합대책으로서 농촌경제갱생운동을 전개하였다. 이 관
료주도의 운동은 경제갱생부가 폐지되는 1941년까지 9년간에 걸쳐
진행되었다.

갱생운동의 시기구분에 대해서는 여러 설이 있지만, 1938년 말
경제갱생운동 중앙위원회를 폐지하고 농촌계획위원회를 설치한 시
점을 기준으로 전기·후기로 나누는 것에는 거의 일치한다. 전기는
공황으로 인한 농촌불황 대책기였으며, 후기는 중일전쟁 이후 식량
위기에 대응한 전시농업통제책의 일환 시기이다. 쿠스모토 마사히
로楠本雅弘는 전기를 다시 1935년까지의 '조직정비의 단계', 1936~1938
년을 '특별조성에 의한 본격적 전개단계'로 구분하고 있으나[3] 전기
에서 정책내용의 일관성이 유지되었다는 점에서 시기를 구분하는
의미가 약하다 할 수 있다.

내무성은 농림성의 농촌경제갱생운동(이하, 갱생운동이라 함)에 조
금 앞서 국민갱생운동을 개시하여 1932년 9월 5일 '내무성계획요강'
을 지방 장관 앞으로 훈령하였다. 이 국민갱생운동은 정신작흥의
측면과 더불어 다나카 기이치田中義一 내각 이래의 내무성 주장인
'지방자치의 경제화'[4]의 측면으로 이루어져 있었다. 그러나 구체적

---

3) 楠本雅弘, 편저, 『農山漁村經濟更生運動と小平權一』(不二出版, 1983)의
   해설 「農山漁村經濟更生運動について」.

인 경제갱생 정책의 수립능력 부족과 경제면의 산하단체를 갖지
못한 내무성의 국민갱생운동은 결국 농림성의 갱생운동에 흡수되
어 갔음을 밝혀 둔다.[5]

따라서 갱생운동은 1930년대의 대표적 국민동원정책이었는데,
이 갱생운동은 그 역사적 역할에 대한 모리 타케마로森武磨의 문제
제기[6] 이후 새롭게 주목받게 되었다. 모리는 갱생운동을 당시 국가
권력의 사회적 기반, 생산력 기반과의 관계 속에서 검토하여, 일본
파시즘의 농촌지배의 원형으로 파악한 점에 특색이 있다.

모리에 의하면 국가관료의 갱생운동의 목적은 종래 부락공동체
지배＝지주제 지배를 배제하고 지주제와 대결해 온 자소작상층 및
자작농을 중핵적 담당자로 삼아(농촌중견인물이라 부름), 부락을 지주
제를 통해서가 아니라 국가-산업조합-농사실행조합이란 루트를
통해 직접 파악하고자 했던 것이었고, 이런 관료의 정책에 의해 농
촌 지배구조가 종래의 지주적 명망가 질서로부터 중농주도형으로
변해 가게 되었다고 주장하였다.

모리의 문제 제기 이후, 갱생운동의 정책성격을 둘러싼 쟁점은
주로 일본 파시즘의 사회적 기반의 규명이라고 하는 시점에서 갱
생운동의 추진 담당 층의 분석에만 초점이 맞추어져 왔다.[7] 게다

---

4) 大霞會 편, 『內務省史』 제2권, p.193 및 金澤史男, 「田中義一政友會內閣期
   における『地方分權論』の歷史的性格」(東京大學社會科學硏究所紀要 『社會
   科學硏究』 36-5, 1985) 참조.
5) 그러나 이 국민갱생운동은 중일전쟁 이후 국민생활에서의 정신력 진작
   을 위해 1938년 국민정신총동원운동으로 재편 강화되어 갔다(厚生省社
   會局 편, 『國民更生運動槪況』, 1938, p.12).
6) 森武磨, 「日本ファシズムの形成と農村經濟更生運動」 『歷史學硏究』 別冊特
   集, 1971.
7) 森武磨 논점은 石田雄 설에 대한 비판에서 출발되었다고 할 수 있다. 石
   田도 森와 마찬가지로 산업조합의 기능이나 중견자작농의 진출 등을
   중시하면서도 중견자작농의 보조적 역할에 의해 지주를 정점으로 한

가, 모리의 논고를 포함한 수많은 연구들은 농촌의 실태분석을 통하여 역으로 관료의 정책의도를 찾아내려는 방법을 취해 왔다. 그렇기 때문에, 의외로 관료 측 자료를 기반으로 해서 관료의 정책의도를 규명하는 연구가 적었다고 보인다. 본격적인 연구로서는 쿠스모토 마사히로,[8] 다카하시 야스타카高橋泰隆,[9] 히라가 아키히코平賀明彦[10]의 논고를 들 수 있다.

본 연구는 이와 같은 연구동향을 염두에 두면서 관료 측 자료를 바탕으로 농림관료의 갱생운동의 정책의도가 무엇이었는지를 명백히 밝히고자 한다. 이를 통하여 좁게는 세계열강과의 제국주의적 경쟁이 심해지는 1930년대에 있어서, 국가권력의 사회적 기반에만 초점을 맞추지 않고 그것을 포함한 관료의 지방사회 지배 논리를 밝히고자 하며,[11] 넓게는 갱생운동의 정책 의도로부터 역으로 후발

공동체 질서가 보강되어 진다고 보았다(『近代日本政治構造の硏究』 未來社, 1956). 즉 "지도자에 약간의 변화가 일고 정책방향에 차가 있다고 하여 그것이 곧 정치적 지도체계, 혹은 정치구조에 변화가 있었다고 생각하는 것은 단견이다"(前揭書, p.242)라고 보았다. 森의 갱생운동에 의한 종래 지주적 부락공동체의 파괴라는 입장과는 대조적이다. 한편 高橋泰隆는 갱생운동이 중농층의 조직화가 아니라, 빈농을 포함한 전 농민의 조직화·동원화에 있다는 시점에서 滿洲 농업 이민을 중점적으로 분석했다(「日本ファシズムと農村經濟更生運動の展開 - 昭和期の 『救農』 政策についての考察」 『土地制度史學』 65, 1974년 10월).

8) 楠本雅弘編著, 『農山漁村經濟更生運動と小平權一』(不二出版, 1983)의 해설 「農山漁村經濟更生運動について」. 여기에는 農山漁村經濟更生運動의 연구목록과 망라적인 연구사 정리도 포함되어 있다.

9) 高橋泰隆, 앞의 논문.

10) 平賀明彦, 「日中戰爭の擴大と農業政策の轉換」 『歷史學硏究』 544, 1985년 8월.

11) 이런 관점에도 연구되어진 것을 보면, 大門正克는 갱생운동이 산업조합 - 농사실행조합을 축으로 한 농촌의 조직화 정책으로 파악하고, 이 조직화를 통한 농촌통합의 원리를 '산업조합에 의한 유통과정의 공동화'로만 한정짓고 있다(「農村經濟更生運動と部落の統合」 『信農』 34-3, 1982).

근대화 국가이며 제국주의 국가로서 일본 근대의 특징의 일단을 도출해 보고자 한다.

한편, 대상 시기로서는 경제갱생운동의 본래 성격이 잘 나타나 있는 중일전쟁 이전의 갱생운동기를 중심으로 다루고자 한다.[12]

Ⅱ. 농촌경제갱생운동의 정책내용

갱생운동이 갖는 지배논리의 특징이 무엇인지를 살피기 위해, 먼저 갱생운동의 정책내용 및 그것과 이전 시대의 농정과의 관련성을 밝히는 것이 순서일 것이다.

갱생운동은 사이토齊藤내각의 고토 후미오後藤文夫 농림대신, 이시구로 타다아츠石黑忠篤 농림차관, 고다이라 고니치小平權一 경제갱생부장의 농정트리오에 의해 추진되어졌다.[13] 특히 농정의 대부라

森武麿도 갱생운동에 의해 종래의 부락과는 다른 '새로운 부락'의 형성을 강조하지만, 주요 근거는 담당 층의 변화에서 찾고자 함에 그치고 있다(앞의 논문). 庄司俊作는 부락의 지주소작 관계의 집단성에 착목하여 메이지기의 온정적 지배에서 1920년대의 협조체제로, 1930년대에는 부락의 계급조정 기관으로서의 무기능화를 도출하고 있는데(『近代日本農村社會の展開』, ミネルヴァ書房, 1991), 갱생운동에 대해서 갱생운동 지역과 노동시장과의 관계, 자발성 환기를 위한 새로운 조직화 수법을 지적하는 등 독창적 견해도 제시하였다. 그러나 갱생운동과 현대 일본과의 연속성을 강조하는 시각이었기에, 1930년대 갱생운동의 역사적 특징을 부각시키는데 실패하고 있다. 이렇듯 이들 연구는 지방 지배정책으로서의 갱생운동의 한 측면만을 부각시키고 있을 뿐이다.

12) 갱생운동의 시기구분에 대해서는, 1938년 말 경제갱생운동 중앙위원회를 폐지되고, 농촌계획위원회를 설치된 시점을 기준으로 전기·후기로 나눈다. 전기는 공황으로 인한 농촌불황 대책기였으며, 후기는 중일전쟁 이후 식량위기에 대응한 전시농업통제 시기이다. (앞의 글, 「農山漁村經濟更生運動について」).

13) 後藤文夫, 石黑忠篤, 小平權一의 신관료로서의 일면에 대해서는 伊藤隆, 『『擧國一致』內閣期の政界再編成問題(二)』(『社會科學研究』 25-4, 1974)를 참

불려졌던 이시구로가 차관을 그만두게 되자(1934년 7월), 그 뒤 고다 이라가 갱생운동의 진두지휘를 담당해 간다. 이 고다이라는 갱생운 동의 앞 시대인 大正시기에 대해, "大正年間은 불과 15년간이었지 만 우리 농업계의 제문제는 이 짧은 시기에 계속 발생하였다. 이에 대한 우리 농업정책은 明治시대에는 볼 수 없을 정도로 새롭고 대 규모적이었으며, 또 근본적인 방책이 계속해서 실시되었다. 장래 우리나라의 농정사를 논할 자는 아마도 농정사의 일대기원을 이 大 正시대에 두리라 믿는다. 또 우리나라 농촌 진흥문제도 大正시대 만큼 각광을 받았던 적은 아마도 明治시대에도 德川시대에도 없었 다고 말할 수 있다"[14]라고 평가하고 있다. 이런 평가를 받는 大正시 기의 복잡한 농촌문제 및 농업정책에 대해 고다이라 고니치는 농 림관료의 입장에서 다음과 같이 잘 요약하고 있다.

> 大正年間 당초에는 歐州大戰(제1차 세계대전)의 발발로 인해 일시 적으로 농산물 가격, 그 중에서도 미곡, 생사 등의 가격이 대폭락하여 그 조절을 위해 밤낮으로 고심했다. 그런데 불과 3, 4년 후에는 미곡가 가 대폭등하여 그 구제문제 때문에 국가, 민간 모두 전력을 다 하였다. 더욱이 그 불상사인 미소동이 야기되어진 것은 기억에 새롭기만 하다. (이로 인하여)더욱더 식량공급의 자급자족을 꾀하기 위해 개간조성법 을 제정하여 경지확장을 도모하고, 미곡법을 시행하여 常平제도를 부 활시켜 미곡의 수량, 시가의 조절을 꾀하는 등의 정책은 모두 이 시 대에 행해진 것들이다.

조. 한편 지방행정을 둘러싸고 내무성과 알력을 빚기도 했던 농림성 혹 은 농림관료의 그 자체에 대한 연구는 국가의 지방지배문제와 관련해 서 볼 때, 그 중요성에도 불구하고 미흡한 실정이다. 현재로서는 농림 관료의 전기를 통해 그 일면을 엿볼 수 있는데, 특히 大竹啓介, 『幻の花 −和田博雄の生涯』 上·下(樂游書房, 1981)가 참고가 된다.
14) 小平權一, 「大正年間の農政沿革」 『斯民』 23-4, 1928년 4월.

또 농촌진흥의 철저를 꾀하기 위해 농림성 독립을 이룬 것도 이때이
다. 은화개주의 수익금을 가지고 농촌진흥 자금을 설치했던 것도 이 시
대이고, 축산조합법을 제정하고 綿羊 장려를 꾀하여 種羊場을 신설하
고, 자작농 창설사업을 개시한 것도 이 시대이다.

그러나 우리 농업계에서 특히 주목해야 할 것은 이 시대에 대두해 왔
던 지주 소작문제이다. 이 소작문제는 메이지시대에는 전혀 경험하지
못한 새로운 문제로 그 원인의 하나는 농업 경제문제이긴 해도 그 근저
에는 사상문제의 영향도 어느 정도 잠재해 있었던 것은 간과할 수 없다.
이렇듯 중대한 농업문제가 야기된 시기가 바로 大正연간이었다.[15]

제1차 세계대전 후의 농업정책은 첫째 식량정책 계열, 둘째 소작
쟁의와 소작문제, 즉 농지문제에 관한 정책계열, 셋째 산업조합·농
회 등의 농업단체를 육성하는 정책계열, 이 셋으로 구분할 수 있다.

위의 고다이라 고니치의 정리에 대해 간략히 보충적 설명을 하
자면, 먼저 식량정책 면에서는 쌀소동(1918년)이 일어난 후, 하라原내
각은 증산자급 정책을 취하여 1919년에 개간조성법을 공포하고 주
요 농산물 개량증식장려 규칙을 제정하였으며, 1920년 조선총독부
는 제1차 산미 증식계획을 개시했다. 이로써 쌀소동 이전의 식민지
와 그 밖의 외국쌀에 의존하는 식량공급 구조에서 일본 국내와 식
민지에서의 증산을 통해 식량자급을 꾀하는 노선으로 방향전환하
기 시작했고, 쌀값 유지정책으로 상평창의 검토가 1921년 미곡법으
로 성립하게 되었다. 그러나 대공황과 1930년의 풍작에 의해 공급
과잉상태 속에서 식량자급의 과제는 자연적으로 달성하게 되어 증
산의 필요성은 소멸되었다.

한편, 쌀값 문제가 공황대책의 중요한 문제로 부각되어지는데,

---

15) 위의 글.

사이토내각 때의 제64의회에서 미곡법이 폐지되고 미곡통제법[16]이 새로 제정되어졌다.[17] 또 농업경영의 다각화 문제를 보면, 1915년에 이미 축산조합법이 성립하여 가축사육자의 조직화가 진행되어지고 나아가 제1차 세계대전으로 인한 뉴질랜드, 호주 등의 양모의 수출 금지에 대응하여 농무국에 면양과가 신설되어 종양장種羊場이 설치되고, 면양증식운동이 전개되었다.

　둘째 토지정책에서는 주지하는 바와 같이 소작농의 경작권을 공인하는 소작입법 노선과 자작농 창설유지노선이 추구되었다. 소작법안은 1931년 제59의회에 제출되었지만, 귀족원에서 심의미료審議未了로 인하여 유산된 후, 소작조정법과 자작농창설유지정책에 의해 소작문제를 해결하려고 하였다. 그러나 한편으로 소작입법의 시도는 계속되어져 1933년 농무국 농정과에 의해 소작법안이 다시 작성되기도 했으며, 1936년 입안의 농업차지법안은 농지 법안으로 정비되어 1937년 2월 중의원에 상정되지만 심의미료가 되었다.[18] 이러한 노력은 결국 중일전쟁 발발로 인한 시대상황의 변화 속에서 1938년 농지법의 성립을 가져오게 된다.

　셋째 농업단체에 대한 정부의 지원책을 보면, 산업조합에 대해서는 농업창고에 대한 조성, 비료구입을 위한 정부자금융통, 비료배급개선에 대한 인건비·비료배급시설비의 조정 등이 강구되어졌

---

16) 미곡법에서는 수매가격이 시가이었기 때문에 공정최저가격보다 낮은 경우도 있었으나, 미곡통제법에서는 무제한의 수매규정에 의해 농림성이 조사한 생산비를 반영시킨 최저가격이 1년 동안 보증되어지게 되어 쌀값 유지기능이 강화되었다. 다시 말하면 소비자 보호 방침에서 생산자 농민 보호 방침으로 질적 변화해 갔다.

17) 大豆生田捻, 『近代日本の食糧政策』, ミネルヴァ書房, 1993.

18) 大竹啓介, 앞의 책, 『幻の花-和田博雄の生涯』上, p.71. 한편 농무국 농정과 입안의 소작법안에 내용은 『農地制度資料集成』 第7卷(農地制度資料集成編纂委員會編, 御茶の水書房, 1971)에 수록되어 있음.

고, 또 1921년 법 개정에 의해 산업조합연합회는 연합회를 회원으로 하는 각종 연합회 설립이 가능하게 되어, 1923년에 전국구매조합연합회, 1927년에 대일본생사판매조합연합회, 1931년에 전국미곡판매구매조합연합회 등이 설립되었다.[19]

　　이러한 정부의 정책을 추진하면서 농림관료는 한편으로 농민 자신의 분투, 노력을 주문했다. 고다이라 고니치는,

　　　　산업의 부진, 불경기는 지금 대전쟁 후 전 세계에 풍미하는 일대조류이고, 각국에서도 이 불경기에 고민하고 있는데 특히 농산물의 하락은 전 세계를 통해서 일고 있는 현상으로 북미합중국에서도 전후 소맥하락에 대해서는 적지 않은 곤란에 빠져 있다. (略) 일본 국가는 이것(농가경제의 향상)을 위해 모든 노력을 경주하지 않으면 안 된다. 미곡법도, 농업창고와 같은 것도, 또 산업조합도 이를 위하여 설치되어진 기관으로 농가는 이런 기관을 충분히 이용할 권리가 있고 의무가 있다. (略) 농산물 판매계통을 개선하여 그 가격을 유지하는 대사업은 국가의 힘만 가지고는 농가가 요구하는 수준까지 농가에 유리하게 하기에는 곤란하기 때문에 농가는 국가시설과 더불어 스스로 분기, 분투하지 않으면 안 된다.[20]

라고 하면서 '타력주의'를 버리고 '자력주의'에 의할 것을 요구하고, 賴母子講(일종의 계)의 타파 등 개량에 대한 용기와 지식을 요구하고 있다.

　　이 고다이라의 글은 세계대공황 이전인 1929년 4월의 것으로 공황 뒤의 갱생운동의 기본골격인 산업조합 중시, 자력주의, 개량주의 등이 명백히 나타나 있다. 일반적으로 갱생운동의 탄생 과정에

---

19) 農林水産省百年史編纂委員會, 『農林水産省百年史』 中卷, 1980, pp.31~50.
20) 小平權一, 「獨逸農民の奮鬪と我が農家の自覺」 『斯民』 24-3, 1929년 3월.

대해, 효고 현兵庫縣 농회가 1927년 '농회시설정農會是設定'이란 명칭으로 농촌산업계획 수립사업을 전개하기 시작하여 1932년 2월에는 '자력갱생'이란 슬로건으로 자기 현은 물론 전국적으로 자력갱생운동을 제창하기 시작하였고, 한편으로는 농촌구제청원운동을 비롯한 각종 진정운동이 진행되어가는 속에서 그런 분위기에 몰린 관료측이 갱생운동을 수립, 전개했다고 한다.[21] 그러나 위 고다이라의 글을 통해 볼 때, 이미 1929년 세계대공황 이전 단계에서 갱생운동의 기본방침을 갖고 있었던 것을 엿볼 수 있다.

갱생운동의 구체적인 정책사항은 농림성의 '농산어촌경제갱생계획수립기본방침'[22]에 잘 나타나 있다. 이를 보면, 첫째는 근본적인 촌락의 재건을 성취하기 위해 촌민의 에너지를 총동원할 수 있는 새로운 조직의 신설 및 기존조직의 연락통제가 중요시되고 있다.

각 정촌町村에 갱생운동의 지도기관인 경제갱생위원회를 설치하고 각 정촌의 각 단체 즉 산업조합, 농회, 청년단, 부인회, 재향군인회 등을 그 통제 하에 두고 있다. 그 중에서도 갱생운동이 '경제'에 관한 운동이었기 때문에 '경제기관으로서 산업방면의 실행기관'으로 규정되어진 산업조합은 '경제행위는 원칙적으로 산업조합이 행하는 것'[23]으로 규정되어 있듯이, 갱생운동 실행에서 중요한 위치를 점하게 되었다. 따라서 산업조합을 전국 정촌에 빠짐없이 확충운동을 벌여 정촌 전 주민을 그 조직망에 포함시키고자 했다. 그리고 이 산업조합의 하부조직이며 농회의 지도를 받는 농사실행조합을 설치하였는데, '일부락 일조합'이란 형태로 기존의 부락 내 조합을 통합하고 또 부락의 전원을 조합원으로 하려 했으며, 이를 통해

---

21) 楠本雅弘, 앞의 글, 「農山漁村經濟更生運動について」.
22) 楠本雅弘, 編著, 앞의 책, 『農山漁村經濟更生運動と小平權一』에 수록.
23) 農林省農村經濟更生部, 『農山漁村經濟更生協議會要錄』『經濟更生計劃資料3』, 1933년 2월.

부락 내의 생산·유통 및 생활면에서 직접 농가를 지도, 통제하고자
했다.

둘째는 농민정신의 갱생과 인보공조 정신의 앙양이었다. 셋째는
'경제'의 갱생에 대한 구체적 방안이었다. 그 내용은 ① 토지와 노
력이용의 고도화, ② 유통과 금융조직, 즉 산업조합의 설립, ③ 비황
공제備荒共濟사업, ④ 생활개선, ⑤ 농업경영의 개선으로 정리될 수
있다. 특히 농업경영의 개선안으로는 ① ② ④와 함께 경영용품·생
활용품의 자급 확대, 공동화, 농업부기의 장려, 생산비 등의 경감,
생산방법의 개량 및 생산통제, 저축장려가 열거되어 있다.

이런 정촌 레벨에서의 경제갱생 사업에 대해 국가 레벨에서의
갱생운동 보강정책으로 중견인물양성정책, 농촌부채정리에 관한
정책, 농촌공업 장려책, 자작농 창설유지정책, 농업보험제도 등이
지원되어 실시되어 갔다.[24]

이상에서 살펴보았듯이 농림관료는 갱생운동 정책사항으로 이
전부터 시행되어 오던 농업생산력 유지책 및 산업조합 정책의 강
화·확대를 꾀함과 동시에, 갱생운동 보강책으로 농지정책에서는
소작조정법, 자작농창설유지정책 그리고 소작법의 입법화 시도, 식
량정책에서는 미곡통제법을 갖추게 되었다.

더불어 새롭게 등장시킨 정책도 있었다. 부채정리조합, 농촌공
업화 등의 구상은 大正때부터 있었지만 정책으로서는 새로운 것이
었으며 중견인물양성소 설립, 농업보험제도는 새로운 제도였다.
즉, 갱생운동과 그 보강책은 이전 시대와 단절적으로 새롭게 형성
된 측면만 있는 것이 아니라, 기존정책의 확대와 강화를 기반으로
하고 있었음을 지적할 수 있다.

한편, 갱생운동 그 자체의 새로운 측면에 대해서 농촌갱생협회

---

24) 小平權一, 「農林經濟更生運動を檢討し標準農村確立運動に及ぶ」 楠本雅弘
   編著, 『農山漁村經濟更生運動と小平權一』, pp.131~143.

주사 쿠니에다 마스지國枝益二는 "농촌경제 갱생운동은 농산어촌 조직의 근본적 재편을 꾀하려 했던 점에서 전면적 운동이라 할 수 있다. 따라서 지금까지 행해졌던 것과 같은 村是나 農會是와는 달리 보다 철저하고 광범위한 운동"[25]이라고 평가하고 있다. 그 특색으로서는 '경제'와 '정신' 양면의 갱생인 점, 계획적이고 통제적인 점, 촌락 내 각 기관의 총동원인 점, 산업조합이 계통적으로 강화된 점, 농민훈련소가 각지에 세워진 점, 촌락경제와 무관하던 학교 교육에 향토애를 함양시킨 점 등을 들고 있다.

그러면 다음으로는 이런 정책사항을 가진 갱생운동 및 그 보강책이 왜 전개되었는지를 살피고 나서, 그 정책사항에 함축되어 있는 지배정책의 논리를 살펴보기로 하자.

Ⅲ. 농촌 현실에 대한 인식

먼저 갱생운동이 나오게 된 배경에 대해서 관료가 당시 농촌의 현실을 어떻게 인식하였는가를 통해서 살펴보기로 한다.

첫째로 농림관료는 당시의 사회에서 농산어촌이 처한 경제적 지위를 직시하고 있었다. 고다이라 고니치小平權一는, 농산어가의 "평균 경작면적이 일정보一町步에 불과하여 그것을 전부 수전水田으로 쳐도 4백원 내지 5백원의 조수입이 있을 뿐"인 영세함에 비해, "일반경제계에 있어서는 점점 기업의 합동·통제가 진행되어 농산어촌에 공급되어지는 물자 생산은 실로 대규모 조직에 의해 통제되고 아울러 그 공급가격도 통제되어져 왔다"고 보았다. 즉 농가경제는 타산업의 거대한 조직기구에 비하면 한줌의 모래에 지나지 않는 영세성을 띠고 있다고 보고 있는데, 이 영세성과 더불어 시장경제

---

25) 國枝益二, 「農村更生運動の意義」 農村更生協會, 『農村更生讀本』, 1936. 『農村更生讀本』은 『農山漁村經濟更生運動史資料集成』 2-1에 수록.

의 부적합성으로 인하여 농업생산자들은 가격 결정권도 갖지 못하였다고 지적하고 있다.[26]

즉, 메이지明治유신 이래 자본주의적 상공업 발달이 농촌경제의 상대적 궁핍과 경제활동의 축소를 초래하였고, 영세한 개별생산을 기반으로 하는 농촌사회는 그 성격상 시장경제에서 불리한 상태에 놓이게 되었다고 보았다. 뿐만 아니라, 문화적인 면에서도 도시에 비해 상대적 빈곤감을 갖게 되었기에 "농촌에 남아 농업에 종사하기 보다는 도시에 나가 화려한 생활을 영위하는 것이 오히려 낫다"라고 생각하는 자들이 출현하게 됨으로서, "농업에 대한 자존심이 완전히 없어지게 되었다. 또 농촌생활은 실로 별 볼일 없다고 하여 농촌생활에 대한 자신감을 잃게 되었다"[27]고 언급하고 있다. 이런 것들이 시정되어야 할 문제점이었던 것이다.

둘째로 관료는 농촌내부의 결함에 대해 특히 비판적이었다. 앞에서 지적했듯이 고다이라는 산업조합의 활성화를 중요시했다. 갱생운동에서도 농촌경제의 결함을 시정하기 위해서는, "농산어가 등 영세 산업자들의 유일한 산업경제 기관인 산업조합의 발달과 충실함을 꾀하는 일 외에는 그 방법이 없다고 믿는다"[28]라고 하였다. 그러나 문제는 농촌내부에서 그것을 자력自力으로 추진할 만한 적극성이 결여되어 있고, 또 개량에 대한 용기와 지식이 결여되어 있다는 점이었다. 이러한 인식은 고다이라 혼자만의 생각이 아니다.

> 생산 제한에 의해 가격을 유지하는 것은 (略) 농민도 하면 할 수 있음에도 불구하고 무통제의 결과 거래상의 불이익을 당하고 있습니다. 무조직 무통제가 근인입니다. (略)가령 불매동맹을 하고자 해도 그날그

---

26) 小平權一, 「時局に善處すべき自力更生の途」『産業組合』 339, 1934년 1월.
27) 鶴見左吉雄, 「農村更生の基調」『斯民』 27-11, 1932년 11월.
28) 小平權一, 앞의 글, 「時局に善處すべき自力更生の途」.

날 생활에 바쁜 많은 빈농을 포함하고 있기 때문에 협정은 내부에서부터 붕괴할 수밖에 없습니다. (略) (그러나)농민이 조직을 갖지 않고 있는 것은 결국 한 사람 한 사람의 농민의 힘이 부족하기 때문입니다.[29]

이는 농림행정의 브레인으로 참여하고 있던 동경제국대학 곤도 야스오近藤康男가 농촌내의 생산 및 유통기구의 무조직, 무통제를 지적한 글이다. 그러나 촌락이 무조직 상태였다는 것은 아니다. 당시 산업조합과 같이 유통 및 금융조직의 침투는 미흡했으나 그 밖의 촌락 내에는 수많은 조직이 존재하고 있었다.[30] 1932년 11월 농촌경제갱생중앙위원회에서 후쿠자와 야스에福澤泰江위원이 "지금까지 여러 가지 성격을 지닌 단체가 상당히 많았는데, 그 단체가 정촌 내에서 불통제로 일을 하고 있었습니다"라 하듯이, 문제는 단체의 무통제에 있었다. 농촌갱생협회주사 쿠니에다 마스지는 다음과 같이 말하고 있다.[31]

농촌내부에도 상당한 결함이 있습니다. 이러한 결함이 쌓이고 쌓여서 중환자처럼 되었습니다. 이 중환자의 증상으로서 우리들 눈에 가장 먼저 띄는 것은, 농촌이 계획적이지도 조직적이지도 않고 완전히 되는 대로 굴러가 중심 없이 뿔뿔이 흩어진 분열 상태로 보인다는 것입니다. 원래 우리나라 농촌은 옛 부터 서로 돕고 서로 융통해 주고 기쁨과 슬픔도 함께하는 극히 아름다운 습속, 소위 인보공조의 정신으로 굳게 뭉친 훌륭한 협동적 유기체였습니다. 그것이 일반사회의 커다란 변화에

---

29) 近藤康男, 「農民及農村經濟の現狀」 앞의 책, 『農村更生讀本』.
30) 1936년 通常 千葉縣會에서의 原德治의 질문에 의하면 하나의 정촌에 많게는 61개 이상의 조합이 있는 곳도 있음을 알 수 있다. 石田雄, 앞의 책, 『近代日本政治構造の研究』 p.257로부터 인용.
31) 『農山漁村經濟更生運動史資料集成2』, p.205.

휘말리게 되어 어느 새인가 이런 아름다운 습속, 정신을 잃어버리고 점
점 여러 가지 나쁜 병에 걸리게 되었습니다.

　　예를 들면 촌민을 위해 노력해야 할 촌의 간부가 촌민과는 전혀 관
계없이 서로 싸움을 한다든지, 세력다툼을 한다든지, 정당별로 갈라진
다든지, 극심할 경우에는 촌민들을 자기 자신을 위한 제물로 삼는다든
지 한다는 것입니다. 촌민을 위해서 일하는 촌의 각종 단체의 간부가
그 직책을 서로 뺏으려고 광분한다든지, 자기세력의 확대에 단체를 이
용한다든지, 단체의 일 영역을 서로 빼앗으려 한다든지 하는 등의 말도
안 되는 것을 태연하게 행하고 있습니다.[32]

　　촌락 간부나 단체 간부의 알력에 의해 촌락사회가 무통제에 빠
지게 되었음을 지적한 글인데, 촌락 내 분쟁은 간부의 알력만이 전
부가 아니다. 고다이라가 "적어도 촌 전체의 갱생을 앞에 두고 촌
에 분쟁, 대립이 있어서는 안 된다. 갱생촌은 대부분 종래의 소작쟁
의, 당쟁, 사원私怨을 해소하고 먼저 인심의 화합을 꾀하고 있다"[33]
고 하듯이, 농촌사회는 소작쟁의를 비롯한 온갖 대립 분쟁에 휘말
리고 있는 것이 현실이었다.

　　또, "촌민은 촌민대로 무지하고 형편없는 생활에 만족하여, 조금
도 노력하지 않고, 연구도 하지 않고, 제일 큰 문제는 일반 사회경
제의 움직임에 대해서 자기 자신을 지킬 방책 마련에 전혀 관심을
갖고 있지 않다"[34]라고 지적하고 있다. 이는 야마가타 현립山形縣立
국민고등학교장國民高等學校長 니시가키 기요지西垣喜代次가 "솔직히 말
하자면 일반 농민은 오랜 인습에 빠져 연구 개선의 탄력성을 잃고
있습니다. 게다가 계속되어지는 불황에 위축되어 비명과 탄원에만

---

32) 國枝益二, 앞의 글, 「農村更生運動の意義」.
33) 小平權一, 「農村更生の重心は精神作興と負債整理」『農政研究』15-2, 1936.
34) 國枝益二, 앞의 글, 「農村更生運動の意義」.

몰두하고 있습니다. 더구나 완고하고 이기적이며 눈앞의 작은 이익에 급급해 하는 형상입니다"[35]라고 보는 것이나, 고다이라가 자력주의의 결여와 개량에 대한 용기와 지식이 부족하다는 지적과 일맥상통한다. 요약하면 "촌의 간부도 촌민도 무자각, 무반성으로 중심 없이 뿔뿔이 흩어져 있는 상태[36]라고 인식하고 있었던 것이다.

그리고 농촌의 보수경향에 대해서도 비판적이었다. 당시 내무성 사회국 서기관 하세가와 토오루長谷川透도 관혼상제를 비롯한 사교의례의 '폐풍'을 지적하고 있다.[37] 또 곤도 야스오는, "청년이 새로운 시도를 하고자 하는 것을 방해하는 것은 농촌이 오랫동안 억눌려 있었던 결과로 생겨난 보수적 정신입니다. 이 보수적 정신은 모든 문제에 관련해서 발로되어, 경제갱생 계획이 열매 맺는 것에 장애가 되는 경우가 많습니다"라고 농촌 내 보수성을 지적하였다. 자식이 농업경영에 새로운 시도를 하고자 하는 것을 무시해버리는 완고한 부친을 '봉건적 사고'란 용어를 사용하여 비판하면서, "청년을 헛되게 옛날의 若衆상태로 방치하는 것은 시대가 허용하지 않는다"라고 강조했다.[38]

더욱이 경제향상을 꾀할 수 있는 농촌 공업화를 극력 반대하는 사람들을 지적하고 농촌내의 보수적 요소를 신랄하게 공격하고 있다. 농촌의 공업화에 대해서 공업화를 도시 문명적 요소로 보고, 인간의 타락화, 정신의 연약화 및 협동적인 촌락사회의 문란을 몰고 오는 것이라 하여 비판적인 입장을 취하는 사람들은 재야의 농본주의자들에게 많았다. 이러한 농본주의자들에게 영향 받아 농촌 내

---

35) 西垣喜代次,「農村更生と農民敎育」『農村更生讀本』.
36) 國枝益二, 앞의 글,「農村更生運動の意義」.
37) 長谷川透,「社會局關係に於て行はるる時局救國施設」『斯民』27-12, 1932년 10월.
38) 近藤康男, 앞의 글,「農民及農村經濟の現狀」.

에서 공업화에 의구심을 갖는 사람들을 '보수적 사상의 발로'로 비판하고 현상유지자로 규정하고 있다.

이런 농촌내부에 대한 비판 의식을 갖고 있었기에 사이토내각의 내무대신 야마모토 타츠오山本達雄가 "오늘날 국민들이 소극 퇴영하여 정부시설에만 의지하고 자주자력의 기백이 결여되어 있다면, 가령 거액의 광구자금이 지출되어도"[39] 소용없다고 결론짓고 있는데, 이는 센슈 요시자키가 "이렇게 촌의 간부도 촌민도 무자각, 무반성으로 각자 뿔뿔이 흩어져 있는 상태이고, 그 사이에 어떤 통제조직도 없는 곳에 국가가 한없이 자금을 제공해도 밑 빠진 독에 물 붓기"[40]라는 견해와 통한다.

위와 같은 현실인식을 갖고 있었기 때문에 농촌갱생운동을 통해서 '촌의 근본적 재건'을 지향해 가게 된다. 농림관계자들이 인식하고 있는 농촌경제의 상대적 궁핍성과 불리함, 농민의 자존심 상실, 농촌 내 무조직·무통제, 대립과 알력, 이기적 경향, 자력주의 결여, 개선의지의 결여, 봉건적·보수적 사고 등을 치유하고 농촌사회를 재건하고자 했던 것이 갱생운동과 그 보강정책이었는데, 다음으로는 그 중심이 된 갱생운동의 논리구조를 살펴봄으로써, 어떻게 농촌사회를 재건하고자 했는가를 파악해 보고자 한다.

IV. 농촌경제갱생운동의 논리

1. 국난극복의 논리

농촌경제갱생운동은 1929년의 세계대공황과 이에 의해 야기된 일본의 농촌 공황 및 5.15사건 등 사회불안을 배경으로 시작되었다.

---

39) 山本達雄, 「時局に鑑み國民の自覺奮起を望む」『斯民』 27-10, 1932.
40) 國枝益二, 앞의 글, 「農村更生運動の意義」.

1932년 8월 개회된 제63 임시의회(救農의회로 불림)에서 결정한 농촌구제대책의 5개 대책 중 '경제갱생에 관한 시설'을 실시하기 위해, 농림성은 1932년 9월 27일 '경제갱생부'를 신설하였다. 이 집행부의 신설과 함께 농촌 경제갱생에 관한 중요 사항을 조사·심의하기 위해 그 자문기관인 '농촌경제갱생 중앙위원회'(회장은 농림대신)가 설치되어, 이 집행과 심의를 담당하는 두 개의 중앙기관을 중심으로 하여 농촌경제갱생운동이 전개되었다. 그리고 이에 수반하여 중앙의 내무성, 문부성 및 반관반민단체인 제국농회, 산업조합중앙회, 전국양잠조합연합회, 중앙축산회, 제국수산회, 대일본수산회, 대일본산림회 등이 이 운동과 협력체제를 갖추게 되었다. 내무성은 농림성의 농촌경제갱생운동(이하, 갱생운동이라 함)에 조금 앞서 국민갱생운동을 개시하여 1932년 9월 5일 '내무성계획요강'을 지방 장관 앞으로 훈령하였다.

공황을 배경으로 갱생운동이 개시되었기 때문에, "농촌경제갱생운동의 궁극 목표는 농가의 수입·지출의 균형을 꾀하여 누적된 부채를 정리하고, 나아가 장래의 불합리한 부채 발생을 방지하는 것에 있다"[41]고 하듯이 갱생운동은 먼저 농민생활의 안정, 생활 향상의 운동이었지만, 한편 '경제' 갱생의 측면뿐만 아니라 국가 의식을 강조하고 농민에게 자부심을 갖도록 하면서, 농민으로부터 정책 실현을 위한 강력한 에너지를 끌어내고자 했다.

1932년 내무성 사회국 서기관 하세가와 토오루長谷川透는 국민갱생운동의 필요성에 대해서 다음과 같이 설명하고 있다.

我國은 지금 국내적으로도 대외적으로도 비상한 國難에 처해있다. 경제계의 오랜 심각한 불황 때문에 각종 산업은 부진상태에 놓여 있다.

---

41) 小平權一, 「農村經濟更生と農事實行組合」『斯民』 31-4, 1936.

농·산·어촌에서는 생산물의 가격이 하락하고, 부채의 중압 등으로 인하
여 극도의 피폐에 빠져있고, 도시에서는 실업자가 넘쳐 하루하루 생활
에도 궁핍한 자가 많다. 더욱이 이러한 원인은 서로 작용하여 일반 구
매력의 극심한 감소로 나타나고, 중소상공업도 심한 곤경에 처해있다.
국내적으로 각 방면이 곤경에 처해있을 뿐 아니라, 대외적으로는 만주
문제, 국제연맹문제 등으로 인하여 극히 주의해야 할 만한 사태가 발생
하고 있다. 실로 내우외환이 한꺼번에 몰아닥친 상황에 있다. 이 난국
을 타개하여 我國運의 진전을 꾀하고 신흥일본의 공고한 기초를 구축
하기 위해서는, 관민일치협력, 비상한 긴장노력으로서 대처하지 않으면
안되는 시기이다. … 정부는 이번 농산어촌, 중소 상공업의 구제 및 실
업구제 등을 위해 각종 시설을 시행하게 있지만, 오늘날 실로 이 난국
을 타개하고 時局匡救의 목적을 달성하고, 나아가 내외적으로 아국운
의 進張을 기하기 위해서는, 정부의 시책만으로는 충분하다고 할 수 없
다. 오히려 더욱 한층 중요한 것은 국민 스스로 自奮自勵하고, 적극적
인 진취적 정신과 신흥의 銳氣로서 自力更生의 도를 꾀하는 것이 간요
하다. 국민 자신에게 이러한 기백이 없는 한, 국가 만백의 시설도 그 효
과를 충분히 올릴 수 없다. 이런 취지에 따라 정부는 관계 각 성과 서로
협력하고 관계 각종 민간단체와도 제휴하여 관민일치 국민갱생의 운동
을 일으키게 되었다.[42]

하세가와 토오루는 국민갱생운동의 필요성을 '국난' 극복에 두
고 있다. '국난'이라 표현되는 내우외환의 내용은 국내적으로는 산
업의 부진, 농산어촌·도시의 궁핍, 일반 구매력의 감소이고, 대외적
으로는 만주사변으로 인한 열강과의 긴장 관계였다. 이 난국을 타
개해서 내외적으로는 "국운의 진전을 꾀하고 신흥일본의 공고한 기

---

42) 長谷川透, 앞의 글, 「社會局關係に於て行はるる時局國救施設」.

초를 확립하는"것이 국민갱생운동의 목표였고 국민에의 요구였
다.[43] 그리고 갱생운동을 성공시키기 위해서 국민에게 자력갱생의
자각을 강조하고 있다.

　한편 국난을 타개하여 신흥일본의 기초를 구축하기 위한 실행항
목에 대해서는,

> 　그 실행 항목의 내용은 원래 각 지방의 실제 사정에 적합한 것을 선
> 택해만 하는 것으로, 획일적으로 그것을 정할 수는 없다. 농가경영의
> 종합적 개선, 작업의 공동화, 물자의 공동구입, 생산품의 공동판매 등에
> 관한 계획, 부채정리에 관한 계획, 지방단체 또는 조합 등의 재정을 확
> 립하는 계획, 사교의례의 폐풍 타개, 그 외에 소비의 합리화에 관한 합
> 의 등 그 지방에 적합한 구체적인 목표를 세워 실행해야만 한다.[44]

라고 말하고 있다.

　국난을 타개해서 국운의 진전을 꾀하고 신흥일본의 공고한 기초
를 확립하려는 국가 목표는 농림관료에게 있어서도 마찬가지였다.
고다이라 고니치小平權一는 보덕사상과 갱생운동과의 관련성에[45] 대
해 언급하는 가운데,

> 　농촌갱생운동도 개개의 농산어가는 물론 한 부락으로부터 한 마을
> 에, 한 마을로부터 한 지방에, 한 지방으로부터 전국적으로 경제의 근
> 본적 재건을 단행하여 우리 국가의 영원한 부동의 기초를 확립하고자
> 하는 것이다. 二宮翁의 사상과 실행의 족적은, (略) 농산어촌경제갱생

---

43) 長谷川透, 위의 글, 「社會局關係に於て行はるる時局國救施設」.
44) 위의 글.
45) 報德主義가 갱생운동에 있어서 지도 원리였다는 지적은 일찍부터 있었
　　다. 奧谷松治, 『二宮尊德と報德社運動』(高陽書院, 1936) 참조.

뿐 아니라 우리나라 현재의 실정을 돌아볼 때 曠古의 난국을 타개하고, 국운의 발전, 융창을 꾀하는데 있어 커다란 힘이 될 것이다.[46]

라고 하고 있다. 또 1936년에는 "지금은 내외 모두 다사다난하여 국민이 협력 일치하여 시국을 헤쳐 나가야만 한다. 이에 농산어촌으로서는 각각의 분담에 따라 최선을 다하여 촌락 재건을 단행함으로써 국민경제의 기초를 튼튼히 하여 부동의 국가초석이 되는 것이, 첫째는 농산어촌 자체를 위함이요, 둘째는 농산어촌이 국가에 봉공하는 까닭이라고 믿는다"[47]라고 하는 것에서 갱생운동의 국가 목표가 어디에 있는지 알 수 있다.

한정된 국가재원 아래, 국민에게 자력갱생을 요구하고 그것을 기초로, 국난을 타개하여 국운의 가일층의 발전을 꾀하고자 할 때 당연히 국민에게 강한 애국심이 요구되어 진다. 당시 사이토齊藤내각의 수반 사이토 마코토齋藤實나,[48] 내무대신 야마모토 타츠오山本達雄가 애국적 정열과 자력주의를 결합시켜 난국타개를 강조했던 것은[49] 그 일례이다.

다시 말하면 애국심을 강조하여 국민으로부터 자력적 에너지를 끌어내고자 했던 것인데, 따라서 각 정·촌의 경제갱생계획안에는, "보본반시의 민족정신에 의거하여 본 운동의 보편적 실시사항으로

---

46) 小平權一,「報德思想と農村更生」『斯民』 30-10, 1935.
47) 小平權一, 앞의 글,「農村更生の重心は精神作興と負債整理」.
48) 齊藤實,「國民更生運動の本旨」『斯民』 27-10, 1932.
49) 山本達雄,「時局に鑑み國民の自覺奮起を望む」『斯民』 27-10, 1932.
  "오늘날 農山漁家 및 중소상공업자의 궁핍은 오래전부터의 일로 결코 단순한 일시적 현상이 아니기 때문에 단지 정부의 시책 만으로서는 도저히 이 난국을 돌파할 수 없다고 생각한다. 즉 국민 전반이 내외의 정세와 국난의 실상을 규명하고, 自奮自勵 하여 생활의 일신을 획책함과 동시에 공공봉사의 정신을 발휘하여 애국적 정열과 신념으로서 거국일심하여, 이 난국 타개에 매진하는 것이 절대적으로 필요하다고 믿고있다."

서 경신숭조의 실행에 노력"할 것이나, "국체관념을 명징하여 국민정신의 작흥에 노력"할 것이 요구되어 졌다.

더불어 타국 국민의 국난극복의 예를 빈번히 사용하여 분위기 고조를 꾀했던 것은 빠뜨릴 수 없다.

고다이라 고니치는 1929년 세계대공항 시기, 제1차 세계대전 후의 세계를, "대 전쟁 후에 국민이 먼저 직면하는 곤란은 일대불황이 내습하여 국민의 부담과 부채가 격증하는 것", "산업의 부진, 불경기는 지금 대 전쟁 후의 전 세계를 풍미하는 일대조류로서, 각국에서 이 불경기로 곤란에 처해 있는데 특히 농산물의 하락은 전 세계를 통해서 일고 있는 현상"이라고 파악하고 있다. 그리고 전승국 프랑스에서조차 커다란 곤란에 빠져있기 때문에 패전국 독일은 상상할 수 없을 지경이라 한다. 즉 "독일은 도스안이 정한 바에 따라 작년 9월까지 25억 마르크를 지불하였다. 이 지불은 목하 독일 국민의 가장 무거운 부담이 되어있기 때문에 국민이 매년 지불해야할 부담도 결코 적지 않다. …… 전후 농산물의 하락, 마르크 환율의 대폭락에 의해 부채는 곧바로 증가"하여 곤란한 상태에 직면했다고 한다.

그러나 중요한 것은 이러한 곤란에 대하여 패전국 농민으로서 독일 농민이 그 난국을 극복해가는 분투노력의 자세라고 지적한다. 독일 농민의 노력은 첫째로 특수한 농업에 힘을 쏟았다는 것, 산업조합의 대단한 발달이라고 하면서, "크게 연구할만한 사례"이고 "독일 농민의 분투노력은 정말로 모범이 될 만한 것"이라고 강조한다.[50] 결론적으로 자력갱생을 강조한 것이었지만, 주목되어지는 점은 패전국 독일 국민의 분투를 예로 들어 국난을 극복하고 국력을 회복해가는 자세를 강조하고 있는 점이다.

---

50) 小平權一, 앞의 글, 「獨逸農民の奮鬪と我が農家の自覺」.

제1차 세계대전의 패전국인 독일 농민의 국난 극복의 '분투노력'의 모습이나 독일과의 전쟁에서 패한 덴마크 농민의 조국애에 의거한 노력 등 국난 극복에 성공한 외국국민의 사례가 강조되어 국민으로부터 자력적 에너지를 동원하고자 했다. 특히 1864년 독일과 오스트리아 연합군에 패배하여 국토의 일부분을 빼앗기고 국가가 거의 파산상태에 빠졌던 덴마크가 국민의 조국애에 근거한 국난 극복 노력에 의해 세계무비의 농업국으로 회생하게 된 사례가 강조되었고, 덴마크의 예는 농민교육에 적극 활용되었다.

당시 농림차관 이시구로 타다아츠石黑忠篤는 다음과 같이 회고하고 있다.

> 농촌을 정말로 재생시키기 위해서는, 농민이 농민으로서의 자각을 갖도록 농민정신 작흥 교육이 선행하지 않으면 안된다. …… 독일과의 전쟁에서 패한 덴마크가 총으로 잃은 것을 괭이로 회생시키고자 노력했던 교육, 이것을 일본 농촌에도 도입하고 싶었다. "나의 생존 중에 유란의 황무지를 개척해서 사프란이 되는 옥토로 만들겠다"고 전나무를 심어 방풍림을 만들었던 달가스 일당이나, 북구적 정신에 의거한 조국애를 강조하여 국민의 의기와 교육을 고양시킨 구룬트뷔 승려가 창시한 국민고등학교 생도들이 나라 부흥에 크게 노력했던 것이다. 소위 농민도장(수련농장)은 이 취지를 도입해서 생겼다.[51]

이시구로는 패전국 덴마크의 예를 들어, 조국애에 충만한 농민의 국난극복 열정을 계몽하고자 했다.

국가가 농민에게 요구한 것은 '경제'의 갱생뿐만이 아니었다. 조국 일본의 발전을 위해서 농민으로서의 또 다른 역할을 요구했다.

---

51) 「石黑忠篤農政放談」大竹啓介編著, 『石黑忠篤の農政思想』農山漁村文化協會, 1984, p.65. 放談의 시점은 1952년이다.

이시구로 타다아츠는 다음과 같이 말한다.

> 현재의 農民道場운동에 대하여, 회고적 시대역행의 봉건적 운동이
> 라고 비방하는 사람들이 있다. 그들에 대하여 우리들은, 그렇다면 지금
> 의 세상世相, 이 탁류, 이 오예汚穢를 어떻게 해서 치료해야만 하는가
> 라고 묻고 싶다. 이 질문에 대하여 그들은 사회주의라고 답하거나 극단
> 적인 사람은 공산주의라고 답한다. 그러나 그 답은 시폐時弊를 치료할
> 수 없고 오히려 국가를 파괴하는 것이다.
>
> 일본 정신이야말로 我國의 正道이고 유일한 오탁청징汚濁清澄의 길
> 이다. 일본정신이란 농민정신의 작흥이고, 농민도장에서의 실습훈련은
> 농민정신 작흥의 수단이고, 도장 교육의 본체는 실로 여기에 존재한다.
> 농업은 자본주의의 악으로부터 남겨진 성지이다. 우리들은 이 성지에
> 서 자본주의의 악을 제거하고, 이 이상을 농가, 부락, 촌으로 전진 시키
> 고 나아가서는 사회, 국가로 전진 시키고 싶은 염원을 갖고 있다. 일본
> 정신이란, 천황을 정점으로 한 소위 일군만민一君萬民의 정신에 근거
> 하여 전 국민에 의한 상조 협동단체의 이상 실현을 기조로 하지 않으면
> 안된다. 일본민족을 위해 자기 이익을 생각지 않고, 협동체 발전을 위
> 해 농農에 정진하는 이 경지를 어디까지도 발전시키는 것, 이것이 진실
> 된 농민정신이고, 일본정신의 구현이다. …… 미국에 있어서도 기계문명
> 으로부터 각성하여 인간본래의 모습으로 복귀하려고 있는 것이 아닌
> 가.[52]

즉 자본주의 악을 제거하고 일본정신을 구현할 것을 농민에게
요구하고 있다. 그러나 여기에서 말하는 자본주의의 악의 제거는
자본주의 체제의 부정이 아니고, 자본주의가 갖고 있는 '자리自利'

---

52) 石黑忠篤, 「日本精神とニューデイール」 앞의 책, 『石黑忠篤の農政思想』,
   p.200.

본위(당시의 용어로는 개인주의, 영리주의라고도 표현되었음)를 일본정신에 의해서 수정해가는 것이었다. 그리고 행동으로서는 촌락경제의 근본적 재건을 위해서, 시장경제에서의 거래상의 불이익을 시정하고, 산업조합의 조직에 의하여 자본주의 경제를 통제하려는 방식이었다.

이시구로 타다아츠는 1934년 1월 간행된 『農林行政』(日本評論社)에서,

전 세계적으로 공황의 와중에 있는 금일, 그것으로 부터 탈출하는 갱생책은 統制經濟, 計劃經濟 이외에는 구할 수 없다고 말해지고 있다. 그 자유 하나만을 오로지 내세워 왔던 미국이 오늘날 어떻게 하고 있는가를 주의해서 보고 있는 것만으로도 충분할 것이다. 그러나 문제는 그 통제, 계획이 누구에 의하여 어떻게 집행되는가에 있다. 통제경제라고 말해도 우리들은 추호도 자본가의 손상을 농민에게 전가하는 것과 같은 통제경제를 의미하는 것이 아니라, 오히려 오늘날 농촌갱생계획을 기조로 하여, 농림 당국에 의하여 지도 장려되어지고 있는 바의 협동조합주의에 순응하는 것과 같이 상공업을 통제하는 것을 대망하는 것이다.[53]

라고 하는 것에서 농림성의 통제경제의 방향을 알 수 있다.[54]

---

53) 위의 책, p.185.
54) 1934년 당시 농무국 농정과 소속의 和田博雄도 갱생운동의 커다란 의의 중의 하나가 '계획경제, 통제경제적 사고'를 기본으로 한 협동적 농업생산 방향이라고 지적하고 있다. 더불어 和田가 갱생운동에 있어서 통제경제의 논리는 '자기방어, 자기확장'의 것으로 국민경제 전체 입장에서의 통제가 아니라 농촌내부에 농촌불록경제의 색채가 짙은 조직화를 구축하는데 지나지 않을 것이라고 한 평가는 농림성의 통제방향을 잘 나타내주고 있다. 大竹啓介, 앞의 책, 『幻の花-和田博雄の生涯』上, p.86 참조.

여기서 통제경제와 농촌경제갱생운동과의 관계에 대해서 살펴보기로 하자. 농림행정에 깊게 관여하고 있던 동경제국대학 농학부 교수 야하기 에이조矢作榮藏가

> 현재의 불경기는 세계적인 것으로 세계 어떤 나라에서도 안심할 수 있는 상태로 되어있지 못하다. 제1차 세계대전 이래 생산과잉 국이 대단히 많고, 생산자는 모두 사업의 일부를 축소하고, 실업자를 다수 배출하고 있으며 금융은 폐색상태이다. 요즘에는 자본주의 경제조직이 종말에 가까운 것이 아닌가 하는 의견을 가진 사람이 꽤 많다.[55]

라고 언급하고 있듯이 자본주의에 대하여 통제경제를 주장하는 사람들이 증가하고 있었다. 실제로 금융공황(1927년 3월)과 이에 이은 세계공황(1929년 10월)에 의해 국내 경제 혼란과 세계경제의 블록화가 진행되어지는 속에서 소련은 제1차 5개년계획을 실행에 옮겨(1928년 10월), 그 성공이 보도되고 있었다. 이러한 가운데 더 이상 종래의 형태의 자본주의는 경제제도로서의 신뢰를 잃고 국가에 의한 통제경제가 각국 경제에서 지향되어지게 되었다.

이러한 풍조는 일본에도 미쳐 1930년대에 들어오면 경제논단에서 통제경제론이 융성하게 되었고, 농림행정도 그 영향을 받지 않을 수 없었다. 이시구로는,

> 근대국가의 특색은 일국 문화의 개발에 중점을 두고 그것을 위해 여러 가지 시설을 두고, 보조 장려함은 물론, 필요한 경우에는 사인私人의 자유를 제한 또는 그 경영을 금지하고, 관·공용으로서 대처하는 식의 행정을 추진해 온 곳에 있다. 我國의 농림 행정에서는 앞에서 상술

---

55) 矢作榮藏, 「擧國一致の新經濟政策」 『斯民』 28-1, 1933년 1월.

한 바와 같이 연혁적, 필연적 발달의 결과, 고강도의 집권주의가 시행되고 있는데, 지금 그 특질은 근대국가의 앞에서 말한 색채와 어울려 그 문화적, 보육적 측면을 가중시켜 왔다. …… 우리는 여기에 우리나라 농림행정이 다른 행정에 비하여 일보 앞선 지위에 있음을 본다. 원래 이러한 농림행정의 선진적 지위는 현재 사회제도에서 농림업이 타업종에 비하여 불리하기 때문에 생겨난 점을 부정하지 않지만, 또 그렇기 때문에 농림행정은 장래 국가의 행정양식을 암시하는 것과 같은 지위를 현재 차지하고 있다고 볼 수 있다.[56)]

고 먼저 농림행정이 근대국가적 특성인 강한 집권주의적 성격을 갖고 있음을 지적했다. 이것은 당시 말해지고 있던 통제경제 계획경제의 성격을 이미 농림행정이 갖고 있다는 점을 강조하는 것이고, 이시구로에게 있어서 바람직한 통제경제의 방향은 농촌경제갱생운동에서 지도 장려하고 있는 협동조합의 확대발전과, 집권적 국가와의 밀착에 의한 '국가협동조합주의라고 말할 수 있는 신체제', 이것이었다.

그러나 여기에서 하나 지적해야 될 것은 농촌경제갱생운동이 당시 통제경제의 의미를 부여받을 수 있는 것에 불과할 뿐 전면적으로 통제경제의 이론으로부터 출발한 농정론이 아니었다는 점이다. 이시구로 농정의 최고 브레인의 하나였던 나스 히로시那須皓가 경제 갱생운동에 대해서 1934년,

현재 미국에서는 'Agricultural Adjustment Act'에 의하여 농업에 대해 대규모적인 사업을 진행하고 있습니다. 또 露西亞에서는, 산업 5개년계획 중에 농업에 대하여 사업을 진행하고 있습니다. 나는 이러한 미국 및 러시아의 계획과 더불어, 일본의 농촌경제갱생운동을 같이 열거해도

---

56) 앞의 책, 『石黑忠篤の農政思想』, p.185.

좋지 않은가. 이러한 방면에서 세계의 삼대운동에 하나라고까지 생각하고 있습니다.[57]

라고 경제갱생운동을 자리 매김하고 있지만, 이탈리아와 같은 국가통제를 시야에 둔 사람에게는 부족함이 있었다. 야하기 에이조가 1933년에 다음과 같이 지적하고 있다.

> 만약 아방에서 伊太利처럼 자본주의경제에 국가통제를 가하고, 국민이 생산 사업에 종사함을 국가적 의무로 생각하고, 쓸데없는 경쟁과 알력을 정지하고, 거국일치로 생산력을 높이는 것에 협력한다면, 아방의 전도는 점점 유망하고 구미의 선진국을 능가할 수 있는 가능성은 충분히 있다. …… 누구나 알고 있는 것과 같이 현재 농림성에서 경제갱생 계획을 세우고 있고 상공성에서는 산업의 합리화나 중요산업의 통제 등을 실행하고 있지만, 국민전체의 이해가 없기 때문에, 지금 행해지고 있는 것을 보면 실로 찔끔찔끔 조금씩 하는 방식으로, 별로 강렬하지 않은 정책을 서서히 실행하고 있는 것에 불과하다.
> 그런데, 아국은 단지 6천만인의 일본인으로서 이천만인의 식민지인을 지도하고 있고, 더욱이 앞으로는 삼천만인의 동맹국인을 지도하여, 그 풍부한 천연자원을 아국 경제 발전에 이용할 수 있다. 동시에 그들에게도 비상한 경제상의 행복을 주어야 할 책무를 갖고 있는 점에서 생각해보면, 오늘날과 지금과 같이 찔끔찔끔하는 방식의 극히 간접적이고 우아한 국가 통제만으로는 이 난관을 돌파하는 것이 불가능하며 우리들이 얻은 정치상, 경제상의 지위도 잘못하면 외부로부터 위협받지 않는다고 말할 수 없다.[58]

---

57) 앞의 책, 『農山漁村經濟更生運動史資料集成』 2-1, pp.245~246.
58) 矢作榮藏, 앞의 글, 「擧國一致の新經濟政策」.

'구미의 선진국을 능가할 수 있는' 국력, '미국을 능가할 수 있는 경제적 발전'을 지향하기 위해서는 경제갱생운동과 같은 '찔끔찔끔 하는 방식의 극히 간접적이고 우아한 국가 통제' 방식이 아닌 보다 강력한 직접적인 국가통제가 필요하다고 지적하고 있다.

이상에서 알 수 있듯이 세계공황 속에서 경제적 곤란을 극복하고자 했던 각국의 동향이 주목되어지고, 그 국난 극복의 노력이 강조되고 있음을 알 수 있다. 현실의 농촌을 무자각, 자기중심적인 것으로 인식한 국가관료는 경제갱생운동에 맞지 않는 보수적, 봉건적, 대립적인 농촌의 요소를 타파하고 근본적인 촌 재건을 통하여 농촌을 신일본 건설을 위한 토대로 삼고자 하였다. 관료의 목표는 비상시에 대응할 수 있는 체제를 확립하고, '국운國運의 발전융창'을 꾀하여 신흥 일본을 건설해 가는데 있었다.

즉 현재의 강국으로서의 지위를 유지하면서 더욱 발전을 꾀하기 위해서(야하기 에이조에 있어서는 '구미 선진국을 능가하는' 구체적인 목표), 경제갱생운동에 의한 "경제의 근본적인 재건을 단행하고 이로서 우리 국가의 영원히 움직일 수 없는 기초를 확립하고자하는 것"이었다. 그를 위해 "일본민족발전을 위하여 自利를 생각지 않고 협동체 발전을 위해 농에 정진하는 그 경지를 어디까지나 발전시키는" 자세가 필요하였다. 그리고 경제갱생운동의 기본 정신은, 자력주의에 의거하여 조국을 위해 사회의 탁류, 자본주의의 악을 제거하고, '우리들이 자랑할 만한 일본정신'을 가지고 농촌을 건설해 간다는 의지, 각성을 스스로 갖고서 국난을 극복하고 신일본을 건설해가는 곳에 있었다.

즉 자력주의自力主義, 조국애祖國愛, 국난극복國難克服 등이 세트가 되어있는 논리였다. 이렇듯 경제갱생운동의 목적은 '경제'의 갱생 운동에만 머물지 않았던 것이다.

2. 인보공조의 정신

고다이라 고니치小平權一는 갱생운동과 인보공조隣保共助 정신의 관계에 대해,

> 이번의 농촌경제갱생이 우리나라 고유의 미풍인 인보공조 정신을 경제생활에 활용하여 농촌갱생을 꾀하고자 하는 것은, 도덕과 경제의 조화를 기조로 한 것이라 볼 수 있다. 인보공조는 자기 자신만 좋으면 다른 것은 어떻게 되도 상관없다는 이기적 망동하고는 크게 다르다. 그래서는 농촌갱생은 기대할 수 없다. 지금 같은 때 개개인의 힘으로서는 이룩할 수 없는 것들이 많다. 반드시 인보공조, 협력일치해서 경제를 갱생해야만 한다.[59)

라고 말했다. 여기서 인보공조란 상부상조의 협동정신을 의미하고, 위의 '도덕'이란 이 상부상조의 의식임을 알 수 있다.

근본적인 촌락재건을 통해서 국운을 발전시키고자 했던 국가관료에게 있어서 농촌 내부가 중심 없이 뿔뿔이 흩어진 상태로 되어버렸다고 인식하였기 때문에, 그 상황 속에서 갱생운동을 성취하고자 인보공조 정신을 국민 사이에 강력히 침투시키고자 했던 것은 당연한 일이라 하겠다. 다시 말하면, 인보공조의 정신은 경제 갱생의 효과를 높이는 수단이었다.

이 인보공조의 정신에 의해 시행해야 할 주요 항목들은 다음과 같다. 첫째, 구입·판매의 공동화 및 부채정리의 공동화였고, 둘째로는 공동 작업이었다. 갱생운동에서는 공동 작업을 장려하고 있었는데, 공동수익지의 설치, 공동경작, 공동작업장, 공동시설이용, 공동

---

59) 小平權一, 앞의 글, 「報德思想と農村更生」.

노력봉사에 의한 토지수면의 정비, 공동개간 관리에 의한 토지분배
의 공평, 경지의 교환분합 등이었다. 셋째는 관혼상제비와 사교비
의 억제로, 관혼상제 등은 농촌 사회생활에서의 관습이기에 촌락
주민 전체가 협력하지 않으면 안 되는 것이었다. 넷째는 소작쟁의,
당쟁, 사원私怨 등 온갖 대립분쟁의 해소였다.

그러나 근대 이후 촌락사회가 뿔뿔이 흩어진 상태가 되었다는
인식 아래에서는 국난극복이나 인보공조의 슬로건만으로는 인보공
조의 촌락사회를 만들 수 없었다. 따라서 전 부락 구성원을 '일인
일역주의'에 의해 참가의식을 환기시키고 부락에 품평회, 경진회를
조성하여 부락 내 혹은 부락간의 경쟁심을 유발하여 자발성을 끌
어내고자 했다.[60] 또 좌절과 이탈자를 막기 위해 '협동의 힘으로 상
호감시, 공려'[61]하기를 장려하고, 나아가 행정지도와 법적제도 마련
에 노력하였다.

이런 사업을 추진해 가는 구심점은 부락 단위의 농사실행조합이
었다. 농사실행조합은 '진정한 인보공조 정신에 따라 경제갱생 계
획, 실행의 기초단체'[62]로 규정되어 있어, '경영상, 가계상 종합적
지도'[63]를 하도록 규정하고 있고, 부락 내의 생산, 유통 및 생활 등
직접적으로 농가를 지도, 통제하였다. 앞에서 언급한 바와 같이 정
촌과 부락을 연관시키는 일원적 조직이 정비되어, 특히 모든 부락
에 농사실행조합의 설치가 중시되어 졌다. 그러나 이런 표면적인
조직의 정비보다 더 주목해야 할 것은 시행하는 사업 속에 보이는
원리이다.

---

60) 庄司俊作, 앞의 책, 『近代日本農村社會の展開』의 9章 참조.
61) 小平權一, 앞의 글, 「農村經濟更生と農事實行組合」.
62) 農林省農村經濟更生部編, 「道府縣經濟更生主務課長主任官協議會要錄」
    『經濟更生資料』13호, 1933년 8월.
63) 農林省農村經濟更生部編, 『地方聯合經濟計劃協議會要錄』16, 1933년 11
    월.

그런데 농촌갱생협회 주사 스기노 타다오杉野忠夫가, "인보공조, 부락의 재건, 농도부흥, 혹은 보덕주의의 고취라는 옛날의 생활양식과 원리를 배경으로 하는 사상이 갱생운동의 저류를 이루고 있다"[64]고 하여, 인보공조의 정신을 옛날의 생활양식과 원리를 배경으로 하는 사상으로 규정하고 있다.

그러나 옛 생활원리인 인보공조, 부락 재건의 강조가 결코 이전 부락 질서에 복귀를 의미하지는 않았다. 국가관료는 경제갱생을 방해하는 공동체적 요소들, 예를 들면 무진뢰모자강無盡賴母子講, 관혼상제, 사교 등은 타파해야 할 요소들이었고, 또 촌락에 있는 '보수적'·'봉건적'요소들을 타파하도록 요구했다.

한편으로, 부채정리조합의 결성이나 산업조합 신용사업의 실시, 공동작업 등에서 보여지 듯 새로운 부락 질서를 창출하고자 했다. 이는 부채정리조합(부채정리조합법은 1933년 8월 시행) 결성에 대한 촌락 내에서의 반응에 잘 나타나는 데, 그 반응은

"인보공조의 정신을 갖고 부락민들이 부채가 있는 자도 없는 자도 협력하여 부채정리조합을 만들어 가자고 말했습니다만, 이 점은 조합설립 당초에 여러 가지로 문제가 되었습니다. 극단적인 논의에는 자기가 하나도 이익을 얻지 못하는 조합에 들어가게 되어, 만일의 경우에는 부채연대책임을 지게 되는데, 이런 조합이 왜 필요한가. 신이나 부처가 아닌 다음에 남을 위해 협력하거나 인보공조는 할 수 없는 것이 아닌가"[65]

하는 반응도 있었다.

하지만, 현의 관계자의 노력에 의해 점점 이해되어져 갔고, 그 노력에 의해 "(조합의)간부들은 대부분 부채와는 관계없는 사람들이 들어 있습니다. 그리고 부락 주민의 대다수를(조합원으로) 포함하

64) 杉野忠夫,「農村更生運動の展望」『農村更生讀本』.
65) 小平權一의 발언,『農山漁村經濟更生運動史資料集成』2-1, p.237.

게 되었습니다"[66]라는 평가를 받게 된다. 즉 위와 같은 성격의 부채
정리조합과 같은 조직을 만드는 것은 이전의 공동체에는 없었던
일이었다.

이런 것은 농사실행조합의 신용사업에서도 보인다. 현의 지도에
의해 만들어진 군마 현群馬縣 기자키 정木崎町 아카호리赤堀 부락의
연대보증 제도가 그 일례이다

연대보증제내규

1. 본 조합은 구입 사업상 편의를 위해 구래관습의 자치, 행정구역을 단
   위로 하는 上組, 中組, 下組, 本鄕 내의 농사실행조합원 전원으로 각
   연대보증반을 설립한다. 반장은 각조의 간사가 겸임한다.

2. 조합원이 산업조합이나 그 위로부터 자금 및 물자를 차용하고자 할
   때에는 연대보증반 연명의 연대보증차용증에 날인 서명을 받아 농사
   실행조합장에 제출하여야만 한다.

3, 4. (생략)

5. 반원 중 차용의 변제가 대단히 늦을 경우 그 회원을 농사실행조합으
   로부터 제명하도록 한다.

6. 조합원 중 연대보증반에 자기 개인 이유 때문에 가입하지 않는 경우,
   농사실행조합은 그 조합원에 대해 일체의 취급을 정지한다.[67]

연대보증반의 반강제적 가입규정과 더불어 담보도 없는 빈농의
연대보증에 의한 차용을 꾀하고 있다. 갱생운동은 이와 같이 자신
의 손익에 대해 민감한 현실의 촌락사회를 대상으로 인보공조 정
신을 논리로 내세워 약자보호 원칙을 관철하고 있었다고 보아도

---

66) 위의 책, p.238.
67) 大川竹雄, 「昭和13 14年組合關係帳」『大川家文書』.

될 것이다.

한편, 공동작업 또한 새로운 부락 질서였다. 공동작업의 규모면
에서 볼 때 갱생운동 전기의 공동 작업 중에는 공동채종원 설치,
병충해 구제예방, 자급비료 생산, 공동제초, 잠종의 공동사육 등
'사적 "수노동"의 원시적 협업에 의한 보족'[68]에 지나지 않는 정도
의 규모가 많았다. 또 부락이 공동 개간한 토지를 부락재산으로 하
여 빈농에게 소작시킴으로써 빈농의 갱생을 꾀하고자 하여,[69] 공동
경작, 공동개간이 실시되어져도 빈농의 경제갱생 수단으로서 대부
분은 부채정리 사업과 결부되어 있는 정도였다.[70] 다시 말하면 이
러한 공동작업은 중일전쟁 이후 징병·징용에 의한 노동력부족과
군마나 물자 징발, 비료부족 등에 의한 물자부족 속에서 실시된 부
락 규모의 공동작업에 비해 그 규모가 빈약하고 부락 일부분에서
행해지는 단계였다.

그러나 갱생운동 전기에 있어서 공동작업의 원리는 중일전쟁 이
후에도 연속되는 일관된 것으로 새로운 부락질서를 형성케 하는
한 요인이 되었다. 즉 이전 농업생산 활동은 개별경영을 기본으로
하여 수리, 노동관행에 의해 공동체적 규제를 받기도 하는데, 이전
의 노동관행으로 농번기인 모내기와 추수기에 주변의 친한 농가나
친척 관계가 있는 농가끼리 무보수의 상호 노동력 제공을 기본으
로 하는 '품앗이(結い)'가 지배적 공동작업이었다.

여기에 대해 장려된 새로운 공동경작은 효율적인 노동력 배분,
경제갱생을 꾀하기 위한 것으로, 특히 수전·상원에서 장려된 공동

---

68) 井上晴丸, 『協同組合論』『著作選集』 6卷, 1972, p.282.

69) 帝國農會, 『經濟更生指導者研究會要錄』 중 경제갱생부 총무과장 田中長
茂의 발언.

70) 柚木駿一, 「農村經濟更生運動計劃と分村移民計劃の展開過程」 滿洲移民
史研究會編, 『日本帝國主義下の滿洲移民』, 龍溪書舍, 1976, p.281.

경작은 '품앗이(結い)'보다 규모가 커서, '품앗이(結い)'단위의 구성원 범위를 넘어서 새로운 참가자가 포함된 구성원을 형성케 하였다.[71] 그런데 이것으로 인하여 '품앗이(結い)'단계에서는 전혀 문제시되지 않았던 공동경작에 참여하는 개인의 농작업 능력의 차이, 계급적 차이, 경영규모의 차이 및 개별경영내의 가족구성의 차 등이 문제점으로 등장하여 공동경작의 시행이 어려웠다.[72]

원래 이런 문제점들은 개별경영 자체를 그대로 놔둔 채 노동과정에서만 결합시킨 공동경작 형식이었기에 발생하는 것으로, 이에 대해 관료는 먼저 개별경영 농가에 대해 '단결심'이나 '사심을 버리고 부락을 위해'란 슬로건을 강조하게 된다. 그러나 정신적 구호만으로 해결할 수는 없는 일이기에 개인 농작업 능력의 균일성을 전제로 한 노임지불 방식을 장려하면서 공동경작을 지도하고자 했다. 따라서 공동경작 진행과정에서 오히려 개인적 손해라고 생각하는 사람이 나오기 마련인데 관료는 더욱더 인보공조의 정신을 강조하며 그 명분으로 공동작업을 이끌어가고자 했다.

이렇듯 부채정리 조합결성, 산업조합 사업, 공동작업은 새로운 부락질서를 창출해 내는 역할을 하였는데, 거기에서 보이는 지배원리란 '공동화의 확대'라고 표현할 수 있겠다. 이 '공동화의 확대'는 갱생운동 이전이나 패전 이후의 촌락사회에서 나타나지 않는 현상으로 쇼와전전기의 시대적 특징이라 할 수 있다.

이상에서 볼 때 농림관료의 촌락 재건의 한 방향은 당시 국내외 위기 속에서 국가목표에 대치하는 기존의 공동체적인 것은 '폐풍'으로 부정하면서도 다른 한편으로는 인위적으로 새롭게 만든 공동체적 요소를 가지고 새로운 부락질서를 창출해가는 것이었다. 내무관료 하자마 시게루狹間茂가 종종 봉건적인 공동체질서의 대명사처

---

71) 長野縣, 『經濟更生計劃實行事例』, 1936년.
72) 須永重光, 『日本農業技術論』, 御茶の水書房, 1987, p.180.

럼 말해지는 '인보공조'슬로건은 지역사회의 일체성이라는 정도의 의미였다[73]고 말하는 것은 이 때문이었다. 한마디로 국가를 위한 촌락공동체를 건설하고자 했던 것이다.

3. 자력갱생의 인간 만들기

1) 자력갱생의 인간형

농촌의 현실에 대해 대단히 비판적이었던 경제갱생운동 관계자에게 있어 "계획 실행에 있어 가장 중요한 것은 경험과 사람이다"[74]라고 생각한 것은 당연하다 하겠다. 그 중에도 경험보다 사람을 더 중요시했다. 이것은 "실행조직을 운용하는 것은 사람입니다. 이 문제를 생각하지 않고 형식적으로 조직만을 만든다는 것은 불상을 만들고 혼을 불어넣지 않는 것과 같습니다. 이 갱생 계획을 참되게 살릴 수 있는 것은 사람입니다"[75]라는 인식에서도 알 수 있다.

그럼 어떠한 인간이 지향되었는가. 먼저 관료가 국가의식의 함양과 더불어 농민에게 요구했던 것은 '農농'의 정신이었다. 농림성에서는 갱생운동의 항구대책으로서 농민도장을 설치하여 농민교육을 실시하였는데, 이시구로 타다아츠石黑忠篤는 여기에서 농민정신을 강조하였다.

그는 농업공황과 같은 폐색상황이 온 근본원이 '개인주의 문명'에 빠져 있기 때문이라 보았다. 그에게 있어 '개인주의 문명'은 '영리주의'였다. 따라서 정신적 교육을 통하여 영리주의의 피해로부터 일본 국가를 구해내야 하는데 농민에게 있어서 정신적 교육은 농

---

73) 內政史研究會, 『狹間茂氏談話速記錄』, p.66.
74) 土屋大助, 「農村更生計劃の樹て方」『農村更生讀本』.
75) 위의 글.

민정신 즉 '농'의 의의를 자각시키는 것이었다.

'농'의 의의란 일본국가의 생명, 즉 천황을 중심으로 한 '커다란 공동생활체의 대생명'을 유지하는 존엄한 것으로, 일본정신의 근본이고 민족협화의 근원이었다. 따라서 서양의 개인주의 문명이 가져왔던 영리주의를 배척해야만 하고, '농'의 의의에 진력하여 농업 생산 활동을 영위해야만 했다. 농업형태로서는 영리를 목적으로 한 시장농업이 '농'의 본질에서 벗어나는 것으로 자급자족의 농업정신이 추구되어 졌다.[76] '농'의 행위는 돈을 벌기 위한 것이나 작은 이익을 얻기 위한 것이 아니었다. 진정한 농민을 만들어 가는 것이 농림행정의 대부인 이시구로의 생각이었다. 다음 글에는 이시구로의 농민정신이 잘 요약되어 있다.

> 현재 농민도장운동을 회고적 시대역행의 봉건적 운동이라고 비방하는 자가 있다. 그들에 대해 우리들은 그렇다고 한다면 지금의 세상, 이 탁류, 이 더러움을 어떻게 하여 고칠 것인가 하고 묻고 싶다. 이 질문에 대해 그들은 사회주의라 답하고, 극단적인 자는 공산주의라 답한다. 그러나 이 답은 시폐를 시정하는 것이 아니고 국가를 파괴하는 것일 것이다. 일본정신이야 말로 정도이고 유일의 오탁청징의 길이다. 일본정신이란 농민정신의 작흥이고 농민도장에서의 실습훈련은 농민정신 작흥의 수단으로, 도장교육의 본체는 실로 여기에 있는 것이다. 농업은 자본주의 악으로부터 남겨져 있는 성지이다. 우리들은 이 성지에서 자본주의 악을 제거하고 농가, 부락, 촌으로 그 이상을 확산시키고 나아가 사회, 국가에로 진전시키고 싶다는 염원이다. 일본정신이란 천황을 받드는 소위 일군만민의 정신에 입각하여 전 국민에 의한 상호협동단체의 이상실현을 기조로 하는 것이지 않으면 안 된다. 일본민족 발전을

---

76) 石黑忠篤, 「日本精神とニューディール」(앞의 책, 『石黑忠篤の農政思想』, p.200). 이것은 1937년 2월의 강연내용이다.

위해 사리를 생각하지 않고 협동체 발전을 위해 농에 진력하는 이 경지를 널리 확산·발전시키는 것이 바로 진실한 농민정신이고 일본정신의 구현이다.[77]

무엇보다도 먼저, 자본주의 악을 제거하고 일본정신의 구현을 농민에게 구하고 있다. 그러나 현재의 폐색상황의 근본원인인 자본주의 악의 제거는 자본주의 체제의 부정이 아니고 자본주의가 갖고 있는 자리自利본위(개인주의 문명 즉 영리주의)를 일본정신에 의해 치유하려는 것이었다. 그리고 행동으로서는 전술했듯이 자본주의 진전에 의한 시장경제 폐해의 시정을 산업조합 등의 조직에 의해 자본주의 경제를 통제하고자 하는 방향이었다.

두 번째는 능력과 리더십을 중요시했다. 생산계획, 생산기술, 판매, 구매, 금융의 통제, 생활개선 등등 "농산어촌경제갱생계획기본방침"에서 요구하는 자력주의에 의한 '경제'의 갱생을 이룩할 수 있는 능력이 요구되어졌다. 이를 위해서는 '보수적'·'봉건적'요소를 타파하는 개량에 대한 용기와 지식이 요구되어졌고, '경제'갱생이었기 때문에 수입증가와 지출절감을 위해 경제논리에 의거한 합리화, 조직화를 꾀하도록 요구되어졌다.

관료가 자력갱생의 인간형으로서 농민에게 요구했던 것은 '농'의 정신 함양과 '경제' 갱생의 능력이었다. 그런데 여기서 주목해야 할 것은 '경제' 갱생에 포함되어 있는 논리 즉 적자경제를 흑자경제로 전환시키는 치열한 경제논리와 '농'의 의의에서 보이는 그것의 부정이었다. '경제' 갱생을 위해 상업적 농업이 장려되었다. 다각형 농업의 추진으로 인한 유축농업의 장려, 부업, 원예작물의 도입 내지 증산 등으로 어느 것도 판매를 통해 수입증가를 꾀하는 사업으

---

77) 石黑忠篤, 「農民道場長に與う」 『石黑忠篤の農政思想』, 1938.

로 또 산업조합을 통한 판매, 구매 사업 자체가 다른 산업 분야에 대한 경제적 방어논리였다. 이와 동시에 영리주의를 배척하고 자급자족의 농업을 장려하였다. 이는 경영 지출을 억제하고 농가수익을 향상하고자 하는 데서 오는 것이었지만, 이런 일견 모순적인 논리를 농림관료는 경제와 도덕의 논리를 가지고 합리화 시키고 있었다. 그러나 이 도덕의 논리는 농업, 농촌을 중심으로 한 '농'의 의의와 상부상조의 도덕론이었기에 경제갱생운동이 진행됨에 따라 다른 산업 분야와의 마찰을 만들어내는 기반을 형성하였다.

2) 갱생운동의 담당자

관료의 자력갱생적인 인간 만들기는 전 농민을 대상으로 했다. 그러나 일반농민이 인습에 빠져 개선의 탄력이 없기 때문에 갱생운동의 실행과 효과를 당장 기대하기에는 무리가 있다고 본 농림관계자는 실행의 제일선에 설 리더가 필요했다. 지금까지 연구에서는 이 실질적 실행의 추진력을 중견인물로 부르고 그 계층성에 착목해왔다(이에 대해 중심인물은 촌·정장 등 단체장에 해당된다). 그러면 관료는 실제로 중견인물로 어떠한 사람들을 상정하고 있었던가.

고다이라 고니치小平權一는 다음과 같이 언급하고 있다.

> 경제갱생계획의 효과를 완전히 발휘하기 위해서는 농촌에 진실로 농민정신에 투철한 중심인물이 있어서 자가농업에 종사하면서 나아가 촌민의 의표가 되어 촌민을 이끌고 갱생계획의 실행에 매진하지 않으면 안 된다. …… 우리나라 농촌에서 참된 중견인물을 양성하려면 농업노동이 중심이 되지 않으면 우리나라 농업에 적합한 것이라 할 수 없다. 우리나라 농촌갱생을 꾀함에는 농촌에서 스스로 농업에 종사하고 그 촌의 중민에 솔선하여 촌민의 의표가 되어 촌의 경제갱생에 매진하

는 인물이 없어서는 안 된다. …… 농촌에 대해서 지도하고, 명령하고,
주문하고, 의견을 개진하고, 개혁을 주장하는 사람은 많아도 다른 곳으
로부터의 지도, 국가방침, 국가시설, 다른 곳의 의견을 잘 받아들여 실
제로 실행하는 자는 적다. 이것이 현재 농촌이 가장 고민하는 점이다.
달변의 사람이 있어도 실제로 수족을 논밭에 디밀고 농촌을 재건하고
자 하는 사람은 없다. 이런 실제사정을 보더라도 중견인물의 양성은 농
업노동을 중심으로 하지 않으면 안 된다.[78]

이 글에서 특히 강조되고 있는 중심인물 혹은 중견인물이란 실
제로 농업에 종사하여 현장 감각을 갖고 있어야 하며, 리더십과 실
행력을 갖고 있어야 하며, 국가정책에 충실한 수행자여야 한다는
점이다. 여기서 첫째로 중견인물의 계층성을 고려할 때, 농림관료
는 중견인물은 실제로 농업에 종사하는 자로서 불경작지주의 경우
는 부적절한 것으로 생각하고 있음을 먼저 지적해야 할 것이다.[79]

또 이시구로는 "농사실행조합 활동을 활발히 하기 위해서는 무
엇보다도 조합장 및 조합간부에 적합한 인물을 맞아 들여야만 한
다. 덕망있고 계획적 두뇌가 있고 농업경험을 갖고 있는 사람이어
야 하고 또 강한 신념과 정열을 가진 인물을 얻어야만 한다. 아키
타秋田의 농성農聖이라 불려지던 이시카와 리키노스케石川理紅之助 옹
과 같이 부락 유력자가 앞서서 조합 일을 담당하는 것은 극히 바람
직한 일이다. 그러나 (略) 부락의 얼굴이라 하여 단나슈旦那衆라는 이
유만으로 간부로 맞아들이는 종래와 같은 방식은 안 된다."[80]라고

---

78) 小平權一, 「農村中堅人物養成所－所謂農民道場」『農業經濟』1-5, 1934년 8
월.
79) 위 인용문의 小平權一의 생각은 농림성의 견해이기도 하다. 농림성 농
정국, 『本邦農業要覽』, 1942년, p.368.
80) 小平權一, 앞의 글, 「農村經濟更生と農事實行組合」.

강조하고 있다. 한편, 『농촌갱생독본農村更生讀本』에서 곤도 야스오近藤康男도 지주이고 미곡상, 고리대금업자를 겸하는 촌락 내 경제적 유력자를 갱생운동의 장애자로 보고 보수적이며, 현상유지적, 특권적 존재로 비판하고 있다.[81]

이런 점들을 종합해 볼 때 불경작 기생지주는 제쳐두고라도 중심인물이나 중견인물을 계층적으로는 적어도 경작지주까지 상정하고 있음에 틀림없다. '적어도'라고 표현한 것은 현실적으로 촌락 내에 경제적 여유가 있어 교육을 받고 자기희생적 봉사에 헌신할 수 있는 인물은 지주였기에 이를 무시할 수 없었을 뿐만 아니라, 고다이라 고니치의 경우는 경제적 여유가 있는 유력자, 명망가가 리더십을 가지고 갱생운동을 추진하는 것이 가장 바람직하다고 보기까지 했기 때문이다. 오히려 관료는 추진 담당계층을 애매하게 함으로써 농촌내부의 계급대립을 포함한 내부 알력을 현재화시키지 않으려 했다고 보인다. 요는 추진할 능력과 열의였던 것이다.

둘째로 중견인물의 요소로 세대적으로는 청년층이 중시되었다. 사이토齊藤내각의 농림대신 고토 후미오後藤文夫는 "농촌경제갱생 실현에는 꼭 중심인물을 필요로 하지만, (略) 갱생계획의 수립실행에 있어서는 특히 청년의 힘을 촉구해야만 한다. 정촌 중심인물과 그것을 지지해갈 청년에 호소함으로써 계획 수립실행에 성과를 기할 수 있다."[82]고 청년층의 의기와 실행력을 기대하고 있다.

중견인물에 청년을 상정하고 있는 것은 수많은 자료에서 발견되어 진다. 한 예로 1934년 농촌경제갱생 중앙위원회에서는 정촌 내 5호 내지 10호마다 실행원을 설치할 것을 정하였는데 이 실행원에 청년 등 확고한 성격의 인물을 배치함으로써 완고한 사람들을 전향시키고 새로운 일을 수행할 수 있기를 기대하고 있었다. 또 이

---

81) 近藤康男, 앞의 글, 「農民及農村經濟の現狀」.
82) 後藤文夫, 「農村經濟計劃の要諦」 『農政硏究』 12-6, 1933년 6월.

위원회에서는 정촌 또는 정촌 경제갱생위원회는 당해 정촌의 중견 인물로 청년을 양성할 것을 같이 정하고 있다.[83] 원래 중견인물 양성소 입소자에 대해, 고다이라는 18~19세에서 20세 전후가 좋고, 더욱 농가에서 1~3년 정도 농업에 종사한 자가 가장 좋다고 보고 있는 점에서[84] 중견인물은 계층보다는 세대에 중점을 두었다고 봐야 할 것이다.[85]

셋째로 더욱 주의해야 할 점은 중견인물양성소의 입소자는 현 내 '각 정촌에서 선출되어진' 사람들이라는 점이다. 각 정촌 자체에서 선출한다는 것은 관료가 중견인물로서 기대하는 인물형이 있더라도 기본적으로 그것을 강제하지 않았고 강제할 수도 없었다는 것을 뜻한다. 따라서 이시구로는 "촌의 공직에 각종 정실이 있는 자, 입만 달변인 자를 배제하고 성실하고 열심히 일하는 자를 취임시킬 수 있도록 숙정선거에 의해 이를 실현하는 것이 필요하다. 토목비나 보조금, 조합 대부금 등을 어느새 남모르게 축내는 기생충적인 존재가 의외로 적지 않다. 청년단은 왜 이들을 배제하지 않는가"[86]라고, 바람직하지 않은 인물은 자치선거나 청년단 활동에 의해서 배제되기만을 기대할 수밖에 없었다.

『농촌갱생독본』에서 츠치야 다이스케土屋大助도, "부락의 소위 얼굴격인 자들은 대개 일을 하지 않습니다. 이들이 언제까지 부락간

---

83) 『農山漁村經濟更生運動史資料集成2』, p.263.

84) 小平權一, 앞의 글, 「農村中堅人物養成所-所謂農民道場」.

85) 1940년 石黑忠篤가 농림대신 때 內原에 1만5천명의 중견농민을 집합시켜 농업증산보국추진대를 결성하고자 했다. 이때 각 촌현의 지사의 추천을 받아 참가한 중견농민이란, 현재 농업에 종사하고 있으며 증산추진의 열정이 넘치는 대체로 25세부터 45세까지의 청장년이었음을 볼 때, 중견인물의 계층성을 중요시 하지 않았음을 알 수 있다. 森田美比, 『昭和史のひとこま-農本主義と農政』 筑波書林, 1993, p.175.

86) 石黑忠篤, 「農村の生きる道」 앞의 책, 『石黑忠篤の農政思想』, p.195.

부에 앉아있어서는 부락이 좋아지지 않습니다. 이들을 경질하는 것이 바람직합니다만 그것이 어려운 사정일 때는 고문으로 올려버리고 진실로 일을 하는 사람에게 실권을 넘기는 것이 필요합니다."[87] 라고 부락 자체 내에서 해결해 갈 것을 주문하고 있다.

또 하나 각 정촌(町·村이라는 행정촌락)에서 선출한다는 것은 중견인물이 계층의 이해자가 아니고 계층의 이해를 넘어서 촌락의 전 농민을 대표하는 사람이길 기대했다는 것을 뜻한다. 그것은 관료가 연대신용보증이나 부채정리조합사업, 촌락 내 분쟁대립의 해결을 촌락 내에서 구하고 있는 것에서도 알 수 있다. 중견인물, 중심인물이란 어디까지나 촌락의 전 농민을 대표하는 사람이어야만 했다.

넷째로 농림관료에게 있어서 중심인물과 중견인물의 구별은 명확하지 않았다는 점이다. 고다이라 고니치에 있어서는 중심인물과 중견인물은 동일하기도 하다.[88] 모리 타케마로森武磨를 비롯한 연구자들이 중심인물과 중견인물을 자의적으로 구분하여, 중심인물군과 중견인물군의 관계는 규명하지 않은 채 대립적 개념으로 파악하고자 하는 것과는 사뭇 다른 인식이다.

이상과 같이 정리해 볼 때, 모리와 같이 중견인물을 농가경영개선실시 지도농가, 중견인물양성소 입소자, 혹은 농사실행조합장으로 설정하고, 이런 촌정담당직에 자작농이나 자소작 상층이 대량으로 진출하였다는 근거를 통해서 갱생운동에서 '경영의 논리'의 농정, 중농주도형 촌락재편의 의도를 찾아내려 했던 자의성이 강하다고 밖에 볼 수 없다.[89]

---

87) 土屋大助, 앞의 글, 「農村更生計劃の樹て方」.
88) 小平權一의 주 67)의 인용문 및 앞의 책, 『農山漁村經濟更生運動と小平權一』, pp.133~135의 자료.
89) 森武磨, 앞의 논문. 森의 이 논리는 현재까지도 유력한 견해로 인용되어지고 있는데, 森 본인 자신은 「農村の危機の進行」(『講座日本歷史』 10, 東大出, 1985)에서 오히려 기존의 견해를 바꾸어 추진 담당층(일본파시즘

V. 농촌경제갱생운동의 정책적 한계
－전시기에 대한 전망

1. 통제 없는 증산

갱생운동의 구체적인 정책사항은 이미 살펴본 바와 같이 농림성의 '농산어촌 경제갱생계획 수립 기본방침'에 잘 나타나 있다. 이 내용을 보면, 첫째는 근본적인 촌락의 재건을 성취하기 위해 촌민의 에너지를 총동원할 수 있는 새로운 조직의 신설 및 기존조직의 연락통제를 중시하고 있다. 각 정촌에 갱생운동의 지도기관인 경제갱생위원회를 설치하고 각 정촌의 각 단체 즉 산업조합, 농회, 청년단, 부인회, 재향군인회 등을 그 통제 하에 두고 있다.

둘째는 농민정신의 갱생과 인보공조 정신의 앙양이었다. 이같이 농촌경제갱생운동에서의 '정신'의 강조는 그 후 1937년의 국민정신총동원운동으로 이어지게 된다. 셋째는 '경제'의 갱생에 대한 구체적 방안이었다.

경제갱생운동은 이상과 같은 '농산어촌 경제갱생계획 수립 기본방침'을 토대로 하여, 각각의 정촌이 하나의 단위가 되어 지역 실정에 맞게 정책을 취사선택하고 계획을 세우는 방식으로 진행되었다.

그런데 각 행정촌이 계획안을 세울 때 기본이 되었던 '농산어촌 경제갱생계획 수립 기본방침'에는 생산증식을 유도하는 지시가 대

의 사회적 기반)을 중소지주(중심인물)－중농층(중견인물)의 지도라인으로 설정하고 있다. 여기에 대하여 필자는 갱생운동기와 그 이전 明治, 大正시대의 촌정운영과 실태를 비교하였던 拙稿에서, 중소지주－중농층의 지도라인은 적어도 明治 町村制 시행 초기에 이미 보이고 있는 실태라는 점과, 또 갱생운동에서의 중농층의 진출을 '대량적'으로 볼 수 없다는 점을 들어 비판하였다. 拙稿, 「昭和初期における村落有力者の存在形態(上)(下)」(『國學院雜誌』 97-5, 97-6, 1996년).

단히 많다. 개간개척, 경지개량, 牧野(목초지)의 개량, 原野(초원)·황무지·공지·택지·畦畔(논밭 둑)·늪지의 이용, 토지의 교환·분합交換·分合 등 토지 이용의 고도화를 꾀하고 있으며, 관개수로의 개선, 암거배수의 실행 등의 기반시설 정비와 노동력의 조절, 작업방법의 개선, 잉여노동력의 이용(농한기의 노동력 이용, 부업경영) 등의 노동 투입의 강화 등이 그 예이다. 다시 말하자면 기존의 작물, 기존의 경영조직을 기반으로 한 증산에다 더욱이 신작물, 신생산력을 투입하는 것에 의해 신상품 생산부분을 개척하고자 했던 것을 알 수 있다. 이것은 "특별조성촌은 농림, 어촌경영의 기본적 요소의 정비, 기계력·축력의 도입, 공동시설의 충실 등 농업생산자본의 고도화를 꾀하는 것에 의해, 과거의 裸勞動을 탈피하여 노동의 생산성을 앙양하고, 적은 노동력으로써 보다 높은 생산력을 발휘함과 동시에 토지와 인구와의 조정이라는 근본적인 문제의 해결을 꾀하여, 장래 농업재편성과정을 향한 힘찬 한걸음을 내딛고 있는 것이다"라며 농림성 농정국이 천명하고 있는 점에서도 확인할 수 있다.

그런데 이러한 농촌경제갱생운동의 농업생산력확충정책의 문제점을 든다면, 경제갱생운동의 계획안이 각 정촌 개개의 계획이었기 때문에 국가 전체적인 통제가 별로 이루어지지 않고 있다는 것이다. 말하자면 '통제 없는 증산'이 진행되고 있었다.

한편 경제갱생운동은 개별농가의 지출억제와 수입증가가 하나의 지향점이기 때문에 각 정촌의 경제갱생 계획안에는 수입증가를 위한 각종 증산계획과 판매개선계획이 세워졌다. 그러나 증산이나 판매방법의 개선이 그 실효를 높이기 위해서는 먼저 농산물 가격이 하락하지 않는다는 전제가 있어야 한다. 아무리 판매조직이 완비되고 증산된다해도 가격이 폭락한다면 수입증가는 매우 곤란하다. 갱생운동 개시 당초에 수많은 정촌이 무질서하게 계획을 세워 증산을 개시하였더라면 아마도 각종 농산물의 잉여생산이 발생하여 가격 대폭락이 일어나 결국 농촌갱생은 불가능했을 것이다. 따라서 절실한 문제는 생산증가와 관련된 통제의 문제였다. 소화공황에 의한 농산물 가격 하락상태에서 생산증가는 문제를 해결하는 길이 아니라 오히려 악화시킬 위험이 있었다.

이와 관련하여 농림성 경제갱생부장 고다이라 고니치小平權—는 1933년 5월 농림성에서 개최된 '농촌경제갱생 사업에 관한 각 도부현 주임 간 회의'에서 다음과 같이 말하고 있다.

> 계획수립 상 가장 주의를 요하는 것은 생산증식에 관한 사항입니다. 생산증식 계획을 수립하는 경우에는 그것을 자급을 목적으로 하는 것인지, 판매를 목적으로 하는 것인지 깊이 고려해야 합니다. 시장 판매를 목적으로 하는 경우는 수요에 따라 생산을 증가시키지 않는 한 이러한 농산물 수량증가는 당연 가격의 하락을 초래하게 됩니다. 특히 대용품이 없는 농림수산물 또는 가격 하락에도 소비가 증가하지 않는 농림수산물의 증산계획을 수립하는 경우는 각지의 동종산물의 증산계획을 종합하고, 소비시장 상황, 수출 가능성 등을 상세히 조사하여 손실을 초래하지 않도록 고려하는 것이 필요하다고 생각됩니다. …… 이와 같이 개개 정촌에서도 국가의 한 세포라는 자각 아래 통제 있는 계획을 수립하고, 상급단체의 지도에 따라 생산통제, 판매통제를 실시해야 한다고 생각합니다. 특히 생산증식의 결과 가격이 하락하기 쉬운 부업품에 대해서는 농림성 『농산어가 부업지침』을 충분히 고려하여 계획을 수립토록 하고 싶습니다.[90]

고다이라는 이상과 같이 증산문제에 대한 주의를 촉구하고 있다. 그러나 '생산증식'은 소농경영에 있어 가장 자신 있는 부분이고, 일종의 운명처럼 받아들여진다. 높은 지가의 좁은 면적에서 오로지

---

90) 小平權一,「農村經濟更生事業の重點」『農政硏究』 12-6, 1993.

가족노동만으로 경영하는 소농경영에 있어서, 경영의 합리화는 우선 토지이용의 고도화와 가족노동의 강화에서 찾으려 하는 것은 당연하다. 경제갱생운동이 각 농가를 세포로 하고 각 정촌이 각각 독립해서 운동을 진행시키는 이상 그 계획이 생산증식의 경향을 띠는 것은 당연한 결과이다.

이것은 단순히 각 정촌 내 농가의 자성과 인보공조로써 해결할 수 있는 성질의 것이 아니다. 물론 『제국농회보』에서도 지적하고 있듯이, 간접적으로는 산업조합의 확충을 기반으로 한 농촌경제 통제화에 따라 그 연합조직을 통해 어느 정도의 통제는 가능하겠지만 산업조합과 같은 자주적 조직에서는 생산통제까지 간여하기는 어렵다. 유통과정에서는 산업조합 자체가 자기 방어의 기관이라 해도 생산과정까지 간여할 수 없고, 또 생산 과잉으로부터 농민을 구제할 수 있는 조직도 아니었다.

단 생산과잉에도 불구하고 가격폭락 없이 수입이 증가한다면, 그것은 경제갱생운동 이외의 원인에서 찾아야한다. 스기노 타다오 杉野忠夫도 지적하고 있듯이 갱생운동을 전후해서 일어난 만주사변을 계기로, 군수공업 인플레와 저환율·저임금·공업기술의 진전을 기조로 하는 수출의 약진으로 물가는 회복되고 금리는 낮아졌으며 미곡통제법, 보호관세, 그리고 나아가 흉작도 영향을 미쳤고 미국 재계의 호전도 그 원인으로 생각될 수 있다. 예를 들면 쌀의 경우 1932년 11월 1석 17원대까지 하락했던 것이 1934년에는 30원을 돌파하기 직전이었다. 누에고치나 밀 같은 경우도 가격이 호조를 띠고 있다. 지출억제가 국내시장을 압박하고 도시의 구매력을 감퇴시켜 오히려 농산물가의 회복을 막는 것이 아닌가 하는 우려도 군수 인플레와 수출 증진으로써 해소되고 있다. 따라서 당면의 농산물 가격의 안정을 위한 전국적 생산통제는 필요하지 않았다.

위와 같이 농촌경제갱생운동은 '통제 없는 증산' 문제를 내포하고 있었다. 또 하나의 문제점은 적자극복을 위한 '지출억제' 였다.

즉 농가의 지출억제는 역으로 촌의 중소상업자나 그 외 기생적 주민의 생활을 위협하는 것이었으며 특히 산업조합의 발전으로 농촌 경제조직을 개편한 결과, 직업을 잃는 사람들이 출현하게 되었던 것이다. 촌민을 상대하는 간장 상인, 잡화상, 매약 행상인, 비료상, 미곡상 등을 비롯한 사람들은 달리 갱생의 길을 찾을 수 밖에 없었다.

또 그 밖의 문제로는 이 경제호전이 전체 농촌 주민에게 똑같은 혜택을 가져다주지 않았다는 점이다. 즉 농산물가의 회복으로 적자극복의 희망을 얻은 농가는 한정된 수의 농가에 불과했다. 자가 노동력을 이용할 수 있고, 팔 수 있는 잉여농산물을 지닌 농가에 한정되어 있었기 때문에, 경작할 토지가 없으며 자가 생산이 불가능한 빈농층, 더구나 각 농가에서 갱생계획에 따라 노동의 자급을 꾀하는 바람에 종래 촌에서 약간이나마 존재하던 일용직에서 해고된 사람들은 갱생운동의 진전과 함께 생존의 여지마저 위협받고 있었다.

경영의 개선을 꾀하는 중농층이 소작지를 회수하고자 했기 때문에 늘어난 소작쟁의도 드문 일은 아니었다. 따라서 어느 정도 농산물가격이 회복된다 해도 그 혜택을 받기 위해서는 경작지가 넓지 않으면 안 된다는 것을 말해주고 있었다.

한마디로 갱생운동의 진전과 함께 그에 따른 부작용이 촌락내부 및 촌락상호간, 혹은 농업과 타 산업과의 사이에서 발생하고 있던 것이다.

그 때문에 경제갱생운동에 대하여 국가통제의 필요성을 강조하는 제언이 적지 않았다. 이미 야하기 에이조矢作榮藏가 1933년에 "누구나 알고 있는 것과 같이 현재 농림성에서 경제갱생계획을 세우고 있고 상공성에서는 산업의 합리화나 중요산업의 통제 등을 실행하고 있지만, 국민전체의 이해가 없기 때문에, 지금 행해지고 있

는 것을 보면 실로 찔끔찔끔 조금씩 하는 방식으로, 별로 강렬하지
않은 정책을 서서히 실행하고 있는 것에 불과하다. …… 지금과 같
이 찔끔찔끔하는 방식의 극히 간접적이고 우아한 국가 통제만으로
는 이 난관을 돌파하는 것이 불가능하며 우리들이 얻은 정치상, 경
제상의 지위도 잘못하면 외부로부터 위협받지 않는다고 말할 수
없다."고 지적하고 있다.[91]

한편 농촌갱생협회 스기노 타다오도 "돈벌이를 위한 생산 통제
는 오늘날 이것을 공업방면에서 볼 수 있다. 전력이나 비료, 제지,
시멘트, 맥주, 사탕, 방적 등 집중된 대자본 휘하에 들어간 산업에
서는 돈벌이를 확실히 하기 위한 생산의 통제를 실시하고 있는데,
이에 지지 않게 농민도 돈벌이 주의 통제를 해도 그 누구도 비난할
자격을 가진 사람은 없을 것이다."라고 말하고 있다. 그리고 이어서
다음과 같이 제언하고 있다.

歐州大戰을 계기로 열강의 경제정책의 대세는, 국가마다 그 사명의
자각정도에 차이가 있고 또 각자의 경제조직의 발전 정도에 따라 여러
가지 형태가 있지만, 어떤 형태이건 그 국민의 경제활동을 국민전체의
이익에 합치해 점유하는 형태로 통제하는 경향이기 때문에, 독일의 나
치스, 이탈리아의 팟쇼, 미국의 뉴딜, 또는 러시아 공산주의나 영국의
농업보호주의도 그 근저에는 일맥상통하는 것이 느껴집니다.

우리나라의 농촌갱생운동이 요구하는 생산통제도, 그 근본사상은,
개개 농민의 이기주의를 이루기 위한 것이 아니라, 국민전체의 생활 안
정과 향상을 위한 국가적 통제의 방향에서, 개개의 농민이 농업생산에
힘쓰게 하고, 농민생활에 충실하도록 노력하는 것이 농민전체의 행복
이해, 즉 국민전체의 행복이해와 일치하고, 나아가 동양전체민족의 발

---

91) 矢作榮藏, 앞의 글, 「擧國一致の新經濟政策」.

전, 전 인류의 행복과 일치하지 않으면 안 된다는 곳에서부터 출발해야 하며, 적어도 이와 같은 기초적 이론과 그 견실한 실천이 갱생운동의 일보전진에 반드시 필요할 것입니다.[92]

라고 경제갱생운동에 대한 제언을 하고 있다.

또『帝國農會報』에서도, 정·촌이 이미 경제활동의 단위가 아니고 사회활동의 단위도 아니며, 각 정·촌은 경제적으로도 사회적으로도 상호의존관계, 혹은 유기적 관계에 있기 때문에 각 정·촌이 독립된 존재로서 경제갱생운동을 진행시켜 나가는 것은, 그 자신의 힘을 현저하게 약하게 할 뿐만 아니라 오히려 반작용의 발생의 요인조차 가지고 있는 것이라고 지적하고 있다. 그리고 각 정촌을 범위로 하는 가급적 빠른 자급경제의 확립, 또는 자기 촌내의 토지소유권의 확립이 반드시 농가에 이익을 주는 것은 아니라는 것, 혹은 정·촌을 단위로 하는 사회활동의 개선이 타정촌과의 관계에서 어려움을 수반하고 있는 예를 들면서 보다 넓은 범위에서의 상호연락, 혹은 통제의 필요를 주장하고 있다.[93]

그리고 한편, 이 갱생운동의 방향은 당시 시대적 각광을 받고 있던 통제경제론에 입각해 있었다. 1929년 공황발발 이래 자유경쟁을 기본으로 하는 종래의 자본주의에 대한 신뢰감이 약화되면서 서양 열강은 국내경제 혼란극복으로 경제블록 형성 및 자국중심의 정책을 일층 강화해가고 있었다. 이런 가운데 소련에서의 제1차 5개년 계획의 실행과 그 성공이 보도되면서 세계 각국에서는 국가에 의한 경제통제가 지향되어지게 되었다. 이런 풍조는 일본에도 영향을 미쳐 1930년대에 들어서면서 일본경제 논단에는 통제경제론이 활발히 주장되어진다.[94] 이런 경향은 농림관료도 무시할 수 없어 이

---

92) 杉野忠夫, 앞의 글, 「農村更生運動の展望」.
93) 石橋幸雄, 앞의 글, 「農村經濟更生運動の諸動向と現段階」.

시구로 타다아츠石黑忠篤와 같이 갱생운동의 성격을 통제경제에 연관시켜 규정하려 하였다. 그러나 농림관료의 통제경제는 어디까지나 농림성 위주의 협동조합주의를 추구한 것으로 당시 일본정부에 일관적이고도 종합적인 통제경제정책이 부재했음을 나타내주는 단면이었던 것이다.[95]

2. 농지문제 해결책의 미온성—촌내 전 농가의 갱생

농가생활의 안정을 위해 농지문제가 중요하다는 것은 말할 필요도 없지만, 경제갱생운동기의 소작·농지문제는 순조롭지 않았다. 그러나 경제갱생운동에서는 大正시기의 소작·농지정책을 계속 유지하였으며, 일반적으로 말해지는 것과 같이 생산관계에 관해서 등한시하고 있었던 것은 아니다. 경제갱생운동의 목표와 갱생계획의 주요사항에는 '자작농의 유지창설, 그 외 농지제도의 개혁 및 적정

---

94) 농림계에서도 이런 경향이 나타나는데, 농림행정에 깊게 관여하고 있던 동경제국대학 농학부교수 矢作榮藏이 "현재의 불경기는 세계적인 것으로 세계 어떤 나라에서도 안심할 수 있는 상태로 되어있지 못하다. 제1차 세계대전 이래 생산과잉 국이 대단히 많고, 생산자는 모두 사업의 일부를 축소하고, 실업자를 다수 배출하고 있으며 금융은 폐색상태이다. 요즘에는 자본주의 경제조직이 종말에 가까운 것이 아닌가 하는 의견을 가진 사람이 꽤 많다."(「擧國一致の新經濟政策」『斯民』28-1, 1933년 1월)란 언급에서 잘 나타나 있다.

95) 矢作榮藏가, "현재 농림성에서 경제갱생계획을 세우고 있고, 상공성에서는 산업의 합리화와 중요산업의 통제를 실행하고 있지만, 그것은 단편적인 것으로 별로 강렬하지 않은 정책을 서서히 행하고 있음에 불과하다. (略) 이와 같은 단편적이고 간접적인 국가통제만으로는 이 난관을 돌파할 수 없고, 우리들이 얻은 정치상·경제상의 지위도 외부에 의해 위태롭게 될 것이다."(위의 글)라 지적하며, 이탈리아와 같은 강력한 국가통제를 요구하고 있는 것에서도 종합적인 통제정책의 부재를 알 수 있다.

규모농가의 설정'[96] 이 있었다. 그 내용을 '자작농의 유지창설', '그 외 농지제도의 개혁', '적정규모농가의 설정' 등 세 부분으로 나누어 살펴보자.

첫째로, '자작농의 유지창설'은 농촌갱생 상 극히 중요한 사업이었을 뿐 아니라 일본의 중요한 농촌문제로서 오랫동안 취급되어왔던 것이다. 소작농을 자작농으로 만드는 시책은 1926년경부터 시작되고 있었다. 이 자작농 창설유지정책은 매년 정치적으로도 사무적으로도 연구되어 그 실현에 힘써왔으나, 법제로 정리되어 성립하지는 못했다.

1933년에는 농촌경제갱생계획 상 중요한 내정문제로서 자작농 유지창설제도를 적극적이고 대규모적으로 시행할 필요성이 생겨 농지보전제도와 함께 연구되었다. 1933년 11월경에 연구입안된 자작농 제도의 골자는,

1. 전국의 경지 중 자작지 七割五分, 소작지 二割五分으로 하는 목표 아래, 田 91만 1천町, 畑 40만 7천町, 합계 130만 8천町을 자작농지로 만드는 것
2. 정부출자에 의한 농지금고를 설립하고 농지의 賣主에 대하여 농지채권을 교부하고 買主는 27년 간 4부 이자의 年賦로서 농지금고에 지불하도록 할 것
3. 자작농지의 처분을 제한할 것
4. 자작농의 사업을 추진하기 위해 중앙의 농지부를 설치하고 지방청에 그 상당의 직원을 설치할 것

라는 내용이었지만, 이 제도안 또한 실현되지는 않았다. 그러나 자

---

96) 小平權一, 「農村經濟更生運動を檢討し標準農村確率運動に及ぶ」(『農山漁村 經濟更生運動と小平權一』 p.71).

금 면에서는 상당한 금액을 지출하고 있었다.

　한편 1927년에는 25개년 계획으로써 매년 약 4천만 엔(간이생명보험 적립금 2천만 엔, 예금부 자금 2천만 엔) 합계 10억 엔을 융통하고, 소작지 41만 7천 町(소작농가 1백만戶)을 자작으로 하는 안이 성립 실시되었다. 그 결과 1942년까지 자작지는 7만 5천 町步, 유지된 면적은 9천8백 町步, 호수는 20만호에 달했다고 한다.[97] 그럼에도 불구하고 이때에도 자작농제도에 관한 정리된 법률은 성립되지 못했으며, 게다가 부재지주 등의 논밭을 강제적으로 사들여 자작지로 하는 제도는 1945년의 농지개혁까지 실현되지 못했다.

　두 번째로, '그 밖의 농지제도의 개혁'으로서는 농지교환분합, 소작쟁의의 해소, 농지보전제도 등이 채택되었다.

　농지교환분합은 갱생운동에 있어서 토지이용의 효율성 향상을 위해 중요한 항목이다. 그러나 그 실행은 매우 어려웠다고 보여진다. 소작쟁의 해소에 관해서는 산업조합에 의한 농지관리 등의 방법을 통하여 소작쟁의 감소를 꾀하였다. 그러나 상당수의 난촌이 경제갱생지정촌으로 되었기 때문에 성공한 예가 적다고 평가되고 있다.[98]

　게다가 농촌의 경제갱생계획을 수립실행하여 농촌으로 하여금 영구히 안정시키기 위해 "농업경영의 기초인 농지는 전부 자작지로 하고, 한번 자작지가 된 것은 다시 소작지가 되지 않도록 하는 시책을 강구하고, 또 농지상에 존재하는 담보부채는 정리하여 다시 농지담보부채가 생기지 않도록 유지시키며, 이와 동시에 소작의 안정 농지경영의 보호를 행한다"[99] 등을 목표로 농지보전제도를 입안하였다. 그러나 이 안정제도는 실현되지 못했다.

---

97) 위의 책, 『農山漁村經濟更生運動と小平權一』 pp.137~139.
98) 위의 책, pp.71~72.
99) 위의 책, pp.140~141.

　세 번째로, '적정규모농가의 설정'에 관해 살펴보면, 우선 적정규모 농가는 어느 정도의 면적을 가진 농가를 표준으로 설정하는 가가 문제였다.

　적정규모의 면적을 가족의 인구수, 농업경영의 방법, 토지의 좋고 나쁨, 또 그 지방의 기후 등에 따라 각각 차이가 있기 때문에 구체적으로 결정하는 것은 매우 어려웠다. 따라서 경제갱생계획에서는 적정규모 농가의 설정 문제를 해결하기 위해 다음과 같은 각종 시책을 강구하였다. 첫째는 경지의 개량과 조성(개간, 간척 등)의 방법이었다. 즉 토지에 있어서 어떤 작은 토지 면적도 경지로 이용한다는 것이다. 두 번째 방법은 촌내의 과소면적 소유 농가에 대해 농업이외의 사업을 부여하는 것으로 예를 들어 농촌공업을 진흥하는 것 등이다. 세 번째 방법은 집약농업에 의해 농지면적이 과소한 경우라도 수익을 적정규모 경영과 같게 하는 방법이다. 이 방법이 가장 실행하기 쉬웠으므로 각 농가가 곧바로 실행에 옮길 수 있었다. 네 번째 방법은 국내이주를 시행하는 것이었다. 즉 과소농가를 국내의 미개지가 많은 곳에 내지이주 시키는 방법이다.

　경제갱생계획은 위 네 가지 방법에 의해 적정 경영규모의 문제를 해결하려고 했으며 이로써 상당한 성과를 거두게 되었다. 그러나 갱생운동의 말기에 다다르면 이 네 가지 방법으로도 해결할 수 없는 촌에서는 적정규모농가로서 해외에 이주하는 방법도 고안되었다. 즉 당시의 해외이주지로는 만몽지방이 주였으며 경지가 적은 촌에서는 분촌을 해서 촌 일부의 농가가 이주하는 계획이었다. 그러나 이를 실제로 실행한 농가는 얼마 없었으며, 탁상공론으로서 구체화되지는 못했다고 한다.[100]

　그러나 고다이라 고니치小平権一가 경제갱생계획에 관하여, "적정

---

100) 위의 책, pp.128~129.

경영농가가 촌내의 농가의 상당수를 점해야 한다는 데서 출발한 것이 아니라 촌내 전 농가를 갱생해가는 것에 목표를 두었다"[101]고 말하는 것처럼, 촌내 농가의 경작 면적의 시정은 부차적이었다. 예를 들어 적정경영농가로 하기위해서 촌내의 겸업농가, 과소농가 등의 토지를 집합하여, 적정 경영농가로 만들고자 농가를 정리하는 것은 시행되지 않았다. 현재 경작하고 있는 경지가 너무 많다 해서 이것을 다른 농가에 경작하게 하거나 또는 과소면적의 농가라 해서 이것을 다른 농가와 합병시키는 것은 실현하기 곤란했다. 단지 촌내의 소매상과 같은 사람을 농업자로 전업시키고 부재지주의 해소, 타촌 지주의 해소 등을 계획하기는 했으나 전체적인 농가구성의 시정은 강조하지 않았다.

따라서 토지분배의 시정은 새로이 촌내 벌판을 개간하고 이를 경지가 적은 농가에 부여해 경지의 증가를 꾀하거나, 혹은 농가를 다른 지역으로 이주시킨 뒤 남은 토지를 경지분배 하는 방법 이외에는 그 실현이 어려웠다. 즉 경제갱생계획의 과정에 있어서 경지분배의 적정화는 촌내의 경지조성 혹은 분촌에 의할 수밖에 없었다.

그렇기 때문에 토지나 수리 등의 정비는 경제갱생계획에 있어 공동시설의 사업과 함께 가장 많은 자금, 자재가 투자된 사업이었다. 일본처럼 농지가 협소한 농촌에서는 농가의 경영을 안정시키고 그 경영을 합리화하기 위해서 촌내의 천연자원을 극도로 개발할 수밖에 없었고, 따라서 한 뼘의 땅, 한 방울의 물도 헛되지 않도록 하는 이외에는 방법이 없었다. 그러므로 경제갱생운동의 진전과 함께 적어도 개발의 여지가 있는 농지에는 극력 토지, 수리의 개량에 힘을 쏟았던 것이다.

이상과 같이 살펴보면 생산관계에 대하여, '공황이후 농업정책

---

101) 위의 책, p.152.

의 흐름 가운데 이제까지 완전히 제외되었던 생산관계=지주적 토지소유관계'[102]라고 하는 이해는 틀렸다는 것이 확실하다. 그러나 경제갱생운동에 있어서 자작농 창설정책, 농지제도의 개혁, 적정규모농가의 설정이라는 정책은 소작문제를 명확히 해결할 수 있는 것은 아니었다. 자작농제도 법안의 미성립, 농지보전제도안의 流産, 적정규모 농가 설정의 한계가 바로 그것이었다. 따라서 전시기에 들어서는 전쟁수행의 목적상 1938년 8월에 농지조정법의 형태로 해결되거나, 1939년 이후의 제 농지입법 및 소작료 통제령이 제정되었던 것이다.

　지금까지 경제갱생운동 정책이 가진 문제점을 '통제 없는 증산' 과 '농지대책의 미온성'을 중심으로 지적하였다. 그 문제점은 아이러니하게도 중일전쟁후의 전시정책에 의해 해소되어 갔는데, 이를 아이러니하다고 한 것은 생활안정을 목표로 하는 경제갱생운동의 문제점이 전쟁수행을 목적으로 하는 전시정책에 의해 해소되어갔기 때문이다.

VI. 국민갱생운동, 국민정신총동원운동, 대정익찬운동

　1990년대 일본역사학계에서 총력전체제론－전시동원체제론의 입장에서 '전시'와 '전후'의 연속성을 제기하는 연구경향이 등장했음은 주지의 사실이다. 즉 20세기 2개의 세계대전은 그 이전의 전쟁과는 질적으로 틀려, 국내물적자원뿐만 아니라 사회의 모든 요소를 동원하는 총력전의 형태를 띠게 되고, 나아가 전후 사회의 근저가

---

102) 平賀明彦, 앞의 글, 「日中戰爭の擴大と農業政策の轉換」(『歷史學硏究』 544, 1985.8, p.10).

그 속에서 형성되었다는 논리이다.[103] 문제는 총력전의 사회적·역
사적 의미를 탐구하는 이런 연구들은 시기적으로는 중일전쟁 이후
만를 분석대상으로 삼는다는 것이다. 그러나 총력전하의 전시동원
정책을 살피기 위해서는 앞시대의 정책과의 연속·단절성을 파악해
야 할 것이다.

무릇 총력전 완수를 지상과제로 하는 전시동원 하에서는 농업,
농촌은 양병과 전시노동력, 또 국민식량 공급원으로서 생산력을 유
지 확충하고, 생산력 향상을 위한 신체규율화가 이뤄지지 않으면
안 된다. 그런데 이 총력전시기의 농업생산력 유지·확충정책, 총후
규율화의 출발점으로서 만주사변 시기에 시작된 국민갱생운동, 농
촌경제갱생운동에 주목할 필요가 있다.

왜냐하면 갱생계획은 생산과정 개선에 관해 종래 개별분산적인
농사개량사업과는 달리 일정의 체계성을 가진 종합적 지도에 의해
생산계획화·합리화를 꾀하고, 일상생활의 규율화 등을 통하여 장
기적인 관점에서 농촌경제, 생활 기반을 육성하고자 했으며, 총력
전시기에는 이때의 정책·조직이 확대 강화되는 방향으로 진행되었
기 때문이다. 더구나 농림성의 농촌경제갱생운동보다 한발 앞서 시
행된 내무성의 국민갱생운동은 중일전쟁 이후 국민생활에서의 정
신력 진작을 위해 1938년 국민정신총동원운동으로 재편 강화되어
갔다.[104]

따라서 전시동원정책, 총후의 규율화를 살펴보기 위해서는 먼저
국민갱생운동과 농촌경제갱생운동을 살펴보아야 한다.

---

103) 山之內靖,「戰時動員體制の比較史的考察」『世界』, 1988年 4月.
　　　山之內靖, ヴィクター·コシュマン, 成田龍一編,『總力戰と現代化』, 柏書房,
　　　1995.
　　　高岡裕之,「『十五年戰爭』『總力戰』『帝國』日本」『現代歷史學の成果と課
　　　題1』, 靑木書店, 2002.
104) 厚生省社會局 편,『國民更生運動槪況』, 1938, p.12.

국민갱생운동은 내무성이 1932년 8월 27일 '국민갱생운동계획요
강'을 지방장관 앞으로 훈령하는 것으로 시작되었다. 왜 국민갱생
운동이 필요하였던가. '국민갱생운동계획요강'에서 표출되고 있듯
이, 또 국민갱생운동 추진부서 중 하나인 내무성 사회국 서기관 하
세가와 토오루長谷川透가 밝혔듯이 국민갱생운동의 필요성은 '국난'
극복에 있었다. '국난'의 내용은 국내적으로는 산업의 부진, 농산어
촌·도시의 궁핍, 일반 구매력의 감소이고, 대외적으로는 만주사변
으로 인한 열강과의 긴장 관계였다. 이 난국을 타개해서 내외적으
로는 "국운의 진전을 꾀하고 신흥일본의 공고한 기초를 확립하는"
것이 국민갱생운동의 목표였고 국민에의 요구였다.[105]

구체적으로 어떠한 것을 국민에게 요구하였는가. 정부의 국민갱
생운동 방침에 따라 각 道·府·縣 당국은 '국민갱생운동요령'을 각
市町村장, 각종단체장, 학교장에게 내려보내고 있는데, 이 요령 중
'국민갱생책요목'은 다음과 같다.

國民更生策 要目
國民更生의 취지를 철저히 하기 위해 유의할 要目을 참고로 든다면
대개 아래와 같다.
一. 國民更生과 精神敎育
(一) 敎育勅語 聖旨의 철저를 꾀할 것.
(二) 敬神崇祖의 실질을 높일 것.
1. 神社를 향토생활의 중심으로 삼아, 될 수 있는 한 매월 1일·15
일·축제일 그 외 특별기념일 등에는, 氏子[우지꼬] 모두 早起를
勵行하고 참배할 것.
2. 집안의 제사를 중시하여 崇祖의 念을 기를 것.
(三) 인생생활에 종교적 신념을 기를 것.

---

105) 長谷川透, 「社會局關係に於て行はるる時局國救施設」 『斯民』 27-12, 1932.

(四) 鄕土生活의 자각

　1. 향토의 역사적·산업적·경제적 특질 연구

　2. 향토 취락에서의 협동친목의 미풍양성

　3. 직업을 즐기는 풍습 양성

　4. 자제교육에 관한 각성

二. 國民更生과 公民敎育

　(一) 我國 立憲政治의 이해

　(二) 지방자치의 이해

　(三) 각종단체 및 조합정신의 이해

　(四) 의원 및 임원 선거의 중요성 이해

　(五) 공공생활훈련, 공동연대의 책임감 양성

　(六) 해외발전의 大國民적 기상의 양성

三. 經濟生活의 更生

　(一) 산업경영의 합리화

　1. 산업경영조직의 개선

　2. 노력 및 토지이용의 연구실시

　3. 자급자족의 경영(농촌에서의 비료 등 생산자료의 자급 등)

　4. 연구발명의 조장

　5. 공동경영·공동작업·공동판매의 실시

　(二) 消費의 합리화

　1. 예산생활과 현금지불 실행

　2. 공동구입의 실행

　3. 생활자료의 자급화

　4. 그 외 낭비 배재

四. 家庭生活의 합리화

　(一) 이중생활의 배재

　(二) 式服의 개선

    (三) 영양식의 보급

    (四) 부엌의 개선

    (五) 가정생활의 위생화

    (六) 택지이용

  五. 淳風美俗의 發揚

    (一) 향토행사의 개선

    (二) 時間의 존중·定時의 단행

    (三) 共濟협력의 강조

    (四) 사교의례의 개선

    (五) 향토오락의 개선

    (六) 미신의 타파[106]

위 사료에서 알 수 있듯이 국민갱생운동 내용은 정신작흥의 측면과 더불어 다나카 기이치田中義一 내각 이래의 내무성 주장인 '지방자치의 경제화'[107]의 측면으로 이루어져 있었다. 그러나 구체적인 경제갱생 정책의 수립능력 부족과 경제면의 산하단체를 갖지 못한 내무성의 국민갱생운동은 결국 농림성의 농촌경제갱생운동에 흡수되어 갔음을 밝혀 둔다.[108]

농촌경제갱생운동은 1929년의 세계대공황과 이에 의해 야기된 일본의 농촌 공황 및 5.15사건 등 사회불안을 배경으로 시작되었다. 주지의 사실처럼, 제63회 구농 임시의회에서 결정한 농촌구제대책

106) 『群馬縣史 資料編 22』, 1987, pp.263~265.

107) 大霞會 편, 『內務省史』 제2권, p.193 및 金澤史男, 「田中義一政友會內閣 期における『地方分權論』の歷史的性格」(東京大學社會科學硏究所紀要 『社會科學硏究』 36-5, 1985) 참조.

108) 그러나 이 국민갱생운동은 중일전쟁 이후 국민생활에서의 정신력 진작을 위해 1938년 국민정신총동원운동으로 재편 강화되어 갔다(厚生省 社會局 편, 『國民更生運動槪況』, 1938, p.12).

의 5개 대책 중 '경제갱생에 관한 시설'을 실시하기 위해, 농림성은 1932년 9월 27일 경제갱생부를 신설하고 공황극복 종합대책으로서 농촌경제갱생운동을 전개하였다. 이 관료주도의 운동은 경제갱생부가 설치되어 폐지되는 1941년까지 9년간에 걸쳐 진행되었다.

농촌경제갱생운동 때 각 정촌이 작성한 경제갱생계획안의 내용에는 총력전시기로 계승되어지는 국가관료의 생활규율화의 의도와 내용이 잘 나타나 있다. 즉 갱생계획안은 행정 정촌 주민의 뜻이 반영된 자발적 내용이라기 보다는 관료들이 지역주민에게 일본국민으로서 지켜야 할 요구사항이 적시된 내용으로 봐야 한다.[109]

군마현群馬縣 닛타군新田郡 기자키 정木崎町의 '經濟更生計劃樹立基本調査 및 計劃案'(1935)[110] 중 '제4. 경제갱생5개년계획안'을 인용하면 아래와 같다.

제4. 기자키정 경제갱생5개년계획안

1. 교화방면실시요항

　1) 國體觀念을 明徵하여 國民精神 作興에 노력할 것

　　(1) 모든 회합에는 반드시 勅語詔書를 봉독할 것

　　(2) 同上에는 반드시 國歌를 합창할 것

　　(3) 축제일기념일 등에는 반드시 각 집마다 國旗를 게양할 것

　　(4) 講話會 등을 개최하여 국체 및 국민정신에 관한 講話를 행할 것

　2) 敬神崇祖의 실질을 높일 것

　　(1) 매일 아침 大廟 宮城 神社 墓地 등을 遙拜할 것

　　(2) 매월 1일 氏子는 모두 일찍 일어나 신사 참배할 것

　　(3) 축제일 등에는 필히 신사 참배할 것

---

109) 남상호, 「일본 1940년대 총력전하의 농촌생활」『일본학보』72, 2007.
110) 『群馬縣古文書館文書』議會1442-7/9 (群馬縣古文書館 소장)

(4) 매월 1회 반드시 묘지의 청소 및 墓參[성묘]을 할 것

(5) 선조의 命日[忌日], 盆, 彼岸 등에는 불단에 예배를 할 것

(6) 가족 대사에 관해서는 필히 墓參하여 선조의 영정에 고할 것

3) 鄕土敎育의 충실

(1) 향토의 위인제를 행하고 그 유덕을 기릴 것

(2) 향토 연구(역사적 산업적 경제적)을 하여 鄕土愛 정신을 함양할 것

(3) 경로회를 개최하여 경로사상을 함양함

(4) 향토 공로자의 사적을 알게 하여 경모하게 함

(5) 父兄會 전람회 발표회 운동회 등을 개최하여 교육존중의 念을 일층 높일 것

(6) 남녀청년의 훈련에 일층 노력할 것

4) 公民敎育의 철저를 꾀할 것

청년학교 남녀청년단 군인분회 消防組 등 町內 각종단체와 협력하여 좌기사항의 철저를 꾀함

(1) 입헌정치 지방자치의 이해

(2) 단체 및 조합정신의 이해

(3) 공공생활의 훈련

(4) 해외 발전적 기풍의 양성

5) 淳風美俗의 發揚

(1) 時間尊重

(2) 희생적 정신의 함양

(3) 향토오락의 개선

(4) 迷信打破신앙생활

(5) 勤儉力行 質實剛健의 미풍양성

(6) 分度생활 잉여저축

2. 생산증식 및 경영

[생략]

3. 농업경영

[생략]

4. 농촌금융의 정비개선

[생략]

5. 생활개선

[생략]

6. 昭和11年度[1936] 계획실시안

1) 교화방면실시방법(敎化部)

소학교 및 청년학교를 중심으로 하여 청년단, 군인분회, 消防組 등
촌내 각종단체 협력하여 5개년계획안 1항에서 설정한 사항을 실행
한다.

2) 생산증식및경영(産業部)

村農會를 중심으로 하여 이 직속 직원을 비롯 각 部落 農事組合 그
외 타 산업관계 단체를 총동원하여 5개년계획안 제2항의 생산증식
경영의 개선진보를 향해 매진한다.

3) 농촌금융(經濟部)

별항계획에 기초하여 木崎信用販賣購買利用組合을 신설해 당 조합을
중심으로 각종조합단체 등을 동원하여 금융의 원만을 꾀하고자 한다.

7. 기자키정 생활개선규약

각 部落의 명예직원을 生活改善實行委員에 촉탁하여 각 소속 部內
의 개선방침의 지도철저를 꾀하며, 町전체의 개선요항은 更生委員이
이를 통제하고 각 부락위원과 연락을 취해 실제의 拳揚에 힘쓴다.

1) 총칙

(1) 지금까지의 마음은 이즈음에 새롭게 신에게 맹세할 것

(2) 각자의 집안일은 가내에서 밝은 마음으로 행할 것

(3) 조령모개하는 것은 절대 하지 않을 것

    (4) 옷 음식 모두 낭비없이 절약하고 勞動肥料를 만들어 될 수 있는
       한 金肥를 줄일 것

    (5) 시간을 정확히 지킬 것

    (6) 役場[町사무소]이나 町에서 정한 일은 협력하여 실행할 것

    (7) 어떤 일도 자기혼자의 일이 아니며 모두의 형편이 좋도록 할 것

    (8) 납세는 국가의 일, 기일에 늦지 않게 납부할 것

    (9) 낭비를 없애고 저축할 것

    (10) 役場[町사무소], 學校, 靑年團, 軍人分會, 消防組 그 외 每戶의
        사람들과 일심협력을 행할 것

 2) 출산축하에 관한 건

   [생략]

 4) 혼례에 관한 건

   [생략]

 5) 입영 및 제대에 관한 건

   [생략]

 6) 祭典에 관한 건

   [생략]

 7) 葬儀에 관한 건

   [생략]

 8) 그 외의 건

   [생략]

 벌칙

 전기 각항은 반드시 엄수할 것, 만약 불이행의 경우는 町가 부담을
過重하는 것이 있을 것임.

이 자료를 보면, 앞서 언급한 국민갱생운동의 '국민갱생책요목'
과 이 자료의 '1. 교화방면실시요항'이 내용적으로 일치하고 있음을

알 수 있다. 즉 경제갱생운동은 국민갱생운동과 결합된 형태인 것이다. 또 위 계획안의 최종목표는 '2. 생산증식 및 경영 3. 농업경영 4. 농촌금융의 정비개선'으로 귀결되는 농업생산력 확대에 있음을 알 수 있고, 이 농업생산력 향상을 위해 마을 농민들의 자발적 에너지를 끌어내기 위한 조치가 '1. 교화방면실시요항'이었다. 교화방면실시요항 내용은 일본정신의 고취와 일상생활 실천규범이라 요약할 수 있는데, 이 일상생활 실천규범을 보다 구체화한 것이 '7. 생활개선규약'이었다.

위 계획안의 의도는 일본국민으로서 자각(국체관념, 국민정신, 경신숭조, 공민적 정신)과 촌민으로서의 자각(향토의식)을 고취시켜 조국애와 향토애를 양성시키고, 조국과 향토에서의 자기 자신의 존재 가치·의의를 깨닫게 하여 자발성을 발휘, 일상생활규범을 실천하고 농업생산에 근검역행케 하는 것이었다.

문제는 이런 동원정책을 국민들 사이에 어떻게 침투시켜, 자발성을 발휘, 스스로 실행시켜 가도록 하는 점이었다. 정부는 실행 추진력으로 농촌중견인물의 양성과 실행기관 조직에 두었다. 경제갱생계획 실행기관은 2종류가 있는데 하나는 전조직의 중심이 되는 상부책임기관으로 통제부분, 경영부분, 경제부분, 교화부분의 4부분으로 나뉘어 각각 촌장, 농회장, 산업조합장, 학교장이 중심이 되었다. 하부기관은 농사실행조합 등 부락을 단위로 하는 각종 기초적 단체가 배치되었다.

중일전쟁은 일본정부·군부의 예상과는 반대로 장기화되면서 수렁에 빠지는 양상을 보였다. 이 상황에 대응하기 위해 1937년 8월 24일에 고노에近衛내각은 '국민정신총동원실시요강'을 각의결정하고 장기화한 총력전에 국민을 동원하기 위해 국민정신총동원운동[111](이하 '정동운동'으로 약칭)을 개시하였다.

정동운동은 문부성이 만든 '국민정신총동원실천사항'(1937년 9월 10
일)[112)]에 의해 정동운동은 보다 구체화되었다. 이를 보면 '일본정신
의 발양'이 정동 목표의 대전제이고 정동운동을 달성하기 위해서 4
개의 목표가 제시되고 있는데, 첫째, '사회풍조일신'(1. 堅引持久 정신의
함양, 2. 忍苦欠乏을 감내하는 心身鍛錬, 3. 小我를 버리고 大我를 성취하는 정신의
체현, 4. 각자직분에 충실할 것), 둘째, '銃後후원의 강화지속'(1. 출동장병에
의 감사 및 銃後후원의 보급철저, 2. 隣保相扶의 발양, 3. 노동봉사), 셋째, '비상
시 경제정책에의 협력'(1. 勤勞報國 2. 勞資협력, 3. 이윤농단의 억제와 폭리억
제, 4. 國債응모권장, 5. 낭비(冗費)절약 저축장려 6. 국제수지의 개선 7. 돈의 사용절
약), 넷째, '자원의 애호' 등이었다.

위와 같은 '요강', '실천사항'에 근거해 구체적인 운동이 실시되
었는데, '국민정신총동원강조주간', '메이지절봉축 및 국민정신작흥
주간', '국민정신총동원건강주간', '국민정신총동원저축보국강조주
간', '총후후원강화주간' 등을 설정해 집중적인 캠페인을 벌여갔
다.[113)] 이것들은 국민정신총동원실시에 맞추어 그때까지 개별적으
로 실시하던 국민교화책을 망라하고 또한 재구성한 것이었다.

중앙정부의 정동운동 실시에 따라 각 도부현에서도 정동운동을

---

111) 정동운동에 관한 대표적 연구로는, 荒川章二, 「國民精神總動員と大政翼
贊運動」(『近代日本の軌跡 5』, 吉川弘文館, 1995) ; 有山輝雄, 「戰時體制と
國民化」(『年報日本現代史』 7, 2001) ; 今井淸一·伊藤隆 편, 『現代史資料
44 國歌總動員2』(みすず書房, 1974) ; 赤木須留喜, 『近衛新體制と大政翼贊
會』(岩波書店, 1984) ; 須崎愼一, 『日本ファシズムとその時代』(大月書店,
1998) 등이 있으나, 정동을 대정익찬회 성립의 前史로서 다루고 있고
정동 그 자체를 대상으로 한 연구는 의외로 적다.

112) 文部省, 『國民精神總動員=關スル內閣告諭訓令及通牒一覽』, 1938, p.5.

113) 小野雅章, 「國民精神總動員運動の始動と敎育」『研究紀要』(日本大學人文
科學硏究所) 48, 1994.9.
靑水勝嘉, 「國民精神總動員運動のなかの健康增進キャンペーンについて」
『防衛衛生』 27(8), 1980.8.

실시해간다. 군마현에서도 '국민정신총동원실천사항'에 맞춰 같은
내용을 담은 '국민정신총동원 군마현 실시요강'[114]을 각 시정촌에
지시하고 있으며 '國民精神總動員社會風潮一新生活改善十則'[115]이
작성되어 하달된다. 그 내용을 보면 '帝國의 대사명인 東亞平和'란
전쟁 목적을 실현하기 위해 국가의식과 향토애가 강조되고, 생산활
동면에서는 공동노동에 의한 생산력 향상, 이를 뒷받침할 근면성과
건강 위생, 소비생활면에서는 예산생활의 강조와 납세, 절약, 허례
허식 타파, 저축, 모든 생활에서의 '時間嚴守'나 '時間勵行'이 요구
되었다. 이런 현 당국의 요구에 따라 각 町村에서는 '전시생활실천
규약'이나 '실시사항' 등이 만들어지게 된다.

그런데 여기서 주목해야 할 점은 '전시생활실천규약'이나 '실시
사항' 내용이 만주사변시기 착수된 농촌경제갱생운동 때 전국 각지
정촌에서 마련된 경제갱생계획안 내의 '生活改善規約' 내용과 거의
동일하다는 것이다. 즉 경제갱생계획안에 나타나는 논리구조, 즉
일본정신의 함양과 일상생활규범실천, 자기직분(생산활동)에의 역행
力行이란 3가지 요소는 정동운동에도 계승되어 전쟁수행이라는 목
적아래 실시되게 된 것이다.

이런 연속성 측면에 대해, 스자키 신이치須崎愼一는 정동운동·익
찬체제기의 국민동원정책이 이전의 국민동원정책과 다른 측면을
지적하고 있는데, 첫째 목적·운동의 양상이 국민의 모든 자주적 조
직을 해체하는 한편 그 자발성을 동원하기 위해 전국민을 전면적
으로 조직화하는 특징(납세조직, 저축조합, 町內會, 부락회, 隣組, 산업보국회
등), 즉 강제성과 조직성에 있고, 둘째 운동 담당자의 변화 즉 지역
명망가의 역할이 줄고 재향군인, 국가주의단체, 노동자 농민단체,
여성의 참가비율이 늘고 있고, 셋째 전국민에게 宮城遙拜의 강제에

---

114) 『群馬縣史 資料編 21』, 1987, pp.316~318.
115) 『群馬縣史 資料編 21』, 1987, p.991.

서 나타나는 천황신앙의 강제, 등을 들고 있다.[116]

이런 지적은 수긍할만하고 이외에도 정동운동은 전국 일제의 조직적 운동이었다는 점과 인적자원을 국가·국력의 자원으로서 자리매김하여, 인적자원의 국가관리를 명백히 밝히고 있는 것이 주목된다. 최초의 전국 일제의 보건운동었던 國民精神總動員健剛週間(1938.5.17~23)때에 "현재의 비상시국하에 대처하고 총후국방에 만전을 기하기 위해서는 국민의 건강을 증진하여 체력의 향상에 힘씀으로써 인적자원의 충실을 꾀하여야 한다"는 취지[117]에서 명확히 나타나듯 '건강보국', '근로보국'이라는 발상이 더욱 강조되고 있다.

내각은 정동운동의 목적을 달성하기위해 강력한 외곽단체를 결성하기로 하여 1937년 10월 국민정신총동원중앙연맹을 결성하였다. 연맹에는 노동·농민단체, 종교·교화단체, 청소년단체, 부인단체, 산업단체 등 모든 분야의 단체를 망라하고 있었다. 또 정동운동의 제정책을 실천에 옮기기 위해, 전국적 지방기구 및 정동실천망의 정비와 지방지도원의 양성에 힘을 기우렸다. 정동중앙연맹은 1938년 3월 실천망에 관한 조사위원회를 설치하였다. 이 실천망의 정비는 그 뒤의 부락회, 町內會, 隣組 등 국민기초조직의 숨은 초석이 되었다. 물론 실천망의 정비는 농촌경제갱생운동을 거치면서 일부 부현에서 개시되고 있었는데, 이런 움직임에 정동운동이 가일층의 박차를 가하였던 것이다. 1938년 가을 내무성지방국은 저축장려 철저를 위해 실천망의 정비강화를 지시했고, 부현 당국은 정내회, 부락회 정비에 나서게 되었다. 1940년 9월 내무성의 '부락회 정내회 등 정비요령'에 의해 전국적으로 정내회·부락회 – 인보반 조직이 확립하게 된다.

이 정동운동의 중앙 지방조직은 1940년 10월 대정익찬회가 결성

---

116) 須崎槇一, 『日本ファシズムとその時代』, 大月書店, 1998.
117) 「健康週間實施要綱」 『公衆衛生』 56, 1938.

됨에에 따라 해소 흡수되어, 이후 대정익찬회가 국민운동의 중심조
직으로서 활동해가게 된다. 대정익찬회는 도부현 6대 도시, 군시정
촌에 지부를 두었는데 말단에서 국민을 조직화했던 것은 내무성이
파악했던 부락회, 정내회이었다. 부락회, 정내회는 1939말 이후 물
자배급 업무의 일단을 담당하고 있었으나 1942년 10월 내무성등이
'정내회 소비경제부설치요강'을 내려보내면서 정식으로 배급업무
의 말단에 위치지워졌다.[118]

VII. 전시농업통제와 식량증산

1. 전시농업통제

이상과 같이 국민갱생운동, 국민정신총동원운동, 대정익찬운동
등 대대적인 국민운동을 전개하였던 최대 목표 중 하나는 국민 각
자 자기 직분에 역행하여 생산력확충에 정진하는 것이었다. 그러면
총력전시기 농민에게 생산방면에 있어서 구체적으로 무엇이 요구
되어졌던가.

그런데 이러한 농촌경제갱생운동의 농업생산력확충정책의 문제
점을 든다면, 갱생운동의 계획안이 각 정촌 개개의 계획이었기 때
문에 국가 전체적인 통제가 별로 이루어지지 않고 있다는 것이다.
농촌경제갱생운동이 실시된 배경에는 농산물 과잉문제, 농촌 과잉
인구문제가 있었음에도 불구하고 각 정촌의 계획안은 증산을 기반
으로 하고 있는 모순된 현상이었으며 국가적 통제도 이루어지지
않고 있었다. 말하자면 통제없는 증산이 진행되고 있었다.[119] 1937

---

118) 伊香俊哉, 「戰時期日本における國民動員」 『都留文化大學大學院紀要』 8, 2004.

119) 南相虎, 앞의 책, 『昭和戰前期の國家と農村』, p.110.

년 가을 식민지 조선이 대풍작이었기에 더욱 그러하였다.

중일전쟁 발발 후 농업생산에 있어서도 예를 들면 산업재편성에 따른 비료공업의 군수공업으로 전환으로 인해 예상되는 비료공급의 감소, 군용마의 징발, 군대소집에 따른 농업노동력의 감소 등의 영향을 어떻게 극복할 것인가 즉 농업생산력의 유지·증진, 특히 유지에 관심이 쏠려 있었다. 구체적으로 대책이 검토되었던 것은 노동력 부족과 비료의 문제로 여전히 간접적인 농업통제였다. 1938년 국가총동원법이 제정되어 본격적인 전시경제로 이행하였는데 농업에 관해서는 먼저 비료의 할당배급제가 시행되어 식량 농작물에 중점적으로 공급을 꾀하게 되었다. 그러나 이것 역시 간접적인 농업통제였다.[120]

정부는 1938년 12월 농림성에 계획과 자재과 비료배급통제과로 구성되어진 임시농촌대책부를 설치하고 또 이것과 관련하여 농림대신의 자문기관인 농림계획위원회를 설립, 계획증산을 추진할 기구를 정비하였다. 이 기구정비에 따라 종래 농촌경제갱생중앙위원회는 폐지되고 동시에 각 지방 경제갱생위원회도 개조되어진다. 단 명칭은 그대로 존속하였다. 이러한 개조를 통해 昭和공황 이래의 농촌경제갱생운동은 종지부를 찍게 되고 계획생산 혹은 농업통제로 전환이 꾀해지게 되었다. 단 중앙과 지방을 연락하는 통제의 조직으로서 경제갱생운동의 조직은 그대로 이용되어져, 이를 통해 이번에는 식량증산과 그것을 위한 노동력동원이 꾀해지게 되었던 것이다.

1939년 4월 농림계획위원회는 중요농림수산물증산계획을 세워 각종 중요 농림수산물에 관하여 일정의 생산목표를 정하고 각 도부현에 생산을 할당하였고, 이하 각 도부현－시정촌－부락－농가

---

120) 田中學, 「戰時農業統制」 『ファシズム期の國家と社會』 2, 東大出版社, 1976.

순으로 재할당 되어갔다. 이것에 의해 국가에 의한 계획생산 혹은 농업통제로의 전환이 꾀해지게 되었다. 이 증산계획을 실현하기 위해 구체적인 방책으로서는 작업의 공동화, 근로봉사시설의 확충, 집단적 이동노동, 생도 및 아동의 농한기 휴가, 공동탁아소·공동취사·공동목욕탕 등에 의한 가사노동의 합리화, 축력·기계력의 이용, 경지의 교환·분합 등을 열거하고 있다. 특히 초기단계에서 커다란 비중을 차지했던 것은 작업의 共同化였다.

이상이 최초의 식량증산계획과 거기에 따른 시책내용인데 첫째, 계획 그 자체가 단년도 증산계획이고 목표수량도 과거 실적에 비해서 그리 큰 것이 아니었다. 둘째, 증산 방법은 기본적으로 단위면적 당 생산량 증가라는 방향이었고 증산시설도 장려금의 증대를 제하면 특히 새로운 것이 아니었다. 즉 농촌경제갱생운동 때의 생산증식책의 연장적인 성격이 강하였다. 오히려 1939년도 생산계획 전체에 대해서 보면 알콜원료용인 감자류, 옷 원료인 마류 및 소, 면양 등등 군수와 직결되는 농축산물 증산에 역점이 두어져 있었다. 이런 점에서 전시 농업으로의 재편성이 진행되었다 할 수 있다.[121]

전시하 식량위기는 1939년 식민지 한국과 서일본 일대의 대한발을 계기로 전면적으로 표면화되었다. 식민지 한국에서의 반입량이 격감하게 되자 본격적인 농업통제로 이행하게 되었다.[122] 식량위기 속에서 농림성에서는 1940년 6월~10월 사이 麥類배급통제규칙, 임시미곡배급규칙 및 미곡관리규칙를 제정해서 米麥의 집하 및 배급을 통제하고자 했다. 즉 집하면에서는 미맥은 생산농가로부터 산업조합계통을 통하여 정부가 일원적으로 매수하게 되었는데, 이때 집하 할당제를 취하여 시·정·촌 농회가 이를 담당했다. 이로써 종래

---

121) 田中學, 앞의 논문, 「戰時農業統制」
122) 輝峻衆三 편, 『日本農業史』, 有斐閣, 1981, p.212.

미맥의 자유상품적 성격은 완전히 불식되었다. 배급면에서는 1940년 가을부터 각 부현별로 소비량 할당제를 취하였고, 이어서 1941년 4월부터 먼저 6대도시에서 일원적으로 미맥 할당배급제를 실시하고 이후 전국 각지로 확대해 갔다. 이때 소비자에 대한 쌀 배급량 기준을 1인 1일 2.3합(330g)으로 정해 내핍생활을 요구했다. 1942년4월에는 식량관리법이 성립되어 쌀의 강제공출 단계로 진행됐다.[123]

식량생산 부분에서는 식민지 한국 대만을 포함하는 일본 제국 내의 쌀 공급능력이 저하경향을 보이자 이러한 사정을 배경으로 1941년 설정되었던 것이 '주요식량등 자급강화 10년 계획'이었다. 1939년에 생산계획이 주로 기경지에 대한 단위면적당 생산량 증가에 중점을 둔 것에 대하여, 여기서는 경지의 외연적 확장에 의한 증산계획에 중점을 두고 있었다.

이와 병행하여 기경지 이용 그 자체에 대한 통제가 강화되어졌다. 이 목적을 가지고 제정되었던 것이 '임시농지등 관리령'(1941년 2월)이었다. 이 법령 중에는 심을 작물에 대한 강제규정이 있어, 필요에 따라 농작물의 종류, 지역 등을 지정하고 또 특정작물에 대해서는 심기를 제한하거나 금지할 수 있었다. 이 규정에 따라 제정되어졌던 것이 '農地 작부作付(농작물심기)統制規則'(1941년 10월)인데 그 내용은 농림대신이 지정한 제한 농작물 즉 뽕나무, 차, 박하, 연초, 과수 등을 식량작물인 벼, 보리, 밀, 고구마, 감자, 대두 등으로 전환하도록 하는 내용이었다.[124]

한편 계획증산에 관련하여 주목해야하는 것으로는 1940년의 농회법개정이 있다. 제75의회에서 성립된 농회법개정의 주요내용은 "첫째, 계통농회에 대하여 농업통제에 관한 권한을 부여하고, 병충해

---

123) 農林水産省百年史編纂委員會, 『農林水産省百年史』中, 1980, pp.324~340.
124) 田中學, 앞의 논문, 「戰時農業統制」.

구제, 種苗, 作付시기 등을 대상으로 하는 생산통제), 행정관청이 계통농회에 대하여 명령권을 갖게 한 것. 둘째, 부락내지 부락에 준하는 지구를 구역으로 하는 농사일반단체(농사실행조합, 농가소조합 등을 가리키며 양잠실행조합은 포함하지 않음)을 농회에 가입토록 하는 것"[125)]이다.

게다가 1941년 12월에는 농업생산통제령을 실시하여 농회를 전시하 농업생산통제의 담당기관으로서 그 성격을 강화하였다. 통제령의 골자는 각 시정촌 농회에 농업생산계획을 수립시키고, 그 실행을 위해 통제권을 부여하는 내용이었다. 농업생산계획 수립 때, 농산물생산계획은 우선 작물마다에 할당수량을 기재하고 이어 전년도의 실적과 당년도의 목표를 기입한다. 또 마찬가지로 각 부락별 전년도 실적과 당년도 목표를 기입한다. 작물 종류에 관해서는 먼저 작부(作付)통제규제로 지정된 식량용 작물과 大麻, 桑, 菜種을 우선 인쇄해두었는데, 결국 이것들이 통제 대상이 되었다.

경제갱생운동의 배경에는 농산물 과잉문제가 있었다. 그러나 경제갱생운동의 정책에는 증산을 유발하는 지시가 많이 있었음에도 불구하고 국가전체의 입장에 서는 통제가 행해지지 않았다. 따라서 국가통제를 보다 강하게 요구하는 여론이 존재했었지만, 그 '통제 없는 증산' 문제는 전시기에 '통제하는 증산'이 국가목표로서 필요하게 됨에 따라 해소되었다. 결국, 각 정·촌의 농회가 그 지역의 농산통제를 담당하는 기관으로서 위치 지어졌던 것이다. 그러나 그 '통제하는 증산'은 개별 농가, 혹은 촌락사회의 자율적인 생산을 무시하고, 국가의 전시 식량정책적 관점에서 개별농가 혹은 촌락사회의 생산·경영을 결정한다는 점에서 새로운 문제를 발생시키게 되었다.

---

125) 楠本雅弘, 平賀明彦 편, 『戰時農業政策資料集』 1-3, 柏書房, 1988, p.28.

2. 농지 소작문제 대책

1939년 시작된 농업생산계획은 위로부터의 증산할당과 지도체제 강화를 꾀하면서도 실질적으로는 개별 농가에 자주적 노력에 의존하는 바가 컸다. 노동집약적인 소규모 경영을 전제로 하고 있는 이상 농민의 생산의욕이 생산량을 좌우하는 것은 당연하다. 따라서 비상시 증산운동에서는 정신동원 뿐만 아니라 증산장려금 교부 등 물질적 자극이 병용되었다. 그런데 이와 같은 농민의 생산의욕 증강에 있어서 커다란 장애가 되는 것이 소작문제였다.

소작쟁의는 농업문제 초점으로써 일본 자본주의가 해결해야만 할 과제였다. 제1차세계대전 이후 그 대책은 농정에 중요한 한 축이었다. 그러나 소작입법의 기도는 계속 좌절되었다. 결국 1924년 소작조정법이 성립하고, 또 1926년 자작농창설유지보조규칙으로 자작농 창설사업이 약간 전개되어지고, 전술한 바와 같이 농림성은 경제갱생운동에 있어서 여러 대책을 시험해 보았지만 근원적인 대책은 되지 못했으며, 이런 발본적 대책이 결여된 상태로 전시기를 맞이하게 되었다. 전시 하에 있어서 소작문제는 더욱더 중요성을 띠게 되었다. 즉 생산력 증강의 요청 때문이었다. 고율 소작료와 경작권의 불안정이 소작농의 경제를 압박하고 재생산 조건을 열악화시킬 뿐만 아니라 생산의욕을 감퇴시켰다. 더욱이 그것은 소작농가 출신 병사의 銃後의 불안으로도 이어지는 문제였다. 이에 성립한 것이 1938년 농지조정법이다. "호양상조의 정신에 따라 농지의 소유자 및 경작자의 지위의 안정 및 농업생산력의 유지증강을 꾀하고 이로써 농촌의 경제갱생 및 농촌평화의 유지를 기하기 위해 농지관계의 조정을 꾀한다"[126]는 것을 목적으로 하고 있다. 첫째,

---

126) 농지조정법 제1조. 조정법에 관해서는, 농지제도자료집성편찬위원회, 『농지제도자료집성』 제9권(お茶の水書房, 1971), p.893 참조바람.

가장 주목되어지는 점은 소작권에 물권적 성격을 부여하여 제 3자에 대한 대항권을 갖도록 함과 동시에, 원칙적으로 소작지의 회수를 금지한 것이다. 이것이 소작권 강화에 기여한 것은 명확하고, 생산력 시점에서 보면 경작자의 안정이 우선시 되고 있다고 보여진다.

여기에 이은 1939년의 소작료 통제령은 형식적으로는 가격통제령의 일환이었지만 실질적으로는 지주 소작관계에 대한 통제였다. 즉, 1939년 9월 이후 소작료의 인상을 금지함과 동시에 감면관행 등 소작조건의 계약도 금지하였다. 더욱이 시·정·촌 농진위원회에 대하여 적정 소작조건의 설정을 인정하고 지방장관에 대해서는 부당한 소작조건의 명령 변경권을 부여했다.[127] 이리하여 소작쟁의 원인 중에서 커다란 비중을 점하고, 또 쟁의에서 지주 측의 강력한 무기였던 토지회수와 소작료 인상이 사실상 금지되어 지주의 지위는 크게 후퇴했다. 더욱이 1940년 이후 쌀의 공출제도가 강화되어지는 과정에서 지주 飯米분을 제외한 소작료 그 자체가 생산자인 소작농으로부터 직접 국가에 공출되어지게 되어 지주는 소작미 조차 확보할 수 없게 되었다.

농림성은 1938년에 『전시체제하의 농림정책』(농림대신관방기획과편)에서

농림문제에 대하여 많은 응급적, 항구적 대책을 수립하여 온 정부는 가장 기본적인 농지의 생산관계인 농지문제에 대해서는 아직 확고한 대책을 수립한 바 없고, 대부분 유통관계에 관한 문제에 국한되어 왔다. 그러나 오로지 유통관계에 관한 대책은 필연적으로 생산관계에 부딪히지 않을 수 없다. 우연히 지나사변(중일전쟁)이라고 하는 미증유의 대사변이 일본에서 가장 필요하면서도 곤란한 문제를 진일보시키는 계기

---

127) 소작료 통제령에 대해서는, 『농지제도자료집성』 10권(お茶の水書房, 1972), p.142 참조바람.

가 되었다는 것에 경축을 금할 수 없다. 여기에서 비로소 하나의 기점을 얻은 경지대책은 지금부터 일본 농업의 발전과 함께 정비되어 갈 것이다. 더욱이, 이 농지대책을 기점으로 일본 농업은 전환·발전해 나가야 한다.[128]

라며 농지조정법을 자리매김하고 있다. 그러나 전전의 농지·소작문제에 대해 고다이라 고니치小平權一는 "일반적으로 부재지주 등의 논밭을 강제로 사들여 자작지로 하는 제도는 종전 후 쇼와 20년의 농지제도 실현까지는 실현되지 못했다. 또 현재의 자작지를 가산 또는 세습재산으로서 영구 유지시키기 위해 필요한 법제는 아직 성립되지 못하였다"[129]라고 하여 농지·소작문제가 또한 1938년의 농지조정법으로 다소는 안정되었지만 아직 완전히 철저하지 못한 것이라고 평가하고 있다.

Ⅷ. 맺음말

동아시아 세계질서 속의 한나라에 불과했던 일본은 메이지유신 이후 불과 수 십 년 사이에 세계강대국으로서 국제적 지위를 얻게 된다. 그러나 국제적 지위와 그에 부합되지 않는 국내현실과의 괴리가 너무도 컸다. 괴리가 크면 클수록 국민에 대한 강한 지도와 요구가 뒤따르게 마련인데, 지금까지 살펴보았듯이 갱생운동의 목표도 세계대공황 및 만주사변으로 맞게 된 국난을 극복하여 일본의 국제적 지위를 유지하고, 나아가 한 단계 더 높은 국운발전의 기틀을 마련하는데 있었다. 그러기 위해 궁극적으로는 국가의 기초인 '촌의 근본적 재건'을 이룩하는 것이었다. 이 촌락 재건을 위한

---

128) 앞의 책, 『戰時農業政策資料集』 1-3, p.6.
129) 앞의 책, 『農山漁村經濟更生運動と小平權一』, p.139.

정책내용을 보면 국가의식과 농민정신의 함양 및 '경제'의 갱생이
었다. 물론 국가의식과 농민정신의 강조는 자발적인 '경제'갱생의
심정을 끌어내려는데 그 목적이 있었는데 이와 더불어 '경제'갱생
을 실현시키는 수단으로 활용되었던 것이 조직화, 인보공조의 정
신, 자력주의였다.

　이런 수단을 활용하여 '촌의 근본적 재건'을 꾀했는데, 그 내용
은 자력갱생적 인간을 양성해냄을 전제로 하여, '경제'갱생을 방애
하는 공동체적 요소, 예를 들면 賴母子講, 관혼상제, 사교관례 등을
타파하고자 했으며, 더불어 촌락 내에 있는 '보수적'·'봉건적'요소를
타파하고자 했다. 이런 점에서 갱생운동은 합리적이기까지 했다.
그러면서 다른 한편으로는 새로운 촌락질서를 구축하고자 했다. 그
원리는 유통과정의 공동화, 신용의 부락(혹은 組)단위의 연대보증제,
부채정리의 조합결성, 공동작업 지도에서 보이듯이 공동화의 확대
였다. 이 공동화의 확대는 갱생운동 이전이나 패전 이후의 농촌지
배와 비교해 볼 때 시대적 특징으로 부각되어야 할 점이다. 농림관
료는 위와 같은 성격의 촌락 재건에 주안점을 두었던 것이지, 구래
의 지주를 정점으로 한 공동체질서를 재편·강화하려거나 혹은 중
농주도형의 새로운 공동체질서를 확립하려는 의도를 갖고 있지 않
았다. 오히려 추진 담당계층을 애매하게 함으로써 농촌내부의 계급
대립을 포함한 내부 알력을 현재화시키지 않으려 했다고 보인다.
한마디로 말하면 농림관료는 '경제'갱생이란 국가목표를 위한 공동
체 건설을 요구하고 있었던 것이다.

　그리고 한편, 이 갱생운동의 방향은 당시 시대적 각광을 받고 있
던 통제경제론에 입각해 있었다. 1929년 공황발발 이래 자유경쟁을
기본으로 하는 종래의 자본주의에 대한 신뢰감이 약화되면서 서양
열강은 국내경제 혼란극복으로 경제블록 형성 및 자국중심의 정책
을 일층 강화해가고 있었다. 이런 가운데 소련에서의 제1차 5개년

계획의 실행과 그 성공이 보도되면서 세계 각국에서는 국가에 의
한 경제통제가 지향되어지게 되었다. 이런 풍조는 일본에도 영향을
미쳐 1930년대에 들어서면서 일본경제 논단에는 통제경제론이 활
발히 주장되어진다.[130] 이런 경향은 농림관료도 무시할 수 없어 이
시구로 타다아츠石黑忠篤와 같이 갱생운동의 성격을 통제경제에 연
관시켜 규정하려 하였다. 그러나 농림관료의 통제경제는 어디까지
나 농림성 위주의 협동조합주의를 추구한 것으로 당시 일본정부에
일관적이고도 종합적인 통제경제정책이 부재했음을 나타내주는 단
면이었던 것이다.[131]

　마지막으로 갱생운동의 논리는 국난극복의 의식(국가의식), 인보
공조의 정신, 자력갱생적 인간 만들기, 생활향상 등이었는데, 그 논
리에 포함되는 구체적 정책내용은 시대에 의해 달랐지만 논리 자
체는 일본근대 이래 일관적 논리라는 것을 지적해 둔다.[132] 이것은

---

130) 농림계에서도 이런 경향이 나타나는데, 농림행정에 깊게 관여하고 있
　　던 동경제국대학 농학부교수 矢作榮藏이 "현재의 불경기는 세계적인
　　것으로 세계 어떤 나라에서도 안심할 수 있는 상태로 되어있지 못하
　　다. 제1차 세계대전 이래 생산과잉 국이 대단히 많고, 생산자는 모두
　　사업의 일부를 축소하고, 실업자를 다수 배출하고 있으며 금융은 폐색
　　상태이다. 요즘에는 자본주의 경제조직이 종말에 가까운 것이 아닌가
　　하는 의견을 가진 사람이 꽤 많다."(「擧國一致の新經濟政策」『斯民』
　　28-1, 1933년 1월)란 언급에서 잘 나타나 있다.

131) 矢作榮藏가, "현재 농림성에서 경제갱생계획을 세우고 있고, 상공성에
　　서는 산업의 합리화와 중요산업의 통제를 실행하고 있지만, 그것은 단
　　편적인 것으로 별로 강렬하지 않은 정책을 서서히 행하고 있음에 불
　　과하다. (略) 이와 같은 단편적이고 간접적인 국가통제만으로는 이 난
　　관을 돌파할 수 없고, 우리들이 얻은 정치상·경제상의 지위도 외부에
　　의해 위태롭게 될 것이다."(위의 글)라 지적하며, 이탈리아와 같은 강
　　력한 국가통제를 요구하고 있는 것에서도 종합적인 통제정책의 부재
　　를 알 수 있다.

132) 위의 논리는 메이지기의 지방개량운동에서 잘 나타나 있는 바, 지방개
　　량운동이 부락관념의 타파, 행정촌의 재정확립 등을 정책내용으로 삼

후발근대국가이며 제국주의 정책을 추진하는 국가의 관료로서 한
정된 재정아래 강대국으로서의 지위를 유지, 발전을 꾀하고자 강력
하게 국민을 지도해 가는 과정에서 나온 논리였다고 본다.

　그 중에서도 '자력갱생적 인간 만들기'가 주목된다. 근대 일본의
관료는 생산은 하나의 사회적 영위임을 중요시하여, 생산문제의 핵
심을 잡기 위해 무엇보다도 인간과 인간이 맺는 사회적 관계에 중
점을 두었다. 기술과 자본도 중요했지만 특히 필요했던 것이 인간
에게 주목하는 것이었다. 결국 농촌경제갱생운동에 있어서도 성공
하느냐는 인간개조에 달려 있었다. 농민은 물신숭배, 의존심리의
만연, 자신의 결여 등에 빠져 있었다. 이런 상황에 대해 농촌문제
해결을 위해 농촌에 과학기술을 도입하거나 촌락의 경제적 지배자
를 두려워하지 않고 자신을 갖고서 어떤 곤란에도 꺾이지 않는 능
력과 의지를 가진 농민, 즉 새로운 타입의 농민이 먼저 필요했다고
보인다. 그러나 관료가 추구한 자력갱생적 인간이란 관료의 제정
책·제요청에 대해 묵묵히 수행해 가는 정촌민을 만드는데 있다는
것은 말할 필요도 없겠다.

고 있는 점에서 농촌경제갱생운동 정책내용과는 틀리나 그 지배논리
에 있어서는 동질성이 엿보인다. 이 점에서 농촌경제갱생운동은 지방
개량운동의 昭和판이라고 말할 수 있다. 지방개량운동에 대해서는 宮
地正人, 『日露戰後の政治史硏究』(東大出, 1973)을 참조.

제3장 총력전 하의 국민생활론과 생활운동

I. 머리말

일본에서는 1937년 중일전쟁 발발 이후 전쟁이 장기화되면서 총력전 체제를 구축하려는 움직임이 가속화된다. 1937년 8월 일본정부는 국민정신총동원실시요강을 결정하고 1938년 3월 귀족원은 국가총동원법을 가결·성립시켰다. 1938년부터 물자동원계획을, 1939년부터 생산력확충계획을 세우고 국가총력전에 대응하는 경제총동원의 골격을 만들었다.

이런 통제정책 아래, 생활과 직접 관련이 있는 정책으로서 1938년 공정가격제, 1940년 배급제도, 1942년 식량관리제도가 실시되어 간다. 농림성에서도 1939년 '중요농림수산물증산계획'을 세워 중요 농산·수산물에 대해 생산목표를 정한 다음 각지의 도부현에 그 생산량을 할당해 갔으며, 1940년에는 공출제도를 실시했다. 한편 농촌 청장년의 징병·징용과 여자도 공장노동에 동원되는 상황 속에서 농촌 노동력 부족 현상이 일자 노동력조정대책이 강구되어 진다. 이런 과정 속에서 국가가 경제를 통제하고 나아가 국민의 일상생활에까지 간섭하는 총력전 시대에 돌입하였던 것이다.

이때 국가가 일상생활을 간섭해가는 시대 분위기에 맞물려 당시 하나의 키워드는 '생활'이었다. 역사학계 내에서는 생활사에 관한 언설이 등장하였으며, 오고치 가즈오大河內一男 등의 경제학의 입장에서 생활구조론, 의학의 고이즈미 치카히코小泉親彦나 건축학의 우치다 소죠內田祥三 등에 의한 생활과학론, 기도 만타로城戸幡太郎 등 교육학자들에 의한 교육의 생활주의 주장 등 국민생활에 관한 담론이 사회 전반에 걸쳐 광범위하게 전개되었다. 뿐만 아니라 생활을 있는 그대로 묘사하는 기록문학, 기록영화가 각광을 받았던 시기도 이때였다.

위와 같은 국민생활에 관한 언설을 분석하는 하는 것이 본고의 목적이다. 이런 국민생활론이 어떤 계기로 등장하게 되었는지, 그 내용이 무엇인지, 그리고 그것이 운동으로 어떻게 전개되었는지를 살피고자 한다.

지금까지 총력전시기에 대한 연구는 총력전체제 구축과정을 국가의 활동으로 연구되어 왔다. 국가 정치세력 간에 의한 정치과정, 사상분석, 정책분석이 중심이 되어 왔다. 이에 대해 본고에서는 개인과 단체로 구성된 사회가 어떻게 총력전체제 형성에 관련되어지는지를 통해 밝히려 한다. 이는 총력전체제를 구축해가는 정치과정이나 그 사상연구와 더불어 총력전시기를 종합적으로 이해하기 위해 필요할 것이다

물론 지금까지 총력전체제의 전개과정과 당시 사회와의 관련성에 대해 연구되어져 왔다. 야스다 츠네오安田常雄, 「戰中期民衆史の一斷面」(『昭和の社會運動』 年報近代日本研究5, 1983)에서는 신농매일신문信濃每日新聞에 연재되었던 「農村雜記」, 「街雜記」, 「短編小說」을 묶은 『農村靑年報告』(全3冊, 1940~1942년 간행)를 분석하여 민중의 생활의식에 보이는 전시체제 수용의 한 단면을 밝히고 있다. 예를 들면 물자부족에 의한 생활궁핍도 원시적 생활에의 회귀라고 적극적인 의미를 부여하며 자기 납득해 간다고 설명하고 있다. 여기서는 국가권력이 문제시되고 있는 것이 아니라 민중의 자세에 초점이 맞추어져 있고 모순이 있더라도 시대상황에 몰려 자기 납득해가는 수동적인 농민상을 그리고 있다. 이에 대해, 이타가키 쿠니코板垣邦子, 「戰前·

戰中期における農村振興運動(『太平洋戰爭』年報近代日本硏究4, 1982)에서는 야마가타현(山形縣) 농본주의적 농촌지도자의 일생을 추적하면서 농촌진흥운동의 관점에서 농민 스스로 전시정책에 적극적으로 협력해 가는 모습을 그리고 있다. 여기서는 농민이 식량증산 등의 전시정책에 적극적으로 협력하는 배경에는 전시혁신에의 기대가 있다고 보고 있다.

이렇듯 연구동향을 보면 1980년대 이후 총력전시기의 국가정책이 민중 사이에 어떻게 받아들여져 정착해 가는가 하는 '수용'의 문제를 다루면서 국가에 대한 사회적 지지기반을 찾아내고자 했다. 본고에서는 이런 '수용'을 넘어서 시대변화에 대응하는 자생적 노력을 국민생활론과 그 운동 분석을 통해 밝히고자 한다.

II. 생활사의 등장

> 종이가 부족하다, 목면을 입을 수 없다, 그리고 드디어 쌀도 절약하지 않으면 안 되는 상황이 되어 일상생활 상에 비상시가 직면해 오자, 이제서야말로 종이나 목면의 고마움을 뼈저리게 알게 되고, 생활필수품의 생산이나 수급관계 등을 생각해 본 적도 없던 사람에게 크고 작은 반성을 촉구하고 있는 것 같다. 그리고 그와 같은 하나의 경우로써 역사적 반성 또는 회고가 빈번히 행해지고 있는 것 같다.[1]

이 글은 나카무라 기치지(中村吉治)[2] 東北帝大 교수의 1940년 「生活

---

1) 中村吉治, 「生活の 歷史」 『形成』, 1940년 3월호, p.423.
2) 1905년 출생, 1929년 東京대 국사학과 졸업, 동년 東北대 법학부 조교수, 1941년 교수. 저서로는 『近世初期農政史硏究』(岩波書店, 1938), 『中世社會の硏究』(河出書房, 1939), 『中世の農民一揆』(中央公論社, 1948), 『日本の村落共同體』(日本評論新社, 1957) 등이 있다.

の歷史」의 서두 부분이다. 총력전 하에서는 전쟁 수행을 위한 군수가 최우선 되고 그 반대로 희생을 강요당했던 것이 생활필수 물자였다. 총력전 하에서 물자부족으로 종이나 목면이 부족하는 등 일상생활이 각박해지게 되자, 일상생활필수품, 일상생활의 가치를 깨닫고 주목하고 있음을 알 수 있고, 또 그에게 있어 이런 일상생활필수품에 대한 주목은 기존 역사에 대한 반성으로 이어짐을 알 수 있다.

"일상생활의 역사라는 것이 의외로 무시되어져 있다. (略) 사람들은 역사라 할 때 일상생활의 역사라고는 생각하지 않는다"[3]는 것이다. 왜냐하면 '역사를 대단히 존엄한 것'으로 생각해 왔기 때문이라는 것이다. 그는 "역사는 일상생활의 옛 습관을 찾아내는 학문으로서 탄생한 것도 아니었다. 민족의 긍지를 전해 내려가는 것으로서 영웅이나 전쟁을 말하고 전하는 것으로서 탄생"[4]하였기 때문에 역사가 존엄한 것으로 인식되어져 왔고 민족·전쟁·영웅 등 큰 것을 이야기하는 것으로 되어왔다는 것이다.

역사학이 이러하기에 "역사 전반을 딱딱한 것으로 만들어 버린 것도 어쩔 수 없는 일인데, 그 결과 역사라고 하면 무언가 친숙해지기 어려운 것으로 만들어 버렸다"는 것이다. 그리고 "일상생활에 입각한 역사라는 것은 생각해보지도 않은 결과로서, 역사를 멀리하는 습관을 만들고 존엄해야할 역사를 어딘가 손이 닿지 않는 곳으로 치켜세워, 때문에 오히려 아무것도 알지 못하는 것처럼 되어버렸다. 역사의 존엄은 깨닫고 자기 자신들의 역사인 것은 잊어버리고, 갑자기 그것을 별개인 것처럼 생각해버리는 것이 친애의 念을 잃어버리게 하는 이유다"[5]라고 말한다. 따라서 존엄한 역사에서 매

---

3) 위의 글, p.425.
4) 위의 글, p.425.
5) 위의 글, p.425.

몰되고 있던 일상생활에 입각한 역사에 주목하여 자기 자신들의
역사, 친숙해져야 할 역사, 일상비근을 나타내는 역사를 제안한다.

당시 일본 역사학계를 살펴보면, 1887년 東京제국대학에 사학과
가 창설되고, 1889년『史學會雜誌』가 창간되어지면서 일본근대 아
카데미즘사학이 출발하게 된다. 이 아카데미즘사학의 중추를 이루
고 있던 사풍은 정치사이고, 현실 정치의 틀을 규정하고 있던 것은
국가였다. 당시 일본은 막번체제를 탈피한지 20년밖에 되지 않아
구미류의 근대국가 형성에 열심이었다. 즉 제국대학을 중심으로 전
개된 역사학은 랑케류의 정치사이고, 더욱이 당시 일본 정치는 전
체적으로 구미풍의 근대적 국민국가 형성을 목표로 하고 있었다.
이런 상황 속에서는 역사학의 임무는 천하국가에 대해 조사하고
논하는 것이 되는 것도 당연하다 할 수 있다. 정치는 법과 경제를
포함하는 행위이다. 정치사도 메이지 말기에는 법제사, 경제사 등
을 분화시키게 되고, 20세기에 들어오면 문화사, 정신사의 분야도
성립하게 된다. 또 마르크스사학도 출현하게 되고, 그 대립물로서
황국사관도 급속히 대두하게 된다. 그러나 이들 학풍이 그 어느 것
도 천하국가를 자명의 틀로서 삼고 있었던 점은 부정할 수 없는 사
실이다.[6] 바로 이 같이 국가·민족과 영웅을 다루어 온 기존의 일본
역사학계에 대해, 나카무라 기치지는 일상 생활사를 제기하며 이의
를 제기하고 있었던 것이다.

그런데 그가 말하는 일상생활이란 누구의 일상생활이었던가.

생활상에도 역사는 있다. 여기서 그 역사를 말하고자 하는 것은 아
니지만 두세 가지의 예를 들어보자. 예를 들면 주거의 문제가 있다. 거
기에는 건축사라는 것이 훌륭히 연구되어져 있다. 그러나 그것은 보통

---

6) 木村礎,『村の生活史』, 雄山閣, 2000, pp.11~12.

의 주거 역사가 아니다. 옛날부터 잔존해있는 아름다운 건축물은 그 자
신이 문화의 역사를, 민족의 역사를 이야기하고 있음이 틀림없지만 일
반생활과는 동떨어져 있다.[7]

이를 통해 볼 때, 그가 말하는 일상생활이란 계층적으로는 보통
생활, 일반생활, 서민생활로 보고 있다. 나카무라 기치지는 이 일상
생활의 역사가 역사학의 한 분야로서 중요한 의미를 갖고 있다고
말하면서 기존의 역사학계를 돌아볼 때, 생활사에 대한 연구가 거
의 전무한 사실에 놀라고 있다. 그가 그 당시 생활사에 해당되는
연구로는, 야나기타 쿠니오柳田國男, 「목면수필」을 비롯한 몇 편의
논문과 후지타 모토하루藤田元春, 곤 와지로今和次郎의 주거의 역사,
아루가 기자에몬有賀喜左衛門의 촌락사회 연구 정도를 들고 있다. 그
는 자기 나름대로 생활사 연구방식에 대해 말한다.

　　의식주와 같은 부문을 살펴보아도 생활의 역사라고 하는 것이 주의
해야만 할 역사를 갖고 있는 것을 알게 되고, 또 그 역사가 단순히 의식
주라고 하는 한정된 범위의 개별적 변천 뿐만도 아니고, 물론 흥미본위
의, 취미적인 것에 머물러서도 안 되고, 거기에 커다란 나라의 역사에
諸相이 관련해 있는 것이 말하자면 너무도 당연한 것이다 ….
　　더욱이 종합적인 촌락생활 역사의 중요성은 말할 필요도 없을 것이
다. 더욱이 그것은 의식주 각각에 대해서 탐구하는 것 보다는 한 단계
규명하기 곤란한 것이기도 하다. 가족이라 해도 그것을 충분히 알고 있
는 것은 아니다. 시대에 따라 법률적으로 규정된 곳은 일단 이해하기
쉽다고 하지만, 그것만으로 진짜 가족이 명백히 되어졌다는 뜻은 아니
다. 그 가족이 확대하여 촌의 사회를 구성하고 있을 때, 그 관계는 시대

---

7) 위의 글, p.428.

의 정치·제도를 통해서 하나의 외관을 떠오르게 할 수는 있어도, 그 위에 만들어진 제도 뒤편에 살아 움직이고 있는 생활조직 그것을 명백히 하는 것은 용이한 일이 아니다. 부모와 자식과의 관계, 이웃과의 관계는, 계약된 소작관계나 만들어진 소위 인보제도의 기저에, 진짜의 생활조직으로서 살아있다. 따라서 정치체제에 대한 과대평가를 반성하고 서민생활의 창조성이 문제되어져야 한다. 아루가 기자에몬, '농촌사회연구'는 이러한 방면에서 처음으로 행해진 본격적인 작업의 흔적이다. 여기에 이르러 생활 역사의 의미는 더욱이 고도의 의미를 갖게 되었던 것이고 서민생활의 역사가 부당하게 간과되어져 있는 것은 더 이상 계속 되어져서는 안 되는 것이다.[8]

일상생활의 한 국면인 의식주에 대한 연구에서 개별적인 변천사에 머물러서는 안 되고, 국가 혹은 사회와의 관련 속에서 살펴보아야 한다는 점, 촌락생활 연구에서 외관적인 법제나 정치체제에 편향되지 않고 그 뒤편에 살아 움직이는 생활 집단과 개인(혹은 家)사이의 사회적 관계, 즉 인간생활의 기층를 밝히는 작업 속에서 서민생활의 창조성을 밝힐 수 있다는 것이다. 그는 일본중세 근세의 농촌문제를 다루어왔고, 전후에는 이를 바탕으로 『日本の村落共同體』(日本評論新社, 1957)를 저술하게 된다.

나카무라 기치지보다 기존 일본의 역사학에 대해 신랄하고 구체적으로 비판했던 사람이 오고치 가즈오[9]다.

오고치 가즈오는 1943년 「國民生活の構造」에서 "국민생활이라는

---

8) 위의 글, p.432.
9) 大河內一男(1905~1985), 東京에서 출생. 1926년 東大 경제학부 졸업. 河合榮次郎 밑에서 助手생활을 함. 39년 조교수, 45년 교수, 63년 東大 총장. 사회정책을 분배정책으로 하는 종래의 高田保馬의 견해를 비판, 生産政策이라고 하는 사회정책론을 주장.

것이 문제시되기 시작한 것은 비교적 근년의 일이다. 오랫동안 그
것은 국민적 과제로서 문제시할 만한 것이 못된다고 치부되어 왔
다. 그것은 소위 매몰된 생활이었다고 말할 수가 있다"[10]고 말하면
서 국민생활이라는 것이 문제시되지 못하다가 총력전 하에 들어와
주목받게 되었다는 인식을 하고 있다. 이런 인식은 패전 직후 국민
생활연구 배경에 대해 말한 부분에서도 확인할 수 있다.

> 생활이라 하는 것이 침범할 수 없는 질서나 이법을 가진 것이라는
> 점에 대한 반성은 일본에서 메이지 이래 오랜 기간 무시되어져 왔는데,
> 전쟁은 그 격렬한 식욕으로서 국민생활을 황폐화시키면서, 오히려 위
> 와 같은 반성을 하게끔 만들었다고 할 수 있다. 이런 의미에서 평상시
> 가 아니라 전시에 있어서, 국민생활에 대한 반성을 할 수 있는 좋은 기
> 회를 얻게 되었다고 말할 수 있다 …. 생활문제의 합리적 이해가 어떠한
> 계기나 논지로 전시에 있어서조차, 아니 전시이기 때문에야말로 가
> 능하게 되었다.[11]

그러면 그는 왜 매몰되고 무시되어져 왔던 국민생활이 중요하다
고 보았는가. "그 실제 국민생활은 우리나라의 경제를 오늘날의 고
수준에까지 추진시켜왔던 기동력이고, 놀랄 정도의 저수준이면서
도 일본경제의 대단한 발전을 수행해왔던 무명전사"[12] '전시체제
하의 생산력=국방력의 인간적 담당자'[13]이기 때문이라는 것이다.
즉 지금까지의 일본경제 발전의 기동력이고 현 전시체제 하의 생

---

10) 大河內一男, 「國民生活の理論」『大河內一男集』 제6권, 1981, p.3. 이 논문
   은 1943년 「國民生活の構造」(大河內一男編, 『國民生活の課題』, 日本評論
   社)로서 발표됐던 글이다.
11) 大河內一男, 『國民生活の理論』, 光生館, 1948, p.4.
12) 大河內一男, 前揭 「國民生活の理論」『大河內一男集』 제6권, p.3.
13) 大河內一男, 「標準生計費論の論」『大河內一男集』 제6권, 1944, p.145.

산력 담당자를 국민생활로 파악하여, 역사행위자로서 '국민'의 주체성을 부각시키고 있다.

그런데 그는 국민생활이 일본경제발전의 기동력이라 하면서도, 이름도 없는 '무명전사'라고 표현하여 국민생활의 계층성을 문제시한다.

> 사회에 있는 모든 생활의 총화가 국민생활의 형태를 만드는 것이 아니고, 그것은 사회생활 구조에서 피라미드 기저부분의 생활이고, 이름도 없는 사회의 토대이고, 서술된 역사의 어느 페이지에도 등장하는 곳이 없는 생활이, 국민생활의 구성요소인 것이다. 그렇지만 사회의 기저를 형성하는 국민생활은 결코 '빈민'생활로서 이해해서는 안 된다. 근세에서 '빈민'의 역사나 노동자 생활에 관한 단편적인 기록은 대부분의 경우 국민생활을 단지 부분적으로 전하고 있는 것에 불과하다. 국민생활은 서민생활-물론 이 경우 서민은 결코 고정된 내용과 사회층을 의미하는 것이 아니고 역사적으로 그 구성요소는 변동한다-라는 의미에 있어서 그 중요성을 갖는 것이다.[14]

이렇듯 그가 말하는 국민생활이란 사회구조에 있어서 기저부분의 생활이고 서민생활로 파악한다. 그렇다고 그것을 빈민생활이나 노동자의 생활로 오해하지 않도록 주의하고 있다. 빈민이나 노동자라고 하는 특수하고 부분적인 것이 아니라 서민이라는 보편적이고 전체적인 것을 지향하고 있음을 알 수 있다. 그는 단적으로 "국민생활이란 것은 소위 서민적 생활이고, 사회의 역사의 저변에 매몰되어 나타날 까닭도 없는 국민적 생활의 분야이고, 더욱이 역사가 조립되어지는 토양이다"[15]라고 결론짓는다. 이와 같이 그는 사회구

---

14) 大河內一男, 前揭 「國民生活の理論」 『大河內一男集』 제6권, p.4~5.
15) 위의 글, p.4.

조 속에서 매몰되기 쉽고 주목받지 못하던 '생활'을 연구의 주 대상
으로 복귀시키고자 하였다.

그런데 그 국민생활에서도 중요한 것이 일상생활이라는 것이다.

국민생활은 특히 그 일상생활에 있어서 문제 삼지 않으면 안 된다.
생활의 구조는 특히 그것이 서민생활의 경우에 있어서는 일상생활의
구조이다. 무릇 일상생활을 빼놓고는 본래 어떠한 국민생활도 있을 수
없기 때문이다.[16]

이런 서민의 일상생활의 중요성에 주목한 그는 기존의 일본 역
사학계에 대해 비판의 날을 세운다.

국민생활은 그 구조에 있어서도 그 역사에 있어서도 그 일상성의 측
면이 다루어져야만 한다. 그렇지만 또 오히려 그 일상성 때문에 국민생
활은 이론적 분석의 대상으로서 다루어지지 않았을 뿐 아니라, 역사의
영역에 있어서도 일상생활의 역사는 예외적으로 향토사 연구의 대상이
되었던 것 이외에는 거의 전해지지 않고 있다. 그 '개성기술적'방법의
역사에 있어서는 사회의 역사는 일상생활의 역사가 아니라 소위 '제도·
문화 등 발생했던 일(出來事)'역사이고, '사건'의 역사이다. 그것은 서술
된 역사의 소재가 어떠한 경우에도 '발생했던 일'이나 '사건'의 기록이
기 때문이다.

여기에 반하여 일상생활의 역사는 가령 가장 뛰어난 의미에서 존재
로서의 역사라고 하더라도, 그 회색의 생활은 기록에 남아있는 것이 없
고, 대부분은 생활과 함께 매몰되어 버렸던 것이다. 생각건대 이러한
'사건'이 결여된 서민 생활은 문화적 가치에서 의미가 없다고 생각했기

---

16) 위의 글, p.5.

때문이다. 따라서 예를 들면 건축의 역사에 있어서도 사원이나 왕궁의 역사가 많이 전해졌지만, 국민생활의 일상적인 장소인 민가 건축의 역사는 남아있는 것이 드물다.[17]

이와 같은 기존 역사학에 대한 비판은 사회사의 선구적인 표현으로도 볼 수 있는데, 중요한 것은 비일상적인 '발생했던 일', '사건'의 역사서술에 대해, '사건'이 없는 일상성, 일상생활의 역사를 강조하고 있다. 그가 말하는 서민생활의 일상성은 빈민의 생활도 아니었지만, 사원이나 왕궁같은 상층부의 생활도 아니었던 것이다. 나아가 그는 일상성이 아니라 비일상성을 다루어온 향토사 혹은 민속학의 생활사 연구에 대해서도 비판한다.

> 일상생활을 다루지 않고서는 어떠한 서민생활의 이해도 있을 수 없고 또 평소에 반복되는 일상생활의 연속이 실은 생활에 있어서 가장 중요한 의미를 갖고 있는 점에 서민생활의 특수성이 있다고 말할 수 있다. 그런데 예를 들면 많은 향토사적 문헌이 서민생활을 전하고 있는 경우에는 결코 그 일상적인 생활이 묘사되어 있지 않은 것에 우리들은 놀라움을 금치 못한다 …. 서민생활의 소개가 많은 경우 그 일상적 형태가 아니고 -예를 들면 의생활, 식생활, 주생활로 또 매일 반복되어지는 '노동생활'이 아니라- 반대로 그 일상적이지 않은 형태로 되기 쉬운 것도 극히 당연하다고 말해질 수 있지만, 그 경우에는 서민생활의 가장 근간을 이루고 있는 부분이 간과되어버리기 때문에, 서민생활에 있어서 비본질적인 부분만이 과장되고 왜곡되어 그것만이 서민생활의-혹은 향토생활의-중추부분인 것 같은 착각을 사람들한테 주게 된다.
> 예를 들면 관혼장제 때의 여러 가지 구관이나 기습이나 행사, 또 지

---

17) 위의 글, p.5.

방적으로 고정되어진 '催事'나 '행사' 등이 즐겨 묘사되어지지만 그것들
은 가령 어느 정도 상세하게 고증되고 소개되어도 그것만으로는 그 지
방의 서민생활이 파악되었다고 말할 수 없는 것이다. 처음 어떤 형태로
든 노동생활과 결합되어 있었던 행사-예를 들면 무용 혹은 가요의 일
종-도 시대의 추이와 더불어 점차 그 당초의 기초로부터 추상화되어져
가는 경우, 그것만이 떨어져 나와 '행사'로서 다루어지고 묘사되어지게
되었던 점에서, 그것은 이미 현재의 서민의 일상생활과는 어떠한 본질
적인 연관성을 갖고 있다고 말할 수 없을 것이다. 그와 같은 생활사의
서술은 국민생활의 실태를 파악함에 있어서 어떤 기여도 할 수 없을 뿐
아니라 오히려 그것을 발굴해내는 것을 방해하고 서민생활을 '행사'생
활에 의해서 측정하고자 하는 착각을 사람들한테 줄 뿐이다.[18]

오고치 가즈오는 총력전의 상황 속에서 서민의 일상생활의 가치
를 직시하고 역사서술에 있어서도 '발생했던 일'·'사건' 위주의 서술
에서 벗어나 '사건' '행사'가 아닌 일상생활사를 서술할 것을 촉구하
고 있던 것이다.

이 일상생활의 중요성에 대한 인식은 역사분야에서 구체적인 성
과로 나타나 그 중 민속학자 나카야마 타로中山太郎[19]의 『戰爭と生
活の歷史』(弘學社, 1942)가 있다. 나카야마 타로는 이 책의 문제의식을
아래와 같이 적고 있다.

전쟁은 커다란 파괴임과 동시에 또 커다란 건설이다. 따라서 전쟁의
규모가 크면 클수록 건설도 크게 진행되는 것이다. 고대 그리스 철인이

---

18) 위의 글, pp.6~7.
19) 中山太郎(1876~1947). 저서로는 『日本婚姻史』(春陽堂, 1928), 『歷史と民俗』
(三笠書房, 1941), 『生活と民俗』(三笠書房, 1942), 『國體と民俗』(東洋堂,
1942) 등이 있다.

'싸움은 만물의 어머니'라고 말했던 것은 기묘하지만 시사적인 말이다. 그러나 파괴에서 건설로의 과정 – 즉 전쟁 중과 전쟁 직후의 국민은 항상 심대한 파괴를 격고, 따라서 더욱이 부흥의 노력을 계속하지 않으면 안 된다. 그러면 우리들의 멀고 가까운 조상이나 동포들이 다년에 걸쳐 어떻게 전화에 고생했던가, 그 결과로서 어떻게 자신들의 생활을 재건하고 나아가 창조했던가, 그 고심의 초려의 흔적을 살피고, 그리고 현재 대동아전쟁 하의 우리들의 생활과 비교하여 참고하고자 하는 것이 본저의 목적이다.[20]

민속학의 입장에서 생활문제를 다루어 왔던 그가 총력전 하에서 생활문제의 중요성을 재인식하고, 전쟁과 일상생활과의 관계를 역사적으로 규명하고자 했던 것이다. 일본여자대학 일본사 교수인 엔도 모토오遠藤元男[21]는 『日本女性の生活と文化』(1941, 四海書房)을 출간하였는데, 여기서 그는 생활사를 역사학의 한분야로 보고, 생활을 종합적으로 파악하면서 시대적 변모를 명백히 하고자하는 입장을 취하고 있다. 그가 왜 생활을 주목하게 되었고 생활사를 왜 연구하는지를 밝힌 글이 있다.

　　1940년부터 전반적인 국가적 신체제운동은 당연하게도 생활의 문제를 다뤘던 것이다. 더욱이 생활의 개선으로부터 합리화, 나아가 쇄신 그리고 신체제에로 그 의도가 적극적으로 되어왔다. 어쨌든 최근 국내· 국제 제정세는 국민생활의 전면적인 혁신을 요청하고 있는 것이고, 그

---

20) 中山太郎, 『戰爭と生活の歴史』弘學社, 1942, p.1~2.
21) 遠藤元男(1908~1998). 1908년 東京 출생. 東京大 국사학과 졸업. 日本女子大學 교수, 明治大學 교수 역임. 저서로는 『日本封建制成立史』(日本歷史全書9, 三笠書房, 1939), 『日本中世都市論』(白揚社, 1940), 『近世職人史話』(誠文堂新光社, 1946), 『生活史ノート』(朝倉書店, 1970) 등이 있다.

것이 국가적 규모에 있어서 다루어지게 되었던 것이다 ….

국민생활 그것이 규격화되고 일원화되어야만 한다. 여기에 소위 생
활방면의 지도자나 연구자, 실천자에게 거의 무시되고 있는 일본인의
생활사의 현실이 반성되고 회고되지 않으면 안 되는 것이다. 이전의 생
활사의 현실 규명에 의해서만 지금의 생활의 현실이 이해되어지는 것
이다. 또 그것으로부터 내일의 전망도 생겨나게 되는 것이다. 국민생활
을 어떻게 일원화하면 좋을까하는 것도 여기서부터 나오는 것이다.[22]

그는 총력전 하에서 국민생활의 전면적 혁신의 필요성에서, 어
떤 방식으로 재편성하여야 하는가 하는 문제의식에서 생활사를 다
루고자 했음을 알 수 있다.

1942년에는 『日本生活史研究 總書』 제1편으로서, 도쿄제국대학東
京帝大 일본사교수인 나카무라 고야中村孝也[23]편 『國民生活史研究』(小
學館, 1942)가 간행되었다. 이 책은 「上代儀禮の變遷と社會思想」, 「行
基と日本佛敎」, 「各田經營の成立」, 「戰國諸侯間の政治的交通」, 「農
民生活とキリシタン信仰」, 「近世農民の家族生活」, 「明治初年の社會
史的一考察: 廢刀問題を中心として」의 논문으로 구성되어 있다. 이
책의 서론에 해당하는 나카무라 고야 「生活と社會」에서 "사학의 연
구대상은 본디 무엇인가라고 질문한다면 그것은 생활이라고 말할
수 있다. 사학은 생활연구의 학술이다. 생활을 발생학적으로 연구
하는 학술이다"[24]라고 단언한다. 역사란 인류 생활의 역사라고 보

---

22) 遠藤元男, 「新生活運動の歷史的展望」 『敎育』 9-6, pp.575~577.

23) 中村孝也(1885~1970), 1913년 東京大 국사학과 졸업 후 대학원 진학, 1924
년 동 대학 문학부 사료편찬관, 이어서 조교수, 1938년 교수, 1945년 정
년퇴직. 일본문화사의 석학으로 알려짐. 저서로는 『稿本國民文化史槪論』
(國民文化研究會, 1922), 『元祿享保時代に於ける經濟思想の研究』(國民文化
研究會, 1922), 『生活と思想』(小學館, 1944), 『國史の華, 近代·現代』(三學書
房, 1944), 『新國史觀. 1-3』(雄山閣, 1947~48) 등이 있다.

고 생활사=역사학이라는 입장이다.

그는 생활내용을 '물질적 생활과 정신적 생활과 통속적 생활'로 나눌 수 있고, '그 표현하는 양상은 각각 경제, 사상, 정치로 불리어지는 것'이며, '그 전부는 사회생활'이라고 보았다.[25] 이렇게 생활을 파악하기에 생활을 연구하기 위해서 '종합사학의 건설'을 제창하고 있다. 즉 "정치사학을 중추로 하여, 좌로는 사회경제사, 우로는 정신사상사학을 두고서 종합사학의 진영을 구성"한다는 것이다. 이것에 의하여 "국민생활의 현실을 분석하고, 그 이념을 천명하고, 현실과 이념의 상호작용에 의해서 국민생활이 성장·발달하는 경로를 고찰"하는 것인데, 이것이 '생활연구'라는 것이다.[26] 생활연구를 종합적으로 해야 한다는 그의 시각은 일본사에서의 생활연구를 어떻게 해야 하는지를 제시한다.

국사에 관해 말한다면, 국사학이란 일본국가생활의 발생, 발달, 발전의 경로를 탐구하여 그 본질을 천명하는 것을 임무로 삼는다. 국사학은 일본국가생활과 시종하는 것이고 이것을 떠나서는 성립할 수 없다. 그것은 국민생활을 대상으로 하는 것이 아니라 국가생활인 것을 주의해야만 한다 …. 국민생활연구소는 시대에 적응하여 국민생활이란 문자를 사용했지만 '국가생활연구소'이다. '국민'은 '국가'를 구성하는 요소의 하나이고 '국가'중의 일부이다. '국민'만을 '국가'로부터 추출하여 그것을 연구대상으로 하는 것은 결코 아니다. '국가'에는 원수가 있고, '국민'이 있고, 영토가 있다. 일본 '국가'의 원수는 천황이다. 일본 '국가'생활은 실로 천황에 의해서 발생하고, 성립하고, 존재하고 발전하는 것이기 때문에 우리들의 일본종합사학은 먼저 첫째, 황실을 중심으로 하여 황

24) 中村孝也,「生活と社會」『國民生活史研究』小學館, 1942, p.13.
25) 위의 글, p.5.
26) 위의 글, p.9.

도의 광휘를 선양하는 것으로부터 출발하는 것이다. 둘째, 황도의 광휘를 선양하는 것은 즉, 신민의 길이다. 우리나라에서는 신민, 즉 '국민'이다. 여기서 우리들의 연구는 이 '국민' 생활의 본질을 규명하는 방향으로 행해지게 되는 것이다. 그리고 셋째, 이들 생활이 의존하는 것은 대지이고, 국가는 이 대지에 어떤 부분을 한계로 삼아 '영토'를 이루고 있기 때문에 우리들의 연구는 또 영토에 기울이게 된다 …. 인류가 자기 생활을 완성하기 위해, 대지에 가하는 다양한 공작, 경제적 공작·정치적 공작·사상적 공작 등의 양상을 또 검토하는 것이다. 그리고 이러한 것 모두를 일본 국가생활에 관련해서 고찰하는 것이기 때문에 우리들의 연구소는, '일본국가생활연구소'라 불리는 것이 가장 적당하다.[27]

'국민' 생활 연구를 국민생활에 한정하는 것이 아니라 국가란 틀 속에서 종합적으로 연구해야 한다는 것이다. 국민생활연구를 구조적으로 천황제 국가 속에서 구조적으로 파악해야한다는 주장은 총력전 하에서 나올 법한 주장이긴 하나, 생활 혹은 생활사 개념과 일반사로서의 역사의 개념이 명확히 구분되어지지 않고 사용되는 점이 많다.

Ⅲ. 국민생활론

1. 大河內一男와 생활구조론

앞에서 오고치 가즈오大河內一男는 국민생활을 서민생활로 파악하고 서민생활의 일상성에 주목했다. 국민을 '전시체제 하의 생산력=국방력의 인간적 담당자'로 본 그는 국민생활의 전체상을 파악하기 위해 '생활구조'의 개념을 제기하고, 그 생활구조의 유지를 위

---

27) 中村孝也 편, 「生活と社會」『國民生活史硏究』小學館, 1942, p.12~15.

해서 정책적인 대응을 찾는다.

먼저, 생활의 구조를 문제시했던 그는 국민생활을 사회적 생활로 파악한다. "국민생활의 구조가 … 국민 한사람, 한사람의 생활구조로서만 이해된다면 국민생활의 진정한 구조가 파악될 수 없을 뿐만 아니라 개인생활 그것조차 바른 상태로 이해할 수 없을 것이다."[28] "우리들의 서민생활은 그 자신 고립한 것이 아니라 풍부한 사회적 규정을 받은 개인생활로서 이해되어져야 할 필요가 있다"[29]고 말하여, 개인은 사회화된 개인으로, 개인생활의 논리를 국민생활의 구조로부터 유리시켜 생각해서는 안 된다고 주장한다. 이어서 그는 개인과 사회의 관점에서 생활구조를 문제 삼는다.

개인생활이 문제 되어지는 경우, 지금까지는 항상 개인의 소비생활이 오로지 대상이 되어왔던 것 같다. 물론 개인에게 있어서 그 소비는 일상생활의 주요 부분이고, 휴식이건, 수면이건, 오락이건 일반적으로 어떤 형태로든 소비생활이 될 수 있다. 그렇지만 또 이 개인의 소비는 그 자체가 목적이 아니고 그것에 의하여 매일매일 활동적인 사회의 일원으로서, 좀 더 구체적으로 말하면 생산력의 담당자로서 활동하기 위한 것이다. 이와 같이 국민생활의 이해의 길은 관심을 소비생활에 대한 일반적 편중에서 되돌려, 그것이 노동생활과의 올바른 상호규정적 관계를 탐구하는 것일 것이다. 오히려 생활의 구조는 이 노동생활 혹은 넓은 의미에 있어서의 생산활동과 소비생활 간의 상호구조적인 분석 속에, 다시 말하면 소득 및 노동환경 등에 표현되어지는 노동생활의 제 조건이 개인의 소비생활 규모 및 형태를 규정함과 동시에, 역으로 또 이렇게 규정되어진 여러 가지 조건하에서 매일매일 부과되어진 개인의 소비생활은 그 육체보전이라는 점에 있어서, 또 지적 및 정신적인 훈련

---

28) 大河內一男, 前揭「國民生活の理論」『大河內一男集』 제6권, p.9.
29) 위의 글, p.10.

과 도야에 있어서, 개인의 노동생활을 양적으로도 질적으로도 규정하
는-그러한 상호규정적 관계의 분석, 개인의 소비생활과 사회적 노동생
활과의 사이의 인과적 관련이야말로 국민생활 구조의 문제의 중추를
형성하는 것이다.[30]

위의 논리에 따르면 노동력 보존이란 관점에서 국민생활에 대한
새로운 시각을 제공하고 있는데, 종래의 국민생활에 대한 관심이
가정학적인 소비에 초점을 맞추는 것이라면, 그는 국민생활은 소비
와 생산 생활의 상호의존관계인 생활구조 속에서 파악해야만 한다
고 말한다.

국민생활의 생활구조를 파악한 다음에는 사회정책론자로서 그
는 당연히 생산력의 유지와 결합된 소비생활을 만들기 위해 생활
을 어떻게 개선하고 쇄신해야 하는가 하는 정책을 제시한다. 먼저
그는 종래의 생활개선 운동에 대해 비판적이다.

　　국민생활의 문제를 개인생활의 문제로서 처리하고자 하는 입장은
　　개인생활의 논리를 국민생활의 구조로부터 유리시켜 생각하기 때문에
　　개인생활의 마음가짐에 대하여 이래라 저래라 설교에 몰두하기 쉽다.
　　그러므로 국민생활 전체의 합리적인 전개를 오히려 방해하는 것과 같
　　은 값싼 노력주의나 근로만능주의를 낳기 쉽다. 이와 같은 유사 종교적
　　인 생활적 설교는 현재 의학이나 생리학이나 영양학의 형태를 취하면
　　서 자주 '과학적' 특히 '자연과학' 적인 위장 하에 출현하고 있다. 또 때로
　　는 값싼 경제학 특히 저축 경제학이라고 말할 수 있는 형태로서, 사람
　　의 좋은 그리고 끊임없이 어떤 희망을 그 생활에 갖고자 하는 진지한
　　국민 생활을 해치고 있다. 이것은 단순한 영리주의의 변형이 아니라면

---

30) 위의 글, pp.11~12.

악질의 매명으로 우리들은 자주 저급한 부인잡지에 그 예를 발견할 수 있다. 그렇지 않은 경우에는 이 로빈스적인 생활론은 오로지 가사 경제적 '발상'이나 국민생활의 실정에 맞지 않는 요리법의 발표나 각종 저축기술의 공개, 대체적으로 부엌 경제적인 주부학으로 끝나고 있다. 이 경우에도 많은 잡지나 통속본은, 가정생활 특히 주부에 대해서 개인경제에 대한 올바른 반성이나, 그것과 사회생활의 결합이나 '생활개선'에 대한 올바른 방향을 제공하는 대신에, 사람들을 점점 그 좁은 가정의 내부에 밀어 넣어버린다.

위와 같이 국민생활에 대한 도의론적 개선론, 단순한 소비절약운동, 저축장려운동, 생활과학화를 띠지 못하고 민간 종교적 미신에 가까운 식생활개선운동 등에 비판적이다. 이에 대해 그는 그의 소비와 생산의 전체적 파악이라는 논리상 '일본경제의 재편성에 대응한 국민생활의 재편성'을 주장한다.

국민생활 재편성의 기본방향은 생활의 합리화와 공동화였다. 생활 합리화는 계획화와 과학화를 요구한다. 생활 계획화는 소비와 생산의 전체적 파악이란 전제 하에 물적 생활의 계획화(임금문제 포함)나 '예산생활'장려, 생활시간(노동시간, 여가, 오락 등)의 계획화를 의미한다. 생활과학화는 영양, 위생, 주택, 보건 등의 과학화 내용을 담고 있다. 생활의 공동화는 공동취사, 공동탁아소의 필요성과 더불어 생산활동으로서의 공동작업의 연계성을 강조한다.

오고치 가즈오는 생활연구의 목적이 역사적으로 변화해 온 것에 주목하고 총력전시대의 생활연구의 의의를 주장했다. 즉 메이지기 근대국가 발족 이래 현저했던 것은 빈민구제를 주안으로 한 사회문제로서의 생활론, 그리고 제1차 세계대전 전후부터의 노동자운동의 대두와 함께 등장한 노동문제로서의 생활론, 그러나 이것들은 어느 것도 국민 일부를 대상으로 한 부분적인 생활론으로 보았다.

이에 대해 국민생활 구조론은 통제경제하의 생산력의 주체인 국민(서민)의 생활문제를 대상으로 하는 것이었다. 특히 생활구조라는 개념을 도입함으로서 국민생활이 정치나 산업구조와 밀접하게 관련되고 있는 것을 명백히 하고자 하였다. 생활구조론은 국민생활의 구성요소 및 요소간의 상대적인 관계를 중요시하고, 예를 들어 한편을 중시하고 다른 편을 희생하는 정책선택을 시정하고자 하였던 것이다. 즉 일반생활이 노동(생산)생활과 소비생활로 구성되어져 있다고 한다면 양자의 밸런스가 중요한 것으로, 노동만으로 생활이 성립될 수 없고, 소비를 축소하면 경제활동 그 자체의 축소를 초래할 것이라는 것, 혹은 생활물자를 필수물자와 사치물자로 구분하는 경우, 양자의 경계가 애매하여 생활개선론자가 사치 물자를 검약하고자 해도 경제활동에 있어서, 거의 의미가 없음을 논증하고자 했던 것이다.

2. 永野順造의 국민생활론

국민생활론의 시초를 이룬 것은 나가노 준조永野順造였다.[31] 나가노 준조는 1937년 최초의 논문「榮養食と必要最低賃金」[32]을 발표한 후, 1939년 저서『國民生活の分析』(時潮社)을 출판하였다. 이 책에 수록된 논문「綴り方教室と生活構造」는 "생활구조라는 용어가 의식적으로 사용되어진 최초의 논문이고 현재에 있어서도 생활구조연구의 기념비적인 논문"[33]으로 평가되어지고 있다.

---

31) 關谷耕一,「戰時における國民生活研究」『社會政策學の基本問題』, 有斐閣, 1966.
32) 이 논문은 협조회『社會政策時報』(1937)에 게재됨.
33) 宇野正野,「庶民生活の全體像を求めて」『近代日本の生活研究—庶民生活を刻みとめた人々』光生館, 1982, p.324.

국가총력전 체제 하에서 전쟁 수행을 위해 희생을 강요당했던 것이 생활필수 물자였다. 나가노는 총력전의 이름하에 시행되고 있는 일방적인 통제경제, 물자공급의 치중으로는 국민생활 수준이 저하되고, 국민체력이 저하되는 것을 막을 수 없을 뿐 아니라, 전쟁수행이라는 총력전 체제의 목적을 훼손시킬지도 모른다는 모순을 지적하고자 했다. 그는 생계비 분석과 국민 건강실태 분석 등 두 가지 시각에서 자기주장을 전개했는데, 그 어느 것도 국민생활의 궁핍이나 국민체력의 저하라는 당시 해결을 해야만 했던 생활문제를 과학적이고 객관적 데이터에 의해 검증하고자 했던 것이다.

국민생활의 구체적 현실을 이해하기 위해서는 앞에서 언급한 모든 것이 종합되고 체계화 되어져야만 한다. 자기의 생활체험이 이 종합과 체계 구축의 기초가 되는 것은 물론이다. 생활에 관한 단편적인 관찰이나 기록은 각각의 위치가 발견되지 않으면 안 된다. 생활비 조사는 엄밀한 비판과 음미에 의해 수정되어지고 국민생활의 현실에 일치시키지 않으면 안 된다. 그러나 그것만으로는 아직 불충분 할 것이다. 수정된 가계생계비 조사의 개개의 숫자는 의미 부여되지 않으면 안 된다. 그것을 위해서는 생활의 체험이나 관찰, 기록뿐만 아니라 생리학, 위생학, 영양학은 물론 심리학이나 노동, 그 외 과학상의 제성과의 모든 것이 동원되어지지 않으면 안 된다.

또 생산과 소비와 가격의 일체 자료가 그 위에 재정, 금융에 관한 자료조차도, 아니 수입을 가져다 줄 근로의 제조건과 함께 전체로서 경제적, 사회적 혹은 문화적인 자료의 총체가 필요하게 될 것이다. 더욱이 그것은 국민생활 일반과 같이 추상화되어진 관념적 이해로는 조금도 도움이 되지 못 할 것이다. 국민의 기본적인 제층 그중에서도 근로국민 제층의 생활이 각각 수입 내지 생활 정도에 따라 명확하게 되지 않으면 안 된다. 이 개개 국민층의 생활에 대한 충분한 인식과 상호관련에 기

초 하에 비로소 처음으로 전체로서의 국민생활은 정확하게 이해되어질 것이다.[34]

위와 같이 나가노 준조 논리는 노동자의 경제적 상태를 명백히 하기 위해 생활비 조사의 필요를 주장하면서, 그것을 위해 국민생활을 구성하는 모든 요소들의 종합적이고 체계적인 인식이 요구되어진다는 것으로, 기본적으로는 "생산과정과 소비과정을 결합시키는 시점에서 생활비 분석을 할 때 노동자 생활의 총체가 구체적으로 명백하게 된다"라고 한다. 그도 소비와 생산의 통일적 파악을 주장하는 것인데, 그는 이와 같은 기본 인식에서 '생활의 전체적·구조적' 생활분석의 새로운 시각을 제시했다. 이 같은 논리는 『國民生活の分析』 제6장 「작문교실의 생활구조綴方教室の生活構造」에 잘 나타난다.

『綴方教室』은 실로 훌륭한 예술이고 뛰어난 생활기록이다. 나는 축지 소극장의 '철방교실'에 깊은 감격을 느꼈다. 그리고 원작 '철방교실'을 읽었다. 나는 지금 그 독후감이나 극평을 쓰고자 하는 것이 아니다. 내가 시도하고자 하는 것은 '철방교실'을 통한 생활의 전체적이고 구조적인 고찰이다. 이렇게 말하는 것은 순진한 소녀의 손에 의한 '철방교실'은 어떤 작위도 시도되지 않은 생활기록으로서 신뢰할만하다고 생각했기 때문이다. '철방교실'의 생활기록은 단순한 소비생활뿐만 아니라 생산활동으로서의 근로생활과 유기적으로 관련하는 총체적인 생활기록이다. 아니 전체로서의 생활을 규정하는 배경까지도 안에 넣고 있는 생활 현장으로서의 생활기록이다.[35]

---

34) 永野順造, 『國民生活の分析』, 時潮社, 1939, pp.15~16.
35) 위의 글, pp.276~278.

『작문교실綴方敎室』이란 주지하는 바와 같이, 토요다 마사코豊田正子 눈의 통해 살펴본 도쿄 下町 직공 집안의 생활기록이다. 나가노 준조는 토요다 마사코의 개인사를 구체적인 예로 하여 그의 지론 인 생활의 전체상을 될 수 있는 대로 객관적으로 묘사하고자 했다. 여기에서는 토요다 마사코 가정의 생산생활을 검토하는 한편 소비 생활도 고찰하여, 생산생활과 소비생활이 유기적으로 관련하는 전 체로서의 생활을 파악하고 있다. 그는 이러한 시도를 통해 토오다 마사코 가족을 생활자의 한 유형으로서 서민생활사를 그렸다고 말 할 수 있다.

토요다 마사코의 『綴方敎室』 내용 중 다음과 같은 부분이 있다.

> 아침 6시 반에 시작하고 나서 얼마 지나지 않아 변소에서 돌아온 나
> 카다 렌짱이 내 곁을 지나치면서 눈을 비비고는 "아–아 졸리다 졸려,
> 어제 저녁 잔업을 했기 때문에 졸려 죽겠다"고 말했다. 나는 어제 저녁
> 에 야근이 있었던 것도 모르기에 지나치고 있던 렌짱에게 "잠깐 렌짱,
> 어제 저녁 야근이 있었어?"라고 물었다. 렌짱은 놀란 얼굴을 하며 "어,
> 너희들 어제 저녁 하지 않았니. 모두 했는데. 10일 전에 들어온 키꾸짱
> 도 했는데."라고 금니를 보이며 말하곤 가버렸다. 나는 새로 들어온 애
> 는 시키고, 2년씩이나 된 사람에게 시키지 않는 것은 대단히 불공평한
> 일이라고 생각했다.[36]

이를 보면 토요다 마사코가 말하는 바와 같이 장시간 노동은 노 동자체의 문제가 아니다. 정말로 그것은 노동자의 생활 문제였던 것이다. 그런데 여기서 주목해야 할 것은, 나가노 준조가 영화화된 『綴方敎室』을 보거나, 책을 읽고서는 깊은 감격을 느꼈다는 점이

---

36) 豊田正子, 『綴方敎室』, 角川文庫版, 1952, p.160.

다. 감격한 이유는 어떤 작위도 시도되지 않은 있는 그대로의 일상기록이기 때문이고, 그 속에서 소비생활과 생산생활의 연관성을 발견할 수 있었다는 가치가 있었기 때문이다. 앞에서 언급한 개인들과 마찬가지로 그도 총력전 하에서 일상의 가치를 발견하고 있었던 것이다.

Ⅳ. 생활 관련 단체의 운동

지금까지 개인의 생활론을 살펴보았다. 이들이 주장하는 바는 총력전 하에서 일상생활의 가치에 주목하고, 결국 기존 생활의 쇄신 혹은 재편성이었다. 그들은 자신들의 주장을 실현하기 위해 개인적 활동뿐 아니라 단체를 조직하고 대중운동을 전개하기도 했다.

1941년 당시 생활쇄신 개선을 위해 정부 제기관에 여러 각도에서 협력하는 민간단체 수가 70여종에 이른다는 보고가 있다.[37] 이 보고서에 의하면, 이 단체들을 사업내용에 따라, 첫째 노동과학연구소, 인구문제연구소, 일본생활과학연구회 등 연구활동을 중심으로 하는 단체, 둘째 생활개선중앙회, 대일본생활협회, 국민생활협회와 같이 계몽 사업을 중심으로 하는 사업단체, 셋째 사회사업협회, 전일본보육연맹, 가정과학연구소 등과 같은 연락기관으로 분류할 수 있다. 그리고 특수단체로서 대정익찬회, 대일본부인회, 대일본청소년단, 주택영단, 농지개발영단 등을 들고 있다.

1941년에만 국민생활협회(8월 창립), 국민생활과학화협회(9월 창립), 일본생활과학회(12월 창립)가 설립되었다. 이 당시 이런 생활 관련 단체에 대한 평을 하나 살펴보면 다음과 같다.

생활개혁을 표방하는 위 3단체(일본생활과학회, 국민생활협회, 국민

---

37) 本山政雄, 「生活刷新團體の動向」 『敎育』 10-2, 1942.

생활과학화협회-필자주)를 제외하고 성립 년대가 오래된 단체는 대체
로 그 사업개요에서도 알 수 있듯이, 관혼장제 등의 행사적인 부분 및
의복정리, 가계관리, 협력취사등 생활기술에 중점을 두는 경향이 많다.
물론 최근에는 이상과 같이 행사적 그리고 생활기술적 국면에 편중하
는 것이 소위 정동적이라고 비판되어 이러한 단체들도 다소 지금까지
의 입장을 지양하고자 하지만, 아직 완전히 구탈을 벗지 못하고 있다고
생각되어진다. 생활문제를 종합적으로 다루는 단체가 툭하면 행사적
부면 개선에만 중점을 두고 정신주의에 빠지는 경향이 많은 점, 최근
속출한 제단체가 어느 것도 생활과학을 표방하면서 생활과학의 개념이
반드시 일치하지 않는 점이 있는데, 이것은 전시국민생활의 논리, 근로
생활과 소비생활과의 관계 등의 규명이 불충분한 것에 기인하는 것일
것이다.[38]

근로생활과 소비생활의 통일적 파악이란 관점에서 일본생활과
학회, 국민생활협회, 국민생활과학화협회에 대한 평이 높은 것을
알 수 있는데, 실제로 기존의 생활단체 운동에 대한 비판을 슬로건
으로 삼아 창설되었던 것이 일본생활과학회였다.

1. 일본생활과학회의 활동

1941년 12월 13일 발회식을 가진 일본생활과학회는 고이즈미 치
카히코小泉親彦(厚生大臣) 우라모토 세자부로浦本政三郎 등의 의학자(생
리학, 위생학 계통)와 오고치 가즈오大河內一男, 오쿠마 노부유키大熊信行
등의 경제학자가 설립의 중심이었다.[39] 일본생활과학회의 설립동
기, 시대인식 등은 '설립취의서'에 잘 나타나 있는데, 그 개요는 다

---

38) 上揭論文, 『敎育』 10-2, pp.107~108.
39) 宗像誠也, 「日本生活科學會の發足」 『敎育』 10-1, 1942.

음과 같다.

> 지금 긴박한 국제정세에 대처하여 지나사변을 완수하고 대동아공영
> 권을 수립하여 세계에 영원한 평화에 기여하기 위해서는 장기에 걸친
> 확고불발의 계획에 근거하면서도 시대의 변화에 응하여 그 기동력을
> 발휘할 참된 종합적 고도국방국가체제를 확립하지 않으면 안 된다.[40]

이와 같은 시대인식 아래, 고도국방국가체제를 이룩하기 위해 '국가총력'형성에 있어서 군사는 말할 것도 없고 정치 경제 문화가 그 형성요소인 것은 물론이지만, '국민생활이야말로 이런 것들의 기저에 존재하면서 고도국방국가를 진실로 지탱하는 것', '국민생활이야말로 국가총력의 능동적 요소'라는 것이다. 그리고 "국민생활이 국방국가의 건설과 운영의 성패를 결정할 정도로 중요함을 갖고 있다는 점을 반성하게 된 것은 이번 사변이 갖다 준 위대한 교훈의 하나"라고 하여 총력전 하의 생활문제의 중요성을 강조하였다.

이 국민생활은 "의식주, 그 외를 중심으로 한 국민일상의 소비생활과, 각인 그 직역에서의 근로생활과의 생명이 있는 통일물"로 되어야만 한다고 한다. 그런데 "창조적이며 높은 종합성을 가지는 국민생활에 관하여 조사와 연구가 결락되어 있고, 또 그것을 대상으로 하는 제 학문 사이에 유기적 관련과 종합성이 결락되어 있어"국민생활의 창조와 지도가 불가능하다는 것이다. 따라서 이를 가능하게 하기 위해 '종합성 생활과학 건설'을 해야 하고, 이를 위해 일본생활과학회를 창립했다는 것이다.[41] '설립취의서'는 결국 근대 전

---

40) 이 부분은 山森芳郎(2001), 「生活科學論の起源」(『公立女子短期大學生活科學紀要』 44, p.99)에서 재인용. 원사료는 東京都 공문서관 소장 『內田祥三資料目錄(1)』 중 일본생활과학회 관련자료(UF1).

41) 宗像誠也, 前揭 「日本生活科學會の發足」.

쟁이 국민생활까지 포함한 총력전이기 때문에 고도국방국가 건설을 위해 종합적인 생활연구가 불가결하다는 것이다.

일본생활과학회는 1941년 12월 13일 제1회 연구발표회[42]로서 활동을 시작한 이래, 회장 고이즈미 치카히코 후생대신이 상징하듯 정부와 긴밀한 관계를 맺으면서 1945년 패전 때까지 활동하였다. 이 학회 내 부분별 연구분과는 다음과 같다.

생활과학연구부문

제1부 생활의 이념 :

개인생활의 이념, 사회생활의 이념, 국가생활의 이념

제2부 생활의 교육 :

유아동의 생활교육, 청년의 생활교육, 부인의 생활교육,

국민자질의 배양

제3부 생활의 풍토 :

생활에 관한 국토계획, 자연과 생활, 문화와 생활, 도시와 농촌,

생활과 습속

제4부 생활의 방법 :

수명과 장수, 노동과 직업, 건강과 질병, 孤弱, 빈궁

제5부 생활의 요건 1 :

의, 식, 주, 보건, 오락, 생활비

제6부 생활의 요건 2 :

생애, 배분, 회람, 도시계획, 국민생활의 안정

---

42) 제1회 연구발표회의 발표내용은 다음과 같다.
　一. 生活體と生活力 ……………………………大熊信行
　一. 生活經濟と統計的硏究 …………………杉本榮一
　一. 勤勞生活と國民保健 …………………暉峻義等
　一. 生活科學體系への基礎的構想 …………浦本政三郎

제7부 생활조직 :

　　농촌생활조직, 도시생활조직, 직능생활조직, 국민생활조직

이 학회 논리의 중심은 오고치 가즈오, 오쿠마 노부유키[43] 등의 생활구조론과 같은 경향인 종합적 생활 인식이었다. 이 학회에서 생활과학이 처음으로 학문적 대상으로서 논의되어 졌다고 평가되어지는데, 가사나 가정을 종래 개별적 생활인식과는 차원을 달리했던 점은 확실하다. 이런 입장에서 학회 내 활동가들은 학회활동뿐만 아니라 대정익찬회 생활신체제운동에도 참여해 갔다.

2. 국민생활협회의 결성과 교육운동

국민생활협회는 '국민생활의 쇄신 개선을 꾀하기 위해 연구조사 활동을 하고, 이를 바탕으로 계몽지도 및 교육함'을 목적으로 1941년 7월 설립되었다. 그 활동의 중점은 생활과학연구소의 설치와 국민생활학원 설립의 교육사업에 두고 있으며 계몽사업으로서 생활과학 세미나와 같은 상설강좌을 운영하는 것이다. 많은 생활관련단체 중 국민생활협회는 교육활동에 중점을 두는 특색을 갖고 있었다.[44]

국민생활협회 활동을 이해하기 위해서는 그 전신이라 할 수 있는[45] 教育科學硏究會를 먼저 살펴봐야 한다. 교육과학연구회는 기도 만타로城戶幡太郎·도메오카 기요留岡淸男[46] 등 雜誌『敎育』의 편집

---

43) 大熊信行(1893~1977) : 米澤市에서 출생. 1921년 東京高商 졸업, 1927년 小樽高商 교수, 42년 大日本言論報國會 이사. 전후에는 공직추방후, 富山大, 神奈川大, 創價大의 교수역임.

44) 本山政雄, 「生活刷新團體の動向」『敎育』10-2, 1942.

45) 橋本紀子, 「戰時下の生活科學と生活敎育に關する一考察」『女子榮養大學紀要』21, 1990.

자와 전국 독자를 중심으로 교육에 있어서의 '科學主義'와 '生活主義'를 목표로 1937년 5월 결성되었다. 여기에는 당시 '生活學校'나 생활작문운동生活綴方運動 등에 참가했던 현장의 교사와 연구자 등이 결집하여 하나의 교육운동으로서 발전하게 된다. 1939년부터 전국연구집회를 개최하는 한편, 소장 아동심리학자들의 아동학연구회, 보모를 중심으로 하는 보육문제연구회를 자매단체로 삼는 등 활발한 운동을 전개했다.

교육과학연구회는 당시 사회 추세와는 괴리돼 있던 교육과 교육연구 현상을 비판하고 교육내용의 근본적 개선과 교육의 과학적 재건설을 목표로 하고 있다. 특히 교육과학연구회의 가사교육연구는 궁핍화하고 있는 전시하의 국민생활재편성 요청에 대하여 현실의 가사과 교과서나 교수가 너무나도 현실과 괴리되어 전혀 현실의 국민생활·가정생활에 대하여 무력하다는 문제의식에서 출발한다. 기도 만타로는 '생활주체를 인식의 근거로 하는 생활과학'을 주장하여 "그 대상을 먼저 역사적·국민적 자각태로서의 우리들의 생활문제로서 파악하지 않으면 안 된다". 나아가 "생활과학은 단순히 자연과학적 방법에 의해서 생활을 합리화하는 것이 아니라, 국민에 대한 생활정책에 과학적 기획을 수립"하는 것이고, 구체적 방책으로서는 "국민의 신생활운동을 지도하기 위한 교육계획을 수립하는

---

46) 留岡淸男(1898~1977) : 東京帝國大學에서 교육학·심리학 전공, 1925년 法政大學 심리학과 강사, 31년 교수. 동료 城戸幡太郎과 함께 33년 창간 잡지「教育」과「教育學辭典」편집을 맡음. 37년 城戸등과 함께 잡지「教育」을 모태로 교육과학연구회를 결성. 기술·과학·생활·언어·교육심리과학 등 5개 교육연구부회로 발족. 40년 大政翼賛會 靑年部 副部長이 됨, 익찬운동을 통해 교육신체제를 꾀하려 하였으나 결과적으로 전쟁협력을 하게 됨. 42년 翼賛壯年團 이사, 44년 治安維持法 위반용의로 구금. 패전 후 공직추방을 받았으나, 52년 해제된 후 사회사업에 진력. 더불어 北海道大學 교육학부 교수를 거쳐, 71년 北星學園女子短期大學長이 됨. 저서로『生活教育論』(西村書店, 1940) 등이 있음.

것"이 되어야만 한다는 것이다.

이러한 관점에서 가사교육을 바라보는데, 도메오카 기요는『生活敎育論』에서 현행의 "가사과 교과서의 구성은 가정생활을 그 구성요소로 분해하여, 분해된 구성요소를 하나하나 배열하고 있다"는 것에 불과하여 "가정생활을 종합적으로 이해하는 것은 곤란하다"고 비판한다. 더욱이 가정생활을 종합적으로 이해하기 위해서는 역사적인 고찰이 필요하다는 입장에서, 현재의 가정생활은 사생활의 범주로부터 국민생활의 범주에 들어가야만 하는 단계, 즉 "가정생활의 개개분립으로부터 생활 상호를 공동적으로 처리하는 공동화의 제도와 기구로 이행하지 않을 수 없다"는 단계라고 현상을 파악한다. 따라서 가사교육도 "개개의 조작이나 기술습득보다도 오히려 공동화의 제도와 시설에 대한 이해와 훈련"을 중시하지 않을 수 없게 되었던 것이다.[47]

이상과 같이 교육과학연구회의 가사교육연구는 전시체제하의 국민적 과제인 국민생활쇄신문제를 가정생활교육을 통해 심화시키기 위해서는 현행의 가사교육은 철저하게 개선되어져야만 한다는 입장에서 이루어진 것이다. 이런 의미에서 전시하의 국책협력의 선상에 있다고 말할 수 있다. 당시 생활쇄신이라는 용어로 논의 되어 졌던 내용은 무제한적인 국민생활 절약·긴축과, 개별가정에서의 행위를 의미하는 경향이 강했다. 이에 대해 국민의 자발성에 근거해 밑으로부터의 운동형태로 가정생활의 국민생활화를 주장하며, 생활의 과학화·공동화에 의해 최소한도의 생활 확보를 가능하게 하고자 했던 것이다.

회장 기도 만타로가 대정익찬회 연락부 부부장副部長으로, 간사장 도메오카 기요가 대정익찬회 청년부 부부장으로 대정익찬회에서

---

47) 橋本紀子, 앞의 글, 「戰時下の生活科學と生活敎育に關する一考察」.

활동하고 있듯이 교육과학연구회 중앙은 고노에 후미마로近衛文磨 내각이 제창하는 신체제운동에 참여하면서 그들의 교육운동을 실행해가고자 했다. 그러나 노고에 신체제近衛新體制에 대한 협력방향 속에서 조직내 동요가 일어나고, 그것은 1940년 '北日本國語教育連盟'(北方性教育運動)관계자 31명 검거(9명 기소), '北海道綴方教育連盟'(生活綴方運動)관계자 55명 검거(12명 기소), '生活學校' 그룹 3명 검거(전원 기소), 1941년부터 42년에 걸쳐 '生活圖畵' 그룹 26명(기소 18명), 니가타新潟 지방 16명(기소 8명), 미토水戶 지방 9명(기소 5명), 시즈오카靜岡 지방 12명 검거 등으로 이어지게 된다. 그리고 1941년 8월 이후 교육과학연구회 관계자에 대한 검거가 전국 일제히 실시되었다(약 300명).

이러한 내부모순을 지닌 채, 1941년 4월 교육과학연구회 자체도 지방조직의 탄압에 파편을 맞고서 해산하지 않을 수 없었다. 연구회의 해산 후 교육과학연구회가 내걸었던 '과학주의'와 '생활주의'에 의한 교육실천의 장으로서 기도 만타로, 무나가타 세이야宗像誠也 등에 의해 국민생활협회 내 國民生活學院이란 여자를 위한 2년제 '각종학교各種學校'(정규학교 이외 학교교육에 비견되는 교육 시설)가 설립되어지게 된다.

1941년 7월 결성된 『財團法人國民生活協會要覽』에 의하면, 이사장은 하야미 히로시速水滉(전 京城帝國大學 총장), 이사는 오구라 몬노스케小倉金之助, 고이즈미 치카히코小泉親彦, 고토 후미오後藤文夫, 시마자키 하루키島崎春樹, 시마나카 유사쿠嶋中雄作, 스기모리 코지로杉森孝次郎, 야스이 에이지安井英二, 야마기타 쿠니오柳田國男, 야마구치 타케요시山口武義, 무나가타 세이야, 기도 만타로이고 감사 중 1인에 도메오카 기요가 있다.

국민생활협회 설립취의서에는 협회는 과학적으로 국민생활 건설에 공헌하기 위해 설립한 것으로 우선 국민생활쇄신 지표확립을 위해 연구활동을 한다고 되어있다. 또 이러한 연구가 실제 생활지

도에 유용성을 갖기 위해서 국민생활쇄신 지도자양성, 특히 여성
교육이 중요하다고 보고 있다. 더욱이 여성의 본질적인 임무는 건
전한 차세대의 국민육성에 있는 것으로 신일본 건설을 위해서는
참된 국민적 모성이 창조되어야만 한다고 밝히고 있다.

사업항목에는 먼저 연구조사사업과 교육사업으로 나뉘어져 있
다. 전자에는 '생활과학연구소'의 설치가 제기되고 있다. 여기서는
국민생활의 양식, 형태, 동향 등에 관한 조사, 생활과학 및 기술에
관한 연구 및 연구자의 양성, 연구성과의 교재화 등이 고려되고 있
다. 후자에는 생활을 종합적으로 지도할 수 있는 직능자 양성을 목
표로 한다. 전자의 생활과학연구소 소장으로 기도 만타로가 취임하
여 무나가타 세이야와 함께 국민생활학원 개설준비를 하게 된다.
국민생활학원은 후자의 성과로 1942년 4월 설립되었다. 이 학원은
고등여학교 졸업자를 입학자격으로 하는 2년제 본과와 그 위에 1년
제의 연구과를 갖는 각종학교로 국민생활의 현실에 대하여 과학적
인 기획력을 갖춘 부인 양성, 즉 국민생활의 지도자양성을 목적으
로 하고 있다.

『國民生活學院要覽』에 의하면 주요학과목과 담당교원은 다음과
같다.[48]

■ 國民科學

　國民道德 ： 速水 滉

　世界觀學 ： (早大敎授) 杉森孝次郞

　國民生活論 ： 留岡淸男

　國民生活史 ： 柳田國男

　敎育學·敎育史 ： 宗像誠也, 本山政雄

---

48) 『灯は燃え續けて ： 國民生活學院第1回同窓會の記錄』, 國民生活學院同窓
　會, 1982.

經濟學 : 東畑精一, 永田 淸, 辛島禮吉

■ 生活科學

農藝學級實習

生物學 : (德川生物學硏究所員) 湯淺 明

生物學·解剖學 : (東大生理學敎室) 鈴木篤一郎

病理學·衛生學 : (厚生科學硏究所員) 石川知福, (東京市保健官長) 齊藤
　　潔, 川上理一, 滋賀秀俊

看護學·看護法 : (東大外科敎室) 若月俊一, 後藤富美代

營養學·調理法 : (勞動科學硏究所員) 有本邦太郎, (厚生科學硏究所技
　　師) 藤本薰喜, (厚生省囑託) 山岸 晟, 小松文子

心理學 : 城戶幡太郎

兒童學·保育法 : (敎育硏究所保健部長) 齊藤文夫, 三木安正, 海 卓子

婦人勞動科學 : 桐原葆見, 谷野せつ

■ 生活政策

人口政策 : (企劃院) 美濃口時次郎

厚生政策 : 大河內一男

文化政策 : 岸田國土

住宅硏究 : (早稻田大學) 今和次郎, (商工省工藝指導所技師) 小池 新二

服裝硏究 : 瀨川きよ

■ 一般科學

數學及一般科學 : 小倉金之助, (物理學校敎授)黑田孝郎, (厚生科學 硏
　　究所員)吉川春壽

國語 : (國語協會) 石黑 修, 土屋文明

外國語 : 佐野智蕙

音樂 : 諸井三郎, 奧田郞三, 福井文産
體育 : 中村禮子

국민생활학원이 추구한 교육은 기도 만타로의 표현을 빌리자면 '모성의 사회적 확충' 혹은 '모성의 사회화'라고 말할 수 있는 목표 아래, 여성에게 "보육, 보건, 영양의 기술과 사회적 식견을 갖게 하여, 생활지도에 내실을 기하고자 한다"는 것이었다. 1941년 11월 단계에서는 여자교육의 문제는 "남녀공학이나 여자대학신설 등의 문제가 아니고, 국방국가체제의 건설에 협력하는 부인의 국민운동"인 것이고, 새로운 생활협동체의 조직 문제라고 주장되고 있다.[49] 국민생활학원에서의 교육과정은 생활을 둘러싼 자연과학과 사회과학 각 분야의 과학을 종합적으로 받아들여, 생활을 모든 면으로부터 종합적으로 검토하는 속에서 생활과학을 확립시켜가는 구조로 되어있었던 것이다.

3. 大政翼贊會의 생활쇄신운동

1940년 10월 국가적 조직으로서 대정익찬회가 조직되었다.[50] 이 때 중앙본부 사무국으로서 총무국, 조직국, 정책국, 기획국, 의회국을 두었는데, 생활쇄신 및 지도에 관한 사항은 총무국 내 국민생활지도부가 관장하였다. 1941년 4월 대정익찬회 1차 개조 후는 조직국 국민생활동원본부 등에서 관장하였으며, 이때 조사기획에 관련하여 별도 조직인 조사위원회(1942년 5월 2차 개조 때 조사회로 변경)가 설치되었다. 이 조사위원회에서는 '도시 전시생활체제 확립의 건'(1941년

---

49) 城戶幡太郎, 「國防と女子敎育」 『敎育』 1941.11월호.
50) 大政翼贊會의 설립과정에 대해서는, 伊藤隆, 『近衛新體制』(中央公論社, 1983), 赤木須留喜, 『近衛新體制と大政翼贊會』(岩波書店, 1984)을 참조.

10월), '농촌 전시체제 확립의 건'(1942년 3월)[51]을 조사기획하여 보고하고 있는데, 고도국방국가 건설을 위해 국민생활의 쇄신개선, 생활이념의 철저보급을 목표로, 생활협동화의 촉진, 과학화와 기획성의 강조, 각 직역집단내의 근무와 생활·농촌의 생산과 일상생활과의 연계성을 내용으로 하고 있다. 기본적인 논리는 생활구조론을 가미한 생활절약론이었다.

대정익찬회 본부에서 생활쇄신 활동에 따라 각 지방지부에서도 생활쇄신 운동을 전개해 간다. 한 예로 오사카시역소大阪市役所 총동원부가 전개한 생활신체제운동을 살펴보면, 오사카시大阪市에서는『家庭生活新體制叢書』(1941년 1월~12월)을 간행하고 있다. 이것은 "1941년 1월부터 본시가 제창하는 시민생활신체제운동의 하나인 가정생활신체제운동으로 매월 실행항목을 해설하고, 그 취지보급에 철저를 꾀하기 위해 개최할 강습회 및 라디오을 이용한 주부상회의 텍스트로서 매월 1회 간행했던 것을 합책·편찬"한 것이다.

그 내용을 살펴보면 아래와 같다.

> 제1집: 예정생활, 예산생활(가정생활의 신체제/ 예산생활, 예정생활에 대해/ 양잠생활의 실행/ 가계부의 실례/ 가계부 쓰기)
> 제2집: 시간의 효율적 사용(예정생활의 필요/ 일년 단위의 예정의 수립 방법/1개월의 생활/ 1주간 단위 의 매일 생활 계획/ 주부의 시간 계획)
> 제3집: 가정교육(나라의 보배/ 모친은 어린이의 태양/ 모친의 협력/ 매일생활이야말로 교육/ 휴일의 사용방법과 교육/ 어린이와 독립/ 어린이의 의뢰/ 유아를 위한 협력탁아)
> 제4집: 체위의 향상(좋은 식사를 취하는 법/ 식사와 생활/ 즐거운 식사/ 올바른 식사의 기초지식)

---

51) 下中彌三郎,『翼贊國民運動史』, 翼贊運動史刊行會, 1954, pp.319~321.

제5집: 의류의 정리(시국과 복장/ 합리적 선택의 고안/ 선택에 대한 일
반지식)

제6집: 가정의 청결(잡다한 잡동사니 없는 집안/ 물건 둘 장소가 정해진
집안/ 계획을 세워 잡동사니를 정리합시다/ 우리 마을의 청결/ 가계
부의 반기결산)

제7집: 교제의 신체제(시국과 교제/ 교제의 마음자세/ 교제에 걸치레는
금물/ 말하는 법/ 교제의 진의의/ 협력이야말로 최상의 선물/ 방문도
예정을 세워서/ 새로운 교제법/ 좌담회 비상시하 즐거운 교제법을
말한다/ 종이인형극, 진심 선물)

제8집: 일가총동원(일가총동원/ 일가총동원의 즐거운 가정/ 여름방학과
어린이 생활/ 여름방학 어린이 생활 강습)

제9집: 부용품의 정리(우리가 지향하는 간소생활/ 시대에 적합한 복장/
여름물건의 정리/ 겨울 물건의 준비/ 부용품의 정리/ 잘 정리된 오카
다씨의 집/ 쓰레기를 합리적으로 처리합시다)

제10집: 물자의 수선재이용(폐품의 재이용의 의미/ 수해 입은 마을에 주
택개량운동 시작함/ 수선재이용품의 실례/ 부용품교환회/ 종이인형
극)

제11집: 소비량의 조사(쌀 문제에 대해서/ 한 톨의 쌀도 소중히 하기 위
한 연구를 시작합시다/ 부식물에 대하여 / 조미료에 대하여/ 연료 조
사)

제12집: 반성과 희망(1년을 되돌아보며/ 고안한 저금 조사/ 가계부결산/
가정예산회의)

이 내용 보면 이제껏 사적영역이며 공적으로 주목하지 않았던
일상 '소비'생활의 구석구석까지 통제하려 했던 실행항목인 것을
알 수 있다. 여기서 요구하고 있는 국민의 생활태도란 생활의 합리
화, 생활의 계획화인데 특히 예산생활, 예정생활이 강조되고 있다.

이는 오고치 가즈오大河內一男 등의 국민생활구조론자들이 생활의 계획화, 예산생활을 강조하는 것과 일맥상통하다.

이제 이 일상 '소비'생활을 이제껏 상관관계 없이 별개영역에 속했던 '생산'활동과 통일적으로 파악하려 하였고, 따라서 '소비'생활을 혁신함으로써 생산력의 확대와 고도국방국가를 건설하려 했던 시기가 총력전 시기였다.

V. 맺음말

이상과 같이 총력전 시기에 등장한 국민생활에 관한 언설과 이와 관련된 생활운동을 분석했다.

생활사에 대한 언설은 총력전 하에서 일상생활의 가치에 주목하면서 나타났다. 여기서는 기존의 국가·민족, 영웅을 다루어 온 역사, 또는 비일상적인 '발생했던일'·'사건'의 역사서술에 대해 일상생활의 역사를 제기하며, 역사행위자로서 국민(서민)의 주체성을 강조하고 서민생활의 창조성을 부각시키고자 하였다. 그런데 그 구체적 성과를 보면 총력전 하에서 생활 궁핍의 극복, 생활재편성이란 문제의식에서 역사적 고찰을 한 경우가 많아 생활사가 시대적 이데올로기의 성격을 띠고 있었던 것도 확인하였다.

이 시기 생활구조론으로 대표되는 국민생활론도 총력전 하의 일상성의 가치에 주목하며 등장했다. 총력전 하의 생산력 향상을 위해 국민생활을 소비와 생산 생활의 상호의존관계인 생활구조 속에서 파악해야 한다는 논리였다. 생활구조론자는 생활구조의 입장에서 총력전 하의 생활의 재편성을 주장한다. 그것의 키워드는 생활의 합리화와 과학화, 계획화, 공동화였다.

이런 입장에서 이들은 개인적 활동뿐만 아니라 생활단체를 조직하여 생활쇄신 운동을 전개하기도 했으며 대정익찬회 생활신체제운동에도 참여해 갔다.

대정익찬회 생활신체제운동은 이제껏 사적영역이며 공적으로 주목하지 않았던 일상의 '소비'생활 구석구석까지 통제하려고 했고, 여기서 요구하고 있는 국민의 생활태도란 생활의 합리화, 생활의 계획화, 과학화인데 특히 예산생활, 예정생활이 강조되고 있다. 이는 오고치 가즈오大河內一男 등의 국민생활구조론자들이 생활의 계획화, 예산생활을 강조하는 것과 일맥상통한다.

이와 같이 국민생활론자들은 자신의 연구 성과를 정책적으로 반영하고자 하는 의도에서 총력전체제 형성의 일익을 담당해갔던 것이다. 일상생활을 혁신·재편성함으로서 생산력의 확대와 고도국방국가를 건설하려 했던 시기가 총력전 시기였다. 한마디로 총력전 시기의 시대정신의 하나는 일상에 대한 주목과 일상의 가치화였던 것이다.

제4장 아시아·태평양전쟁기의 촌정운영과 유력자

I. 머리말

일본 근대국가는 에도시대의 막번 체재를 타파하고 중앙집권적 국가를 건설하려는 메이지유신에 의해 시작되었다. 그런데 메이지유신의 전개과정에서 중앙권력을 장악했던 것은 막번체제 속의 지방 유력 번의 하나였던 죠슈長州, 사츠마薩摩번 출신이었다. 따라서 이들은 반대자로부터 '번벌정부', 다시 말해 어떤 지방을 근거로 하여 권력을 휘두르는 정부라는 공격을 받게 되었고, 거꾸로 이들은 지배의 안정과 정당화를 얻기 위해 구번의 전통을 배경으로 한 지역의식을 타파해 가고자 했다.

신정부는 1871년 7월 폐번치현을 일방적 명령으로 단행하였다. 재정적으로 피폐해 있었고 농민봉기에 시달려온 제번에서는 칙명을 독점한 신정부의 명령에 저항할 힘도 없어 전국에 3부 302현이 성립됐다. 그리고 동년 11월에는 302현을 일거에 72현으로 통합하고 정부임명의 부현지사가 지방관료로서 부임했다.

부현지사의 대부분은 사족출신자로 특히 사츠마, 죠슈, 토사土佐번 출신이 다수를 점하고 있었다. 특히 무진전쟁에서 신정부에 대항했던 지역에 대해서는 사츠마, 죠슈 출신자를 임명하여 구세력의 권위를 철저하게 타파하고 신시대의 도래를 인상지었다. 부현 하의 각 정촌은 타 부현 출신의 지사 손에 의해 통일 국가의 새로운 통치를 받게 되었던 것이다.

폐번치현 후에 구 통치구역의 부정 그리고 중앙에 의한 강력한 규제라는 지방행정의 방침은 1871년 이후 서서히 구체화하여 大區·小區制라 불리는 신체제가 등장하였다. 에도시대 300년간의 구번 전통을 배경으로 한 여러 지역의 독자성을 말살하려는 의도였다.

大區·小區制는 종래의 정촌이나 군과는 완전히 틀린 신통치 구역이었다. "大區·小區의 신제를 행함으로서 구식의 군향촌을 일변시킨다"라는 정부수뇌의 말에서 알 수 있듯이 종래의 정촌은 大區·小區制에서 행정단위로서 인정되지 않았다. 大區·小區는 이전 정촌이라는 생활공동체와 절단된 형태로 만든 구역이었는데, 이런 방침에 따른 지방제도는 기본 틀에 있어서 1888년 町村制로 마무리된다. 여기서 정촌은 이전 생활단위였던 정촌과는 다른 행정 단위로서 몇 개의 이전 정촌을 하나로 묶어 만든 행정촌락이었다. 따라서 이 신 행정촌에서는 생활단위였던 구 정촌(부락이라 불림)의 지역의식, 지역주의를 타파하는데 주력하게 되며 국민화를 꾀해간다.

그런데 이런 정촌제를 바탕으로 한 근대일본의 지방 지배체제는 지방명망가에 의한 지배체제라고 말해지고 있다. 신분적 구조를 가졌던 전근대사회가 근대사회로 이행하는 과정에서 관료적 행정이 전면적으로 전개되지 않는 이상, 재산·집안·지도력을 겸비한 명망가에 의존하면서 지방 촌락행정을 운영해가는 체제를 띠었다고 보인다.

일본역사학계에서는 근대일본의 지방 촌락 지배체제를 자본주의 발전에 따르는 지주제의 변모라는 지주제와 자본주의의 상관관계 속에서 파악하여 왔다. 즉 지방 촌락 지배체제도 자본주의의 발전에 따라 지주적 지배질서로부터 변모해 갔다는 것이다.

본고에서는 첫째 지방 촌락행정을 담당하는 촌정담당층(혹은 명망가)에 대해 그간의 일본 역사학계에서는 어떤 의미를 부여하고 무엇을 문제시했는가를 살피고, 둘째 그러한 파악에는 결함이 없었는가를 군마현群馬縣 닛타군新田郡의 촌락운영의 실태를 살펴봄으로써 재검토하고자 한다.

Ⅱ. 천황제 국가의 촌정담당자에 대한 시각

일본의 전후 역사학이 1920년대 이래의 마르크스주의 역사학 특히 강좌파의 방법과 마루야마 마사오丸山眞男, 후지타 쇼조藤田省三, 이시다 타케시石田雄 등의 '근대주의'방법에 강하게 영향 받았음은 이미 널리 알려진 사실이다. 패전 직후 강좌파에서는 패전 전의 야마다 모리타로山田盛太郎의 연구를 계승하여 활발한 기생지주제 연구를 전개하여 천황제의 물적 기반으로서 자리매김하였다.

한편 마루야마 마사오는 원래 서로 모순적인 근대화의 계기와 공동체적 계기라는 서로 이질적인 두 원리 위에 선 천황제 국가를 해명하고자 했다. 그리고 정촌제를 기초로 한 지방자치제는 근대 천황제국가의 관료기구와 저변의 촌락공동체를 결합시키는 장치로서 중요한 의미를 부여하였다. 즉 저변의 공동체적 구조를 유지한 채 그것을 천황제 관료기구에 링크 시키는 기능을 법적으로 가능케 했던 것이 야마가타 아리토모山縣有朋가 추진한 지방자치제이고, 그 사회적 매개가 되었던 것이 공동체를 기초로 하는 지주=명망가 지배이고, 의식적으로 그 결합을 이데올로기화한 것이 바로 가족국가관이라는 것이다. 이처럼 마루야마의 연구시각의 특징은 본래 모순적인 근대화의 계기와 공동체적 계기가 서로 의존하면서 발전하는 천황제 국가 내지 사회의 재생산구조를 해명하고자했던 것이다.[1]

여기서 마루야마 마사오는 촌락공동체를 기초로 하는 지주=명망가 지배가 저변의 공동체적관계와 천황제 관료기구를 사회적으로 매개하는 기능을 했으며 천황제 국가·사회의 재생산구조의 주요한 일환으로서 의미 부여하고 있다.

마루야마 마사오의 논리를 더욱 발전시켜 천황제 국가의 지배원리를 권력국가와 공동체국가라는 이질적인 두 원리에 의한 천황제의 고유한 양극적 이원적 구성이라고 파악하는 것이 후지타 쇼조이다.

> 이 정치적 이원론은 말할 필요도 없이 일본 자본주의의 육성이 전근대적인 농업생산관계 위에 이루어졌다는 특수 일본적 관계 확립에 대응하는 것이다. 따라서 사회경제적인 매개환을 기생지주제도에서 찾아 근대 일본을 통하여 일본 자본주의의 운명이 기생지주제의 변모와 함께했다는 것과 마찬가지로 정치체제에 있어서도 이상의 양극을 매개하는 것-擔い手(담당자)와 擔い場(담당 장소)가 국가지배를 유지하는 중요한 요소가 되었던 것이다.[2]

후지타 쇼조는 위와 같이 야마다 모리타로가 지주제와 자본주의의 상호규정 관계를 기초로 일본 자본주의의 재생산구조를 파악하는 것과 중첩되듯이 근대 일본 정치체제의 구조파악을 하고자 한다. 따라서 천황제국가의 양극적 이원적 구성을 매개하는 장소=지방과 그 담당자가 천황제 체제의 위기(기생지주제의 변모)에 따라 재편성됨에 있어서 그 담당자는 지주 명망가 → 독농 → 농촌중견분자 → 각계 중핵정예분자로 끊임없이 하강하고 다원화하는 것을 강조한다.

위와 같이 마루야마 마사오, 후지타 쇼조 등에 의해 천황제 국가에서 촌락공동체의 촌정담당자(擔い手'로 표현함)의 역할이 얼마나 중

---

1) 丸山眞男, 『日本の思想』, 岩波書店, 1961.
2) 藤田省三, 『天皇制國家の支配原理』, 未來社, 1966, pp.10~11.

요한가가 정립되어지고 후지타 쇼조에 의해 촌정담당자의 계층성
이 천황제 국가의 변모에 의해 변화, 하강되어짐이 지적되어졌다.

이어 이런 논리가 그들의 후학들에 의해 어떻게 발전되었는지를
촌정담당자론에 초점을 맞추어 검토해 보기로 한다.

야마나카 에이노스케山中永之佑는 지방명망가지배체제의 문제를
관료지배의 측면에서 다루고 있다. 야마나카는 전전 일본의 국가의
지역사회 지배가 지방명망가에 의거한 인민지배체제라고 규정하고
그 지배체제가 성립한 것이 1890년 군제의 제정이라고 본다. 이것
에 의해 군 레벨의 명망가가 군회나 군참사회를 통해서 郡政과 町
村 행정에 참여하게 되어, 이를 통해 군장에 의한 관료통치와 군
레벨의 명망가-정촌 레벨의 명망가를 통합하는 지배형식이 형성되
었다고 한다. 물론 명망가에 의존한 이유는 郡 혹은 정촌의 명망가
의 지배력이나 리더쉽을 이용하기 위함이었다. 그러나 정부의 정책
의도 대로 명망가 지배체제가 안정되지 못했다고 파악하고 그 이
유로 명예직 제도의 모순, 당파의 분쟁 및 명망가와 일반농민과의
관계(명망가는 일반농민과 기본적으로 대립하는 계급에 속하는 사
람들 혹은 그런 계급으로 성장해 가는 과정에 있는 사람으로 봄)를
들었다. 따라서 명망가 지배체제가 동요할 적마다 정부는 보다 하
층의 계층을 제도적 담당자로 삼아 정촌행정에 참여시켜 명망가
지배체제를 유지 강화해 갔다.[3]

명망가 지배체제가 동요할 때마다 행해진 관료정책의 어떤 점
이, 왜 명망가지배체제를 보강·강화하는 것인지 야마나카의 논고
에서는 명확하지 않지만, 야마나카는 적어도 지방개량운동 이전의
촌락질서에 대해 대지주·기생지주=지방명망가를 정점으로 한 지주
적 지배질서로 보고 있다. 따라서 정촌의 권위자로서의 명망가를

---

3) 山中永之佑, 『近代日本の地方制度と名望家』, 弘文堂, 1990.

정부가 장악만하고 있으면 정촌을 지배할 수 있고, 명망가는 그 정도의 지배력을 가진 권위자로 보고 있는 점이 주목되어진다.

또 야마나카는 명망가의 계층에 대해서는 명망가의 이름에 걸맞은 존재로서 松方디플레이션정책 이전의 호농층을 들고, 그 이후는 본래적 의미의 명망가는 존재하지 않는다고 보고 신명망가라는 용어를 사용하고 있다. 그리고 정부의 애매모호한 용어를 근거로 해서 명망가의 계층을 대기생지주를 정점으로 한 재촌의 중소지주, 수작지주까지로 본다. 이것은 나카무라 마사노리中村政則가 똑같은 정부자료를 가지고 분석하면서도 명망가를 자작상층까지로 보는 것[4]과 틀리다.

츠츠이 마사오筒井正夫는 국가에 의한 명망가층을 매개로 한 지역지배의 형태와 명망가층에 의한 중하층에 대한 합의를 띤 지배방식을 명망가지배라 부르고, 국가와 지방명망가와 중하층의 민중층의 3자간의 관계를 축으로 분석한다. 따라서 츠츠이는 합의에 의한 지배의 측면을 강조한다. 즉 명망가는 사회적 행위에 의해 민중으로부터 존경과 명망을 얻어서 존재하고 지배의 정당성을 얻는 자들로 본다. 따라서 명망가의 기능적 역할에 초점을 맞추고 있다. 여기서 말하는 명망가란 관료측이 의도한 명망가 개념이 아니라 실제 지역사회의 실체적 명망가를 의미하는 것이다.

그리고 명망가지배가 설립하는 시기를 청일·러일전쟁 전후기로 본다. 자생적 근대화를 지향하는 명망가층과 전통적 민중세계는 메이지정부의 근대화정책에 대립적 측면을 갖고 있지만 청일·러일전후기의 사회변동을 통해서 국가가 창도하는 군확과 증세를 통한

---

4) 中村政則, 「天皇制國家と地方制度」『講座日本歷史 8』東大出版, 1985.
  大石嘉一郎, 「地方自治」(『岩波講座日本歷史16』, 1962)에서는, 地方名望家를 寄生地主=商人資本家로 파악하여 명망가 계층 범위를 더욱 좁게 이해한다.

위로부터의 근대화 노선은 이전 민권가이고 지금은 기생지주나 상
공업 부르주아가 되어버린 명망가층에 받아들여지고 그들 및 그들
에 종속된 재촌지주나 자작상층에 의해 말단의 전통적 민중세계까
지 침투되고 있다고 본다.[5]

　이상의 연구가 시기적으로 메이지기를 다루고 있는 것에 대해
1930년대 초기의 촌락질서에 관해서는 모리 타케마로森武麿의 고찰
이후 새롭게 주목되어졌다. 파시즘적 재편성론이라 말할 수 있는
모리의 견해는 1930년대에 경제갱생운동을 일본파시즘의 농촌지배
원형으로서 파악한 점에 특징이 있다. 모리에 의하면 갱생운동의
목적은 종래의 부락공동체지배=구장이라는 지주적 지배를 배제하
고 국가 독점자본에 의한 농촌지배를 실현하고자하는 것에 있었다.
즉 갱생운동은 지주제와 대결해왔던 자소작상층 및 자작층(농촌중
견인물이라 부름)을 담당층으로 하여 부락을 국가-산업조합-농
사실행조합이라는 루트를 통하여 직접 파악하고자 하는 것이었다.
그리고 이 재편정책과 함께 농촌지배구조가 종래의 지주적 명망가
질서로부터 중농주도형으로 변해갔다고 한다. 그리고 모리는 중농
주도형으로 변화한 근거로서 촌정담당자의 계층분석을 하고 있
다.[6]

　그러나 종래의 지주적 질서가 어떠한 형태인가를 설명하고 있지
않기 때문에 신지배양식에 의해 무엇이 변화했는지가 명확치 않다.
모리의 지적대로 갱생운동에 의해 농촌의 조직화가 이루어진 것은
사실이다. 그러나 중농이 촌정에 진출하고 산업조합 등이 조직화된
것에 의해 촌정운영에 무엇이 변하였는지가 밝혀져야 할 것이다.

---

5) 筒井正夫, 「近代日本における名望家支配」『歷史學硏究』599, 1989.
　同, 「農村の變貌と名望家」『シリーズ日本近現代史 2』岩波書店, 1993.
6) 森武磨, 「日本ファシズムと農村經濟更生運動」『歷史學硏究·1971年度大會
　報告別册特集』.

한편 1920년대 지방질서의 변화 혹은 1920년대와 1930년대 지방
질서의 연속성을 강조하는 연구경향이 있다. 아메미야 쇼이치雨宮昭
一, 이토 유키오伊藤之雄는 보통선거 실시 전후에 수많이 등장한 자
발적 청년단체를 분석대상으로 삼아 반 내지는 비기성정당적 지향
을 갖는 중간층 청년(종래 명망가에 속하지 않던 자소작·소작을 포함)을 기
반으로 한 청년단체활동에 의해서 종래의 명망가 질서가 변형되었
다고 주장한다. 더욱이 기성정당은 이러한 청년단체를 흡수하는 것
에 의해 명망가 정당이라는 지금까지의 성격으로부터 대중성을 갖
은 정당으로 변신해 갔다고 한다.[7]

여기에서도 촌정 담당직에 중간층이 등장하는 계층분석을 통해
그 근거로서 삼고 있는데 그들 연구에서 종래의 명망가 질서가 어
떠한 것인지 명확치 않다.

오카도 마사카츠大門正克는 메이지기의 정촌제를 계기로 형성되
어 청일·러일 전쟁기에 골격을 갖춘 근대 일본촌락사회 특징을 가
부장적 '이에家'질서와 지주적 질서('무라村'질서) 및 근대적 공공성으
로 파악한다. 명망가 질서는 이 '무라'와 '이에'두 가지 요소에 의해
서 성립되고 있으며, 공민의 상층부에 속한 유력자인 명망가의 대
부분은 지주에 의해 대표되었다고 파악하여 명망가 질서와 지주적
질서를 비례관계로 보고 있다. 그런데 1920년대 농민운동으로 대표
되는 '하층의 데모크라시'나 '청년데모크라시'등에 의해 메이지明治
적인 '무라'와 '이에'질서가 변모해 간다고 보고 있으며 이런 변화는
1930년대는 물론 전후에까지 연결되어진다고 보고 있다. 오카도 견
해의 특징은 농촌사회에서 계급관계뿐 아니라 가족이나 세대 간의
문제도 중요시하고 있는 점이다.[8] 그러나 당시의 가족이나 세대 간

---

7) 雨宮昭一, 「大正末期~昭和初期における既成勢力の自己革新」『日本ファシ
　　ズム 2』, 大月書店, 1981.
　　伊藤之雄, 「名望家秩序の改造と青年黨」『日本史歷史』 241, 1982.

의 변화 내용을 지나치게 강조하고 있는 점은 제쳐두고라도 그런 변화와 촌정운영 변화와의 관계가 명확하지 않다.

위와 같이 연구사의 동향을 크게 살펴보면 일본 촌락사회에 있어서 메이지이후의 변화의 측면을 강조하는 경향이 있다. 그것도 단계적 변화를 중요시하여 메이지기 혹은 지방개량운동기 아니면 1920년대, 1930년대를 시점으로 분석하고 있기 때문에 그 전후 시기와의 비교가 명확치 않다. 또 많은 연구가 개념규정 없이 명망가질서란 용어를 사용하고 있는 것을 보더라도 명망가 질서개념 자체가 애매하다.

많은 연구가 야마나카 에이노스케山中永之佑의 견해와 같이 메이지기 정촌레벨에 있어서 대지주를 정점으로 하는 지주제에 의해 촌정운영이 이루어지는 질서를 상정하고 있는 것처럼 보인다. 그리고 그 하나의 근거로서 촌정담당직의 계층분석이 사용되어지고 있고 명망가질서 변형의 근거로서 촌정 담당층의 평준화 경향 즉 촌정담당직의 어떤 계층, 세대가 등장하는가를 중심으로 분석하고 있다. 그러나 담당직에 누가 등장했는가 하는 것은 지방질서의 외피적 측면에 불과한 것이고 실재 촌정운영의 변화 등과 같은 내면적 실태를 보여주지 못하는 것이다.

이상의 지적은 지금까지 수많은 연구에도 불구하고 명확하지 않았던 명망가의 지배력문제나 정촌町村운영의 담당계층 변화의 문제와 관련 있다. 따라서 다음으로는 일본 군마현群馬縣 닛타군新田郡의 와타우치촌綿打村과 카사가케촌笠懸村의 사례 분석을 통하여 촌정 담당직에 진출할 수 있는 난이도 분석에만 그치지 않고, 촌정담당자 계층분석에서 나타나는 현상이 갖는 의미를 담당직의 선출과정 및 소학교 문제 등 촌정운영의 실체를 고찰하는 것에 의해 명확히 하

---

8) 大門正克, 「名望家秩序の變貌」『シリーズ日本近現代史3』, 岩波書店, 1993. 同, 『近代日本と農村社會』, 日本經濟評論社, 1944.

고자 한다.

한편 명망가층이라는 개념은 현재 관료 측에서 본 경우와 향촌의 입장에서 본 경우에 따라 개념이 틀려지고, 또 연구자의 사료해석에 의해 그 내용이 달라지고 있다. 특히 층이라고 하지만 연구자에 의해서 그 층에 포함되는 계층이 서로 다르고 있다. 더욱이 명망가층이라고 말하고 있을 정도의 동일의식, 동일이해 등의 요소를 공유하고 있었는지 의문이기 때문에 본고에서는 명망가라는 용어를 피하고 정촌운영에 실제로 참가하여 영향을 미친 개인을 유력자로 한다.

Ⅲ. 촌정의 담당자

본고의 분석 대상지는 군마현群馬縣 닛타군新田郡 와타우치촌綿打村과 카사카케촌笠懸村이다. 와타우치촌은 닛타 군 남측의 평야지역에 위치하는 마을로 1933년의 토지구성을 보면, 논 461町(32.7%), 밭 226町(16%), 뽕나무 밭 365町(26%), 산림 350町(24.9%), 원야 6町(0.4%)이다. 농산물 및 그 외에 생산물을 가격 환산하여 그 총 가격 중 차지하는 비율을 표시하면, 쌀 33%, 보리 6%, 그 외 식용농산물 15%, 양잠 31%, 축산물 6%, 임산물 4%, 부업 2%, 잡수익 3% 이다.[9] 토지 구성 중 뽕나무 밭이 차지하는 비율이 높고, 양잠 수입도 30% 이상인 양잠형의 마을로 영세한 소작농도 양잠 등에 의해 생활을 유지할 수 있도록 되어있다.[10] 1915년 양잠호수는 510호로서 전 호수의 65%(전 농가의 72%)를 차지하고 있다.[11]

---

9) 「綿打村更生計劃綴」 新田町役場文書, 1933(以下, 出處를 明記하지 않은 것은 新田町役場文書).
10) 「大正四年度事務報告書」.
11) 1912年 群馬縣農會에 의한 10町以上 所有地主 調査에 따르면, 綿打村에

〈表 1〉 綿打村自作·小作農·小作別農家戸數(單位: 戸)

年度	自作農	自小作農	小作農	合計	備考
1914	154	291	254	699	
1915	153	297	256	706	以外商業75戸
1916	153	311	258	722	以外商業76戸
1917	152	317	266	736	
1919	151	319	278	747	
1924	162	272	348	782	
1928	223	338	315	876	
1933	181	399	290	870	
1943	205	427	22	924	外商業55, 他26戸

※ 自作農은 純自作農+地主를 包含한 槪念(出典: 各年度綿他村議事錄)

농가 구성은 〈표 1〉에서 알 수 있듯이 자작농의 비율이 낮고, 소작·자소작농이 80%를 차지하고 있다. 또 10~20町步 소유지주를 최고 유산자로 하고 있으며, 소작쟁의가 발생하지 않았던 마을이었다.

카사가케 촌은 닛타 군 북측에 위치한 지역으로서 1953년의 토지구성을 보면, 논 143町(8%), 밭 525町(29%), 뽕나무 밭 313町(18%), 산지 663町(37%), 원야 20町(1.2%), 연못 26町(1.5%), 택지 94町(5.4%)으로 구성되어 있다.[12] 또 생산농산물 가격 비율을 보면, 양잠이 42%를 차지하고 있으며, 양잠 호수가 마을 내 전업농가의 70%정도를 차지하고 있는 것[13]에서 알 수 있듯이 와타우치촌과 마찬가지로 양잠업이 고도로 전개되고 있는 지역이었다. 카사가케 촌은 1928년에 舊村 阿左美 거주 14명에 의해서 타 촌 거주의 부재지주에 대해 소작조정 신청이 있었던 곳[14]이기도 하지만, 촌내의 계급 대립은 표면에 드러난 적이 없고, 소작조합의 기록도 없는 지역이었다.

서는 6名이고, 最高所有者正田盛作은 18町3反을 소유, 小作人數는 30名이었다(澁谷隆一 編, 『資産家地主總覽群馬編』 日本圖書センター, 1988).
12) 「昭和一年度經濟更生計劃樹立基本調査」 『笠懸村誌 近現代史料集』, p.299.
13) 『笠懸村誌下』, p.419.
14) 「小作調停申立に關する通知書」 『笠懸村誌 近現代史料集』, p.242.

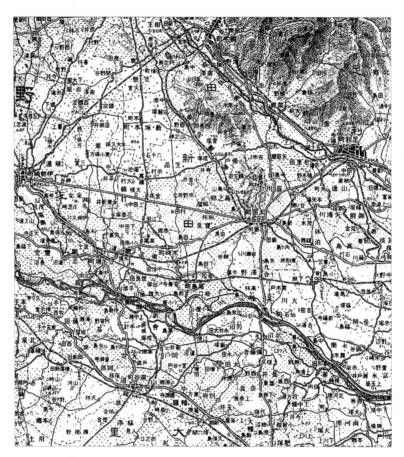

『대일본제국지도』 중 군마현(群馬縣) 닛타군(新田郡) 지역도
(1932년 발행, 육지측량부)

1. 촌회의원의 계층분포

여기서는 촌회의원(촌의)의 계층을 일본 지방제도 확립의 원점으로 보는 1888년 정촌제町村制공포 이후부터 패전(1945년)까지의 전기간에 걸쳐 살펴보기로 하자.

정촌제시행 이후 실시된 촌의회선거에 선거권 및 피선거권은 첫

째, 연령 25세 이상의 남자, 둘째, 2년 이상 촌내에 거주하고 있는
호주, 셋째, 직접국세 2원 이상 혹은 지조를 납부하는 자, 이 세 가
지 요건을 갖추어야 했다. 이중 제일 중요한 것이 지조를 납부하는
토지소유자나 직접국세 2원 이상을 납부하는 자로 규정하고 있는
항목으로 토지소요 규모별로 본다면 자소작층까지가 선거권과 피
선거권을 갖게 된다. 따라서 제도적으로 소작농은 촌회의원이 될
수 없는 상태였다.[15] 와타우치촌의 1915년 촌의 선거권자 수는 487
명(호주)으로 지주·자작농(153명), 자소작농(297명) 및 상업을 경영하는
호주로 구성되어졌음을 알 수 있다.[16]

　나아가 선거방식은 등급선거제였다. 이 제도는 선거인이 납부한
정촌세를 합계하고, 제일 많이 납부한 자로부터 순서대로 세어 내
려와 그들의 납부 누적액이 전체 선거인 납세총액의 1/2에 해당되
는 자까지를 1급, 나머지 선거인을 2급으로 하여 각급마다 동수의
의원을 선출하도록 규정하고 있다. 따라서 이 제도가 촌의 중에 유
산자 비율을 높이는데 기여했다는 것은 주지의 사실이다.

　위의 선거제도는 1921년에 개정되어 직접 정촌세町村稅를 납부하
는 호주에까지 선거권이 확대되었고, 이에 따라 정촌세를 납부할
수 있는 소작농에까지 선거권이 확대되었다. 그리고 1926년에는 25
세 이상의 남자에게는 모두 선거권을 부여하는 보통선거제가 시행
되었으며 등급선거제도도 폐지되었다. 이런 제도상의 변화를 고려
하면서 촌의원의 계층을 살펴보자.

　〈표 3〉은 촌회의원 선거가 있었던 해의 당선의원을 1889년(M22로
표시), 1900년(M33로 표시), 1913년(T2로 표시)의 호수할등급표의 등급에
따라 그 인원을 배치한 표이다. 戶數割이란 부현세의 부가세로서
각 정촌의 정촌세를 말함인데, 와타우치촌에선 지조납세액의 많고

---

15) 中村政則前揭論文, p.60.
16) 「大正四年度事務報告書」.

적음에 따라 결정되었기 때문에 소유토지의 다소에 의해 등급이 결정되었음을 알 수 있다.[17] 단 현재 남아있는 와타우치촌 행정문서로는 戶數割等級表에 있는 등급과 토지소유규모를 정확히 대조해 볼 수 있는 방도가 없다. 그러나 〈표 2〉의 농가구성으로 볼 때 자작농(지주+자작농)의 비율이 20~25%였으며, 대개 21% 혹은 22%정도였다는 사실을 알 수 있으며, 따라서 M22戶數割等級表의 각 등급의 농가호수 분포상 11등급(전체 농가호수의 24%)까지를 지주+자작농의 경계선으로 추정해도 무리는 없을 것이다. 마찬가지로 M33의 등급표에서는 넓게 잡아도 12등급까지를, T2의 등급표에는 16등급(전체농가호수의 23%)까지를 자작농의 경계선으로 볼 수 있겠다.

〈표 2〉 所有規模別農家戶數(單位: 戶)

年度\所有面積	10町以上	5町以上	3町以上	1町以上	5反以上	5反以下	合計
1914	7	17	33	136	68	180	411
1921	8	13	35	151	78	211	496
1924	4	9	31	180	89	270	583
1928	4	9	28	180	90	280	591
1933	10	15	28	175	145	207	580

〈표 3〉에서 나타나듯 1889, 1892, 1895년도에 실시된 촌회의원 선거에서 많은 비율을 차지한 7, 8, 9등급(M22등급표 기준)에 해당되는 촌의원은 어떤 계층인가. 〈표 2〉에서 보면 1914년 이후 3町이상의 경지소유자는 50호를 넘지 못했다는 사실로 볼 때 8등급까지를 3町이상, 9~11등급을 1~3町 소유의 자작농, 소지주층으로 봐도 틀리지는 않을 것이다. 또 1914년 5町 이상이 24호, 1919년에는 21호였던 점으로 봐 7등급(7등급까지의 누적호수는 26호)이 5町 이상 3~5町 경지소유층의 경계선이었다고 추정할 수 있다. 따라서 1889~1898년까지의 촌의

---

17) 『新田町誌 通史編』, p.731.

계층은 자작농과 자작지주층이 중심이 되어 5町이상 소유지주 및 자소작상층(14등급)을 포함하고 있음을 알 수 있다.

〈표 3〉 村會議員의 階層分布(1889~1917)

年度 等級	M22	1889	1892	1895	M33	1898	1901	1904	1907	T2	1910	1913	1917
優等										2		1	
1	1			2					1	2	1	1	1
2	2			1						3	1	1	1
3	5			1	6	1	2	2	1	3			1
4	3				3					4	1	2	1
5	3	1			7			1	2	12	2	1	3
6	3	1			5					7	1	1	
7	9	2	2	1	20	4	3	2	2	9	1	1	2
8	30	3	3	4	21	1	2	3	2	7			
9	30	4	4	4	30	4	3	3	2	12	3	2	1
10	22				22		1	1	1	14			1
11	32		2	2	23					9	1	2	2
12	19				21	1	1			14		1	1
13	19				30					18			
14	31	1	1		23					14			1
15	31				28					18			
16	30				?				1	23			1
17	42				?					20			
18	35				?					33			
19	45				?					31	1		2
20	30				?					37			
21	36				?					31			
22	37				?					43			
23	76				65					38			
以下	12				26					332			
合計	583戸									736戸			

※ 出典 M22 : 明治二二年度地方稅町村稅賦課綿打村戸數等級表

　M33 : 明治三三年度地方稅戸數割等級表

　T2 : 大正二年度縣稅戸數割等級表

　　村會議員, 各年度綿打村議事錄

위와 같은 현상은 1898, 1901, 1904, 1907년도 선출 촌회의원의 경우에도 나타난다. M33등급표를 기준으로 할 때 이때의 촌회의원은 7·8·9등급에 몰려있다. 8등급은 3~5정, 9~11등급은 1~3町 소유계층이라 볼 때, 촌회의원계층은 역시 자작농, 자작지주층을 중심으로 하여 자소작(16등급)과 5町 이상의 지주층을 포함하고 있다. 1910, 1913, 1917년도 선출된 촌회의원계층을 보더라도 이전과 같은 경향이 보인다.

한편 와타우치촌에서는 1923년 이후 戶數割의 부과기준을 지조액의 많고 적음에 따른 이전의 기준에서 자산상황(논, 밭의 경지 소유 규모) 및 택지의 넓이·소득액을 기준으로 부과액을 결정하고 있다.[18] 또 이전의 등급제가 아니라 부과액이 가장 많은 사람으로부터 순서대로 순번을 정하고 있다. 따라서 부과액은 개개인마다 다르게 된다.

〈표 4〉는 부과액이 많은 자를 1번으로 하여 1923년 호수할부과대상자 900명, 1939년 호수할부과대상자 946명 중 촌회의의 순번이 몇 번인지를 나타낸 표이다. 단 각 년도 부과순위를 알 수 있는 자료가 결락해 있기 때문에 1921년, 1925년, 1929년도 선출된 촌회의원의 부과순번은 1923년도 부과표에 의거하였으며, 1933년, 1937년, 1942년도 선거에서 선출된 촌회의원의 부과순번은 1939년도 부과표에 의거한 부과순번이다.

여기서 주의해야 할 점은 1923년 이후 戶數割부과기준이 경지소유 규모뿐만 아니라 실질소득액을 그 기준으로 삼고 있기에 소유 토지가 많아도 실질경영 면적이 적거나 경영능력이 없으면 소득액이 줄고 따라서 전체 부과액이 작아지며, 반대로 소작자라도 경영을 어떻게 하느냐에 따라 소득액이 늘어나게 되고 따라서 부과액수와 부과순번도 높아지게 된다는 것이다. 이렇게 볼 때 부과

---

18) 「大正一二年度縣稅戶數割賦課表」 중 「賦課額算定」.

액의 순번과 경지소유 규모는 일치하지 않는다.

〈표 4〉 村會議員階層分布(1921~1945)

年度 順番	1921	1925	1929	1933	1937	1942
100	2, 14, 18 35, 40, 57 69, 75, 78	2, 14, 18, 29, 31, 57, 59, 75, 79	5(S14), 10, 11, 12(S14), 21, 45(S14), 55, 59, 75	6, 11, 12, 13, 24, 31, 33, 65, 75(T12), 83	6, 7, 11, 12, 31, 45, 57, 65	6, 7, 14, 20, 37, 42, 61, 65, 73, 94
200	103, 105, 117, 183, 197	103, 107, 117, 137	105, 107, 117, 175(S14), 193	110, 147, 158, 175	110, 137, 149, 167, 175	137, 150, 172
300	204, 267, 283	204, 267, 283	241	241(T12), 290	237, 282	201, 237, 238
400	365	365	396(S16)	349(T12), 363	360, 363	319
500		444	419			
600						
900						
				946		

※ 출전: 촌회의원 명부는 각년도 綿打村議事錄

〈표 4〉로부터 알 수 있는 것은 1921년 순위 365번의 촌회의원은 호수할 부과대상자 900인중 위로부터 40.6%에 속한다. 1937년 순위 363번의 촌의원은 946인 중 위로부터 38.4%에 속한다. 이것은 최초의 촌회의원선거인 1889년의 14등급에 속한 촌회의원이 위로부터 35.6%, 1910년의 19등급의 촌의원이 위로부터 34.6%에 속하고 있는 점과 비교해 볼 때 거의 변화가 없는 현상이라고 말할 수 있다.

단, 이 범위에서 벗어나는 촌회의원으로서 1925년에 444번, 1929년에 419번(1923년 부과표기준)의 촌의가 주목된다. 444번의 하기와라

헤이지로萩原平次郞는 자산이 없는 소작농이지만 농가 경영능력으로 촌락 내 중간층까지 올라간 자이다. 419번의 이마이 헤이조今井平藏는 자소작농으로 거주구인의 제6구 戶數割 부과호수 15호중 8번의 순위이다. 제6구는 소지주 혹은 자작농의 2호를 최고 유산자로 하고, 나머지는 자소작 이하인 특징이 있다.[19] 이마이는 제6구의 중간층으로서 1923년에 구장대리, 1927~33년까지 구장을 엮임하고 있다. 또 제2구에서 1933, 1937년 2기 연속하여 촌의에 당선한 363번의 자소작농 가토 토리마치加藤酉市는 1923년에는 부과순번 657번의 빈농이었지만 농가 경영능력에 의하여 자소작 상층으로 성장해 간 자로 그 경영능력이 마을 주민에게 인정되어 촌의원에까지 선출되게 되었다.[20]

이러한 점들을 볼 때 결코 재산의 규모가 촌의원 선거에 결정적 요소로 작용하지 않았음이 명백하다.

여기서 이런 소작농 출신이 촌의에 선출된 사례를 들어 기존의 촌정 운영질서나 부락운영 질서가 변동되었다고 성급한 판단을 내리는 것은 피하는 것이 좋겠다. 와타우치촌은 소작쟁의 등 계층 간 대립이 없었던 지역[21]이었으며, 그런 면에서 안정된 지역이었다. 그것은 보통선거방식 채용의 1925년 선거에서 당선된 지주, 소작농 출신의 촌의원 중 지주단체나 일본농민조합등의 소작조합을 배경으로 당선된 사람이 없으며, "다수 소작인이 당선결과, 그것이 村治上 및 소작문제에 미치는 영향은 없다"[22]는 촌장의 보고에서도 알 수 있듯이 소작농출신의 촌의원 진출이 그때까지의 촌정 운영방식에 변화를 일으켰다고 볼 수는 없다.[23]

---

19) 「大正一二年度縣稅戶數割賦課表」.
20) 「昭和一四年度村稅特別稅戶數割賦課表」.
21) 「群馬縣小作調整關係書類」 群馬縣文書.
22) 「町村會議員改選に關する件」 『新田町誌 資料編下』, p.132.
23) 普通選擧에 의한 小作農의 村會進出 등을 根據로 地主的秩序의 變容을

또 1920년대 이후 소작농출신의 진출이나 자소작층 출신 촌의원 비율이 이전보다 조금 늘어났다는 사실은 촌의村議의 정원이 1917년 이후 12명에서 18명으로 늘어났다는 점, 1921년 이후 선거가 보통선거제로 바뀌었다는 제도상의 규정도 함께 고려되어야 할 것이다.

와타우치촌에서는 통설적으로 일본 파시즘의 농촌지배의 원형으로 삼는 경제갱생운동이 1932년에 시작된다. 1932년에 경제갱생지정촌으로 지정된 후 경제갱생위원회를 설치하여 운동을 추진하기 시작했으며, 1936년에는 특별경제갱생지정촌이 되었다.[24] 따라서 일본 파시즘시대의 촌정의 지배자를 규명하고자 할 때 와타우치촌에서는 1933년 이후의 촌정담당층을 대상으로 해야 할 것이다. 지금까지 촌정담당층의 일익을 담당하는 촌의의 계층분석을 통해서 보아왔듯이 1933년 이후의 촌의원의 계층 성격은 1920년대의 계층 구성과 거의 일치함(오히려 축소됨)을 알 수 있다. 나아가 비율에 있어 차이는 있지만 자소작층이 촌의원으로 등장하는 것은 정촌제 시행 초기부터 보이는 사실이란 것도 확인되었다. 다시 말하여 소위 파시즘시대의 촌의원의 계층분포는 그 이전 초기의 촌의 계층 분포현상의 연장선상에서 나타난 결과로 1920년대의 대정大正데모크라시, 1930년대의 파시즘시대로 일반적으로 규정하는 특이한 시대적 산물이 아니라는 것이다. 자소작층 이하가 촌의에 등장하는 것이 기존연구에서 강조하듯 촌정운영에 변화를 가져왔다고 보기

強調하는 大門正克氏도「村議에 當選된 小作農民의 壓倒的部分은 農民組合에 所屬하지 않은 小作人이었다. 1933년 町村會議員選擧 결과를 정리한 農林省 보고에 의하면, 小作議員 대부분은,『町村에서 상당한 信望이 있고 또 町村을 위해 상당히 진력하고 있는 者』이었는데,『階級意識과 關係없이』『地方的 慣習』이나『緣故關係』혹은『部落觀念』을 바탕으로 하여 立候補했다고 말해진다. 단지 …』(前揭『近代日本と農村社會』, p.257)라고 지적하고 있다.

24)『新田町誌 通史編』, p.732.

는 어렵다.

이어서 카사가케 촌의 촌정담당직의 계층을 살펴보자. 이 마을의 촌정담당층에 대한 자료가 산실되어 얼마 남아 있지 않기에 확인할 수 있는 한도 내에서 조사해 보면 여기서도 정촌제시행 초기인 1904년 자소작인 고이소 하루타로小磯春太郎가 자기 부락을 대표하여 촌의로 등장하고 있음을 알 수 있다. 〈표 5〉는 확인이 가능한 1913~1941년까지의 촌의의 계층분포를 나타낸 표이다.

〈표 5〉 笠懸村 村會議員 階層分布

選擧年度 順番	1913	1917	1921	1925	1929	1933	1937
100	2(3), 4(80), 5(6), 6(7), 8(3), 9(8) 11(8), 18(9), 56(8), 60(4), 68(2)	1(7), 2(3) 4(8), 5(6) 6(7), 9(8) 12(8), 15(8), 23(8), 26(4), 27(5), 37(9), 60(4), 68(2), 96(1)	1(7), 4(8) 5(6), 8(3) 9(8), 21(7), 23(8), 27(5), 30(8), 37(9), 44(5), 50(4), 52(3), 60(4), 68(2), 96(1)	1(7), 4(8) 6(7), 8(3), 27(5), 37(9), 50(4), 52(3), 62(9), 74(4), 92(9), 93(5)	1(7), 6(7), 20(4), 26(4), 27(5), 33(8), 38(3), 43(9), 55(7), 62(9), 86(2), 93(5)	1(7), 6(7) 5(5), 7(8) 23(6), 27(5), 38(3), 41(10), 62(9)	1(7), 2(6), 5(5), 6(7), 7(8), 23(6), 27(5), 38(3), 87(4)
200	171(9)	111(3)	171(9)	171(9)	136(6)	147(10), 172(10)	147(10), 172(2)
300	207(5), 251(5)				230(8)	268(8)	268(8), 288(10)
400				305(2), 330(8)	330(8)		
500	437(1)			459(8)			
600					567(9)	528(10), 547(1)	547(1)
700						689(2)	689(2)
800	745(總戶 數)			768(1)	768(1)		733(1)

		810(總戶數)	917(總戶數)			1010(總戶數)	
備考	3名不明	3名不明		1名不明	1名不明	3名不明	3名不明

※ ( ) 숫자는 촌의 행정구

※ 출전: 1913, 1917, 1921, 1925, 1929년도선출 村議의 부과순번은 「大正十二年度縣稅戶數賦課表」에 의함. 1933, 1937년도선출 村議부과순번은 「昭和十四年度特別稅戶數賦課表」에 의함. 村議명부는 각년도 의사록

〈표 5〉로부터 첫째 카사가케 촌에서도 와타우치촌과 마찬가지로 자소작층 이하가 일찍부터 촌정담당직에 참여하고 있었던 것을 확인할 수 있다.

1913년 당선자이고 1923년 戶數割부과순번(이하 T12부과순위로 약기)171번인 다카하시 기이치高橋喜市는 8反 3步를 경영하는 자소작농으로 도작개량에 정열을 기울여온 독농가였다.[25] 그는 단위수확량에 있어서 당시 주변 사람들이 놀랄 정도의 성적을 거두었고, 질적 향상도 추구하여 닛타군新田郡 농회 품평회에서 항상 우수한 성적을 이루었다고 한다. 또 그는 자기 영농경험을 1914년 『實驗稻作法』이란 저술로 정리하고 주변사람들에게 가르치기도 했으며, 그의 이런 노력과 연구실적으로 1921년 대일본농회로부터 명예상을 수상하기도 했다.[26] 이와 같이 다카하시는 토지소유 면에서는 자소작에 불과하나 그의 정열과 능력이 평가와 신망을 받게 되어 자기부락의 지주들을 제치고 3기에 걸쳐 촌의로 등장하게 된다.[27]

둘째로 1913년보다 1925년, 1929년, 1937년의 촌의의 계층에서 보다 하강현상이 보인다. 그것도 행정구 1구와 2구에서 나타나는데 그 이유를 살펴보자. 먼저 1933년, 1937년 연속 당선의 제2구 부과순위 689번의 후지오 고헤이藤生五郎平는 1923년 부과순위 154번의 자작

25) 「大正四年度大字西鹿田生産調査」『笠懸村誌 近現代資料集』, p.201.
26) 『笠懸村誌下』, pp.390~393.
27) 「笠懸村大正一二年度戶數割賦課表」.

농이고, 제2구에서는 총 호수 90호 중 12번째인 상층농가였다. 그것
이 분가에 의하여 부과순위 689번이 되었기 때문에 실제로는 하강
현상이라고 말할 수 없다.

다음으로 T12부과순번 437번 이시우치 류타로石內龍太郎가 등장하
는 배경을 보면 행정구 1구의 농가구성과 관련이 깊다. 1구는 1923
년 기준으로 볼 때 60호로 구성되어져 있고, 이 지역 최고유산자 두
명(부과순번 25, 39번)은 부재지주이고, 그 밑에 소지주 및 자작농이 7
호를 구성하고 있으며 나머지 51호(84%)가 자소작층 이하이다. 빈농
이 많은 지역으로 이시우치 류타로(1구내 부관순번 24)나 1925, 1929,
1937년도 당선 요시오카 사다키치吉岡定吉(부과순번 768번, 1구내 부과순번
40번), 1933, 1937년도 당선 이치카와 요시히라市川義平(부과순번 547번, 1
구내 부과순번 35번)도 1구내에서 중간층에 속하는 계층이었다. 이렇게
볼 때 재산소유가 촌정담당직 참여의 유일한 요소가 될 수 없으며
여러 가지 요인들이 작용하고 있음을 카사가케 촌에서도 확인할
수 있다. 요시오카 사다키치는 후술하듯 1924년 카사가케 촌 소학
교 합병문제 발생시 1구의 총대로서 활약하여 1구민으로부터 인정
받은 자였다.

2. 구장 및 구장대리의 계층

앞에서도 언급했듯이 정촌제의 시행이후 종래의 촌락(구촌) 몇
개를 통합하여 새로운 행정촌(예: 와타우치촌)을 만들었다. 이에 따라
행적단위로서 새로운 행정촌의 조직과 질서유지가 중요과제가 되
었지만 그렇다고 해서 주민들의 일상생활과 밀접한 관계가 있는
기초적 집단인 구촌(부락)의 존재가 없어진 것은 아니었다. 따라서
구촌에는 행정촌의 한 구역으로 대자大字(오아자)란 명칭을 부여하여
구촌의 존재를 인정하는 한편, 대자를 하나 혹은 수 개의 지역으로

나눠 행정구를 설치하고 행정촌의 행정 보조기관으로서 구장을 두
었다.

　　와타우치촌은 11개의 구촌이 모여 이루어졌으며, 구촌마다 하나
씩 총11개 행정구를 두고 1903년부터 구장 및 그를 보조할 구장대리
를 선출했다. 촌장의 지휘를 받으며 구장이 해야 할 일을 보면, 첫
째, 법령규칙을 구민에게 주지시키는 일, 둘째, 도로·수로·교량의
개축수리에 관한 일, 셋째, 위생·학사·농상공·통계에 관한 사항을
처리하는 일, 넷째, 그 외 촌장이 임시로 지시하는 일 등으로, 다시
말하면 구장은 촌장의 하부기관으로 촌과 부락을 연결시키는 역할
을 하였다.

　　또 구장은 자기 부락의 장으로서 부락 공동노동, 수리관행, 부락
협의비의 징수 등 부락 내 고유 일을 처리한다. 즉 구장은 단순히
촌장의 전달기관이 아니고 부락 내 제활동을 규율하는 권위의 소
지자로서의 성격을 갖고 있었다. 따라서 국가는 부락의 장이 자연
스럽게 구장이 되는 지역원리를 이용해서 부락 내 지배질서를 그
대로 행정적으로 이용하고자 했다.

　　구장의 선출과정을 보면 와타우치촌에서는 초기 촌의들에 의해
선거로 선출되었지만 1919년부터는 전11구의 구장을 일괄추천해서
촌회에서 의결하는 방식으로 바뀌었다. 그러나 그것은 형식에 불과
하고 실제적으로는 각 부락이 자치적 관례에 따라 부락의 장을 선
출하고 그가 곧 구장이 되는 형태였다. 그리고 이들 구장은 뒤에
촌의으로 진출하여 촌회에서 자기부락을 대표하여 활동하는 것이
일반적인 코스였다.

　　〈표 6〉은 1903년 구장 및 구장대리가 처음 선출된 때부터 패전까
지의 시기를 대상으로 그들의 계층분포를 나타낸 표이다.

<표 6> 區長 및 區長代理階層分析

年度	行政區	1區	2區	3區	4區	5區	6區	7區	8區	9區	10區	11區	備考
1903	區長	11	14	4	12	12	8	7	7	7	8	9	①
	區代	7	2	2	8	12	9	5	3(T2)	5	16	10	
1911	區長					11	13		優等*17	5	11	7	
	區代					5	12		推選	3	18	7	
1912	區長	9		5				7 (M33)					②
	區代	7		2				7					
1913	區長					5	13			3	11	7	
	區代					17	20		12	5	18		
1914	區長	7		2	12(J)			3	優等			7(J)	
	區代	165 (T12)		5	5(J)			7	3(J)			122 (T12)	
1915	區長		15			5	20		16(J)	3	11		
	區代		12			16	12			5	14		
1916	區長	7	9(J)	10	12			18				122 (T12)	
	區代	5	18(J)	105 (T12)	5			7				13	
1917	區長	10(J)					2			21 (T12)		12(J)	
	區代	13(J)					13			18 (T12)		287 (T12)	
1919	區長	84	53	5736	57	35	154	188	222	21	39 14 (T12)	12 (T12)	
	區代	111	61	52	?	85	183	31	110	18			
1921	區長	126	53	573	161	44	134	10	5	21	39	117(J)	
	區代	111	61	52	72	1	221	31	222	18	14(T12)	287	
1923	區長	77	192	573	15	16	221	10	5	21	39	29	
	區代	338	79	52	72	70	419	243	222	18	316	45	③
1927	區長	217	166	299	44	16	419	10	337	106	316	29	
	區代	361	240 (S14)	573	(S14) 573	69	224	262	223	220	159	45	
1929	區長	217	79	52	32	32 (S14)	419	58	5	353	159	74	
	區代	361	240 (S14)	9	137 (S14)	3(S14)	389	262	115 (S14)	102 (S14)	271	118	
1931	區長	352	240 (S14)	52	174	32 (S14)	419	262	115 (S14)	353	159	174	
	區代	?	54	26	?	3(S14)	389	58	5	102 (S14)	56 (S14)	118	
1933	區長	352 (T2)	27 (T12)	69	?	32	154 (T12)	262 (T12)	115	327	56	78	
	區代	?	198	20	136	3	133	61	?	102	333	149	④
1935	區長	167	36	20	1	175	?	61	?	102 147 (S16)	56	78	
	區代	236	198	69	136	?	133	30	532		333	149	

1937	區長	167	36	20	136	175	133	30	532	102 147 (S16)	56	78	
	區代	236	198	69	?	3	99	95	260		133	149	
1939	區長	167	99	20	136	175	135 (S16)	30	260	102 147 (S16)	333	60	
	區代	236	9	69	?	3	?	95	672		131	149	
1941	區長	167	99	20	136	3	135 (S16)	95	672	102 147 (S16)	333	60	
	區代	236	9	69	?	238	?	96	4		131	149	
1943	區長	45	9	?	?	3	135 (S16)	96	4 753 (S16)	163 14	333	60	
	區代	?	?	150	211	386	?	62			131	149	

※ (J)사직, ※ 우등*17 : 우등이 17급등 추진
　표내(M33), (T2)는 M33등급표, T2등급표에 의한 등급
　표내(T12)는 T12부과표, (S14)는 S14부과표, (S16)은 S16부과표에 의한 부과순번
　비고①: M33등급표에 의함.
　비고②: 숫자는 등급을 의미하고, 등급은 T2등급표에 의함.
　비고③: 숫자는 순번을 의미하고, 순번은 T12부과표에 의함.
　비고④: 순번은 S14부과표에 의함.

〈표 6〉에서 나타나듯이 1903년에 처음 선출된 구장 및 구장대리를 M33 등급표에 의거·살펴보면, 경지소유 규모면에서 1町 이상 5町 이하에 분포하고 있는 자작농, 자작지주층이 주축이 되고 여기에 자소작 층이 속하는 14등급, 16등급 및 5町 이상의 지주상층이 포진하고 있음을 알 수 있다. 이는 촌의원의 계층성과 비슷한 경향이고 단 촌의의 계층 분포보다 더욱 하강현상이 나타나는 것이 특징이라 하겠다.

1911년부터 1917년까지 임명된 구장 및 구장대리를 T2등급표에 의거 분류해 보면, 1등급~5등급(5町이상 소유자)이 15명으로 연인원수 58명에 대해 26%를 차지하고 있으며, 6등급~9등급(3町~5町 소유자)이 13명으로 22%를 차지하고 있고, 10등급~16등급(1町 이상 소유의 자작농부터 3町 이내 소유의 지주층)이 22명으로 38%, 17등급 이하 자소작이 8명으로 14%를 차지하고 있다. 이 시기 촌의원 중 자소작층이 차지하는 비율이 7%였던 점과 비교해 볼 때 자소작층의 비율확대와 더불어 계

층 하강이 보여진다.

더욱이 초기의 구장 및 구장대리의 계층분포 범위가 1920년대, 1930년대, 1940년대에도 거의 같은 현상인 것이 확인 될 수 있다(오히려 1930년대, 1940년대에는 이전보다 구장 및 구장대리에 있어서 하층에 속한 사람 수가 조금 축소되고 있다). 이 범위의 예외적 인물로서는 1919년 제3구장에 임명된 573번의 구보타 히데조窪田秀藏를 들 수 있다. 그는 자소작으로서 1919~25년까지 구장을 3기, 1927년에는 구장대리를 역임했다. 또 1930년대 후반부터 제8구의 운영자로서 532번, 672번, 752번이 등장하는 것도 주목되어진다. 8구의 특징을 보면 1923년 戸數割부과호수 22호는 10町 이상 소유, 재지지주인 가타야마 에이사쿠片山榮作, 가타야마 이조片山伊藏를 정점으로 구성되어있으며, 자작농이나 자소작농의 수가 적고 55%정도가 소작층을 이루고 있다. 정촌제 시행초기에는 지주층과 자작·자소작층이 부락운영을 담당해 왔으나 그들이 연로해짐에 따라 그들의 2세 및 중견소작층이 부락운영을 담당하게 된다.

가타야마 이조(1902~33년까지 구장 및 구장대리를 몇 번씩 역임)의 장남으로 1899년 출생한 가타야마 요주로片山重郎(1939년의 부과순위는 4번)는 1941년 구장대리로 1943년 구장에 임명되어, 753번의 소작농 요시다 모리에吉田守衛(1933년 농사실행조합장도 역임)나 672번의 소작농 아오무라 겐지로淸村健二郎와 협력하여 부락을 위해 활동하였다. 이런 유산자와 중·하층과의 협력관계는 1912년 제 8구의 구장대리에 임명된 8군의 최고 유산자 가타야마 에이사쿠가 그 해 촌의에 당선된 후 자기 대신에 구장대리로서 17등급이고 젊은 요시다 준타로吉田純太郎를 추천하여, 그로 하여금 부락구장대리의 활동을 위임하고 있는 사실로부터도 알 수 있다. 이는 부락운영을 위해서는 유산자의 힘만으로는 부족하고, 자소작농이나 젊고 활동적인 인물을 필요로 했음을 보여주는 예라 생각되어진다.

　이상과 같이 촌정담당자의 계층분석을 통하여 알 수 있는 것은
첫째로 촌정담당자로 등장하는 이유로서는 재산 뿐 아니라, 부락계
층 구성상의 특성이나 가문의 영향, 세대교체시기, 개인의 영농능
력, 리더십, 행정능력, 퍼스낼리티 등도 영향을 미치고 있다는 것이
다. 자소작 이하의 층의 등장이 계층에 대립 혹은 자아의식 성장만
의 결과라고 말할 수는 없다.

　둘째로 부락말단의 행정직일수록 그 담당자의 계층분포에서 하
강현상이 일어나는 것이다. 촌회의원보다 구장 및 구장대리에서 계
층적 하강현상이 일어난다는 것은 이미 밝혔다. 또 와타우치촌이나
카사카케촌장의 계층이 촌회 최상층부에 속하여 있는 것이나, 와타
우치촌의 1930년대 농사실행조합장의 계층분포가 구장보다 하강경
향이 있는 것으로부터도 방증 될 수 있다. 즉 자소작층 이하가 촌
회의원에 등장하는 것이 기존 연구에서 강조하는 것처럼 촌정운영
에 변화를 가져왔다고 말하기 어려운 것이며, 實行組合長의 계층분
포로부터 지배구조 재편을 논하는 것은 의문의 여지가 있다.

　세 번째로 와타우치촌의 1930년대 촌촌회의원과 구장 및 구장대
리의 계층분포는 1920년대는 물론 그 이전의 경향과도 거의 변화가
없는 점이다. 선거 때마다 비율에 있어서 조그만 차이는 있지만 자
소작층이 촌의원으로 등장하는 것은 정촌제시행 초기부터라는 사
실도 확인했다. 다시 말해 소위 파시즘시대의 촌촌회의원의 계층분
포는 그 이전의 촌의원 계층분포 현상의 연장선상에서 나타난 결
과로서 1930년대 파시즘시대의 특이한 시대적 산물이 아닌 것이다.
물론 이 현상은 와타우치촌만의 특징이 아니다. 대표적인 예로써
이시카와 히사오石川一三夫가 제시한 기후현岐阜縣 우에다촌上田村의
계층분석(1889~1912년)[28]과 츠츠이 마사오簡井正夫의 나가노현長野縣 고

---

28) 石川一三夫, 『近代日本の名望家と自治』, 木鐸社, 1987, p.223.

가촌五加村 촌정지배자의 분석(1889~1904년)[29]을 통해서도 정촌제시행 초기단계에서 촌회의원이나 촌내 지배자층에 자소작층이 포함되어 있음을 알 수 있다.

즉 파시즘시대라고 말해지는 1930년대의 촌정담당자의 계층구성은 정촌제시행 초기부터 나타나는 계층구성의 연장선장에 놓여 있는 현상에 불과하다는 것이다. 이시카와 히사오가 분석하듯이 10町 이상의 대지주가 1%도 안 되는 일본의 촌락구조의 특성으로 볼 때 호수 300호 정도의 촌락에서 여러 가지의 촌정담당직을 맡기 위해서는 부락별, 윤번제, 세대 교대를 고려할 때 최저한 50호 정도가 필요했으며, 따라서 대지주뿐만 아니라 중소지주부터 자작농에 이르는 계층이 어떤 형태의 촌정담당직을 맡아야 하는 상황이라는 지적은 주목해 볼 필요가 있다.

필자는 이런 지적에서 한발 더 나아가 시행초기부터 와타우치촌의 촌정담당직에 자작농뿐 아니라 자소작층이 등장하고 있음을 볼 때, 통설적으로 말해지는 지배구조 즉 대지주를 정점으로 그 밑에 중소지주, 자작, 자소작, 소작농민 순으로 지배서열이 정해져 있고, 따라서 국가 관료는 소작쟁의 등 大正데모크라시 현상이 일어나기 전에는 대지주를 장악하면 촌의 말단까지 지배할 수 있었다는 통설적인 지배구조 파악에 강한 의문을 품고 있다. 다시 말하여 대지주 넓게는 지주층이 확고하게 촌을 지배할 수 있었던 시기가 존재하고 있었는지가 의문이다. 이런 의문에 보다 접근하기 위해서 다음으로 촌정운영의 일단을 보기로 하자.

---

29) 筒井正夫,「成立期における行政村の構造」, 同「日淸戰後期における行政村の定着」『近代日本の行政村』(大石嘉一郞外編, 1991), 日本經濟評論社.

Ⅳ. 촌정 운영의 일면

앞서 살펴보았듯이 일본역사학계에서는 근대일본의 지방 촌락 지배체제를 자본주의 발전에 따르는 지주제의 변모라는 지주제와 자본주의의 상관관계 속에서 파악하여 왔다. 즉 지방 촌락 지배체제도 자본주의의 발전에 따라 지주적 지배질서로부터 변모해 갔다는 것이다.

이에 대해 필자는 군마 현群馬縣 닛타 군新田郡 와타우치촌綿打村과 카사가케 촌笠懸村을 대상으로, 1888년 정촌제 공포(시행은 1889년) 이후 패전에 이르는 전 기간에 걸쳐 촌정 담당직인 촌장, 촌회의원, 구장 계층분석을 검토하여, 정촌제 시행 직후부터도 담당직에 자작·자소작 이하의 층이 등장하는 것을 명백히 했고 정촌제 시행 직후의 경향은 1930년대까지 이어지고 있음을 밝혔다. 이를 통해 앞에서 지적한 바와 같은 통설적 촌락 지배질서론에 대해 반명제를 제시했다.

그러나 그것은 촌정 담당직에 누가 등장하는가를 밝히는 것으로 촌정 지배질서의 외피적 분석에 불가할 수 있다. 따라서 촌정 질서의 실태를 파악하기 위해서는 촌정 담당직에 대한 참가 난이도 외에 또 다른 지표를 필요로 한다. 이에 이어서 촌정 담당자 선출에 누가 어느 정도 참가할 수 있는 가를 파악하고, 실제 촌락 운영의 실태를 분석하고자 한다. 왜냐하면 촌락을 지배하고 있는 한 사람의 유력자에 의해 촌정 담당직의 배분이 결정되는 경우에도 각 계층의 이해와 가치를 고려하여 촌정 담당직이 계층별로 배분되는 것도 가능하기 때문이다. 따라서 촌정담당자의 선출 과정과 실제의 촌정 운영의 실태를 파악하여 별고에서 고찰한 촌정담당자의 계층 분석 결과와의 상호 관련성을 규명하고자 하는 것이다.

1. 촌정담당직 선출과정

먼저 와타우치촌綿打村의 촌정담당직의 선출 과정을 살펴보기로 한다. 와타우치촌의 촌장은 재직기간이 비교적 긴 것이 특징이다.[30] 이것은 촌장의 리더십에 의한 것도 한 원인이지만 또 한편으로는 촌내 부락 간 대립 및 계급 대립 등의 촌내 분규가 적었던 것도 그 원인이다. 촌장의 계층은 촌회의원의 계층 폭보다 좁고 촌의 최상층부에 속해 있었는데 중요한 것은 동시기의 촌장과 중요 보직인 助役과 收入役의 거주 부락이 서로 다르다는 점이다.[31] 이것은 카사가케촌笠懸村에서도 확인 할 수 있는데 이것은 촌정 운영이 부락 간의 연합적 성격을 띠고 있음을 말해주고 있다.

다음으로 촌회의원 선거 과정을 살펴보자. 1913년 촌회의원 선거 결과에 관한 와타우치촌 촌장의 보고를 보면 다음과 같다.

> 二, 본 촌은 일반 농촌으로서 새롭게 선출된 의원의 직업별 내용은 종전의 의원에 비하여 변동이 없다. 선거 결과 낙선한 명망가 한명이 있다.
>
> 三, 종래 각 부락 간의 의원의 분배, 개정 제도 때문에 한명의 이동이 발생했다. (중략)
>
> 五, 다수의 유지자 공동으로 예선한 후보자로서 낙선한 자 한 명 있다.[32]

여기서 주목해야 할 것은 첫째 종래 부락 간 협의·분배에 의하

---

30) 石川一三夫, 前揭 『近代日本の名望家と自治』, pp.157~163 참조.
31) 예를 들면 4區 거주의 촌장 正田盛作의 재임기간(1909~1929)중에 조역은 8區 거주자, 수입역은 3區 거주자였다.
32) 「村會議員選擧改正による單記投票利害得失取り調べ報告」 『新田町誌 資料編下』, p.131.

여 부락의 촌회의원의 수가 정해져 있다는 점이고, 그것이 신 개정
제도[33] 아래에서 새로운 부락 간에 분배제도가 정착되지 않은 상태
에서 치른 선거였기 때문에 한 명이 낙선 했던 점이다. 이것으로
부터도 촌정 운영에 있어서 부락 간의 협의에 의한 연합적인 성격
이 보여 진다. 둘째 부락의 후보자는 유지자들에 의해 선정 되어진
다는 점이다. 이상이 와타우치촌에서 확인 할 수 있는 촌정 담당직
의 선출 과정이다.

다음으로 좀 더 구체적인 촌정 담당직의 선출 과정을 카사가케
촌의 예를 통해서 알아보기로 한다. 분석 자료로서 카사가케 촌 8區
에 거주했던 이와사키 고지로岩崎幸次郞의 1923~1937년 일기를 중심
으로 살펴보기로 한다.

이와사키 고지로는 1864년 이와사키 데이조로岩崎鼎三郞(1876~1880년
連合村 戶長, 카사가케촌 초기 촌회의원 역임)의 장남으로 태어났다. 1904년
41세로 부친을 이어 호주가 되고 1917년 촌회의원에 선출되었으며
학무위원을 역임하였다. 1937년 사망. 1923년 縣稅 戶數割 부과순번
은 촌내 917호 중 12번[34]으로 소득액은 1282圓이었다. 소유토지는
5~10町를 소유했다고 보여지고,[35] 그중 1町 5反步 정도를 자작하고
있는 지주 겸 자작농이었다.[36]

이와사키 고지로의 거주 행정구 제8구는 구촌 시카타촌鹿田村을
하나의 행정구역으로 삼고 있으며, 그 안에는 소취락(字)인 山祭, 후
키아게吹上, 시미즈淸水, 마에시카다前鹿田(上·下)로 나뉘어져 있었는데
북부의 야마마츠리·시미즈·후키아게와 남부의 마에시카다와는 서

---

33) 1888년의 市町村制에서는 村議 任期는 6년이고, 3년 주기로 반수의 인원
    이 개선되었는데, 1911년에는 市町村制가 전면적으로 개정되어, 의원의
    임기는 4년이고 전원 改選, 連記投票에서 單記投票로 변했다.
34) 「笠懸村 大正十二年度 戶數割賦課表」에 의함.
35) 세금내역과 일기 내용에 의거한 추정.
36) 『笠懸村誌 近現代資料集』, p.692.

로 연락함에 불편함이 있어 1931년 마에시카다는 9區로 분리되어
진다.[37] 이와사키 고지로는 시미즈淸水지역에 거주하고 있었다.

「岩崎幸次郎日記」(이후 「岩崎日記」로 표시)에는 1925년도 자기 지역의
村議(촌회의원) 후보 선출과정에 대해 다음과 같이 묘사하고 있다.

　　4月 16日 晴
　　오늘 촌의에 대한 협의가 있기에 아침 일직 집을 나와 田村宗次郎
(1901~1912년 촌의, T12부과순번 63번)[38]을 방문하고, 이어 深澤丑藏(444
번, 自小作)집에 가서(촌의)후보를 吹上에서 내세우는 것이 원만상 좋
을 것 같다고 말했다. 또 大澤勇三郎(264번, 自小作)과도 얘기하고 있는
데, 岩崎源藏(1913~1929년 촌의, 4번)씨도 왔기에 그렇게 말하고 나서 헤
어졌다. [중략] (집에 돌아오니) 吹上으로부터 深澤丑藏, 大澤勇三郎이
와서 기다리고 있었다. 그들은 源藏씨에게 (촌의후보에 대해)말했지만
相談이 안 되었다고 했다. (중략) 촌의의 건은 山際·淸水 각 후보를 정
해 통지하기로 했다고 한다.

　　4月 17日 晴
　　아침 田村紋次郎(34번)씨가 찾아와 源藏씨로부터의 의뢰라 하면서
나의 입후보 건에 대해 말하며 곡 양보해 주도록 부탁하고 싶다는 얘기
였다. 나는 입후보를 선언한 적도 없고 또 금후에도 그런 의향이 전혀
없음을 말하고 있는데, 大岩(?), 岩實(?), 田村源內(286번, 自小作), 大澤
安太郎(1921~1923년 區長, 83번), 大澤代次郎(326번, 自小作)등이 찾아와
촌의에 대해 협의하였다.

---

37) 『笠縣村誌下』, pp.68~69.
38) 인용문 내의 ( ) 내용은 필자 주. 63번 등의 순번은 「笠懸村 大正十二年
　　度 戸數割賦課表」에 의거한 순번을 나타냄.

4月 18日 晴

[前略] 나는 (저수지를 살핀 후) 淸水로 갔다. (거기서는)촌의의 건으로 집회가 있었는데 종종곡절 끝에 岩崎源藏을 공인하는 것으로 결론 내리고 산회하였다.

4月 25日

오늘 선거라 아침 일직 선거 사무소에 나가 淸水 사람 일동을 데리고 가서 10시경 투표를 마치고 돌아왔다.

이 선거는 결과 8구 출신으로서는 이와사키 겐조岩崎源藏(시미즈 거주), 곤도 모리사부로近藤森三郎(14번, 야마마츠리 거주), 곤도 사이자부로近藤才三郎(459번, 自小作, 후키아게 거주), 스즈키 린조鈴木林藏(330번, 마에시카다 거주)의 4명이 당선되었다. 이렇게 당선되기까지의 과정을 위의 日記내용으로 볼 때 야마마츠리·시미즈·후키아게의 소취락字이 하나의 단위가 되어 먼저 각 字의 대표격 되는 사람들이 먼저 협의하여 촌의후보를 조정하는 것을 알 수 있다. 이것은 물론 여러 명의 후보자가 나올 경우 서로 낙선될 경우가 생기기 때문이다. 1921년도 선거에서 촌의村議 후보를 내지 않았던 후키아게 지역에서는 (1921년도 선거 야마마츠리·시미즈 지역만 각각 村議를 당선시켰다) 이번에 村議 후보자를 내고 싶어 했고, 이에 대해 시미즈의 이와사키 고지로는 岩崎幸次郎는 같은 의견이었던 것에 반해 현 촌의인 이와사키 겐조岩崎源藏는 반대의견으로 자기가 계속 촌의후보로 나서겠다는 입장이었음을 엿볼 수 있다. 그래서 결국 소취락字 간의 이해관계상 각 소취락별로 후보를 내세우기로 방침이 정해졌다고 보여 진다.

각 소취락 간에 협의하여 방침이 결정되면 그 다음 과정이 후보를 내세울 字에서 후보를 결정하는데 그것도 먼저 소취락의 유력자(字의 대표격 되는 인물)들 사이에 후보내정 작업이 선행함을 엿보게 된다. 시미즈에서는 이와사키 겐조가 이와사키 고지로가 입후보하는 것으로 알고 있듯이 고지로를 옹립하려는 움직임이 있었다고 추정되어지며 이런 字내의 이견으로 시미즈내 유력자들 간에 후보내정 작업이 원활하지 못했다고 짐작되어 진다. 그렇기 때문에 시미즈에서 후보를 공인하는 집회에서 우여곡절을 겪게 된다. 그러나 일단 후보가 결정되면 시미즈사람은 자기 지역 출신자에게 표를 찍는 지역중심을 확인할 수 있다. 물론 유력자들 간에 후보내정작업에 이견이 없다면 시미즈 주민들이 모인 후보공인집회는 형식상의 절차에 불과할 것이다.

위의 선출과정을 간단히 정리하면, 각 소취락ⴃ 간의 후보조정작업→字내의 후보조정작업→字의 공인집회에서 후보공인→투표의 순으로 정리할 수 있다. 따라서 부락 간 혹은 유력자간에 조정이 순조롭지 못하여 자신의 부락 혹은 자신의 字에서 촌정 담당직에 한 사람이 더 선출될 필요성이 있다고 주장, 합의에 이르지 못하는 경우에는 낙선자가 나오는 선출구조였다. 이와 같은 촌의 선출 구조는 소작조합에 의한 계급대립이 발생하지 않는 한 유지되고 있었다고 보여 진다. 그러나 소작쟁의가 발생한 지역에서도 촌회의원 선거에 있어서 부락민이 협력하는 예[39]도 보이는 것과 같이 강한

---

39) 綿打村과 인접해있는 木崎町 赤堀 부락은, 1920년대 후반 小作爭議로 분쟁이 일어나고, 그 후 일단 표면적으로 해결은 되었지만 항상 소작문제로 골치 아픈 지역이었다. 1942년 翼贊體制 아래에서의 정의선거이긴 하지만, 赤堀의 소취락(字)인 本鄕 小作爭議 지도자 大川三郎가 당시 赤堀 촌회의원 후보인 下組의 지주 小澤碩의 정의 당선에 협력하고 있다. 이하의 사료로부터 유력자에 의한 후보 선정 작업과 그 작업이 순조롭게 진행되지 못한 경우의 상황, 유력자의 득표 동원력 등 笠懸村의 촌의 선출과정과 거의 똑 같은 상황을 알 수 있다.
1942년 5월 5일 정의선출 건. 배급소에서(赤堀) 각 조합 선출의 추천위원, 선고의 위원회를 개최함. 宮田茂次를 추천하고(유력자인 大川竹雄가 추천), 각 조합에 정의 후보 2명일 경우와 1명일 경우에 어떻게 해야

지역중심주의를 확인 할 수 있는 점만을 지적해 둔다.

　그런데 촌의 지배자란 관점에서 볼 때 후보조정 작업에 참여하는 계층이 누구인가가 중요시된다. 주목되는 것은 字 후리아게의 대표자격 되는 인물이 부과순번 264번, 444번의 자소작 층이었다는 점, 지주 상층에 속하며 그 지역 최고 유산자임에도 불구하고 이와사키 겐조의 의도대로 각 字간에 합의되지 않았다는 점, 시미즈내에서 후보 건에 대해 관심을 갖고 조정작업에 나선 인물들 중에는 자소작 층이 포함되어 있다는 점이다. 이를 통해 볼 때 촌정담당직의 하나인 촌의에 자소작 층이 등장하고 있는 표면적 현상뿐 아니라 촌의선출과정에서도 자소작 층이 영향력을 행사하고 있음을 확인할 수 있겠다.

　1929년 4월 8일자 일기에도 "다무라 소지로田村宗次郎, 다무라 시치지로田村市次郎(218번, 자소작), 田村喜千壽(S14부과순번 42번), 다무라 다케지로田村竹次郎(483번, 자소작)의 諸씨가 찾아왔다. 아마 촌의후보건 때문인 것 같은데 단사브로膽三郎(이와사키 고지로의 장남)가 부재였기 때문인지 아무 말이 없었다"[40]라고 적혀있듯이 시미즈 지역 후보선정

하는가에 대해 상의하고 해산. 참가자는 正副區長, 松村(本鄕), 大川用次郎(本鄕), 松村國太郎(?), 小林邦太郎(下), 大竹(中), 宮茂(中), 磯實(上), 松金(上)씨이다

5월 15일 小澤碩 후보사무소 열림. 大川三郎 댁 6시부터 8시까지 宮峯, 小新, 宮茂, 大竹, 松國, 小碩, 大三 七人, 酒 二升.

5월 23일 정회 선거. 추천 12명, 자천 후보 없음. 그런데 (木崎)下町의 多田与一郎씨 齊藤國太郎(中町)를 추천해야 함에도 선거에 나왔기 때문에 분파하여, 多田 32표를 얻어 간신히 당선함. 齊藤는 입후보하지 않았는데 20표 들어옴. 또 多田의 표가 隣町의 森田新衛(72표 최고)에게로 감. 多田 前町長 이번에는 대단히 곤혹스런 모양, 人間 進退 시기 있다. 本村 추천 小澤碩 第二位, 在村票 75票中 病氣 無筆 七票있다. 한편 村人을 통해 他町村人 依賴 3,5票있어 대체적으로 예정표가 나옴. 밤 사무소에서 宮峯, 大三, 松國, 大竹의 선거위원

(「大川竹雄昭和一七年日記」, 大川家文書. 이하 「大川日記」로 표기)

작업에 자소작 층이 참여하고 있음을 다시 한 번 엿볼 수 있다. 이 때 다무라가田村家를 중심으로 이와시키 단사브로를 후보로 옹립하려는 움직임도 있었다고 짐작되어지는데, 그러나 이때의 시미즈지역 후보로는 오사와 시게지로大澤重次郎(S14부과순번 246번, 자소작)으로 결정되었고 그는 촌의에 당선되었다.

다음 선거인 1933년 촌의선거에 대해서는 "오사와 시게지로가 찾아와서 어제 밤 촌회선거건에 대해 협의가 있었는데 자기에게 한 번 더 촌의를 맡아 달라고 하였지만 확답을 하지 못했다고 했다. 그러면서 나의 의견을 듣고 싶다고 하기에, 나로서도 이외 적당한 인물이 없다고 생각하고 있기에 한 번 더 입후보하면 어떻겠는가 라고 말해주고 돌려보냈다"[41]라고 적혀있다. 이것을 볼 때 이전과 마찬가지로 유력자들 사이에 후보내정 협의가 행해지고 있음을 알 수 있고, 이와사키 고지로는 고령(1933년 현재 64세)이어서인지 후보내정작업에 직접 참여하지 않고 원로격으로 자문역을 맡는 지위에 있었다는 것을 알 수 있다.

이어서 1933년 4월 25일 일기를 보면,

"나는 오후에 투표를 하고 돌아오는 길에 大澤 사무소에 가 (결과를) 기다리고 있었다. 투표총수 1035점으로 개표의 결과 木村吉三郎(촌내 최고의 자산가, 50정 이상 소유)씨가 최고로 67점, 大澤은 6위로 56점이었다. 낙선자는 小宮(?), 籾山(7구 후보), 矢內(9구 후보), 田村(4구 후보), 吉岡(1구 후보)라고 함. 大澤 사무소에서 저녁식사를 대접받고 돌아왔다."[42]

라고 되어 있듯이, 행정구내 字 사이에 후보 조정작업이 이루어지

---

40) 「岩崎日記」 前揭書, p.721.
41) 「岩崎日記」 前揭書, 1933년 4월 7일, p.729.
42) 「岩崎日記」 前揭書, p.730.

지 못하고 각각 자기 字 후보를 내세웠을 때 낙선자도 생기는 것을 알 수 있다. 또 50정 이상 소유의 대지주 기무라 요시사부로木村吉三郎[43])의 경우도 자기 거주 字나 부락 이상의 득표를 할 수 없었던[44]) 지역중심주의는 다시 한 번 확인할 수 있다.

이와사키일기에는 아깝게도 구장선출 기록은 없다. 그러나 농회 대의원 선거나 구단위의 위생조합 임원 선출에 대한 기록이 있다. 먼저 위생조합 임원선출 과정을 보기로 하자.

> 7월 28일 청
>
> [전략] 아침 일찍 (구장)大澤直十郎(47번)씨가 찾아와서 이번 현회에서 위생조합을 조직하도록 결정하였는데, 카사가케 촌의 경우 구부로 나눠, 當 8區를 8部로 삼아, 부장 1명, 위원 4명, 대의원 6명으로 정하고, 선거하여 役場(촌사무소)에 연락하도록 되었다고 하였다. 그리고 8구 각조마다 2명씩 선출하도록 정했는데 當組(淸水지역)에서는 어떻게 했으면 좋을까하고 상담해왔기에 田村宗次郎·岩崎春吉(131번)에게 부탁하면 어떻겠는가 하고 말해주었다. 저녁에 또 찾아와 田村씨에게는 승낙을 얻었다고 하기에 그 외 두 명을 정하기로 하고 春吉집으로 찾아갔으나 없기에 大澤代次郎(326번, 자소작)집으로 찾아갔다. 大澤安太郎(1921~23년 구장, 83번)씨도 불러와서 세 사람이 이야기를 나눈 결과 安太郎에게 부탁하기로 하고 歸途. 또 春吉집에 들러보니 (아직) 논에서 일하고 있다고 논까지 찾아가 승낙을 얻고 돌아왔다.[45]

43) 1911년경의 木村吉三郎는 29町 3.3反步 소유, 地價 7888円, 小作者 27명을 거느린 지주이었다(前揭『資産家地主總覽群馬編』). 또 1926년 笠懸村 最高有産者로서 50町步 以上의 지주는 木村吉三郎 뿐이었다(『笠懸村誌 近現代資料集』, p.296). 1913~1917년 촌장, 1917~1939년 村議 역임.
44) 1923년 거주 7구 戶數는 100호이었다(「笠懸村大正一二年度戶數割賦課表」).
45) 「岩崎日記」, 前揭書, p.712.

이 위생조합 임원 선출에 대해서 규정에는 선거에 의해서 선출하도록 되어 있다.[46] 그러나 일기에 쓰여 있듯이 실제적으로는 선거를 하지 않고 몇 사람에 의해서 결정되고 만다. 먼저 촌장이 區 단위로 임원의 수를 배분하고, 이어 구장에 의해 보다 소지역인 字 (아자)단위로 임원이 배분된다. 그리고 字(아자)단위의 임원 선정에는 그 지역에 영향력을 갖고 있는 자가 관계하고 있다.

시미즈지역에서는 임원내정자 결정에 이 지역 유력자인 이와사키 고지로가 큰 역할을 함을 알 수 있는데 이때에도 자소작인 오사와 다이지로大澤代次郞가 한 몫을 하고 있음이 확인된다. 이 오사와 다이지로는 1925년도 시미즈지역 촌의후보에 대한 협의과정에도 등장했던 것은 앞에서 본 바와 같다.

한편 1931년 農會 대의원 선거에 대해 다음과 같이 기록되어 있다.

> 3월 31일 晴
>
> 이번 농회대의원선거에 대해 大澤嘉一(S14부과순번 149번, 淸水거주)가 입후보했으나, 꼭 와달라고 해 (선거)사무소 大澤代次郞집에 가 종일 있었다. 淸水의 유권자로서 출두할 수 있는 자 30, 그 외 吹上으로부터 10표를 얻기로 하고, 또 타 町村의 유권자로 대리인 등록을 하지 않는 자중 9표를 얻고, 이밖에 2표를 더 얻기로 하여 도합 51표가 될 것이다.

---

46) 笠懸村에서는 町村制 시행 직후인 1891년에 촌내 각 부락마다 위생조합이 조직되어져, 각 조합마다 조장이 두어졌다(『笠懸村誌 近現代資料集』, p.77). 大正期에 들어서면서 전염병 대책이 거촌적으로 수립되어지게 되고, 1924년 촌 전역을 하나의 위생조합으로 재편하고 각 부락에는 '부'가 설치되어지게 되었다. 그 衛生組合 規約을 綿打村 잔존 사료로부터 보면, "조합장, 조합부장은 總會에서 조합원 중에서 선거하고, 부장·부부장·위원은 각 부회에서 그 구역 내 조합원 중에서 選擧"한다라는 항목이 있다. 部의 組合員은 구역 내 거주자를 지칭함(『新田町誌 資料編下』, p.776).

저녁 9시 귀가.

　4월 1일 구름

　　[전략](투표하고 돌아와) 저녁 大澤代次郎집에 갔다. 득점 51표. 위로
부터 5번째로 당선, 저녁을 대접받고 나서 일동보다 일찍 돌아왔다.[47)

　오사와 가이치大澤嘉一는 부친 오사와 다이지로를 이어 농업에
전념하여 자소작 상층까지 성장한 인물인데,[48) 그가 어떻게 해서
후보에 선출되었는지 알 수 없지만 그에 대한 신망과 더불어 부친
의 영향력도 작용했다고 보아도 무리는 아닐 것이다. 어쨌든 이 선
거전의 중심인물은 자소작이며 시미즈지역 유력자인 오사와 다이
지로나, 표를 동원하기 위해 또 다른 시미즈지역 유력자인 이와사
키 고지로등의 힘을 빌릴 수밖에 없었다. 지주인 이와사키도 자기
지역 후보를 위해 협조를 아끼지 않는 지역중심주의를 발휘한다.
이를 통하여 자기 시미즈지역의 몰표와 후리아게지역의 표 협조
요청, 부재자 표 등에 근거한 예상득표수와 실제득표수가 일치하는
놀라운 득표 동원력이 발휘되었던 것이다.

　지금까지 행정구 그중에서도 시미즈·후리아게·야마마츠리지역
에서 진행되었던 촌정담당직 선출과정을 살펴보았다. 이를 통하여
다음과 같은 것이 확인되었다.

　첫째, 부락 대표인 촌회 의원이나 농회 임원 선거에서 보여지 듯
똘똘 뭉치는 놀라운 득표 내용은 일반주민의 관심이 높았음을 말
해준다. 이런 관심을 근거로 유력자는 지역 중심주의를 고양하여
득표 동원력을 발휘할 수 있었다고 생각된다. 그러나 일반 주민의
관심은 후보선정 작업까지는 참가하지 못했다. 소수의 유력자에 의

---

47) 「岩崎日記」, 前揭書, p.724.
48) 「昭和十四年度 戸數割賦課表」 중의 「資産狀況による賦課額」에 의함.

한 후보의 지역 분배와 후보내정 작업이 진행되어 그 유력자들 사이에 알력이 생기지 않는 한 그들이 선정한 후보에 대한 일반 주민의 합의 획득은 형식적인 것에 불과 하다는 것도 확인되었다. 따라서 국가관료가 지방의 정촌을 지배하고자 할 때나 정당이 선거에서 이기기 위해서는 이런 유력자들을 이용하지 않으면 안 되었던 것이다.

그런데 중요한 것은 지주층만이 유력자로 행세했던 것이 아니고 자작·자소작 출신의 인물도 유력자로 영향력을 행사했다는 점이다. 이와사키 겐조 같이 상층의 유산자라 할지라도 字간 혹은 字내에서의 이해 알력으로 자기 의도대로 일을 진행시킬 수 없었다. 또 50町이상의 대지주인 기무라 기치사부로의 경우도 자기 거주부락을 뛰어넘는 득표동원력을 발휘할 수 없었다. 바꿔 말하면 강력한 지주 지배구조의 모습은 보이지 않는다. 오히려 자작이나 자소작 이하 출신의 유력자들이 의사결정 과정에 참여하지 않거나 그들을 참여시키지 않으면 촌정이나 부락운영이 원활하고 효과적으로 진행되지 않았음을 알 수 있다.

둘째, 위생조합 임원과 같이 이해관계가 적고 임원이 되고자 적극적으로 나서는 인물이 없는 사항에 대해서는 규정에 선거 선출로 되어 있어도 규정대로 실시되지 않았다는 점이다. 선거가 아니라 몇 사람의 유력자에 의해 정해져도 유력자 사이에서도 일반 주민 사이에서도 아무런 문제도 일어나지 않았다는 것이다.

2. 촌정운영과 촌민의식

카사가케촌笠縣村에서는 1920년대 소학교 합병분쟁이 발생한다. 本村은 학교구가 나뉘어 있어 자연 동서 兩區의 사상이 다르다는 감을 받고 있음은 자치상 유감[49]이라는 新田郡長의 보고대로, 町村

合併 이후에도 구촌의식이 강하게 잔존하고 있었다. 따라서 일촌
일소학교의 원칙도 지켜지지 않아 촌내에 東西 2개의 소학교가 존
재하고 있었고, 소학교를 중심으로 촌이 東區(1구-5구)와 西區(6구-9
구) 둘로 나누어진 상태였다. 이런 촌내의 지역대립으로 인하여 촌
장 재임기간인 4년도 채우지 못하고 사직하는 경우가 많았고 관선
촌장도 등장하고 있었다.[50]

이런 상태에서 소학교 합병문제는 '당촌 장래를 위해 가장 중요
한 사항'[51]이란 인식이 퍼지게 되었고 1923년 본격적으로 합병의 상
담이 시작되었다. 1923년 2월 1일 최초의 각 구 대표자회의가 열렸
는데, 기본적으로 합병찬성의 분위기였다. 합병찬성의 이유로서 합
병에 의한 비용절감을 꾀하여 촌 재정 중 차지하는 교육비를 경감
시키려는 의도와 교육상의 이유, 촌 행정사무의 간편화, 촌내 동서
이질화 해소 등이 거론되었다. 그런데 합병의 노력은 소학교 장소
를 어디로 정하느냐는 문제로 암초에 부딪히게 되고, 분쟁으로까지
이르게 된다.

이와사키 고지로岩崎幸次郎의 거주지인 8區에서 이 문제로 회합이
열렸는데, 합병에 따른 소학생의 통학거리, 합병비용의 부담 등 주
민생활과 밀접하게 관련된 사안임에도 불구하고 이와사키가 적게
모였다고 표현할 정도로[52] 참석자는 관심 있는 사람만 모였다. 참
석자 계층은 지주, 자작, 자소작 층으로 구성되어 있었다. 이때 8구
를 대표하여 학교문제를 다른 지역과 협의할 대표를 구성하였는데,
그들은 8구 출신의 당시 촌회의원, 구장, 구장대리 및 오사와 유사부
로大澤勇三郎(264번, 자소작), 이와사키 고지로(12번), 곤도 모리사부로近藤

---

49) 「町村巡視顚末報告」『笠懸村誌 近現代資料集』, p.91.
50) 『笠懸村誌下』, pp.50~51.
51) 「小學校統一に關する書類綴」『笠懸村誌 近現代資料集』, p.370.
52) 同上.

森三郎(58번), 고바야시 이와주로小林岩十郎(348번, 자소작), 하라다 토요사 부로原田豊三郎(?)이었다.[53] 자소작 층이 포함된 이들 8구의 대표자들을 볼 때 앞에서 설명한 부락운영방식을 다시 한 번 확인할 수 있다.

동시에 회합에 참가자가 소수이었던 것을 알 수 있듯이 일반 주민의 관심이 높은 것과는 달리 참가율이 적고 유력자에게 일임하고 있는 경향도 엿보여 진다. 이것은 촌회의원 선출과정에서 보이는 경향과 같다. 이러한 경향이 나타나는 하나의 이유는 유력자의 지역중심주의 즉 재지적 성격에 의한 것이라고 보여진다.

이런 점을 학교의 합병과정을 통해서 확인 하고자 한다. 1923년 2월 18일 촌 유지회에서 1구의 촌회의원 고바야시 도미사쿠小林登美作는 중앙에 소학교 부지를 선정하여 여기에 새롭게 학교를 세워 본교로 삼고 현재의 두 학교를 임시교사로 할 것을 주장하였다.[54] 여기에 대해 촌장은 신축경비 및 수속 기간 등을 이유로 먼저 현재의 두 학교 중 본교와 임시교사를 정하여 운영하고 후에 신축·이전하는 것을 제안 하였다.[55]

2월 20일에는 東區의 1區, 3區, 5區의 촌회 의원이 동구 대표자로서 "소학교 위치를 현재의 西校로 하고 東校를 임시교사로 하는 문제가 지장 없다는 뜻. 구민 일반의 양해를 얻었다는 것"[56]을 보고했다. 그런데 교사를 신축하기까지 고등과 생도를 서교에 통학시키고 또 그 때문에 西校를 증축하고자 하는 움직임이 있어, 東區의 유력자는 여기에 반대하고 있었던 것 같다. 西區의 이와사키 고지로는 4월 25일에 "합병 당시 성명대로 고등과 생도를 西校에 통학하도록"[57] 요구하고 있다.

---

53) 「岩崎日記」 1923년 2월 5일, 前揭書, p.696.
54) 「小學校統一に關する書類綴」前揭書, p.388.
55) 前揭書, p.373.
56) 前揭書, p.374.
57) 「岩崎日記」 1923년 4월 25일, 前揭書, p.696.

1924년 4월 2일에는 "신문지 보도대로 합병 당시 고등과 생도를 西校에 통학시키기로 하였는데 작년 당분간이라는 조건으로 고등과를 병치(설치)하게 된바 올해 개교하여 실행에 옮기려고 하는 때에, 다수 인민이 모여 어떤 일이 있어도 서교에는 가지 않는다고 말한다"[58] 라고 말하고 있다. 西校에 고등과를 설치하고 東區의 고등과 학생을 그곳에 통학시키는 것이 합병 당시의 약속이었다고 생각하고 있다.

그러나 東區의 반응은 "大正12년(1923) 2월 우리 카사가케 촌의 東西 兩校를 통합하기로 한 이래, 그 실행 방법에 대해서 촌 당국은 그 당시의 약속을 위반하는 점이 있다"[59] 라는 것이었다.

그리고 1923년 3월부터 유력자에 의해 동원된 東區의 주민이 대회를 몇 번 열어 반대의 기세를 올렸다. 이때 강경파로서 활약했던 자가 1구의 총대로 된 요시오카 사다키치吉岡定吉이었다.[60] 그는 이때의 활약으로 1925년 촌회의원으로 당선되었다. 東區 주민의 반대의 움직임은 점점 격화되어 소학교 졸업식에 아동 출석 거부,[61] 세금 불납동맹 결성, 소방 조합과 그 외의 공직 사직[62] 등의 실력 행사도 일으켰다. 1924년 3월 31일에는 東區의 촌회의원 고바야시 도미사쿠(1區), 아카이시 마스다로赤石益太郎(3區), 후지오 고자부로藤生光三郎(3區) 외 1명이 사표를 제출 하는 등 강경한 태도를 취했다.[63] 이 중 아카이시 마스다로, 후지오 고자부로는 1925년 촌회의원 선거에서도 재선 되었고 고바야시 도미사쿠는 요시오카 사다키치에게 양보했다. 그러나 이 東區의 실력행사에 대하여 이번에는 西區 지역

55) 「岩崎日記」 1924년 4월 2일, 前揭書, p.709.
59) 「東區民の決議書」 『笠懸村誌下』, p.872.
60) 「報知新聞」 1924년 3월 31일, 前揭書, p.868.
61) 「東京日々新聞」 1924년 3월 31일.
62) 「時事新報」 1924년 8월 2일.
63) 「上毛新聞」 1924년 4월 2일, 『笠懸村誌下』, p.869.

인 8區에서 4월 25일, "합병 당시 취지대로 東區의 고등과 생도를 西校에 통합시키는 것의 실행을 관철할 수 있도록 本日 납기의 촌세를 납부하지 않도록 결의를 하였다"[64]

이처럼 촌을 양분하는 분규에 대하여 촌장이나 전 촌장이고 최고의 유산자였던 기무라 요시부로木村吉三郎가 조정을 꾀했지만 효과는 별로 없었다. 촌의 중앙에 위치하는 4區, 5區의 노력 등으로 우여곡절 끝에 1925년 3월 "촌 중앙에 통합 교사를 신축한다", "그 부지는 縣 郡 당국에 일임 한다", "양 교사 모두 증축하지 않는다", "신교사의 건축까지 고등과 생도는 서교사에 통학 시킨다"등의 내용을 넣은 협약서를 만드는 것에 의해 분규는 해결되었다. 이와 같이 촌락 내에 지역 간의 알력은 "부지 선정은 縣·郡 당국에 일임한다"라는 타력의존에 의한 해결책을 취할 수밖에 없었다.

이상의 합병과정에서 지적하고 싶은 것은 첫째 「岩崎日記」에는 학교문제 협정위원으로서의 이와사키 고지로의 활동이 자세하게 적혀 있는데 그의 학교문제에 관한 의견 청취나 보고, 상담 등에 등장하는 인물을 보면 일반 주민의 모습은 거의 보이지 않는다는 것이다. 적어도 伍長 지위 이상 아니면 유력자라고 생각되어지는 인물만이 나타나고 있다.

둘째로 유력자는 자신의 거주지역 이해에 대해서는 결코 양보하지 않는 강한 집착 즉 지역 중심주의를 발휘하고 있다. 또 東區라고 해도 촌 중앙에 가까운 4區, 5區와 동쪽에 치우쳐 있는 1區, 2區, 3區와는 입장이 틀려서 1區, 2區, 3區가 강경한 태도를 취하고 있다. 이와 같은 것을 보면 유력자는 지역 중심적 성격을 갖고 있다. 그렇기 때문에 지역 중심주의를 내세워 주민을 동원하는 것이 가능했다고 보인다.

---

64) 「岩崎日記」 1924년 4월 25일, 『笠懸村誌 近現代資料集』, p.771.

셋째는 촌내에 지역대립에 있어서 촌장이나 최고의 유산자가 조정에 영향력을 거의 발휘되지 못했다는 것이다. 이것은 촌정 운영이 부락 연합적인 성격을 갖고 있는 것을 말함과 동시에, 대지주·기생지주=지방 명망가만을 장악해 두면 촌을 지배할 수 있었다고 하는 야마나카 에이노스케山中永之佑의 견해와도 다른 실태를 보여 주고 있다.

유력자가 리더십을 발휘하여 지역주민을 지도해 갈 수 있었던 권위기반은 자신의 부락에 있다. 바로 이점에서 유력자와 일반 주민의 이해의 일치가 있다. 그리고 행정촌의 운영은 부락이나 아자에 기반을 둔 유력자들의 협의에 의해서 수행되어졌다. 그러면 여기서 유력자들이 주도권을 가질 수 있었던 권위의 근거는 어디에 있는지 정리해 보고자 한다.

촌정 담당직에 선출된 사람의 개인적 조건에 대해서는 앞에 서술한 바와 같다. 세대교체기·부락구성의 특성 등 외부적 요소와 함께, 개인의 재산·교양·가문·경영능력·행정능력·퍼스낼리티가 영향을 미치는 것은 명백하다. 그러나 유력자가 일반 주민들로부터 신뢰를 획득하기 위해서는 거기에 그치지 않고 지역을 위해 활동하고 지역이익에 공헌하는 모습을 일반주민들에게 제시하지 않으면 안 된다.

유력자들은 대체로 촌장, 촌회의원, 구장, 구장대리 등 공식적인 촌정 담당직을 담당하는 것으로 자신의 지역을 위하여 봉사하는 자세를 보인다. 또 촌내 알력이 생긴 경우에는 비공식적으로도 자신의 지역의 이익을 위해 노력한다. 그뿐 아니라 유력자들은 부락이나 字(아자) 내의 농사조합, 수리사업, 경지정리사업, 도로정리사업 등을 솔선하고, 누에고치·비료 등의 판매사업·공동구입 등을 주도한다. 이외에도 저축조합을 운영하고 관혼상제 때의 상조, 도서관 건설·청년회·소방조합·촌사·군사원호행사 등에 기부금을 제공하는 등 자신의 부락이나 字(아자)의 공동체적 제사업에 최선을 다하는 자세를 보여 일반 주민으로부터 신뢰를 획득해 갔다.[65] 한편 이 유력자들 중에는 현 의회에 진출하여 교통, 교육기관, 토목사업 등 자기 지역에 이익을 제공하는 사업을 중앙으로부터 유치하여 자신의 지역 기반을 확고한 것으로 만드는 자도 있었다.

그런데 유력자들은 지역 이익을 위해 봉사하는 모습만을 보이는 것은 아니다. 구장이나 구장대리의 사직자가 속출하고 있었던 것도 사실이다. 이것은 무보수에 가깝고 번잡한 행정사무로 인해 자기 자신의 일을 희생하고 싶지 않은 측면을 나타내주고 있다. 또 촌을 위한 저수지 건설 사업에 있어서 자신의 비용부담액이나 水利 이용상 불리한 점을 들어 저수지 건설 사업에 참여하기를 주저하고 있는 점,[66] 촌에 기념비를 세우는 사업에 있어 비용부담과 자기생활과의 관련성이 낮다는 점 때문에 참여도가 극히 낮았다는 사실[67]로부터 지역을 위해 봉사하는 모습 뒤에 숨겨진 자기이익 추구자세를 엿볼 수 있다.

그럼에도 불구하고 유력자 주도에 의한 부락 운영이 계속되었던 배경에는 일반 주민들의 행동이나 의식과 깊은 관련이 있다. 근대 이후 공업화·도시화·정보화 등이 진행되어지는 상황 속에서 지방에도 새로운 경향이 발생한다. 이런 변화를 외관의 변화가 아니라 사람의 내면의 변화에 주목해서 간단히 살펴보기로 하자.

첫째로 새로운 사조의 유입이다. 1927년 군마현群馬縣 지사는 "본 현에 있어서 사회운동은 그 기원이 멀게는 메이지 30년 전후에 있고 가깝게는 구주 대전란(세계 제1차 대전)에 영향을 받아 각종 사상이 유입되어 몇 번의 추이와 변화를 거쳐 지금에 이르게 되었다"[68] 라

---

65) 「岩崎日記」 1924년 7월 24일, 1929년 8월 8일, 前揭書, pp.712~720.
66) 「岩崎日記」 1924년 2월 4일, 前揭書, p.736.
67) 「岩崎日記」 1934 1월 27일, 前揭書, p.735.

고 말하고 있다. 또 현 의회에 질문에서도 소작 대책, 노동 대책, 청년단 대책 등이 논의되고 있는 것도 역시 새로운 시대감각을 표명한 것이다. 와타우치촌綿打村에 인접해있는 기자키정木崎町의 한 농민의 일기에도, '데모크라시… ① 정치적 데모크라시; 주권제민, 민중정치, ② 사회적 데모크라시; 기회균등, 계급세속 타파, ③ 상업적 데모크라시; 산업자치 노동자 자경영, ④ 문화적 데모크라시; 문화제민 ⑤ 국제적 데모크라시; 민족 자결'[69] 이라는 메모가 남겨져 있다. 이외에 일기에는 노동쟁의, 소작문제, 수평사 문제, 보통선거 등에 대해 쓰여 있다.

둘째 보통선거의 영향이다. 보통선거는 1927년에 縣 의회선거, 1928년 총선거로부터 시작 되었다. 이 시기 전후로 한 시기만큼 정치단체가 난립한 시대는 없었다고 생각한다. 각지에 정당별 지지단체가 결성되어 말단까지 조직화되어 갔다. 1927년 조사에 의하면 이미 와타우치촌에서는 新田立憲同志會(민정당계), 카사가케촌에서는 東毛立憲同志會 카사가케촌 支部(민정당계), 와타우치촌에 인접해 있는 오타 정太田町에서는 新田靑年革政會(정우회계)가 조직되어져 있었다.[70] 이 보통선거의 실시는 각종 정치 조직의 대두뿐만 아니라 청년들의 의식에도 영향을 미쳤다. 1920년대에 청년회 웅변 토론회 등이 많이 개최되고 중등학교에서는 웅변부, 변론부가 만들어지고 학생운동도 커다란 약진을 보였다. 이런 원인의 하나로 보통선거 실시에 의해 청년의 정치참여가 시작 되었다는 점도 빼놓을 수 없을 것이다.[71] 당시 한 중학생은 "청년의 시대는 우리에게 도래 하였다. 정심을 확대시켜야 할 때가 이 시기이다. 그럼에도 불구하고

---

68) 群馬縣議會, 『群馬縣議會史 4』, 1976, p.1967.
69) 「大川昭和三年日記」.
70) 前揭 『群馬縣議會史 4』, p.1964.
71) 萩原進, 『群馬縣靑年史』, 國書刊行會, 1980, p.164.

아버지의 어두운 얼굴을 보면 언짢아져서 어두운 기분이 된다. (중략) 세상은 진보했습니다. 아버님"[72]라고 적고 있다.

그러나 이와 같은 변화가 유력자에 의한 촌정 질서를 변화시키지는 못했다. 기성세대의 반발, 부모의 반발을 적었던 사람이 부모에 대한 효를 강조하는 것으로 결착되고 데모크라시에 관해서도 그것이 내면화하지는 못했다. 오히려,

> 의회는 해산되었다. 진실한 민중 정치의 문이 열리고 禁中에 밀폐된 정치는 다가올 선거에 의해서 대중에게 개방되어 진다라고 말해진다. 보통선거는 그렇게 되어야만 한다. 그럼에도 그 가부는 시기의 문제이다. 정말로 제국국민이 전제정치로부터 해방되어지고, 정치의 정자도 모르는 많은 대중에게 보통선거의 의의가 철저할 것인가. 그 결과는 어떤가.[73]

라는 기록을 남기고 있다. 또 앞에서 설명한바 보통선거 실시 전후에 조직된 많은 단체에 의하여 촌정질서가 변했다고 하는 증거도 없다. 보통선거에 의해서 보다 전통적인 요소를 갖춘 농민 유권자가 증대함으로 인해 오히려 기성정당의 체질이 보다 보수화 되는 가능성이 나타나게 되었다.

셋째 향도열이다. 많이 지적되고 있는 바와 같이 러일전쟁을 단서로 하여 제 1차 대전을 기점으로 하여 1920년대에 걸쳐 농촌에서는 도회 열풍이 강해지고 있었다. 와타우치촌에 인접해있는 이쿠시나촌生品村 고가나이小金井의 청년지회의 회보를 보면 향도열에 의한 청년의 이농현상을 도시의 향락적 경향과 결합시켜 비판하고 있다.[74] 청년의 풍속 교정은 1904~1905년으로부터 청년회의 하나의 사

---

72)「大川昭和三年日記」.
73)「大川昭和三年日記」1월 23일.

업이 될 정도로 수양과 교풍은 청년 교육의 중점이 되었다. 향도열 뿐 아니라 공업화의 물결도 직접적으로 이 지역에 침투해 왔다. 나카지마中島 비행기 공장이 있던 오타太田, 오지마尾嶋 및 그 주변 지역에 공업화의 영향이 강하고 이촌 경향도 강했다. 기자키정에 한 농민은 이런 공업화의 영향을 청년의 향락적 경향, 풍기문란, 배금주의, 직공농가의 비협력 등으로 나타난다고 비판적으로 보고 있다.[75]

넷째 경제의식의 성장이다. 도시화에 의한 소비상품 생산의 발전은,

> 현재 어느 곳의 청년회를 봐도 토론하거나 연설하면서 기뻐하고 있는 곳은 없다. 누구도 성실하게 식산흥업이든지 자선사업 혹은 보습교육 등에 부심하고 있다.[76]

라는 경향을 낳았다. 또 자발적으로 구매·판매 등 각종의 조합도 조직되었다.

소작쟁의에 대해서도 "이 분쟁의 원인 및 동기라고 말할 수 있는 것이, 도시 부근 토지에 항상 발생하기 쉽고 또 그 부근은 일반적으로 경제사상이 발달하고 시대의 사조가 진보하여 지주·소작인 모두 항상 타산적이 되어 이해 앞에서는 정도 없다"[77]라고 경제관념 성장으로 변모해 가는 농촌을 그리고 있다.

이상과 같이 시대변화 내용에 대해 평면적인 서술이 되었지만 필자가 지적하고 싶은 것은 이러한 변화에도 불구하고 적어도 본

---

74) 『農村之友』 1915년 9월, 小金井村青年支會, 新田町役場文書.
75) 「大川昭和一四年手帳」.
76) 「上毛新聞」 1910년 11월 30일(前揭 『群馬縣青年史』, p.141에서 인용).
77) 「小作爭議に關する調査」 『群馬縣史資料編 21』, p.754.

논문의 분석 대상지에서는 지금까지의 촌정질서에 변화가 나타나지 않았다는 것이다. 근대 이후의 변화는 농민의 자각과 자율적인 의식 향상이라는 측면보다도 오히려 촌정에 대한 무관심을 가져오는 결과가 되었다. 농촌 청년이 향도열에 빠지고 개인 중심적이 되어 촌정에 무관심이라는 지적이나 이와사키일기에도 써져있듯이 생활과 밀접한 관련이 있는 소학교 합병 문제에서 조차 일반 주민의 참가가 적었다는 사실, 또 마을에 기념비를 세움에도 불구하고 관심이 적고 유력자에게 전면적으로 맡기고자 하였던 사실로부터 촌정에 대하여 주민이 일반적으로 무관심 하였다는 것을 확인 할 수 있었다.

더욱이 촌내의 계층 대립의 표현인 소작 문제에 있어서도 소작인은 단체교섭을 행하지 않고 개별적인 소작 감면 청원을 하고 있다.[78] 집단적 소작쟁의의 경우에도 대개 부락을 지역적 기반으로 하고 있어 소작쟁의가 발생한 부락을 넘어 주변 지역에 까지 영향을 미치기가 어려웠다.

카사가케 촌과 와타우치촌 동쪽에 위치하고 있는 닛타군新田郡 고토촌強戸村은 일본 삼대 소작쟁의 중 하나가 일어난 지역이지만 주변 지역에 그 영향을 미치는 데에는 한계가 있었다. 촌락 내에는 분쟁을 조정하고 해결하는 여러 가지 기능이 있다. 그러나 그것을 넘어서 소작쟁의가 표면화 하는 것은 기존의 부락 운영 방식이 변화했다고 말하지 않을 수 없다. 그러나 앞에서 지적했던 것과 같은 한계에 의하여 주변의 와타우치촌이나 카사가케촌에 그 영향력이 미치지 못하고 유력자 권위는 상처 받지 않고 존속 할 수 있었다. 따라서 촌정 담당직에 자소작 이하의 층이 등장한다 하여도 그것으로부터 곧 바로 부락 운영 방식의 변화를 지적하는 것은 성급한

---

78) 「岩崎日記」 1924년 10월 28일, 前揭書, p.714.

결론이라고 강조하고 싶다.

V. 맺음말

　지금까지 정촌제町村制 시행 때부터 1945년 패전에 이르는 시기
까지의 촌정 담당직 계층구성 및 담당직 선출 과정을 중심으로 고
찰하였다. 동시에 1930년대 소위 파시즘시대 하의 지방 말단 촌락
질서를 그 이전 시기와 비교하는 관점에서 서술했다.

　여기에서 첫째 정촌제 시행 직후부터도 담당직에 자작·자소작
이하의 층이 등장하는 것을 명백히 했다. 이런 현상은 이미 이시카
와 히사오石川一三夫도 지적하고 있다. 그런데 이시카와는 이런 현상
을 촌락 구조의 특성 혹은 지주의 명예직 거부·사직에 의한 현상으
로 보고 있고 실제의 촌락 지배 질서는 통설적인 기생지주제 성립
과 조응하여 기생지주를 정점으로 한 지주지배로 보고 있다.[79) 그
리고 그것이 러일전쟁기에 무너졌다고 보고 있다. 그러나 「岩崎日
記」를 살펴보면, 중·하층의 자작농이나 자소작 이하가 촌정 담당직
에 등장하는 것은 외피적인 현상이 아니라 실제로도 촌정운영에
그들의 영향력이 미쳤다는 것을 명백히 했다.

　나아가 촌정 담당직에 등장하는 계층과 그들의 영향력이 일치하
고 있는 점으로 보아 이러한 촌정 운영방식은 「岩崎日記」의 기간
(1923~1937)에 형성되어진 산물이 아니라 그 이전부터 존재하고 있었
던 운영방식이라고 생각된다. 이는 정촌제 시행 이후 초기부터 자
소작이 촌의 등에 진출하고 있는 사실로부터 뒷받침되어 진다. 또

---

79) これに對し, 大地主をもって戰前の地主制ないし借地市場の構造をイメージす
　　ることへの批判と, 日本の土地制度の最大の特徴が土地所有の零細性にあった
　　ことを强調した, 玉眞之介「『農民的小商品生産槪念』について」(『歷史學硏究』
　　五八五, 一九八八)を參照されたい.

이런 운영방식은 카사가케촌만의 특색이 아니라 앞에서 분석한 와타우치촌이나 이시카와 히사오,[80] 츠츠이 마사오簡井正夫의 나가노현長野縣 고카촌五加村 村政支配者 분석(1889~1904年)[81]에서도 거의 같은 촌정 담당직의 계층구성임을 볼 때, 어느 개별지역의 특색으로 규정짓기보다는 전국적 현상이었다고 추정해도 무리는 없을 것이다.

따라서 정촌제町村制 시행 직후에 있어서도 농촌의 실태는 자작농·자소작농이 지역 유력자로서 활약하고 있었고 그들의 참여와 협력 없이는 촌정운영이 순조롭게 진행되지 않았다고 생각되어진다. 즉 촌정은 지주에 의해서 독점되고 있지 않았고 자작이나 자소작 이하 층도 유력자로서 영향력을 갖고 있는 유연한 촌락질서였다. 메이지기의 농촌지배 구조=지주지배구조 라고 일반화 되어있는 강력한 지주지배론에 대해서 재검토해야할 지역이 적지 않다는 것을 감히 지적하는 바이다.

둘째로 이와 같은 촌락 운영질서의 연장선상에 1930년대 농촌의 지배구조의 실태가 존재했다는 것이다. 와타우치촌綿打村이나 카사가케촌笠懸村에서의 촌정 담당자 계층 분포에서 확인했듯이 정촌제町村制 시행 직후의 경향은 1930년대까지 이어지고 있다. 많은 기존의 연구가 단계적 변화의 측면을 강조해 왔다. 지금까지 정촌제 도입 시에 관료가 지방지배의 매개자로서 설정한 지방명망가(유력자)

---

80) 町村制 시행 직후부터도 촌정 담당직에 자작·자소작 이하의 층이 등장하는 현상은 이미 石川一三夫씨도 지적 하고 있다. 그런데 石川씨는 이런 현상을 촌락 구조의 특성 혹은 지주의 명예직 거부·사직에 의한 현상으로 보고 있고 실제의 촌락 지배 질서는 통설적인 기생지주제 성립과 조응하여 기생지주를 정점으로 한 지주지배로 보고 있다. 그리고 그것이 러일전쟁기에 무너지게 된다고 보고 있다(石川一三夫, 『近代日本の名望家と自治』, 木鐸社, 1987).

81) 簡井正夫, 「成立期における行政村の構造」, 同 「日淸戰後期における行政村の定着」 『近代日本行政村』(大石嘉一郎外編) 日本經濟評論社, 1991.

층은 기생지주=상인 자본가이거나, 중소지주·수작지주·자작상층으로 정의되어 왔다. 또 러일전쟁 이후에는 국가가 지방개량운동의 담당자로서 특히 자작상층을 기대했다고 강조하는 연구도 있다. 나아가 모리 타케마로森武磨와 같이 1930년대 중간층의 등장을 강조하는 견해도 있다. 이러한 견해는 시대의 단계적인 차이를 강조하여 시대에 비연속적인 측면을 강조하는 것이지만 이에 대하여 필자는 메이지 초기부터 보이는 연속적인 측면을 보고자 하였다.

이와 관련하여 하나 더 지적해 두고 싶은 것은 부락 말단 조직으로 가면 갈수록 촌정 담당직의 계층 분포가 보다 하강적 현상이 나타난다는 것이다. 1930년대 농사 실행 조합장 등에 중견 인물이 진출하고 있음을 강조하여 중농층 주도형에 지배 구조로 규정하는 모리 타케마로[82]와 농사 조합장 등에 자소작 층이 진출하고 있는 것을 보지 못하고 파시즘 사회적 기반으로서 재촌 중소지주층을 적극적으로 평가하고 지주주도형 지배구조를 강조하는 고미네 가즈오小峰和夫[83]와의 논쟁이 있었다. 그러나 이것은 1930년대 이전의 실태와 비교 검토 없이 1930년대에 한정된 시기를 대상으로 한 논쟁으로서 현재에는 "중심인물"(자작지주)-"중견인물"(중농층)에 의한 촌락 질서라는 도식으로 결착 나있는 것으로 보인다.[84] 그러나 이런 도식에 의한 촌락 운영은 이미 町村制 시행 때부터의 경향이었다고 필자는 보고 있다.

셋째로 이렇듯 촌락 운영질서는 유연한 지배구조였다. 또 근대화가 진행됨에 따라 도시화 현상 계급간의 갈등이 주목받게 되었다. 그럼에도 불구하고 와타우치촌이나 카사가케 촌에서 살펴보았

---

82) 森武磨, 前揭「日本ファシズムと農村經濟更生運動」.

83) 小峰和夫, 「ファシズム體制下の村政擔當層」 『日本ファシズムの形成と農村』 大江志乃夫編, 校倉書房, 1978.

84) 森武磨, 「農村の危機の進行」 『講座日本歷史10』 東大出版會, 1985.

듯이 소수의 유력자에 의한 촌정 운영이나 부락 운영이 주도되어
지게 된 것은 유력자의 재지적 성격 및 근대화 중에 나타나는 일반
주민의 정치적 무관심과 밀접한 관련이 있다는 것도 지적했다.

　와타우치촌과 카사가케촌의 분석을 통하여 재차 강조하고 싶은
것은 소위 파시즘시대에 보인 촌락 운영구조는 이미 그 이전 정촌
제町村制 시행 초기부터 보여지는 현상으로서 그 연장선상 위에 놓
여 있다는 점이다.

　단, 와타우치촌이나 카사가케촌은 소작쟁의가 거의 보이지 않는
지역으로 이런 면에서 농촌사회의 한 측면을 나타내고 있는 것에
불과하여 일반화하기에는 한계가 있다. 따라서 지금까지 살펴보았
던 촌락 운영질서를 일본 전체 촌락사회로 일반화하려는 의도가
아니라 지금까지의 기존 연구에서 일반화했던 촌락운영질서 파악
의 문제점을 지적하고자 하였음을 밝힌다.

　패전 후 일본 사학계를 주도한 막스주의자도, 근대주의자도 전
전 군국주의와 침략 전쟁의 기저에 있는 전근대적 봉건적 관계를
도려내려고 하는 강렬한 기백이 있었다. 그러나 혁명이나 개인의
자립이라고 하는 민주주의적 변혁을 추진하고자 하는 실천적 문제
의식이 너무 강렬한 나머지 그들에 의해서 구축 되어진 위와 같은
일본 近代像에는 자의적인 측면이 내제하고 있었던 것이다.

제5장 농민운동의 전개
-群馬縣 木崎町의 소작쟁의-

Ⅰ. 木崎町의 구조

기자키정木崎町은 군마현群馬縣 닛타군新田郡 거의 중앙에 위치하고 동쪽으로는 호센촌寶泉村, 서쪽으로는 세라다촌世良田村 및 와타우치촌綿打村, 남쪽으로는 세라다촌, 북쪽으로는 이쿠시나촌生品村 및 와타우치촌과 접하고 있다. 기자키정은 1889년 町村制 시행 이래 기자키(숙)木崎(宿), 나카에다中江田, 시모에다下江田, 타카오高尾, 아카보리赤堀 등 1숙 4개 촌을 합병하여 하나의 행정촌을 구성하였다. 기자키(숙)는 상업지이고, 나머지 4개 촌은 농업지이다. 1935년 총 호수는 607호이고 그 중 농가호수는 430호(70.3%)이었다. 기자키(숙)는 메이지 중기 "유곽貸座敷의 폐지에 따라 實業, 商家도 점차 쇠퇴해 生計困難"[1]의 상태이었지만 교통이 편리하였으며 주변지역이 곡물 특히 벼, 보리의 집산지였다. 교통시설로서는 1910년에 토부철도東武鐵道의 오타太田-오지마尾島-기자키木崎-사카이境-신이세사키新伊勢崎 구간이 개통됨에 따라 기자키역이 생겼다.

시장과의 거리는 오타정과 1里 26町, 오지마정과 31町, 사카이정과 1里 10町 떨어져 있다.[2] 산업조합 설치 이전의 생산물 유통 상황

---

1) 「郡長町村巡視狀況報告」『新田町誌資料編』, 1893年 12月 17日.
2) 「木崎町經濟更生計劃樹立基本調査竝計劃案」, 1935年, 群馬縣文書館所藏文書(議1442 7/9).

을 보면, 먼저 누에고치 판매는 제사공장이 있는 오지마, 혹은 사카이정을 시장으로 삼고 있다. 특히 사카이정이 주시장이었기 때문에 1관 정도의 누에고치 견본을 가지고 사카이정에 있는 片倉製糸, 交水社, 富岡製糸 등의 出張所를 돌면서 높은 가격에 사 줄 곳을 찾아 계약을 맺은 다음에 일호 당 많으면 40~50관을 牛車나 馬車에 실어 회사까지 운반하였다. 말하자면 개개인과 회사와의 자유계약이었다.

벼, 보리는 기자키(宿)의 미곡 상인에게 판매하고 있다. 기자키(宿)에는 곡물 검사장이나 건조장이 있기 때문에, 곡창지대로 알려진 옆 마을 호센촌의 벼, 보리의 대부분이 모이는 집산지였다. 기자키의 미곡상에 의해 벼의 가격이 결정되었기 때문에 기자키 곡가가 불려 질 정도였다.[3] 오타정에는 의복이나 특수한 물품 등을 구입하는 시장이 있었다. 또 산림지역인 오마마大間間 북부의 산물인 炭, 소두, 대두를 구입하기 위해 벼를 오마마에 가지고 가서 물물 교환했다.[4]

1935년 기자키정의 생산 총 수입을 보면 경종 15만 6636원(67.1%), 양천 6만 3209원(27.1%), 축산 6094원(2.6%), 임산 2784원(1.2%), 부업 3780원(1.6%), 잡입 1000원(0.4%)으로 구성 되어있어 '쌀고 누에고치'(米と繭)의 구조로 되어있다.

생산관계 지출에 대해서는 고용임금과 토지 이용료(소작료 포함하여 계산)를 빼고서 비료 3만 4400원(66.2%), 사료 8482원(16.3%), 종묘 1260원(2.4%), 종축 274원(0.5%), 천종 6321원(12.2%), 기타 재료 1244원(2.4%)로 구성되어 있어,[5] 비료와 사료의 자급화에 의하여 생산비를 절감 할

---

3) 群馬縣의 지방신문인 上毛新聞에서는 大正 昭和 초기 「木崎穀價」라는 欄을 설치, 정기적으로 木崎에서의 쌀 거래가격을 보도하고 있다.
4) 현 新田町 거주의 新井良夫씨, 大川竹雄씨, 高橋茂信씨의 담화.
5) 前揭 「木崎町經濟更生計劃樹立基本調査並計劃案」.

수 있는 가능성을 내포하였다.

자작 및 소작 별 경지면적을 보면, 자작 면적은 논 120町, 밭 157.6町이고 소작 면적은 논 61.5町(34%), 밭 104町(37%)이었다. 소작료는 1毛田의 경우 0.75석(보통), 0.8석(고), 0.7석(저), 2毛田의 경우는 0.95석(보통), 1석(고), 0.9석(저)이었다. 또 밭에 관해서는 보통 밭의 경우 10원(보통), 12원(고), 8원(저), 뽕나무밭의 경우에 12원 50전(보통), 15원(고), 10원(저)이었다.[6]

단위면적당 생산량은 농경지의 관계배수 상황이나 토질의 문제상 그렇게 높지 않았다. 특히 아카보리 지구는 습전이 많아 보리에 적합하지 않았다. 또 관계·배수 모두 상당히 나빠서 가뭄 피해가 잦은 곳에서는 관련토지의 경작자가 모여 지하용수 수리조합을 설립하여 전동기 및 석유발동기를 가지고 농수를 끌어다 간신히 관계에 사용하는 상황이다. 1935년 당시 이러한 조합은 나카에다, 시모에다, 아카보리(아카보리에서는 소작쟁의를 계기로 설립되어짐) 지구에 각각 하나씩 있었다. 기자키정의 동남쪽에는 待矢場 수리조합이 있고 남부에는 佐波新田 수리조합이 있었다.

기자키정의 촌락 운영상 커다란 대립으로서는, 정촌제 시행에 의한 소학교 위치선정을 둘러 싼 부락 간 대립이 있었다. "부내의 상황은 평온 하지만, 소학교를 분리함에 있어 다소 알력이 발생하였지만 큰 문제없다. 당파 알력의 폐 없다", 혹은 "의원은 소학교 분리 건으로 인해 한명을 제외하고 모두 사직만 한 상태로 아직 선거 없다. 당시 오로지 선거 준비 중이다"[7]라고 하는 1893년 12월 17일자 新田郡長 나카무라 쿠니히코中村邦彦의 보고로부터 그 일면을 알 수 있다. 이 부락 간 대립보다 더욱이 촌민 사이에 커다란 상처를 남긴 것이 1926년 기자키 아카보리 지구의 소작쟁의였다.

6) 前揭, 「木崎町經濟更生計劃樹立基本調査竝計劃案」.
7) 前揭, 「郡長町村巡視狀況報告」.

Ⅱ. 木崎町 赤堀의 소작쟁의

'무산無産 고토촌强戶村에 필적하는 소작쟁의의 본거지로서 유명'[8]한
기자키정木崎町 아카보리赤堀부락의 소작쟁의는 1926년 12월에 발생
했다. 『小作年報三次』에 의하면, "본 쟁의지역本 爭議地 기자키정 오
아자大字 아카보리는 本縣 新爭議地의 하나로서 소작인은 스나가
아무개須永某의 지도에 따라 대정 15년(1926) 12월 1일 일본농민조합
아카보리지부赤堀支部를 조직하고(그 후 全日本農民組合支部로 변경함), 1926
년도 도작의 불작을 이유로 소작료의 일시적 감액 요구를 하기로
결의하고 조합의 명의로 각 지주에 대하여 12월 8일, 1926년도의 소
작료는 3할 내지 9할을 감액해야만 한다는 것을 신청하였다"는 것
으로부터 소작쟁의가 시작되었다.

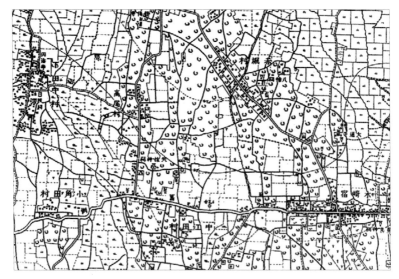

『일본지도』 중 기자카정(木崎町) 지역도
(1898년 발행, 육지측량부)

8) 「上毛新聞」 1932年 7月 6日.

1926년은 한발 때문에 닛타군新田郡 와타우치綿打, 기자키木崎, 호센촌寶泉村 일대는 심각한 물 부족 상태에 휩싸였다. 당시 상황을 전하는 신문 기사를 살펴보자. 『時事新報』 7월 14일자 기사에는, '대정 15년 7월 12일, 군마 현群馬縣 닛타 군 호센 촌 등의 농민, 언 막힘에 대해 쟁투함'이라는 제목 하에,

군마현 닛타군 호센촌을 중심으로 하는 인근 약 4000 정보는 한발 때문에 모내기를 할 수 없어서 농민은 조금이라도 물을 대려고 노력하고 있는데, 호센 촌 내에 있는 카와우소 둑堰 하류에 대해서 상류 주민이 완전히 물줄기를 막아 하류에 물을 내려 보내지 않기 때문에 하류민이 분개하여 12월 12일 저녁 무렵부터 200여명의 농민이 누구라 할 것 없이 호미와 곡괭이 그 외의 흉기를 지니고 물을 가로 막은 둑을 파괴하고자 몰려들었기 때문에 상류민도 이것에 응하여 300여명이 흉기를 들고 쇄도하여 같은 둑을 둘러싸고 13일 동틀 때까지 대치중이었는데 돌연 하류민이 그 둑의 파괴에 착수했기 때문에 별안간 상류 하류민이 대 난투를 개시 했다. 급보를 접한 오타서太田署로부터 타카야마高山 서장 이하 출동하여 현장에 뛰어가 촌민의 진무에 노력했지만 결국 2명의 중상자를 내고 2명 모두 생명이 위독한 상태다. 이런 사건에 대하여 아오야마靑山, 히코베彦部, 아카이시赤石, 마스다增田의 4명의 현회 의원이 현청에 나아가 데즈카手塚 지사에 대하여 하루라도 빨리 大正용수를 개발하여 촌민의 고통을 구제해야만 한다고 진정했다.[9]

라고 보도하고 있다.

한편 기자키 정의 '물소동' 상황에 대해서, 『東京日日新聞』 7월 17일자에는 다음과 같이 보도하고 있다.

---

9) 『時事新報』 1926年 7月 14日.

군마 현 닛타 군 기자키 정 및 그 외 村民 200여명이, 수소동으로 현청에 쇄도하는 도중 경찰관에게 저지되었지만, 그중 대표자로 인정되는 27명이 교묘히 경찰망을 탈출하여 마에바시 시前橋市에 도착하여, 15일 밤은 白井屋 여관에 1박하고, 16일 오전 8시 용수의 공평한 분배 방법을 데즈카手塚 지사에게 따지고자 현청에 몰려갔지만, 현청 앞에서 다수의 경찰관에게 저지되어, 어쩔 수 없이 전교 공원으로 퇴각하여 협의 중인 한편, 기자키 정장 나카지마 에이타로씨中島榮太郎氏 외 11명도 16일 오전 10시 마에바시 시에 도착하여, 앞의 무리와 합류, 회합, 끝까지 지사에게 따질 것을 결의하고, 경찰대와 대치중이다.[10]

즉 町長까지도 출동해서 경계강을 뚫고 진출했던 마을 주민들과 함께 지사에게 물 문제의 심각함을 항의하려고 할 정도였다. 한발로 수량이 부족하여 '물소동'로 표현되는 격렬한 분쟁이 각지에서 일어났다. 이와 같이 1926년의 물 부족에 따른 흉작은 소작쟁 발생의 배경이 되었지만, 특히 기자키 정 아카보리 부락에서 소작쟁의가 일어난 것은 『小作年報三次』에서 지적되고 있듯이 농민조합의 침투와 그 지도에 의한 것이라 생각된다. 아카보리 부락 수전 약 46町 중, 쟁의 관계 수전이 13町 5畝 6步[11]로 총면적의 30% 정도로 기자키 정의 평균치와 비슷하다.

어쨌든 이전과 달리 개별교섭이 아니고 농민조합에 의한 단체교섭이라는 신국면에 대해, 지주측은 동년 12월 지주회를 조직하고 협의한 결과 5할 혹은 4할의 감액은 승인 할 수 있지만 그 이상은 어렵다는 것을 결정하고 그 뜻을 각각의 지주를 통해 소작인에게 알리고 단체교섭은 거부한다는 것을 전했다. 이에 대해 소작인 측은 감액 요구액을 조금 양보하더라도 소작미는 전부 닛타 창고주

---

10) 『東京日日新聞』 1926年 7月 17日.
11) 農林省, 『小作年報三次』에 의하면 12町 8反 4畝 13步.

식회사에 위탁하여 공동 보관하기로 하고 이후 감액 요구액의 목
표를 관철하기로 하여 지주에 대해 철저히 대항하는 자세를 취했
다. 그 후,

> 同 町長, 町 農會長 혹은 町 農會 總代會에서 여러 번 조정을 시도
> 하였음에도 소작자는 연설회 등을 개최하여 기세 올리고, 지주 또한 때
> 때로 협의회를 열어 대응책 마련에 부심하면서 태도를 강경화 태도를
> 취하고 있어, 양자가 한발도 양보하지 않는 상태에 대해 때때로 조정을
> 시도하는 자가 있지만 항상 불조로 끝나고 있다. 더욱이 同町 출신 변
> 호사 세키구치 아무개關口某씨가 소작자를 초대하여 완화에 노력하여
> 협조안을 제시하고 타협을 권하고 있지만 응하지 않고 있는 상태로 시
> 일이 지연되고 있었는데, 소작관의 권고로 드디어 昭和 2年(1927년) 1月
> 6日 지주 측에서 조정을 신청하기에 이르렀다.[12]

라고 하는 단계로 넘어갔다. 그때 지주 측의 「調停申立書」각서[13]가
남아있기에 그것을 통해 지주 측의 논리를 살펴보기로 하자.

> 調停 申請書
> 群馬縣 新田郡 木崎町 大字 赤堀 第 五百 參拾 壹 番地
> 申立人：大川吉之助 外 二十二名
> 同所 第 五百六拾九 番地
> 相手方：大川作藏 外 三十名
> 爭議ノ 目的タル 土地ノ 表示(略
>   합계 拾參町 五畝 六步

---

12) 農林省, 『小作年報三次』, pp.81~82.
13) 大川文書.

사태의 실정

爾來 本村은 水田 四拾六町 □反 □畝을 갖고 있음에도 인구 또한 비교적 많고 더욱이 인가는 본촌 구역의 서남방에 치우쳐 경작상의 불편이 심각하고 따라서 이웃 촌의 사람이 本村 구역 내 경작하는 면적 적지 않은 관계로 경작 지편을 타정촌과 비교하면 각호의 경작 면적 극히 협소하다. 그런데 大正 습년(1921년) 가을 조랭으로부터 금년도에 이르기까지 실로 6년간의 수전용수 부족, 그 외의 천재 속발하여 그 때마다 소작료 경감 또는 소작료 계약 인하 등을 해왔는데 다수 소작자는 그 맛을 알고 그것을 늘리고 자기 욕망을 충족시키고자 종종 집합하고 동지를 규합하여 목적을 관철하고자 하였지만 소작인 일부에서는 현하 지주의 경제적 입장에 동정하는 론자도 있어 내의 통일되지 않았는데, 이에 수년전부터 典□투사를 표명하고 차근차근 그 실적을 올리고 있던 本郡 고토촌 일본노농당 간부인 스나가 코우須永好氏의 선전이 있어, 그 내용이 악랄하고 또 위험사상을 포함하고 있음에도 아는지 모르는지, 단지 표면의 甘言에 수람되어 곧 그 휘하에 집합하여 該組合 木崎支部를 창립함에 이르게 되었다. 그래서 본년 소작료에 대한 요구라는 것은 실로 도를 넘어서는 것으로 도저히 우리 지주가 용인할 수 없는 정도의 것일 뿐만 아니라 쟁의 발발 이래 각 방면의 유지 명예직원의 중재가 있었지만 그들은 항상 강경하고 더욱이 조금도 양보의 태도도 보이지 않고 또 선년 인하되었던 계약 소작료를 더욱 경감해야한다고 성명하고 있어 실로 우리들 자작 정도의 소지주는 점점 압박하여 오는 실생활의 위협과 금후 필연적으로 발생할 隣人 교섭의 압박을 생각할 때에 어떻게 하여야만 현행제도의 취지에 따르는 것인가 실로 優苦에 참아낼 수 없다. 이에 연서로서 그 실정을 구술하고 쟁의 조정을 간청하는 바이다.

신청취지서

위와 같은 사정으로 인해 본년 소작료의 해결 및 자작에 필요한 경지 반환과 장래에 있어 爭議 일소를 기하는 호양적 규약의 확립을 꾀하고 이로써 우리들의 복지를 증진시키고 우리 농촌을 영구 평화의 낙원으로 만들고자 하는 목적으로 조정이 이루어지기를 바라는 마음에 신청하는 바입니다. 공명성대한 사직의 재단을 바라며

　　　大正 拾五年 十二月 二十七日
　　　昭和 元年 十二月 二十七日

　　　群馬縣 新田郡 木崎町 大字 赤堀 第 五百參拾壹 番地
　　　신청인
　　　　大川吉三助
　　　　松村米三郎
　　　　小澤鍋次郎
　　　지방재판소장
　　　　森章三郎殿

『小作年報三次』에 의하면, 쟁의 발생은 1926년(大正15년) 12월 8일, 소작조정법에 의한 정식 조정 신청은 1927년(昭和2년) 1월 6일, 관계인원은 지주 23인, 소작인 29인, 관계 토지는 전 12정 8반 4무 13보로 되어 있다. 쟁의 성격에 대해서는 '토지반환, 소작료 일시적 감액'로 규정하고 있으며, 쟁의의 해결은 1927년 5월 25일로 되어있다. 그러나 뒤에 지적하듯이 이때에 해결되지 않았다. 조정 작업은 1927년 1월 21일 닛타구재판소에서 제 1회 조정위원회가 열림으로써 시작되었지만 순조롭게 조정에 이르지는 않았다. 이하 그 경과를 살펴보기로 하자.

조정개시에 이르러,

> 소작자는 어디까지나 그 요구액이 승인되지 않으면 조정이 성립하
> 지 않아도 괜찮다고 하며 다수의 응원자가 집합하여 강경한 주장을 하
> 기 때문에 지주 측의 감정이 점점 격앙하여 금회와 같이 부당한 감액요
> 구에는 결코 응할 수 없다고 말한다. 또 관계 토지 전부에 대해 내용증
> 명 우편을 통해 임대차 계약해제의 신청을 하였고, 계약 기간 만료하는
> 일부 토지에 대해서는 토지반환의 민사소송을 제기하는 자도 있는데,
> 즉시 소작료 납입을 함과 동시에 빨리 본건 관계토지의 반환을 하라고
> 요구하고 있어 그 분쟁은 점차 복잡한 양상을 띠면서 쉽게 해결될 기미
> 도 보이지 않기에 조정위원회는 다시 날짜를 잡아 조정하는 것으로 했
> 다. 그런데 모내기 계절이 가까이 오자 양자가 동일 토지에 대해 서로
> 경작하려고 다퉈 일시 경찰관의 경계에 의해 간신히 치안이 유지되는
> 상태[14]

라 할 정도였다.

지주측은 1927년 4월 21일 지주회를 열어, 다음과 같이 결의하
였다.

> 회의목적
> 세키구치關口변호사를 초대하여 금후 취하여야 할 수단방법에 대해
> 지도를 받들어 합법적 수속의 의탁을 한다. 또 동사의 결속을 꾀하기
> 위한 양법을 안출할 것.
>
> 의결요항

---

14) 前揭 『小作年報三次』, p.82.

(略)

1. 그 외 일반 무증명 무기한의 임대차는 이때에 일제히 해약 신청을 하여 내년 4월 말일 本訴의 진행처리로 삼는다. 해약신청 해야 할 지목명부는 오늘 밤 제작하여 되는대로 세키구치 가메지로關口龜次郎씨가 前橋에 지참할 것.[15]

4月 29日 夜 협의 사항

1. 정회에 우리들 인조 동지에 대해, 정신적 경제적 원조를 구하고 싶다는 취지의 청원서를 제출할 것. 청원서는 오는 5월중에 위원들이 제작해 둘 것.
2. 소득신고는 가급적 저액으로 신고할 것.
3. 우리 마을 출신의 위대한 정치가 세키구치 시코關口志行씨의 후원회를 조직하여 회장에 세키구치 묘지關口妙次씨를 추대할 것.
4. 그 교섭 및 신고·진술의 건을 마치고 전원 세키구치關口 씨를 방문할 것.[16]

5月 3日 夜 협의

出席 全員 外 세키구치 묘지氏 出席

사항 : 29일 밤 결정사항 건에 대해 세키구치 묘지씨의 來場을 구하여 간담을 함. 町會에 제출할 청원서는 취소하고 口頭로 하기로 할 것. 회원 중 多田에게는 宮茂, 松山 양씨, 吉田·高田 양씨에게는 松山, 大吉 양씨 각각 4일 중에 출동할 것.

1. 세키구치 시코 씨 후원회는 조직하기로 결정하고 회장에는 세키구치 묘지 씨로 결정함.[17]

---

15) 「赤堀地主會 會議日誌」 1927년 4월 21일 (大川文書).
16) 「赤堀地主會 會議日誌」 1927년 4월 29일.
17) 「赤堀地主會 會議日誌」 1927년 5월 3일 (大川文書).

지주 측은 아카보리 출신의 변호사이고 정치가인 세키구치 시코 關口志行[18]를 민정당원 세키구치 묘지를 통해 법률고문으로써 맞이하여 조정 과정을 유리하게 진행시키고자 하였다. 한편 정회 의원에도 로비를 하여 그들의 편에 서게 하여 자신들의 입장을 유리하도록 하는 정지작업을 해갔다.

그런데 모내기 계절이 다가옴에 따라 지주 측과 소작인측이 동일 토지에 대해 경작권을 다투는 험악한 상태가 계속되고 있었다. 5월 9일 지주회에서는 모내기를 단행하는 직접행동에 나설 것을 확인하고 그 절차로서,

경찰관에 내통할 것, 그 경찰관에 대하여 질문해야 할 내용, 상대편이 폭행을 할 때에는 상대편을 죽여도 문제가 없는가. 단행의 일시는 5월 12일 오전 8시, 상대편에는 예고하지 않는다.

중재 경찰관이 와서 중지 명령을 내릴 때에는 다음과 같은 질문을 한다.

1. 중지명령이 미치는 범위
2. 중지명령에 의한 중지 중 상대편이 경작할 경우 그 책임은 어떻게[19]

---

18) 1882년 5월 9일 木崎町내의 赤堀지역에서 태어남. 생가는 新田學館로 알려진 菩提寺의말사인 大通寺의 부근으로, 집 면적이 8反정도이었기에 주변 지역에서는 달리 볼 수 없는 커다란 주택이었다고 한다. 1900년 3월(19세) 群馬縣中學校 졸업(이듬해 前橋中學校로 개칭). 1903年 3月 仙臺第二高等學校 졸업. 1906年 3月(25세) 京都帝國大學 영문과 졸업. 1911年 11月 판사가 됨 山梨 지방재판소에 근무. 1913年 3月 퇴직하고, 前橋市에서 변호사 개업. 1923年 9月(42세) 群馬縣會 議員에 당선됨. 1927年 9月 群馬縣會 議員에 재선됨. 1930年 2月 衆議院 議員에 당선됨. 그보다 앞선 1928年 2月과 이후 1932年 2月 두 차례 입후보했으나 낙선. 1932年에 낙선 후 정계은퇴.

19) 「赤堀地主會 會議日誌」 1927년 5월 9일.

라는 것을 결정하고 있다. 이와 같이 '모내기 계절이 가까이 오자 양자가 동일 토지에 대해 서로 경작하려고 다투'는 일촉즉발의 대립상태는 '일시적으로 경찰관의 경계에 의해 간신히 치안이 유지되는 상태'이었지만, 상황은 점점 감정적으로 격앙되어 갔고 이에 대응하기 위해 지주 측도 소작인 측도 단결력을 공공이 할 필요성이 생기게 되었다. 지주측은 5월 14일의 협의에서 '서약(가맹)서 작제 및 증서작성'를 결의하고, 5월 17일 다음과 같은 계약서를 작성, 관계 지주의 결속을 꾀하였다. 당시의 상황을 있는 그대로 생동감 있게 전하기 위해 장문이지만 번역하지 않고 원문 그대로 사료를 인용한다.

　　　　赤堀地主會契約書[20]
一、吾等ハ吾ガ國體ニ馳背セル左傾思想團體ノ絕對排擊ヲ期センガ爲メ同志間ノ相互 扶助ヲ謀リ經濟的確立ヲ期ス。
一、吾等ハ初期ノ目的ヲ貫徹センカ爲メ左ノ契約ヲナシ若シ違背スル者ハ別項ノ罰則 ニ服スベキ義務ヲ有ス。
一、吾等ハ吾等同志ノ結束ヲ强メ又事件ニ對シ最終迄其ノ責ニ任センムル目的ヲ以テ 壹定金額ノ連帶借用ヲナス。但シ此ノ金ノ用途ハ 小作爭議對策上必要ト認ムル場合 ニ之レヲ支辯スル者トス。蓋シ 支辯ノ場合ハ總會ノ決議ヲ以テナス。
一、吾等ハ吾等同志ノ間ニ於テ猥リニ同志間ノ秘密ヲ漏ラシ又ハ不當ト認ムル行意有 リタル時ハ總會ノ決議ヲ得テ除名ノ處分ヲナス事ヲ得。
一、前項ノ場合又ハ不當ナル事由ニ依リ途中脫會スル者アル時ハ別證連帶借用金ノ全 額ヲ單獨ニテ返濟ノ義務ヲ負フ者トス。
一、目的貫徹ノ上ニ於テ支辯シタル一切ノ費用ハ總テ反別割トナス。

20)「赤堀地主會 會議日誌」.

　　　　但シ茲ニ反別割ト云フノハ事件ノ終局迄ニ關連セル土地ノ面積ヲ
　　　　云フ。
　　　　右ノ條々確ト相守リ決シテ違背敷間仕リ候間後日ノ爲メ契約ノ證
　　トシテ署名捧印シ仍テ如件
　　　　昭和貳年五月拾七日
　　　　新田郡木崎町大字赤堀
　　　　　　右契約者(略)

　　지주, 소작인 쌍방 모두 결속력을 높이면서 강경한 대립상태를
유지하고 있는 상황에서, 모내기시기를 맞이하여 '조정위원회의 열
성적인 조정'에 의해 5월 25일 다음과 같은 조정조항이 내려짐으로
소작쟁의는 '해결'되었다.

　　　調停條項
　　一、申立人ハ相手方ニ對シ相手方カ申立人ヨリ賃借セル別表記載土地
　　　　ノ既定小作料ヲ　大正十五年度分ニ限リ旱魃被害ノ爲メ別表記載ノ
　　　　如ク減額スルコトヲ約諾ス(別表　省──減額率二割、二·五割、四
　　　　割、四·五割、六割、七割ノ六階級)
　　二、相手方ハ申立人ニ對シ前項減額小作料中其ノ七割ニ相当スル額ヲ
　　　　昭和二年五月三　十一日迄ニ其ノ殘余額(三割)ヲ同年十二月三十一
　　　　日迄ニ支拂フコトヲ約諾ス。但 昭和二年度ノ作柄不良ニシテ收穫
　　　　高減少(第五項ニヨリ減收ト認メラレタル場合)　ノ爲ノ該殘余額小
　　　　作料ノ支拂不能ナルトキハ次年度ノ年末ニ之カ支拂ヲ爲スコト
　　三、相手方松村某ハ申立人松山某ニ對シ同人ヨリ賃借セル別表土地中
　　　　新田郡木崎町大　字赤堀字東油田二百七十六番田一段五畝步ヲ昭和
　　　　二年十二月三十一日限リ返還スル　コトヲ約諾ス
　　四、相手方カ申立人ヨリ貸借セル別表土地ニ對スル昭和二年度以後ノ

小作料ハ別表記 載ノ既定小作料ノ儘トシ相手方ハ毎年度其ノ年ノ
十二月三十一日迄ニ合格玄米ヲ以テ申立人ニ支拂フ事ヲ約諾ス。
(別表省略)

五、相手方ハ申立人ニ對シ天災其他不可抗力ニ因ル收穫額ノ減少ヲ理
由トシテ小作料ノ減額ヲ請求セムトスルトキハ立毛刈取前ニ之ヲ
爲スコトヲ要シ其ノ後ニ於テハ之 カ請求ヲ爲スコトヲ得サルコト
相手方ヨリ收穫高ノ減少ヲ理由トシテ小作料ノ減額ヲ請求シタル
場合ニ於テ減收ノ有無、其ノ程度、又ハ減額率ニ付當事者間ニ意
見ヲ異ニシ協議調ハサルトキハ當事者ハ各自本件當事者中ノ地主、
小作人ノ双方ヨリ五 名宛ノ委員ヲ選定シ該委員ニ於テ坪刈又ハ其
他適營ノ方法ニ依リ檢見ノ上小作料ノ 減額ヲ相當トスルトキハ其
ノ率ヲ決定スルコト。

當事者ノ一方ヨリ檢見ノ申出ヲ爲シタル場合ニ於テ其翌日ヨリ三
日以內ニ當事者ノ 何レカノ一方カ委員ノ選出ヲ爲ササルトキハ一方ノ
選出シタル委員ノミニ依リテ前 項ノ決定ヲ爲スコト。

檢見ノ結果ニ依ル小作料減額ノ要否並減額率ハ委員過半數ノ意見ニ
依リ之ヲ決定ス當事者ハ該決定ニ對シ異議ヲ唱フルコトヲ得サルコト。

委員ノ意見過半數ニ達セサルカ爲メ前項決定ヲ爲スコト能ハサルト
キハ當事者ハ立 毛刈取前合意ヲ以テ新田區裁判所ニ調停ノ申立ヲ爲ス
コト若シ當事者中何レカノ一 方ニ於テ該申立ヲ爲スコトヲ肯ンセサル
トキハ減額ノ請求ヲ承認シ又ハ減額請求ヲ 據棄シタルモノト看做ス

六、申立人ハ曩ニ本件土地ニ關シ相手方ニ對シ爲シタル賃貸借解約
ノ申入ハ總テ之ヲ 撤回スルコト

七、本件調停費用ハ當事者ノ自辯トス[21]

---

21) 前揭『小作年報三次』, pp.90~91.

　　소작쟁의 초점은 소작료 감액을 둘러싼 공방이었다. 쟁의에서는 소작료 감액이란 생활에 직결되는 경제적 요구에 의해 소작농민을 규합할 수 있었다. 1926년 소작료의 할인율은 최초 지주 측에서는 높아도 4할에서 5할을 설정하고 있었고 소작인측이 3할에서 9할까지를 요구하고 있었던 것으로 보면, 위의 조정 결과는 소작인 측의 요구를 받아들인 형태가 되었다.

　　그런데 '기정소작의 공인화', '소작료감액 방법의 규약화'에 의하여 일단 쟁의가 해결되어지게 되었지만, 소작료의 규약화 이후 소작료 문제를 지역 내에서 해결할 수 있었는가 하면 그렇게 간단하지 않았다. 감정의 문제가 있고 상호불신이 깊었다. 조정 이후의 소작료문제에 대해 살펴보면, 1927년도 소작료 문제는 다음과 같다.

　　　　10월 14일 밤 8시 경 상대편 (소작인 측) 요원 5명 미야다 호오사쿠宮田峰作 宅에 와서 감액 요구 및 위원 선출을 정식으로 신청함. 18일 해답을 약속함. 18일 오후 8시경 상대편에 회답을 함. 1, 위원 5명 선출. 2, (委員會)時期 19일 오전 8시. 3, 회장은 절(寺)로 함.[22]

로 되어 있듯이 지주와 소작 개인끼리 결정 못하고, 조정 조항 제5항에 근거하여 지주와 소작 쌍방 5명씩 위원회를 구성하는 것으로 결정되었다. 지주 측 위원은 마츠무라 요네사부로松村米三郎, 세키구치 가메지로關口龜次郎, 오자와小澤, 미야다 모지宮田茂次, 미야다 호사쿠宮田峰作이고, 소작인 측은 오자와 신타로小澤新太郎, 오카와 사부로大川三郎, 오카와 니사부로大川仁三郎, 이소미 타로磯實太郎, 고바야시 긴지로小林金次郎등의 소작쟁의 주도자였다(〈表〉參照). 그리고 10월 19일 위원회에서는,

---

22) 「赤堀地主會會議日誌」.

합의조정신청을 약속함. 단 제안으로서의 설명은 구진하고 해당 위
원회 결정에 대해서는 상호 위의를 제기하지 않음을 약속함. 즉일 신청
을 함. 19일 밤 위원회 보고, 재판소에의 진술 보고. 상대편으로부터 실
격 □□취소를 요구하러 옴. 내일 아침 받아들일 것인가 거부할 것인가
를 해답하기로 약속 함.[23]

로 되어있듯이 의견 차는 평행선인 상태로 소작료를 결정 할 수 없
어 결국 재판소에 협의조정 신청을 하는 것으로 낙착되었다. 결국
재판소 조정이라는 외부의 조정에 의하여 소작료 감액문제를 결정
하는 것으로 되었던 것이다.

다음해인 1928년에도 상황은 변하지 않고 오히려 나빠지는 경향
이었다. 동년 10월 8일 소작 측은 소작료의 감액 및 위원선출을 요
구하여 10월 11일 위원회 개최를 신청했다. 이에 대하여 지주측은
10일 일제히 우편을 이용하여 위원선출방법에 대한 이의 및 위원회
개최일시 변경(12일 요망)과 개최장소 개정요청 등이 포함 된 내용
증명을 발송하였다. 지주 측의 기본 입장은,

금년도 도작에 대해서는 감수의 걱정을 인정할 수 없고 더욱이 도작
의 풍흉은 평당 실수에 근거하지 않은 것이라면 확정할 수 없기 때문에
當區 재판소에 합의조정을 신청하고 해당 위원이 평당 수확을 확인 한
후 결정 해야만 한다는 것에 대해서, 합의의 신청을 제창하고 만약 귀
하 쪽에서 이에 긍정하지 않는다면 내 쪽에서 단독으로 신청을 할 것이
기에 앞과 같이 확실히 알아두시기를 바랍니다.[24]

이란 것이었다.

---

23) 「赤堀地主會會議日誌」.
24) 「內容證明郵便」 1928年 10月 10日, 통지인 松山安次郎 받는 이 松村絲次.

감수를 인정하지 않는 지주 측은 더 이상 당사자 간 협의에 해
결의 실마리를 기대하지 않고 재판소에 조정 신청하여 해결하고자
하였다. 이 정도로 부락 내에 지주 측과 소작 측 사이에 감정의 골
이 깊고 신뢰관계가 무너져 있다. 지주 측의 제안인 12일 위원회 개
최는 이에 불만을 품은 소작 층의 불참가로 개최할 수 없을 정도였
다. 이에 대해 지주측은 16일까지 조정신청에 대한 소작인 측의 수
락여부의 해답이 없을 경우 소작료 감액 청구의 방기를 인정하는
것으로 본다고 소작인 측에 통지했다. 결국, 재판소에 조정 신청하
는 것을 통해 1928년 소작료 결정이 이루어지게 되었다.

지주 측은 여기에 그치지 않고, 소작료를 이행 기일까지 납부하
지 않은 자에 대하여 임대차계약 해제를 신청하였다. "상기에 표시
된 物件의 1928년도 소작료 납입은 동년 12월 31일까지 임에도 당해
결정의 이행이 이루어지지 않았음에 이에 민법 543조에 의거 상기
계약해제를 합니다."[25] 이와 비슷한 내용의 계약해제 신청서가 1929
년 1월 지주 측으로부터 일제히 이루어 졌다. 이에 불복하는 소작
인 측과 계약해제를 하려는 지주 측 사이에 또다시 재판이 열리게
되는 상황이 되었던 것이다.

이에 대해 縣 小作官의 화해 중재노력, 町 당국자의 중재노력,
장기간에 걸친 대립 분쟁에서 오는 피로, 조정비용 부담 등의 요인
이 겹쳐서 1929년 10월 28일 아카보리 八幡宮에서 평화보고제를 거
행하는 것을 통해 소작쟁의는 실질적으로 종지부를 찍게 되었다.
平和報告祭 개최 조건은 물리적인 힘에 의한 소작쟁의를 멈출 것,
소작료는 1927년의 조정조항에 의거 할 것, 이외 아카보리 양수경
지정리조합를 만드는 것이었다. 아카보리 양수경지정리조합이라는
것은, 니시다西田 양수조합라고도 불리는 것으로, 소작쟁의의 원인

---

25) 「內容證明郵便」 1929年 2月 7日, 통지인 吉田萬治 받는 이 大川作藏.

이 물 부족에 있다는 인식하에 용수부족지역인 니시다에 양수조합을 만들자는 것이었다. 우물을 만드는 경비나 우물 주변 토지구입비를 니시다에 토지를 갖고 있는 토지소유자가 부담하고 조합 운영비는 경작자가 부담하기로 하였다. 운영비는 전기료, 연료비, 수선비, 세금(우물 주변 토지에 대한 고정자산세)이었다. 나중에는 토지소유자로부터 경작자의 조합으로 변해갔다.[26]

한편, 평화보고제 개최 분위기 속에, 지주측도 소작인측도 공통의 관심 대상인 농사개량을 위해 1930년 농사연구회인 '아카보리 흥농회의 설립에 분망[27]하게 된다. 農試·蠶試·畜試의 시찰, 農試 주최의 부민협회 미곡다수확 東毛競作日의 시찰, 당시 유행이었던 다각형농업 연구 등, 수입확대를 위한 농사개량 연구가 추구 되었지만 뒤에 아카보리 농사조합의 활동과 중복되는 것이 있기에 농사조합에 흡수되어진다.

이상의 경위를 거쳐 소작쟁의가 종지부를 찍게 되지만 그 후유증은 손쉽게 없어지지 않았다. 그런 가운데 1932년 농민조합의 간부가 연이어 남미 브라질로 이민하게 되면서 아카보리 농민조합의 힘이 약체화 된 후 아카보리에서의 소작쟁의는 표면으로부터 그 모습을 감추게 되었다. 이런 상태를 전하는 신문기사를 인용한다.

　　유명한 쟁의촌 심경변화, 속속 해외에
　　닛타 군 기자키 정 아카보리 촌은 무산無産 고토촌强戸村과 함께 소작쟁의의 본거지로 유명하였는데 작년 이래 지주도 소작인도 쟁의의 불이익을 깨닫고 심경의 변화에 의해 일로 농촌진흥을 위해 협력해 왔는데 최근 소작인 사이에는 남미나 만주 등의 해외 이민열이 대두하여

---

26) 『大川竹雄日記』(大川文書) 1941년 2월 20일, 「赤堀 揚水耕地整理組合 解散 幹事會」 기술로부터.
27) 「昭和五年日記大要」 『農家經營改善簿』, 大川文書.

속속 이민하는 자를 보는 모양으로 현 농무과에서도 이런 추이를 주목하고 있다. 동촌 소작조합의 간부 고바야시 긴지로(43)씨는 현재의 궁핍한 농촌구조는 해외이민의 방법밖에 없어 二男 이하는 토지를 버리고 영구의 대계를 세워야만 한다고 촌민을 설득하고 자신은 9일 神戸 출범의 리오데자네로 호로 일가 7명 커피 향기 나는 남미 브라질 샹파울로에 군마 촌 건설의 제1보를 내딛게 되었다. 또 동촌 이시즈카 긴에이石塚吟衛, 만즈카 사다오万塚貞雄 군 등도 도항의 준비 중으로 永年의 쟁의촌이 방향전환 하는 것으로 각지에 주목을 받고 있다.[28]

〈表〉赤堀소작쟁의 관계 및 1923년도 懸稅戶數割賦課表

部落順	隣組	氏名	所得額	小作爭議關係	長男の氏名	備考
1	中	大川吉之助	1441	地主	大川竹雄(31)	産靑聯
2	下	小沢鍋次郎	900	地主	小沢鐵五郎(50)	
3	下	松村米三郎	919	地主	松村國太郎(39)	
4	上	宮田峯作(約50)	387	地主	宮田淸志	産靑聯
5	本鄕	石塚善次郎	775		石塚傳四郎	
6	本鄕	松村沢次郎	293			
7		關口龜次郎	325	地主		
8	下	關口妙次	296		關口省吾(25)	兼農
9	中	宮田團之助	636	地主	宮田茂次(41)	
10	本鄕	小此木大重	233			
11	上	宮田角次郎	604	店の農業	宮田辰五郎(約44)	
12	中	大川長重郎(55)	480	地主	大川芳雄	産靑聯
13	下	大川文吉(51)	430	地主	大川淸	産靑聯
14	上	松山安次郎	386	地主	松山金榮(約40)	
15	上	宮田彌文次	303		宮田三郎	産靑聯?
16	下	小林邦太郎(44)	476	小作		
17	下	小沢鍋次郎	331	地主	小沢碩(50)	
18	下	齋藤安藏(62)	235			自作
19	上	宮田菊太郎(50)	218	地主	宮田博	産靑聯
20	中	小沢茂三郎	310	地主	小沢重雄	
21	下	磯次郎(56)	336			
22	本鄕	小林淺藏	292			
23	中	宮田六郎	341	地主		

28) 「上毛新聞」 1942년 7월 6일.

24	上	磯富藏	333	小作	磯登志雄(43)	
25	中	角田榮吉(69)	190	小作		
26	上	宮田千一郎	313		宮田時次郎(44)	
27	下	大川傳藏	138	小作	大川東一郎(33)	産靑聯
28		小沢喜一郎	172			
29	本鄕	石塚源作	120	小作	石塚幾太郎	
30	中	關口鶴吉	267	小作		
31	上	關口カツ	247	小作		
32		眞下甚平	2.71	小作		
33		瀧原留吉	110	小作		
34	下	大川作藏(71)	94	小作		
35	上	磯鶴吉	194	小作	磯實太郎(約50)*	
36	中	大川文次郎	93			
37	下	角田トラ(50)	134		角田雅(29)	産靑聯, 自作
38		岩倉與三郎	165	小作		ブラジル 移民
39	下	小沢靜一	66	小作		
40	中	關口喜三郎(92)	81		關口渡(37)	自作
41	本鄕	松本兼吉	169	小作		
42	本鄕	大川應次郎	71	小作		
43	下	齋藤ヤソ	0			
44	本鄕	小林吉太郎	85	小作	小林芳平	
45	中	栗田豊吉	108			
46	本鄕	小林平吉	0			
47	本鄕	小沢新太郎*	101	小作		
48	本鄕	書上彌吉	93	小作		
49		藤川捨次郎	0			
50	本鄕	松村?次	29	小作		
51	中	大川仁三郎(61)*	0	小作, 店運營		
52	本鄕	小此木茂平	24			
53	上	泉井平五郎	0	小作4-	泉井好吉	
54	上	磯傳次郎	38			
55	下	石塚留吉(56)	73	小作		
56	上	磯辰五郎	22	小作	磯每雄(29)	産靑聯
57	本鄕	小林善作	140	小作		
58	中	關口標太郎	0	會社員		
59		堤佐市	0	店		
60	本鄕	大川三郎*	35	小作		
61		大川友吉	0			

62	本鄕	小此木忠三郎	0			
63	下	坂庭あい	0		坂庭信次(53)	セメント技術屋
64		須賀忠五郎	0			

Ⅲ. 맺음말을 대신하여

기자키정木崎町 아카보리赤堀는 소작쟁의를 경험했던 지역이다. 소작쟁의라는 부락 내의 계급 간 대립은 기존의 부락운영 질서를 변화시키는 것이었다. 소작인 측, 지주 측은 각각 농민조합, 지주회를 조직하여 계급대립을 첨예하게 표출한 것은 이제까지 없었던 새로운 대립형태였다. 필자는 메이지기부터 자소작농이 촌락 유력자로써 존재할 수 있는 촌락질서였기 때문에 소작쟁의가 일어날 수 있었다고 생각한다. 아카보리의 소작쟁의의 중심인물 중 한 사람인 이소미 타로磯實太郎(自小作)는 구장을 역임한 인물이었다. 1929년 정회의회 선거에서 아카보리에서는 부락을 대표하는 자가 아니라 계급을 대표하는 자들끼리의 선거전이 되어서 지주 측의 마츠무라 요네사부로松村米三郎, 소작인 측의 오카와 사부로大川三郎가 당선했다.

이런 대립 속에서 아카보리부락 농민에게서 가장 고통스러운 것은 역시 소작쟁의의 경험이었고 또 하나는 농민으로서의 자긍심 상실이었다. 소작작쟁의 경험은 농민들에게 큰 영향을 미쳤다. 지주 측도 "소작지 회수 문제 지긋지긋하다"[29]라 하고 있고, 소작 측에서도 "자신도 지금까지 소작문제로 지긋지긋하다"[30]라고 하고 있듯이 소작쟁의의 대립 속에서 서로 인격이 파괴되는 쓰라림을 경

---

29) 『昭和十六年手帳』.
30) 위의 책.

험했다.

한편 농민의 경제적 사회적 지위 하강에서 오는 자긍심 상실도 심각하였다. 당시 "사회의 농민관은 천민관으로 농가에 시집오는 여자도 없다"[31)는 인식을 갖게 되고 실제로 이농현상이 급격히 늘어나는 현상을 목도하게 된다. 이런 속에서 뭔가 농민으로서 살아갈 자부심을 찾고자 하는 움직임이 나타난다.

이런 배경 속에서 아카보리 부락에서는 흥농회, 산업조합청년연맹(산청련) 등이 결성되고, 이런 영향으로 1933년 정회 의원町會 議員 선거에서는 농민조합의 약체화에 따라 소작측은 입후보 할 수 없었고 이후 아카보리의 정회 의원은 다시 부락의 대표로서의 성격을 갖게 되었다. 1933년 아카보리의 정회 의원은 오자와 세키小澤碩, 미야다 호사쿠宮田峰作이고 이후에도 부락민 신망이 높은 그들이 연임하게 되었다. 다음 사료는 1942년 익찬체제 하에서의 정회선거에서의 모습을 나타내주는 것이다. 익찬체제하에서의 선거라는 한계는 있지만 아카보리 소작쟁의의 중심인물이었던 오카와 사부로가 부락 하조下組의 지주 오자와 세키의 정회 의원 당선에 협력하고 있는 것을 나타내주고 있다.

5月 5日 町議 선출의 건. 배급소에서(赤堀) 각 조합 선출의 추천위원에 대한 선고 위원회 개최함. 宮田茂次를 밀고(유력자인 大川竹雄가 후보로서 추천), 각 조합에 정의 후보 2명일 때와 1명일 경우에 어떻게 할 것인가를 논의하고 해산. 참가자 正副區長, 松村(本鄕), 大川用次郎(本鄕), 松村國太郎(下), 小林邦太郎(下), 大竹(中), 宮茂(中), 磯實(上), 松金(上)氏등이다.[32)

31) 大川竹雄의 發言, 「純農家と職工農家の言い分を訊く座談會」『家の光』, 1939년 8월호.
32) 『大川竹雄日記』 1942년 5월 5일.

5月 15日 小澤碩 후보 사무소 개소 大川三郎 宅. 6시부터 8시까지 宮峯, 小新, 宮茂, 大竹, 松國, 小碩, 大川, 7人 酒 二升[33]

5月 23日 정회선거. 추천 12名 자천후보 없음. 그러나(木崎)下町 多田与一郎氏 齊藤國太郎(中町)를 추천해야 할 것을 출마하였기 때문에 분파하여, 多田 32표로 간신히 당선함. 齊藤 입후보하지 않았는데 20표 들어옴. 또 多田의 표 隣町의 森田新衛(72票 최고)쪽으로 감. 多田 前町長 이번은 대단히 곤혹스러운 모양, 人間進退있다. 本村의 추천 小澤碩 제2위, 在村票 75표 中 病氣 無筆 7표 있다. 나아가 村人을 통해 他町村人 의뢰 3, 5票 들어옴. 대체적으로 예정표 나옴. 밤 사무소에서 宮峯, 大川, 松國, 大竹 選擧委員[34]

이 사료는 정회 의원의 성격이 부락 대표의 성격을 다시 갖게 되었음을 말해주고 있다. 동시에 이 사료에 나타나 있는 유력자에 의한 후보선정, 그 작업이 잘 진행 되지 않았을 경우에 발생된 사례, 유력자의 득표 동원력 등이 카사가케 촌의 촌회의원 선출과정에서 보여지는 실태와 다르지 않음을 알 수 있다. 아카보리의 부락 운영의 중심도 정회 의원이고 구장이었다. 그리고 부락의 농사실행조합장이 그들의 아래에서 실무를 담당해 가는 조직으로 되어있다. 구장, 정의가 주재하는 일촌회―村會나 상회常會에서 중요한 사항들이 결정되었다. 또 구장은, "(기자키 정)산조리사회 10시~4시까지. 순이익 3000円 정도, 區長係에 75円, 농조 150円, 조합 역원 보수 150円로 결정함"[35]으로 되어있듯이, 산업조합의 사업에서도 부락의 대표로서의 역할을 하고 있음을 알 수 있다. 부락의 대표자가 자기부락을

---

33) 『大川竹雄日記』 1942년 5월 15일.
34) 『大川竹雄日記』 1942년 5월 23일.
35) 『大川竹雄日記』 1941년 1월 3일.

이익에 공헌하는 자세를 보여 부락주민으로부터 신뢰를 얻고 있는 것도 카사가케 촌과 같다.

다음 사료는 그것을 잘 나타내주는 일례이다.

昭和 16年 3月 19日 대정용수진정(10시~밤까지). 郡 익찬회 발회식에 모인 유력자에게 실현 진정을 하자고 결의하고, 上·中(조)에서 시간이 되는 자, 宮時, 松金, 宮峯, 磯實, 大竹, 宮茂, 大芳, 角春, 石傳. 中江田에 연락은 小澤新太郎. 役場, 農會長에는 각춘 료해함. 정장이 불쾌한 모양이지만 아카보리 전기의 사람들이 갔더니 정장 이와 같은 진정도 비례라고 하며 할 수 없다고 대단히 격노함. 정장, 농회장, 조역이 귀도한 후, 소생 일동과 함께 기무라木村 현회의원을 면회하고 대단히 격려 받고 돌아옴. 귀도 助役 宅에 들러 오늘의 비례를 사죄함.[36]

3月 19日 아침, 급히 소생이 운동을 전개하여 오늘 익찬회가 열리는 것을 이용하고자 함에, 일지에 기입함과 같이 정장 말하길 "나도 힘이 못 미치지만 열심히 운동하고 있는데(그러나 아무것도 하고 있지 않다. 이전에 前橋에 진정하러 갔을 때에 木村 縣議 관계, 정촌장회의 관계 및 경지과장 초대 계약도 지키지 않았고 조역하고 상담도 없다), 제군이 불만이라면 나는 손을 떼겠다."라고 극론함(略). 지난 지사 시찰의 결과 등도 정장를 통하여 듣고 싶고, 또 운동 방침도 연구하고 싶다. 또 농회장을 통하여, 氏를 응원하여 군농회장에 면접 조인운동의 실현을 기하자고 진정함. 지금까지 아무런 일도 하지 않고 있는 정장의 태도에는 대단히 불쾌하다.[37]

아카보리 부락은 물 부족으로 항상 고통 받는 곳이었기 때문에,

---

36) 『大川竹雄日記』 1941년 3월 19일.
37) 『大川竹雄 昭和16年手帳』.

대정용수 건설운동에 힘을 기울이고 있던 부락이었다. 이 사료는 아카보리의 전현직 임원이나, 농사조합의 간부가 절실한 물 문제를 해결하기 위해 군 익찬회 발회식을 이용하고, 대정용수 실현을 위해 진정했을 때의 모양을 전하고 있다. 정장의 노력 부족을 비판하고, 정장을 넘어 군 익찬회에 진정하고자 하였던 부락중심의 재지적 성격이 있었기 때문에 그들이 부락 유력자로 존재할 수 있었다. 소작쟁의의 지도자 이소미 타로가 지주 측으로부터 유력자로서 인정받았던 이유나, 지주 미야다 호사쿠가 정의로서 선출되었던 것이나, 오카와 다케오大川竹雄가 농사조합장로서 선출된 이유도 재지적 성격이 있었기 때문이다.

요약하자면 부락 내의 계급 이해 논리에 의해 분규대립하고, 이로써 부락 내 유력자 기능이 마비상태에 빠졌지만, 소작쟁의 후 유력자가 부락 대표의 성격을 다시 갖게 됨에 따라 재촌지주도 부락 유력자로서의 리더쉽과 지위를 회복해 갔던 것이다.

제6장 아시아·태평양전쟁 시기의
농민의식과 생활

Ⅰ. 머리말

본고는 국민 개개인의 일상생활이 사회적으로 주목받는 총력전 시기에 활동했던 한 농민의 의식, 행동을 밝혀내고 이것과 국민국가와의 관계를 규명하고자 하는 것이다.

아시아·태평양전쟁 시기의 농민의식·행동에 대해서는 일찍부터 마루야마 마사오丸山眞男, 「日本ファシズムの思想と運動」에 의해[1] 농촌의 농본주의가 파시즘을 지탱해 주는 온상이라는 평가를 내리고 있다. 이 견해는 현재까지 계승되어 오고 있는데, 이를 더욱 발전시켜 민중의식 레벨까지 파헤치면서 파시즘에 이르는 도정을 '大正데모크라시기'와의 내적 관련 속에서 찾고자 했던 것이 카노 마사나오鹿野政直, 『大正デモクラシーの底流』이다. 그는 1920년대부터 1930년대의 역사과정에 복류하는 민중의식의 모습을 '토속적 정신'으로 규정하고 그 속에서 '大正데모크라시(근대합리주의정신)'의 해체계기를 찾고자 했다. 촌락사회 청년단의 '時報'를 사료로 하여, 농촌청년들이 농촌수난이란 폐색상황을 모색하면서도 결국 그 광명을 찾아내지 못하고 절망과 원한에 빠지다가 1930년대에는 국수적 가치, 농

---

1) 丸山眞男, 「日本ファシズムの思想と運動」 『現代政治の思想と行動』, 未來社, 1964. 이 논문은 1947년에 발표됨.

본적 가치에 유인되어 간다고 보았다.[2]

　이런 견해에 대해 시각을 달리하는 농본주의 재평가 작업[3]에도 불구하고 1930년대의 농민의식에 관해 하나의 공통인식이 형성하게 되었는데, 첫째 농본주의는 광범하게 농민들에게 침투하고 있었으며, 둘째 농본주의는 반도시 반서양 문명적 의식이었고, 셋째 파시즘(혹은 천황제국가)을 지탱해주는 이데올로기였다는 점이다.

　그런데 이와 같이 도시 모더니즘에 반발한 농촌 농본주의가 파시즘의 온상이 되었다는 통설적 견해에 대해 이타가키 쿠니코板垣邦子,『昭和戰前·戰中期の農村生活』에서는 농촌가정잡지『家の光』를 분석대상으로 삼아, 당시의 농민들 사이에서는 반도시적인 농본주의 영향은 약하고 도시의 문화생활(모더니즘)에 대한 동경이나 개인중심의 경향이 강했다는 결론을 도출해내고 있다.[4] 즉 모더니즘이라는 도시와 농촌의 공통항을 찾아냈다. 이타가키 쿠니코의 논리는 충분히 수긍할만하나 문제는 농본주의와 모더니즘을 대립관념으로서 파악하고 있는 점이다. 근대화과정에서 소외된 약자로서의 농민이 사회적·경제적 지위향상을 위해 주장된 농본주의와 생활향상을 위한 모더니즘과는 접목되는 곳이 많다고 생각되어지기 때문이다.

　이상과 같은 기존 연구를 바탕으로 하여 본고에서는 첫째, 농민은 일본 국민으로서 국가적 가치를 어떻게 수용해 가게 되는가, 둘

---

2) 鹿野政直,『大正デモクラシーの底流』, 일본방송출판협회, 1973.

3) 농민의 농본주의적 의식에 대한 연구가 그것이 어떠한 사회적 기반 위에 성립하고, 또 권력측으로 볼 때 어떠한 정치적 역할을 수행하는가 하는 것에 치중하면서 농본적 의식을 마이너스 이미지로 파악하고자 하는 것에 대해, 플러스적 효과를 강조하려는 연구경향이 있다. 대표적인 것이 綱澤滿昭씨의『近代日本の土着思想－農本主義』(風媒社, 1969) 등의 연구성과이다. 근대합리주의에 대한 綱澤씨 나름대로의 회의 하에 농본주의의 대표자들을 다루면서 공동체적 발상 등을 높이 평가하고 있다.

4) 板垣邦子,『昭和戰前·戰中期の農村生活』三嶺書房, 1992.

째 농촌이 파시즘의 온상이라 하는 논고에서 나타나듯 국가도 농민도 한 덩어리로 일치 결합된 존재였다는 역사상은 맞는 것인가, 셋째 농민의 농본주의적 의식은 반도시·반서양적이었는가 하는 점에 중점을 두고 농민의식을 검토하고자 한다.

분석 대상은 일본 군마현群馬縣 닛타군新田郡 기자키정木崎町의 아카보리赤堀지역에 살았던 오카와 다케오大川竹雄를 중심으로 한 지역주민의 의식이다. 木崎町 지역은 근세 교통로의 요충지로서 번성했던 곳이었으나 근대 이후 근대 교통시설의 발달과 폐창정책 등의 문명개화 노선에 의해 쇠락해 갔던 지역이고, 5장에서 살펴보았듯이 소작쟁의가 있었던 곳이다.

Ⅱ. 농촌청년 大川竹雄

오카와 다케오大川竹雄는 1911년 오카와 요시노스케大川吉之助의 차남으로 태어났다. 부친 오카와 요시노스케는 1915~1919년에 구장, 1921~1925년에 정회 의원 등을 역임한 마을 유력자이며, 1923년 縣稅戶數割賦課額 순위는 기자키정木崎町 전체에서는 10위로,[5] 마을 내 상층 재산가이기도 했다. 오카와 집안의 소유면적은 산림을 포함해서 10町 6反 9畝로,[6] 그 중 경영면적은 1935년 당시 3町 5反 정도였고,[7] 소작지는 2町 2反 정도였다.[8]

오카와 다케오는 1928년 오타太田중학교를 졸업하고 나서 농학교에 진학하여 장래 농림기사로서 월급 생활할 것을 꿈꿨다. 그러나

---

5) 『大正十二年度縣稅戶數割賦課表』에 의함.
6) 『昭和十三·十四年帳面』, 大川家文書. 이하의 手帳, 帳面, 日記 등은 大川家文書로 따로 大川家文書로 표기하지 않음.
7) 『昭和十年帳面』.
8) 『昭和十七年手帳』.

장남인 형이 병으로 자리에 누워있었고 1930년 결국 사망하게 되자 집안의 후계자로서 농업경영에 본격적으로 힘을 쏟게 되는데, 먼저 1928년 중학교 졸업시의 그의 일기를 통해 당시 농촌 청년의 의식을 살펴보고자 한다.

오카와 다케오의 1928년(18세) 기록을 보면 자기 마을의 소작문제, 정치와 사회문제에의 관심(정치가를 비판), 「제국국민」의 저급한 민도, 집안문제, 학교생활문제, 자기 자신의 극기문제, 오락(여가생활) 등이 주된 관심이었다. 특히 마을의 소작쟁의 문제에 강한 영향을 받고 있는데 그는 지주 측인 아버지를 대신해 지주회의나 재판소 조정회의에 자주 참가하고 있었다. 1928년 1월 일기에는 소작쟁의 지도자인 스나가 코須永好에 대한 기록이 있다.

> 1월 4일. (오타 정太田町의) 시계점에 갔다. (중략) 스나가 코가 왔다. 1円의 요금을 지불하고서는 사라졌다. 들릴락말락한 목소리로 스나가인데요, 라고 하는 것에 일종의 흥미로움을 느꼈다. 사냥모자에다 허수룩한 양복을 입고 중급의 자전거를 탔다. 그가 토모東毛[군마현群馬縣 동쪽] 三郡의 농민을 위해 한 시계점 어린 점원에게조차 그 이름을 밝히기를 조심스러워 하는 것이라 말하면 기특한 것이다. 그의 마음 씀씀이에는 동정해야 한다. 그러나 그가 사용하는 간책을 알아차릴 때는 그에게 조금도 그 심정을 동정하고픈 심정이 없어진다. 그가 농민을 위해 싸우기 시작했던 때라면 모를까, (간책을 사용하고부터는) 그의 인상이 그것을 말해주고 있다.[9]

오카와 다케오는 소작쟁의 운동에 대해서 이해적이나 소작쟁의 지도자가 구사하는 전술을 '간책'이라 비판한다. 이것은 뒤에 그가

---

9) 『昭和三年日記』.

"아카보리赤堀의 소작쟁의는 농민운동이 아니고 소작료 감액운동"[10]
이라 하듯 소작쟁이가 도가 지나치고 사리적으로 소작료만 감액하
려는 형태임을 비난하면서 농촌이 일치단결하여 농촌 외부의 굴레
를 타파하여야 한다는 주장으로 이어지게 되고, 이런 의식 속에 그
가 산업조합운동에 몰두하게 되는 단서가 된다.

오카와는 1928년 3월 21일에는 「野田爭議」에 대한 기술이 있어
사회의 노동쟁이에도 관심을 나타내고 있다. 3월 22일에는 "수평사
원(피차별민의 조직)의 비애, 그들도 이상한 사람들이 아닌데, 오호 이
차별을 타파해야만 한다"[11]라고 수평사원水平社員에 대한 인간적 동
정심을 표출하고 있다. 또 '청년의 시대는 우리에게 도래했다', '세
상은 진보했습니다'[12]라 하여 시대 변화에 둔감한 부친을 비판하고
있다. 이는 당시 '데모크라시'란 용어가 회자되는 사회적 분위기를
반영하고 있는 표현들이라 할 수 있다. 오카와는 '데모크라시: ①
정치적 데모크라시…민중정치, ② 사회적…기회균등, 계급세습타파,
③ 산업적…산업자치, 노동자 자경영, ④ 문화적…문화재민, ⑤ 국제
적…민족자결'[13]이라는 기술을 남겨놓아 데모크라시가 어떤 내용인
지에 대해 관심을 갖고 있었음이 나타내고 있다. 그러나 보통선거
(1925년 보통선거법 성립)에 대해서는 시기상조라는 생각을 갖고
있었다.

1월 23일. 의회는 해산되었다. 진실한 민중정치의 막이 열려 禁中에
서 이제껏 비밀리에 진행되어 왔던 정치가 이제 다가올 선거에서 대중
에게 개방되었다고 한다. 보통선거 의의는 당연히 그래야만 할 것이나

---

10) 위의 책.
11) 위의 책.
12) 위의 책.
13) 위의 책.

그 가부는 시간 문제이다. 정말로 제국국민이 전제정치로부터 해방되어 정치의 정 도 모르는 대중에게 보통선거의 의의가 철저하겠는가. 그 결과라는 것이 어떨까.[14]

보통선거 의의 자체에는 찬성하지만 문제는 투표하는 대중 측에 있다는 냉소적 견해이다. 민도가 낮다는 그의 인식은 후에 자기연마를 위해 독서를 해야만 한다고 도서관 설립운동을 전개하는 원동력이 된다.

한편 친구와의 트럼프 놀이, 활동사진 보는 즐거움 등 모던적 오락의 흥미로움도 기술되어 있다.

Ⅲ. 농본주의와의 만남

오카와 다케오大川竹雄는 1928년 중학교를 졸업하고 나서 1930년 장남인 형이 사망한 관계로 집안의 후계자로서 농업경영에 본격적으로 전념하게 되었다. 1930년 그는 '근대적 산업으로서의 농업경영'이란 농업경영 개선안을 만들고 있는데, 이 안에 대해 1932년에는 "이 안을 지금 생각해보면 잘못된 생각을 가지고 만들었다. 농업 본래의 사명을 모르고 다각경영의 본질도 모르고 자본주의적 사상을 가지고 본안을 만들었는데 이점 크게 잘못되었다"[15]라고 평하고 있다. 즉 '농업경영의 목적은 무엇인가, 돈 아닌가'라고 메모를 남겼듯이[16] 그에게 있어 농업에 종사하는 것도 처음에는 돈이 목적이었다.

---

14) 위의 책.
15) 『農家經營改善簿』.
16) 大川竹雄가 縣 農家經營改善練習會(1932년 1월)에 참가했을 때의 감상. 『昭和八年手帳』.

이런 소박한 생각을 갖고 있던 오카와가 농본주의에 접하게 되는 계기는 두 가지로 소작쟁의의 경험과 농민으로서의 자긍심 상실이었다.

앞에서 지적했듯이 소작쟁의 경험은 그에게 큰 영향을 미쳤다. 지주 측인 그가 "소작지 회수 문제 지긋지긋하다"[17]라하고 있고, 소작 측에서도 "자신도 지금까지 소작문제로 지긋지긋하다"[18]라고 하고 있듯이 소작쟁의의 대립 속에서 서로 인격이 파괴되는 쓰라림을 경험했다. 한편 그는 당시 "사회의 농민관은 천민관으로 농가에 시집오는 여자도 없다"[19]는 인식을 갖게 되고 실제로 이농현상이 급격히 늘어나는 현상을 목도하게 된다. 이런 속에서 그는 뭔가 농민으로서 살아갈 자부심을 찾고자 농본주의에 접하게 된다.

그가 처음 영향을 받았던 인물이 군마현群馬縣의 二宮尊德이라 불리고 산업조합운동에 정열적이었던 시미즈 도모에淸水及衛(1874~1941)[20]였다. 오카와는 부락강습회 등을 통해 시미즈를 만나게 된다. 시미즈 도모에는 1910년 군마 현 산업조합 지회이사, 1932년 농림생 경제갱생부 촉탁, 농산촌경제갱생 군마 현위원에 임명된 인물로 그는 다음과 같이 농업의 의의를 주장한다.

금일 '文明'이 진전되고 교환경제가 발달하여 돈만 있으면 자유로이 교환할 수 있다. 따라서 돈을 얻는 것이 목적이 되어버렸다. 그러나 돈 때문에 농업을 영위하는 것이 아니다. 사람이 인간으로서 존재하는 이상 의식주를 갖추지 않으면 안 된다. 농업이란 천지와의 공동작업이고 무를 유로 바꾸는 작업이다. 이것이야말로 富의 생산이고 생명의 유지

---

17) 『昭和十六年手帳』.
18) 위의 책.
19) 大川竹雄의 發言, 「純農家と職工農家の言い分を訊く座談會」 『家の光』 1939년 8월호.
20) 淸水及衛에 관해서는 和田傳, 『日本農人傳』 五(家の光社, 1955)을 참조.

이다. 농업은 옆 사람이 알지 못하는 것이 있으면 서로 가르쳐준다. 가르친다고 해서 내 쪽에서 손해나는 것이 없다. 즉 일본민족의 이상인 협동주의, 공존공영은 농촌에서 이루어지는 것이다. 여기에 농업의 의의가 있다. 이에 대해 상인의 행위는 생명의 유지도 아니고 부의 생산도 아니다. 단지 물건을 우에서 좌로 흘리는 것에 불과하다. 또 도시는 돈이 주이고 물질문명 사회이다. 농촌은 사람이 주이고 정신문명의 밝은 사회이다. 여기에 농의 의의가 있는 것으로 돈 때문에 농업을 하는 것이 아니다. 그런데 현재의 농업지도원리는 교환경제 즉 자본주의 경영지도를 하고 있다. 따라서 이를 해결하기 위해서 상호조합주의, 자급자족(자급비료), 근로주의를 가르쳐야 한다.[21]

이 시미즈의 가르침에 대해 오카와는 다음과 같은 메모를 남기고 있다.

(1) 일반 물가에 비교하여 농산물 가격이 싸기 때문에 농촌 불황이 한층 심각해지는 오늘날 농업 경영 뿐 아니라 농정운동이 필요한 것이 아닌가. 즉 세금정책, 비료문제, 도시농촌문제 등.
(2) 농업경제의 근본이 노동이란 점에 대해?
(3) 농업경영의 목적은 돈이 아닌가.
(4) 자본주의적으로 경영하는 것이 왜 나쁜가.[22]

즉 오카와는 근로주의를 강조하고 영리를 부정하는 농본주의적 가르침에 대해 초기에는 쉽게 납득할 수 없었다. 그러나 이후 그는 시미즈 도모에의 "인도상의 의의와 정신상의 자유는 이 농업에 있다"라는 가르침을 소중히 여기고 잘 인용하고 있다.[23]

---

21) 清水及衛, 「農村の立て直し」 『百姓』, 1931년 2월호~5월호.
22) 『昭和八年手帳』.

한편 오카와는 1933년 군마 현의 농본주의자 와고 츠네오和合恒
男(1901~1941)[24]의 사숙인 「瑞穂精舍」에서 단기강습을 받는 것을 계기
로 와고, 오리구치 시노부折口信夫(1887~1953)와 접하게 된다. 오카와가
와고 츠네오를 처음 접하게 되는 것은 1932년 농회 주최의 강습회
나 와고가 발행하는 잡지『百姓』등을 통해서였다. 와고는 '문명'에
의해 인간은 물질, 정신적 모든 면에서 타락하게 되었다고 지적하
고 농업 의의는 이 타락한 인간성의 회복에 있다고 가르친다. 그의
주장을 요약하면 다음과 같다.

> 현재의 농민생활은 올바른 농민생활을 하고자 하면 점점 더 궁핍해
> 진다. 또 농민은 자기 생산물을 팔 때에도 물건을 구입할 때도 가격결
> 정권을 갖고 있지 않다. 그 이유는 메이지 변혁 이후 관료가 문화주의,
> 자본주의, 관료주의 정치 즉 도본주의를 행사해온 데 있다. 옛날에는
> 부락본위의 자치로 훌륭히 생활해 왔는데 현재에는 하나하나 정부의
> 지령에 의해서 움직인다. 더욱이 인구가 도시에 집중하여 사회문제의
> 근본이 되고 있다. 노동자와 자본가, 지주와 소작인 항쟁에 의해서만
> 사회문제가 해결될 수 없다. 관료의 도시본위, 상공업본위 국책은 결국
> 전쟁을 야기 시킨다. 상해 일본 방적공장을 보호하기 위해 상해 사변이
> 일어났다. 평화시에도 군비는 국가예산의 27%이고, 더불어 간접공장 등
> 의 보조를 합치면 약 50%에 이른다. 군벌 횡행을 경계하고자 곤도 세이
> 케이權藤成卿가 군민공치론을 지어 군부 파쇼주의자는 국체 위반자라
> 강조했다. 일본이 나아가야 할 방향은 물질주의에 대해서는 유신주의
> 로, 도본주의에 대해서는 농본주의로, 관료주의에 대하여는 자치주의로
> 나아가야 한다.[25]

---

23) 『昭和十四年手帳』.
24) 和合恒男에 대해서는, 安田常雄, 『日本ファシズムと民衆運動』(れんが書房, 1977)를 참조.

현재 일본은 크게 흔들리고 있다. 먼저 천황을 둘러싼 악인들을 제
거해야 한다. 아이쿄우쥬쿠愛鄕塾의 다치바나 고자부로橘孝三郎가 자
신에게 직접 행동에 의하지 않으면 농촌의 위급함을 구할 수 없다고 직
접 행동에 동참할 것을 요구했지만, 직접 행동은 오히려 농촌구제 운동
의 전면적 폐색을 가져오기 때문에 반대하였다. 농촌은 정치운동이나
경제운동으로는 구제할 수 없는 근본이 있다. 근본이란 마음(정신)과 사
람의 문제이다. 자치주의는 이 마음(정신)과 사람의 전제 위에 성립될
수 있다. 현재의 농촌에 자치의 권한을 주게 되면 어떻게 될까. 현재 농
촌에 조합정신을 이해하는 사람이 얼마나 될까. 현재와 같은 지도자나
민심으로는 자치는 위험하다. 농촌교육(인격수양)의 진흥이 필요하다.

지금 인류의 우상은 신의 시대로부터 문명의 시대로 변해졌다. 이
문명을 열망하는 마음은 농촌 구석에서부터 도시 구석까지 퍼져있다.
교육제도의 결과 때문이다. 지금의 문명은 물질, 정신 양면에서 야만적
이다. 농민이 자치를 수행할 수 없고 이기주의, 배금주의에 빠지게 된
것도 이 문명을 구하는 마음 때문이다.

철도정리를 해야 한다. 정리되면 각 지방에서 자급화 노력이 일어나
고 운송의 필요도 적어지게 된다. 철도를 이용하는 사람들은 백성은 적
고 기생충적 인간뿐이다. 서양의학, 서양관 때문에 일본은 썩어가고 있
다.[26]

이런 와고 츠네오의 가르침에 대해 오카와는 '비판적 연구를 계
속해 갈 것'[27]으로 적고 있다. 오카와는 일생을 통해 와고를 은사로
존경하고 그에게서 개인 수양의 중요성이나 농업에 임하는 자세

---

25) 和合恒男, 「現代社會と農民の進路」(1932년 7월 13일 群馬縣 農業試驗場에
　　서 강연).
26) 大川竹雄, 「瑞穗精舍の生活」『農家經營改善簿』.
27) 『昭和九年日記』.

등을 배운다.[28]

그런데 오카와가 와고 츠네오의 사숙인 「瑞穗精舍」의 단기강습 참여 중에 농업의 의의에 대하여 가장 감명을 받은 것은 오리구치 시노부의 가르침이었다. 오리구치의 가르침은 다음과 같았다.

> 일본 민속에서 보면 천황은 신의 의지를 그대로 전하는 현인신이다. 천황의 선조가 일본국에 내려온 이유는 高天原의 신을 제사 지낼 때 필요한 곡물을 재배하기 위해서이다. 다시 말해 논밭을 만드는 것이 중심 목적이었다. 정치의 근본은 여기에 있다. 즉 일본민족 원래의 사명은 곡식을 만들어 신에게 보고하는 것이다. 이 목적을 수행하기 위해 토지를 넓히고 전쟁을 하고 했다. 침략이 목적이 아니라 신의 말씀을 따르기 위함이다. 다시 말해 농업을 융성하게 하기 위함이었다. 백성이 곡식을 만드는 것은 일본민족 처음부터의 대목적을 수행하는 것이다.[29]

오카와는 이런 내용 자극 받아 '농민은 천황의 보배'란 메모를 자주 남기고 있다.[30] 이제 오카와는 자신의 직업인 농업에는 인간 생명의 유지라는 인도상의 의의나 인간성 회복의 의의가 있다고 말하게 되었고 궁극적으로는 절대적 가치인 신에 봉사하는 것, 직접적으로는 천황에 봉사하는 것이라고 말하게 되었다. 자신의 직업을 천황과 결합시켜 자부심 높은 것으로 치부하기 위해서는 천황이 절대적인 것이 되지 않으면 안된다. 따라서 오카와는 "천황은 신이라는 신앙을 가지고 살지 않으면 일본국민이 아니다. 폐하는 신이기에 잘못이 없다. 잘못이 있다면 군측의 보살핌이 모자라는 것이다. 이론적이 아니고 과학적이지 않더라도(古事記, 日本書紀는 믿을

---

28) 大川竹雄,「和合先生を思う」『ひのもと』 1936년 6월호.
29) 折口信夫,「民族生活史より見たる農民の位置」『百姓』 1933년 5월호.
30) 『農家經營改善簿』.

수 없다) 과학 이상의 것이 있다. 그것이 일본국체이다. 科學은 훌륭해도 생명에 관해서는 무지이다"[31]라고 강변할 수밖에 없다.

Ⅳ. 農道盡忠

오카와 다케오大川竹雄는 농민으로서의 자기 존재 가치를 찾아 편력하는 과정에서 중일 전면전을 맞이하게 된다. 그는 이런 시대 상황에 영향을 받으며 자기 나름의 농업·농민관을 정리하고 있다. 1938년에는,

> 농본주의의 근거: 1. 일본은 어느 시대 농업이 충실했는가, 그리고 그 시대의 국세 및 문화상황, 2. 상공업화는 국민정신의 연약화 초래, 3. 공업화의 한도, 매년 증가인구를 부양할 수 있는가, 결국 상품을 외국에 팔고 식량을 산다. 영국식의 입국방식은 결국 멸망하는 것이 아닌가 (중략) 10. 기계문명의 정체와 도시문명의 정체에 대한 농본이론
> 余의 농본관(농업을 성대히 하지 않으면 안되는 이유)
> 1. 식량의 국내생산(제2의 강점)
> 2. 견실한 국민정신(일본정신)의 원천. (수신서의 실행자) 정직, 견인, 질소. 가토 간지加藤莞治 말하길 '천황의 근위병과 같다'
> 3. 인구증가의 원천(국력의 원천).
> 4. 견실한 인간을 상공업에 보낸다.
> 5. 국방적 필요(농인 없으면 식량, 강병, 말이 없다).
> 6. 해외발전 모두 농민뿐(日滿一體도 이민에 의함. 대륙건설의 근본이다)
> 7. 體位의 保持.

---

31) 『昭和十六年日記』一月十三日.

농···국방적, 식량, 공업원료, 정신[32]

1939년에는,

> 농본국가의 필요성을 지향하고 더욱 농도에 정진하고자 한다. 소비
> 절약, 생산력 확충도 농인생활을 국민이 배우면 해결된다. 만주이민문
> 제의 필요, 농업이주자 이들이 진실로 그 토지를 영구히 지배할 수 있
> 다. 혁명은 농인에 의해 행해진다. 해외발전도 농인에 의해 이루어진다.
> 민족발전의 방법으로서 이민은 고대 방식이지만 본질적인 근저이다.
> 농은 국가의 근본 – 민족적 신념, 농촌과 금후의 사변
>
> 농촌과 금번의 사변
>
> 1. 식량의 자급
>
> 2. 인구의 저수지···양질의 강병, 직공의 원천
>
> 3. 유축물 (군수)
>
> 4. 동아신질서의 건설···만주이민
>
> 비교. 영국···중공업만, 미국···중공업과 영리농업, 일본···농민적 농업
> 과 중공업. 근대과학 산물의 고마움, 농민적 농업의 질소적인 인적요소
> 이번 사변에서 뼈 속 깊게 그 고마움을 느꼈다.[33]

이런 내용들은 결국 일본국가를 받치고 있는 '농'(농민·농업·농촌)
이 얼마나 중요한가를 강변하고 있는 것들인데, 중일전쟁에 영향
아래 '농'의 국방적 의의가 강조되고 있음을 알 수 있다.

근대 일본은 메이지유신으로부터 불과 50여년이 지난 제1차 세
계대전 이후에는 세계5대 강국의 하나란 국제적 지위를 얻게 되면

---

32) 『昭和十三年·十四年手帳』.

33) 『昭和十四年手帳』.

서 일본인들은 일등국이란 자부심을 갖기도 했다. 그러나 당시 일본국민의 50%를 차지하는 농민은 급속한 근대화의 진행 속에서 일등국이란 자부심과는 전혀 무관하게 사회로부터 무시당하고, 이농현상과 농민 자신들조차 스스로를 비하하는 현실 속에서 일본 농민으로서의 자긍심을 가질 수 없었다. 게다가 1929년 세계 대공황으로 인해 농촌의 궁핍이 더욱 심각해졌다고 인식하게 되었다. 바로 여기에 농본주의 고취자들의 언설이 농촌사회에서 받아들여지는 기반이 있었다. 농촌의 현실에서 도피하지 않고 현실에 도전하여 농민의 자긍심을 구하고자 했던 일군의 농민들이 농본주의에 영향 받은 것은 당연할 것이다. 오카와 다케오가 주장하는 '農'의 의의는 그의 창조물이 아니다. 당시 농본주의 고취자들의 주장을 자기 나름대로 받아들인 결과물이었다.

오카와는 '農'의 의의를 중일전쟁 이전에는 생명의 유지, 인간성의 회복이나 최고의 가치인 신이나 천황에 대한 봉사 등의 '성스러운 의의'에서 찾았지만 중일전쟁 이후 전쟁이란 현실 속에서 새롭게 '국방적 의의'를 농민 자부심의 근거로 삼으려 하고 있다. 즉 전시 하에서는 農의 '성스러운 의의'에 '국방적 의의'가 첨가되는 특징이 보인다. 한마디로 「農道盡忠」이었다.

이런 '농'의 의의의 강조·자각은 "농본국가의 필요성을 각성하여 점점 더 농도에 정진하고자 한다"[34]라 하듯 농도정진의 실천의지로 이어진다. 오카와에 있어서 농도정진의 실천이란 "먼저 수신제가하여 촌을 일으키고 그 연후에 국가에 봉사하고자 한다. 제1기 30세까지 면학수양에 중점을 두고, 제2기 40세까지 농업경영에 정진, 인격완성, 제3기 50세까지 산업조합 운영 등을 통해 향당을 위해 일함, 제4기 50세부터 농촌구제운동에, 학교설립"[35]으로 되어있듯 먼저

---

34) 『昭和十六年手帳』.
35) 위의 책.

자기 면학·수양과 자기 농사일에 전심전력하는 것이었다.

그런데 오카와는 농본주의에 접하면서 고민했던 것 중 하나는 자기 농업경영에 있어서 영리의 부정이었다. 결국 오카와는 농업경영의 목적이 돈 때문이 아니라 '성스러운 의의'와 '국방적 의의'에서 그 의의를 구했다. 그렇다고 해서 자가 경영의 영리를 무시하지는 않았다. 오카와는 성직인 농업에 종사함에 있어 자기 노동을 절대적 가치인 천황과 국가에 봉사하는 것으로 적극적으로 평가하면서 성실히 일하여 그 결과 얻는 농업 경영이익에 대하여는 부정하지 않고 오히려 적극적이기까지 하였다.

그는 "즐거운 자작 자영농, 자기 노력으로 자신의 토지를, 사회의 책임을 다하면서, 농업을 즐기면서 ±의 생활의 이상실현, 청경우독, 면학의 여가도 있다. 될 수 있으면 수입도 또한 적지 않아야 한다"[36)라고 하거나, "당면의 목표는 올바른 황국농민으로서 가장 수익(공사)있는 길, 단적으로는 대중농민이 나아가야만 할 길을 탐구해야 한다"[37)라고 적고 있다. 즉 사익과 공익을 일체적으로 해석하고자 했다. 따라서 오카와는 자가 생산력 향상에 필요한 농사개량과 경지개량를 위해 '과학의 응용' '능률' '합리'란 키워드 아래 당시 할 수 있는 모든 노력을 경주해 간다.[38)

한편 '農'의 의의에의 자각은 외부에 대해 그 의의를 주장함에 그치는 것이 아니라 자신 이 그 자긍심에 걸 맞는 인간이 될 책무도 갖는 것이다. 농민은 '천황의 보배'이며, '천황의 근위병'이며, 무사, 사대부에 비견될 '農土'이었다. 따라서 이런 성직을 수행할 수 있는 인간이 되고자 수양을 중시하고, 건강 증진에 노력하였다.

1934년 '修道修學의 정진방법'은 어떻게 자신을 수양하려 했는가

---

36) 『昭和十五年·十六年帳面』.
37) 『昭和十三年·十四年帳面』.
38) 『昭和十四年手帳』.

를 잘 나타내 준다.

一. 왕희지 등의 유명한 법첩(서도의 습자본)을 구해 여유가 있을 때 수양, 오락, 실용의 측면에서 서법연구할 것.

二. 정신통일 오락으로서 尺八를 연습할 것.

三. 상식으로서 주산을 습득할 것.

四. (중략)

五. 독서는 다독보다 정독할 것. 첫째, 책의 선택은 신문잡지상 명사 비평에 의거 결정할 것. 둘째, 진지한 정독은 독서의 생명으로 숙독 불기입주의를 취한다. 중요한 점에는 방선을 긋는다. 독서 시간은 가벼운 노동을 한 밤, 식사는 감식하고 진지한 태도로 임할 것. 또 두세시 경 심야에 하는 것도 한 방편. 좌선 후 진지하게 읽을 것.

六. 정신통일 수련을 위해 좌선을 할 것. 沼津시 외 太中寺(靜岡縣 寺) 발행 잡지 「禪道」를 구독하는 한편 態谷 소재 集福寺 接心會에 참가할 것.

七. 국기를 새로 맞추고, 九年度(1934년) 축제일에 국기를 확실히 게양할 것. 이를 통해 일본정신 발양에 힘쓰고자 함.

八. 월 1회, 월말 2일 정도 [太田市] 金山 및 伊勢崎 도서관에 가서 주로 월간지를 통독할 것. 「文藝春秋」 「改造」 「中央公論」 「青年」 「處女」 「キング」 「日ノ出」 부인잡지 등.

九. 때때로 중등과목의 복습을 잊지 않을 것.

十. 나의 외교상 결점이 있다. 일당일파에 편향되지 않고 정의를 향해 지성으로서 돌진해 갈 것.

十一. 일본정신, 한자, 영어, 력사, 에스페란트어 습득을 이룰 것(이 당시 에스페란트어 공부가 번성하였다).

十二. 외출 중에는 지성으로서 행동할 것. 매식은 종류 여하를 막론하고 하지 않을 것. 필요한 경우에는 도시락을 지참할 것. 서적구입에 많은 출비를 하고 있음을 고려하여 타방면은 될 수 있는 한 지출을 억제해야 한다. 일체의 낭비를 없애 서적구입에 주력할 것. 식사를 위해 외출 중 지출하는 금전, 돈을 쓰레기에 버리는 것과 같다. 왜냐하면 집에서 만복하면 외출 중 식사할 필요 없고, 외출 중 공복케 하면 위를 튼튼히 하게 할 뿐 아니라 귀가 후 식사는 어떤 진수성찬보다 맛있다. 昭和9년 중식으로 일전의 출비 없도록 할 것.

十三. 식도락의 정신적 부안과 물질적 손실, 그리고 위생적 견지로부터의 손실을 고려해 볼 때 그 폐의 막대함에 놀란다. 과자 등 구매 시 귀가하여 가족과 함께 즐겁게 담소하면서 먹을 것. 영화는 예술적 향기가 있는 정평의 대작은 모든 일 제치고 관람할 것. 그리고 1개월 1회를 넘지 말 것. 항상 만인주시 속에서 행동하는 것처럼 부끄러운 행동은 결코 하지 않을 것.

十四. 일본시간 타파하기 위해 시간 勵行에 더 한층의 노력을 할 것.

十五. 결혼에 대한 인식을 가질 것. '생리위생' '결혼철학' '결혼 후 부모에 대한 태도' '결혼 후 가계 및 농업경영' '결혼 후의 거실' '처에 대한 태도' 등 각종 방면을 考究할 것. 또 신혼여행은 빨리 相愛親密한 사이가 되기 때문에, 장래의 방침·가정의 모습·부모 친척에 대한 태도 등 정합할 필요가 있기 때문에 가야 하는 것이라 믿는다. 이박삼일 정도가 적당하다고 생각된다(중략).

十六. 餘枝娛樂으로서 사진술을 연습할 마음가짐을 가질 것. 여행에, 시찰에, 농업경영상에, 근린 사교상에 도움 되는 것이 많다고 믿는다.

十七. (중략)

十八. 농에 열심인 나머지 노쇠한 부모에 대한 효양을 망실하고, 과격한 노동에 조력을 구하는 일이 없도록 경계할 것. 효는 덕의 제일 보이다.[39]

이상과 같이 농의 의의 자각은 결국 세 가지 형태로 발전되어 가는데 첫째가 그런 농의 자부심에 걸 맞는 인간이 되고자 수양, 건강 등에 힘쓰게 됨을 알 수 있다. 둘째는 자기가 사는 향토에 대한 자각과 애정으로 연결되어 진다. 셋째는 농업전념과 농민운동에 대한 에너지로 나타난다.

V. '서양'의 상대화·'혁신'성

오카와 다케오大川竹雄가 '기계문명의 정체와 도시문명의 정체에 대한 농본이론'[40]을 주장하고 있는 것에서 알 수 있듯이 오카와의 인식은 반도시적이라 할 수 있다. 쓰치다 쿄손土田杏村(1891~1934)의 『都鄙關係公式』에 감명을 받고 "도시발전 반갑지 않다"[41]라고도 적고 있다. 왜냐하면 자본주의적 도시본위 정책에 의해 농민의 경제적, 사회적 지위가 저하되었을 뿐만 아니라, 도시본위·상공본위 정책이 일본의 장래를 망칠 것이란 인식을 갖고 있기 때문이다.

그러나 반도시적이라는 것이 도시적 요소 일체를 부정하는 것은 아니었다. 오카와의 비판점은 자본주의적 사고·공리주의적 사고 즉 공업화에 의한 개인 영리만을 생각하는 풍조, 풍기 문란, 배금주의, 소비적 경향, 효 등 가족윤리의 붕괴, 민족의식의 약화 등에 향해 있었다. 이에 대해 농촌은 '견실한 국민정신(일본정신)의 원천(修身書の實行者). 정직, 견인, 질소'였던 것이다. 다시 말해 정신적 타락을 지적하고자 했던 것이다. 오카와는 1933년 초 처음으로 도쿄東京 견학에 나서는데 그 기록의 일단을 살펴보자.

---

39) 『昭和九年手帳』.
40) 『昭和十三年·十四年手帳』.
41) 『昭和九年手帳』.

東京見物記

注意   1. 시간을 가장 효율적으로 사용할 것.

2. 농본주의의 입장에서 동경을 견학할 것.

3. 시전(노면전차)을 활용할 것.

4. 금전을 놓을 장소 및 탈 것에 大注意할 것

5. 식품의 種種試食

用意   1. 양복

2. 안경 二種

3. 지갑, 小刀, 연필, 만년필, 수첩, 엽서

4. 방한 준비

夜 大阪 □□君과 함께 円タク[시내 1円균일 택시]로 銀座에 감. 복부 시계점, 사방의 큰 시계, 맞은편의 松屋, 松坂屋 등의 대형 백화점을 견학하고, 엘리베이터를 타고 몇 번씩 오르락내리락 함. 예상 이상의 큰 번화에 놀람. coffee로는 쿠로네코. 銀座會館 까페나 日本美人座 등 확실히 훌륭하다. 건물 전체 일루미네이션 장식. 東京劇場, 歌舞伎座, 前進座 등 견학함. 東京劇場에서 소란스럽자 모두가 "百姓(촌놈) 조용해, 土百姓 조용해."라고 비아냥거린다.

東京所感: 농업경영에 대한 필사적 정신, 銀行街를 바라보면 느끼는 바 있음. 전송사진 경이. 택지개선 주택개량 왜 되지 않을까. 京浜電車의 자동문, 靖國神社의 大鳥居. 건강제일주의, 특히 건강··靑山墓地를 바라보면서 느낀 점 있음. 농본주의 입장에서 본 東京見物記.[42]

오카와는 '농본주의의 입장에서 도쿄를 견학할 것'이라 마음먹었다. 그럼에도 불구하고, 도쿄에서 본 신문물에 대해 '놀랍다' '훌

---

42) 『昭和八年手帳』.

륭하다'·'경이'라는 어휘의 연속이었다. 따라서 농촌에 남아 농도정
진하고자 각오함에는 '농업경영에의 필사적 정신'이라고 하듯이 필사
적이 될 수밖에 없었다. 오카와는 백화점이나 美人座을 보고 도시
의 소비적 향락적 측면을 지적하고 있다.

그러나 주목할 점은 도시의 주택을 보고서는 농촌의 '택지개선
주택개량 왜 될 수 없는가'라고 생각하는 점이다. 이후 오카와는 도
시주택을 참고로 하여 자신의 주택개량안을 생각해 간다. 1933년에
는 "住宅 : 일, 통풍, 채광, 전망 등 살기 편한 지점. 이, 이층으로 하
여 굉대 문화농촌주택을 만들 것. 삼, 방 배치는 종일 햇빛이 들어
올 수 있도록 하고 하량동난일 것. (중략) 육, 부엌은 밝은 곳, 식당
은 부엌 쪽에 채광 좋은 곳. 우물이 가깝고 욕실에 들어 있으면서
창고, 축사, 과수소채원의 관리하기 좋은 곳, 또 응접실에 가까운
곳, 주부는 여기서 반생을 보내기 때문에 연구해야만 함"[43]이라고
주택개량을 구상하고 있다. 동경극장을 보고는 이 비슷한 시설이
농촌지역에 생기기를 바라기도 했다.

기본적으로 그는 농촌이 도시에 비해 '문화적으로도 냉대'[44]받
고 있다고 생각하고 있다. 다시 말해 그는 정신적 타락을 가져오는
공업화, 도시화의 측면과 도시적 '문화'와는 구분해서 보고자 했다.
그리고 오히려 뒤쳐진 농촌 생활을 향상시키기 위해 농촌에 '문화'
수준을 높이고자 했다.

오카와는 공업화된 주변 지역의 직공들이 스키 타기 같이 눈에
거슬리는 졸부적 행위에 비판적이었지만 자신은 트럼프 놀이나 영
화 관람에 관심이 있었다. 주택개량, 의복개량 뿐만 아니라 '도쿄(노
동과학연구소, 압력솥연구소 등)'[45]를 방문하여 농기구의 기계화, 압력솥

---

43) 『農家經營改善簿』.
44) 『昭和十四年手帳』.
45) 『昭和十三·十四年帳面』.

도입에 관심을 보인다. 그의 농경 생활의 기본적 자세는 '본년연구 목표 … 1. 과학을 응용한 여러 경영의 실제를 조망하여 금년 소생의 경영방책 연구, 2. 건강 … 식양학의 응용, 의식주의 전면합리화'[46]로 과학과 합리화였다. 1939년에는 '장래의 계획전망 : 농업의 기계화(자본주의, 지나치면 반대하지만)는 생산력 감퇴 속에서 국가존립의 의의가 적지 않다. 불가피'[47]라고 생산력 저하에 대한 기계화의 필요성을 역설하고 1943년에는 마을 공동으로 경운기를 도입하게 된다. 또 '농촌에도 의료를' 모토로 조합병원 설립운동에 참가해 간다.

그는 세계어인 영어, 에스페란트어 습득에 관심을 보이고 도시 모던풍의 사진술도 익히려 하였다. 1937년에는 양식의례와 물수건 사용법을 적어놓고 있다. 또 정해진 시간을 지키지 않는 '일본시간'의 인습을 시정하고자 했으며, 도시에서 유행하던 신혼여행을 받아들여 간다.

이처럼 오카와는 '문화'향상이란 입장에서 도시적 요소를 취사 선택하여 생활향상에 이용함에 주저함이 없었다. 이것이 그의 '반'도시적 농본주의 의식에서의 '반'의 의미이다. 관념에 머무르지 않고 현실 세계에 살며 생산 활동을 하는 그에게 있어 당연한 인식이었음에 틀림없다. 원래 농의 '성스런 의의'나 '국방적 의의'를 소리 높여 강조하는 근저에는 자신을 포함한 농민의 경제적 지위와 사회적 지위를 향상시키려는 목표가 있었던 것이다.

오카와의 농본적 의식은 농본주의 고취자 와고 츠네오和合恒男가 '문명'을 비판하고, '문명'의 요소로서 자본주의, 도본주의, 물질주의의 타파를 주장하면서 철도, 서양의학, 서양관, 서양식 난방·의복까지 부정하는 것과는 비교된다.

오카와 다케오는 농촌과 도시를 대립적으로 파악했다(단 농촌과

---

46) 위의 책.
47) 『昭和十四年手帳』.

도시에도 적용될 공통항은 '문화'란 용어로 이해했음). 그런데 그는 한 걸음 더 나아가 도시를 '서양'으로, 농촌을 일본 사회의 본질로 도식화하고자 했다. 그는 일본이 농본 국가여야만 하는 신념을 명확히 전달하는 방법으로 '서양'의 사례를 이용하여 일본과 비교하였다. 다시 말해 대내적인 것을 밝히기 위해 대외적인 것을 사용하여 '서양'을 상대화하였다. 즉 농촌이 일본사회의 본질임을 밝혀내기 위해 되어서는 안 될 병폐를 지닌 '서양'세계와 비교하였던 것이다.

농촌은 '견실한 국민정신(일본정신)의 원천'으로 '정직, 견인, 질소'[48]이란 일본정신의 본질이 존재하는 곳이었다. 또 "일본주의적 이상사회 실현을 위해 우리 소작제도를 연구하여 개혁을 단행하자"[49]라고 하고 있듯 일본주의는 내부 갈등이 없는 협동주의, 공존공영의 공동체 사회를 이상으로 하고 그것은 농촌에서 실현될 수 있다고 보았다. 한편 세계 각국의 발전과 몰락의 역사를 볼 때 농촌·농민의 저력의 존재 여하에 달려 있었다는 관점을 제시한다. '일본은 어느 시대 농업이 충실했는가, 그리고 그 시대의 국세 및 문화상황'[50]을 살펴보면 농업이 충실했던 시기에 국세 및 문화가 번성했었음을 밝히고, '혁명은 농인에 의해 행해진다. 해외발전도 농인에 의해 이루어진다. 민족발전의 방법으로서 이민은 고대 방식이지만 본질'[51]이라 하며 '日滿一體도 이민에 의함. 대륙건설의 근본'[52] 이라 본다. 즉 일본 민족발전의 원동력은 농촌·농민에 있다는 관점이었다.

이에 대해 '영국 … 중공업만, 미국 … 중공업과 영리농업, 일본 … 농민적 농업과 중공업'[53]이라고 비교하면서 '중공업이 발전하고 농

---

48) 『昭和十三年·十四年手帳』.
49) 『昭和十二年手帳』.
50) 『昭和十三年·十四年手帳』.
51) 『昭和十四年手帳』.
52) 『昭和十三年·十四年手帳』.

업을 방기한 영국의 지금의 모습'[54]은 몰락의 길목에 서 있는 상태로 "상공업화는 국민정신의 연약화 초래. 공업화의 한도, 매년 증가 인구를 부양할 수 있는가, 결국 상품을 외국에 팔고 식량을 산다. 영국식의 입국방식은 결국 멸망하는 것이 아닌가"[55]라고 전망한다. 농업을 방기한 영국은 기계문명, 상공업화의 정체 속에 결국 멸망할 것이라는 오카와 다케오의 진단은 영국의 예를 통해 일본사회의 본질이 농촌에 있음을 알리려는 수단이었다.

따라서 그의 도시문명의 비판점, 즉 자본주의적이며 개인주의, 기계문명, 물질문명, 이기주의, 배금주의 등은 곧 서양의 요소가 되었으며 이에 대해 일본사회는 협동주의, 공존공영, 상호조합주의, 정신문명의 사회였다. 이런 대비에 의해 서양에 대해 일본의 우수함=농촌·농민의 의의를 강변하고자 했다.

오카와는 이런 인식 아래, 또 그렇게 인식하게 만들었던 주변 담론의 영향아래, 기존 일본 사회의 자본주의적 질서를 '혁신'하고자 부락협동체 건설에 앞장서게 된다. 그런데 협동화 예를 들면 산업조합, 부락단체의 통제, 공동작업, 공동취사 등과 같은 일은 마을사람들의 협력 없이는 이룰 수가 없었다. 이 협동화는 총력전시기뿐만 아니라 1930년대 전반 농촌경제갱생운동 시에도 정부에서 대단히 강조되었지만, 개별 농가경영을 기반으로 하고 있는 농촌사회에서 간단히 될 수 있는 일은 아니었다. 오카와가 거주하는 아카보리赤堀 마을에서의 협동화는 縣 당국의 지도와 그 필요성을 아는 오카와와 같은 사람의 리더쉽에 의해 실행되어 갔다.[56] 오카와는 "적은 물자배급에, 농산물공출에, 공동작업·공동취사 등 부락협동화

---

53) 『昭和十四年手帳』.
54) 앞의 책, 『家の光』1939년 8월호, p.44.
55) 『昭和十四年手帳』.
56) 『昭和十六年日記』, 『昭和十七年日記』.

경영에 있어, 보수 일색이던 마을 주민이 금일 비약적으로 마음을
전개하는 것을 보니, 사변 전의 농촌을 생각하면 격세지감을 느끼
지 않을 수가 없다"[57]고 적고 있다.

VI. 農政에의 관심

농본주의적 사고는 농민들 사이에 광범위하게 침투되고 있었는
가? 농본주의의 고취자들의 강연회가 촌민을 매료시키고, 농본주의
고취자들의 간행잡지가 읽혀지고 있다. 기자키 정木崎町에서는 농본
주의적 가치를 바탕으로 농도정진을 꾀하고자 산업조합청년연맹(産
青連)이 결성된다. 산청련은 흥촌운동, 산업조합 활동을 하는 한편
자기들의 신념을 주위에 전파하기도 하여 '東京家政學院 봉사반과
의 좌담회, … (産青連 회원) 미야다 모지宮田茂次, 이소미 타로磯實太郎, 이
시즈카 시로시로石塚博四郎 등 발언, 농본주의를 주입'[58]하기도 했다.
"우리들 마을에 남아있는 산청련으로서는 세상이 어떻게 변해도 오
히려 점점 더 신념이 강해지고 있다"[59]는 각오를 다지기도 한다.

그러나 '농'의 신념을 서로 다짐했던 사람들조차 농촌을 떠나 공
장으로 떠나버리는 현실에 직면하게 된다. "(産青連 회원) 츠노다 마
사角田雅군 공장에 간다고 말함. 믿고 있었는데 놀랄 뿐이다",[60] "오
카와 요시오大川芳雄 … 이농, 촌락 내에 이농 얘기가 무성하고, 동요
가 심하다",[61] "상공업 드디어 현실로 다가왔다. 오호"[62]라고 위기
감이 표출되어 있다. 또 오카와 다케오大川竹雄가 믿고자 했던 천황

---

57) 大川竹雄, 「農本日本にかへれ」『國民運動』 35, 1942년, p.14.
58) 『昭和十七年日記』 六月十七日.
59) 위의 책, 七月十日.
60) 위의 책, 八月七日.
61) 위의 책, 九月十九日.
62) 위의 책, 九月二十七日.

은 신이라는 국체 관념에 대해서도 "미야다 모지와 국체의 본의에 대하여 논쟁함. 미야다는 천황은 반드시 완벽한 완성민이 아니기 때문에 의회 등이 다수의견을 결정하여 재단을 얻는 것이 좋다고 말하였다"[63]고 하듯 정착되고 있지 않음을 보여준다.

국가와 직접적인 연이 없이 살아온 한 농민이 '농'의 의의를 천황과 전쟁에서 구하고, 거기에서 농민으로서의 긍지와 자부심을 느끼고자 할 때 자연스럽게 일본 국가의 한 일원이라는 자각을 강하게 인식해 가게 되었다. 여기에 전시하의 '국가의 일원'의식을 강조하는 동원정책이 침투해 가는 기반이 있었다고 생각되어진다.

> 증산계획을 완수해서 그 결실을 올리기 위해서는 먼저 모든 농가 농업보국정신을 고양하여 묵묵히 증산에 몸을 바치는 기운을 배양함과 동시에 철저한 기술지도를 하는 것이 가장 중요한 일이다. (중략) 식량 증산은 지금 절대적으로 수행하지 않으면 안 되는 과제다. 따라서 이 한정된 자료를 가장 유효하게 이용하고, 물자가 부족한 곳은 정신력을 갖고 보충하며 증산에 매진하는 것이야말로 오늘날과 같은 비상시에 요구되는 진정한 농민도임을 굳게 믿는다.[64]

이렇듯 관료에게 있어서 '농'의 의의는 국가정책에 따라 묵묵히 생산력 향상에 정진하는 농민도였다. 관과 민이 추구하는 목적에 괴리가 있었다. 그렇기에 오카와로서는 '농민은 公租公課의 불공평, 도시편중의 정책등 정치·경제적으로 압박'[65]받는 현실, '조세에 문화적으로도 냉대받고 경제적으로는 농산물 지수 123, 구입농가용품156'이라는 현실에 대해서 '지금 이대로 놔둘 수밖에 없는가'[66]하

---

63) 『昭和十六年日記』 一月 十三日.
64) 「知事訓示要旨」 『群馬縣昭和一六年五月市町村長會議事項』.
65) 『昭和十三·十四年帳面』.

고 분노를 금치 못했다. 마을 분위기는 '우리들의 시국에의 불평'[67]
이라는 표현에 잘 나타난다. 농민은 사회로부터 멸시받고 농촌 내
부에서도 자연스럽게 이농자가 늘어만 갔다. 오카와는 농정에 관심
을 갖고 농민운동의 일환으로 도시발전 제한, 도시와 농촌격차 해
소 등을 주장했지만 그것을 받아들이는 데는 없었고 결국 현실은
반대 방향으로 진행되어 갔다.

Ⅶ. 맺음말

오카와 다케오大川竹雄가 주장하는 '農'(농민·농업·농촌)의 의의는 그
의 창조물이 아니다. 당시 농본주의 고취자들이나 국가 관료의 언
설을 자기 나름대로 받아들인 결과물이었다. 이상에서 살펴본 그의
농본주의적 의식을 통해 다음과 같이 정리할 수 있다.

첫째, 일본 국민으로서 농민은 국가적 가치를 어떻게 수용해 가
게 되는가.

근대 일본은 메이지유신으로부터 불과 50여년이 지난 제1차 세
계대전 이후에는 세계5대 강국의 하나란 국제적 지위를 얻게 되면
서 일본인들은 일등국, 일등국민이란 자부심을 갖기도 했다. 그러
나 당시 일본국민의 50%를 차지하는 농민은 이런 자부심과는 전혀
무관하게 사회로부터 촌놈이라 무시당하고, 농민 자신들조차 스스
로를 비하하고 이농하는 현실 속에서 일본의 농민으로서의 자긍심
을 가질 수 없었다. 이런 현실에 대해 오카와는 농민으로서의 자신
의 존재가치를 찾고, 농민의 경제적 지위와 사회적 지위를 향상시
키려는 의도 하에 '農'의 의의를 찾아 편력하게 된다. 그 결과 의의
를 어디에서 찾았는가 하면 인간 생명의 유지나 당시 최고의 가치

---

66) 『昭和十四年手帳』.
67) 『昭和十八年日記』 三月二十九日.

인 일본 신이나 천황에 대한 봉사에서 찾았고 중일전쟁 이후 새롭게 국방과 '해외발전'적 의의를 첨가하였다. 이것은 한마디로 「農道盡忠」이었다. 초라한 사회적 약자로서 그것을 돌파하기 위해 당시의 최고 가치였던 천황, 전쟁에 의존해 자신의 존재의의를 찾았던 것이다.

둘째, 농본주의적 의식의 반도시·반서양적이란 어떤 의미인가. 오카와 다케로가 '기계문명의 정체와 도시문명의 정체에 대한 농본이론'을 주장하고 있는 것에서 알 수 있듯이 오카와의 인식은 반도시적이라 할 수 있다. 그러나 반도시적이라는 것이 도시적 요소 일체를 부정하는 것은 아니었다. 오카와의 비판점은 자본주의적 사고·공리주의적 사고 즉 공업화에 의한 개인 영리만을 생각하는 풍조, 풍기문란, 배금주의, 소비적 경향, 효등 가족윤리의 붕괴, 민족의식의 약화 등에 향해 있었다. 다시 말해 정신적 타락을 지적하고자 했던 것이다. 기본적으로 그는 정신적 타락을 가져오는 공업화·도시화의 측면과 도시적 '문화'와는 구분해서 보고자 했다. 그리고 오히려 뒤쳐진 농촌 생활을 향상시키기 위해 농촌에 이 '문화' 수준을 높이고자 했다. 이처럼 '문화'향상이란 입장에서 도시적 요소를 취사선택하여 생활향상에 이용함에 주저함이 없었다. 이것이 그의 '반'도시적 농본주의 의식에서의 '반'의 의미였고, 따라서 그의 농본주의적 의식에는 근대성이 있었던 것이다.

한편 그는 도시를 '서양'으로, 농촌을 일본 사회의 본질로 도식화 하고자 했다. 즉 농촌이 일본사회의 본질임을 밝혀내기 위해 되어서는 안 될 병폐를 지닌 '서양'세계와 비교하였다. 자본주의적이며 개인주의인 '서양'에 대해 일본은 협동주의·공존공영을 이상으로 하는 사회로 묘사하고자 했으며, 이런 인식 아래 기존의 일본사회를 개혁하고자 부락협동체 건설에 앞장서게 된다. 이런 점에서 그의 농본주의적 의식은 메이지기와는 다른 '혁신'성을 띠었다.

셋째, 농촌이 파시즘의 온상이라 하는 논에서 나타나듯 국가도 농민도 한 덩어리로 일치 결합된 존재였다는 역사상은 맞는 것인가.

국가와 직접적인 연이 없이 살아온 한 농민이 '농'의 의의를 천황과 전쟁에서 구하고, 거기에서 농민으로서의 긍지와 자부심을 느끼고자 할 때 자연스럽게 일본 국가의 한 일원이라는 자각을 강하게 인식해 가게 되었다. 여기에 전시하의 '국가의 일원'의식을 강조하는 동원정책이 침투해 가는 기반이 있었다고 생각되어진다. 오카와는 국가의 지도 아래 부락협동체 건설에 매진해가기도 했다. 관료는 농민을 대상으로 하는 강습회, 강연회에서 농본주의자들을 동원하기도 했다. 그러나 관료에게 있어서 '농'의 의의는 국가정책에 따라 묵묵히 식량증산에 정진하는 '신민'의 모습이었다. 관과 민이 추구하는 목적에 괴리가 있었다. 그렇기에 '시국에의 불평'은 끝이 없었다. 오카와로서는 '농민은 公租公課의 불공평, 도시편중의 정책 등 정치 경제적으로 압박'받는 현실, '조세에, 문화적으로도 냉대받고 경제적으로'도 도시와 차이가 나는 현실에 대해서 '지금 이대로 놔둘 수밖에 없는가'하고 분노를 금치 못했다. 농민은 사회로부터 무시당하고 농촌 내부에서도 자연스럽게 이농자가 늘어만 갔다. 전업농가인 오카와는 도시발전 제한, 도시와 농촌격차 해소 등을 주장했지만 그것을 받아들이는 데는 없었다.

제7장 총력전하의 농업경영과 국책

Ⅰ. 머리말

일본에서는 1937년 중일전쟁 발발 이후 전쟁이 장기화되면서 총동원체제를 구축하려는 움직임이 가속화된다. 1938년부터 물자동원계획을, 1939년부터 생산력확충계획을 세우고 국가총력전에 대응하는 경제총동원의 골격을 만들었다. 이런 통제정책 아래, 생활 과 직접 관련이 있는 정책으로서 1938년 공정가격제, 1940년 배급제도, 1942년 식량관리제도가 실시되어 간다. 농림성에서도 1939년 '중요농림수산물증산계획'을 세워, 중요 농산·수산물에 대해 생산목표를 정한 다음 각지의 도부현에 그 생산량을 할당해 갔으며, 1940년에는 공출제도를 실시했다. 한편 농촌 청장년의 징병·징용과 여자도 공장노동에 동원되는 상황 속에서 농촌 노동력 부족 현상이 일자 노동력조정대책이 강구되어 진다.

본고는 이러한 총동원체제의 전개 속에서 일본 국민이 이 총동원체제를 어떻게 인식하고 대응하려 했는지를 밝히려는 한 작업이다. 이는 총동원체제를 구축해 가는 정치과정이나 그 사상연구와 더불어 전시기를 종합적으로 이해하기 위해 불가결한 과제이다.

이런 문제의식 하에 쓰여진 것으로 스자키 신이치須崎愼一의 「戰時下の民衆」(『體系日本現代史3』, 1979)이 있다. 스자키는 니가타 현新潟縣 이카사와 촌五十澤村 役場文書와 군마 현長野縣 시모이나 군下伊那郡의 지주 일기를 주로 사용하면서 전시기 촌락사회 내의 식량증산, 공출, 저축증강, 식량난을 살피고 있다. 씨는 이를 통해 전전 일본의 파쇼적 지배-강제적 동질화의 실태를 고발할 목적으로 국가권력의 민중에 대한 강제, 수탈의 실태를 강조했다.

이에 대해 야스다 츠네오安田常雄, 「戰中期民衆史の一斷面」(『昭和の 社會運動』年報近代日本硏究5, 1983)에서는 信濃每日新聞에 연재되었던 「農村雜記」, 「街雜記」, 「短編小說」을 묶은 『農村靑年報告』 全3冊(1940~ 1942년 간행)을 분석하여 민중의 생활의식에 보이는 전시체제 수용의 한 단면을 밝히고 있다. 한 예를 들면 물자부족에 의한 생활궁핍도 원시적 생활에의 회귀라고 적극적인 의미를 부여하며 자기 납득해 간다고 설명하고 있다. 여기서는 국가권력이 문제시되고 있는 것이 아니라 민중의 자세에 초점이 맞추어져 있고 모순이 있더라도 시대상황에 몰려 자기납득해가는 수동적인 농민상을 그리고 있다. 이에 대해, 이타가키 쿠니코板垣邦子, 「戰前·戰中期における農村振興運動」(『太平洋戰爭』年報近代日本硏究4, 1982)에서는 야마가타 현山形縣 농본주의적 농촌지도자의 일생을 추적하면서 농촌진흥운동의 관점에서 농민 스스로 전시정책에 적극적으로 협력해 가는 모습을 그리고 있다. 여기서는 농민이 식량증산 등의 전시정책에 적극적으로 협력하는 배경에는 전시혁신에의 기대가 있다고 보고 있다.

이렇듯 연구동향을 보면 국가권력의 규정문제로부터 국가정책이 민중 사이에 어떻게 받아들여져 정착해 가는가 하는 '수용'의 문제로 관심이 변해갔다. 다시 말하자면 '강제'와 '저항'의 축으로부터 '수용'으로 관심이 변해가면서 국가에 대한 사회적 지지기반을 찾아내고자 했다.

본고는 위와 같은 기존연구의 바탕 위에 전시기의 총동원정책과 농민과의 내적 연관성을 규명하는 작업으로, 방법적으로는 농민에게 있어서 가장 중요한 생존기반인 농업경영에서 전시기에 어떤 변모과정이 있었는지를 한 개인을 축으로 살펴보는 방식을 취한다.

본고에 등장하는 개인은 군마 현群馬縣 닛타 군新田郡 기자키 정木崎町 (現 新田町)의 아카보리赤堀(大字)에 살았던 지주 오카와 다케오大川竹雄 이다. 필자에 의해 발굴된 그의 개인문서를 중점적으로 분석하면서 그의 농업경영과 그가 거주하는 아카보리지역 주민 및 국책과의 관련성을 살펴보고자 하며, 결론에서 상기 기존연구에 대해 검토하려 한다.

Ⅱ. 전시기의 경작지 운영

오카와 다케오大川竹雄는 1911년 오카와 요시노스케大川吉之助의 차남으로 태어났다. 부친 오카와 요시노스케는 1910년 기자키 정木崎町 쇼보 조消防組의 四部 小頭를 마쳤고, 1915~1919년에 구장, 1921~1925년에 정의, 1923~1924년에 소학교 건축위원, 1923~1928년에 八幡宮 氏子 總代, 1921~1925년에 사원 大通寺 총대를 역임한 마을 유지로 1923년 縣稅戸數割 부과액 순위는 아카보리赤堀에서는 1위, 기자키 정 전체에서는 10위였다.[1]

오카와 다케오는 1928년 중학교를 졸업하고 나서 농학교에 진학하여 장래 농림기사로서 월급 생활할 것을 꿈꿨다. 그러나 장남인 형이 병으로 자리에 누워있는 상태이고 1930년 결국 사망한 관계로 집안의 후계자로 본격적인 농업경영에 전념하게 되었다. 오카와 다케오의 소유면적은 1939년 1월 20일 현재 산림을 포함해서 10정6반보9무로, 그가 1930년 농업을 시작한 이래 그 면적에는 변함이 없었다.[2]

오카와의 경영면적은 1930·1931년도에는 논이 1정4반보, 밭이 1정2반보, 합해서 2정6반보였는데,[3] 1935년에는 논 1정1반9무8보, 밭

---

1) 『昭和10年帳面』(大川家文書).
2) 『昭和一三·一四年帳面』.

2정3반2무24보, 합계 3정5반2무2보로 확대되었다.[4] 논의 감소는 경지교환 과정에서 줄어들었고 또 친척에게 소작을 준 탓에 줄어들었다. 이와는 달리 밭은 증가했는데 그것은 산림을 개간했기 때문이다. 1934년에는 결혼해서 노동력이 한사람 늘었으므로 경지면적도 전체적으로 1정보 정도 증가하게 된 셈이다.

1938년의 경영면적은 논이 약 1정2반, 보통 밭이 1정보, 뽕나무밭이 1정5반, 라미밭(라미는 모시의 일종)이 1반보, 그밖에 택지 1반보로 합해서 3정9반보이었다. 밭은 1935년 보다 증가하였는데, 이것도 소유 산림의 개간에 의해서 증가한 것이다. 보통 밭도 개간 직후의 육도 밭이 대부분이었다. 이것을 보면 당시 산림 개간이 상당히 이루어졌다는 것을 알 수 있다.

한편, 이 당시의 작물을 보면 과수를 많이 심었다는 점이 특징이다. 호두나 매실, 포도, 감 등의 과수도 심었는데, 이것은 대부분 자가용이었다. '영리'목적으로는 밤이 1938년부터 본격적으로 재배되기 시작했다.

이 1938년의 노동력을 살펴보면, 오카와 다케오, 모친, 처 그리고 고용인으로 하츠 타로初太郎(한사람 몫의 노동력을 가진 것으로 평가하고 있음), 14살짜리 스도 에이키치須藤永吉(반 사람 몫으로 평가), 또 이 해 중반부터 고용한 12살의 야지마 쇼헤이矢島昭平(반 사람 몫으로 평가)가 있었다. 이 노동력으로 3정9반보의 경작지를 경영하는 것이 최대한의 노력이었던 것 같다. 그런데 1939년에는 하츠 타로가 그만 두게 되고, 또 오카와도 아카보리의 농업실행조합장 직을 맡게 되어 부락(이후 편의상 마을로 번역함) 업무로 자신의 농사일을 전념할 수가 없게 되었다. 그러므로 오카와에게는 앞으로의 경영면적을 어떻게 운용할 것인가가 중요한 과제로 대두되었다.

---

3) 『農家經營改善簿』.
4) 『昭和10年帳面』.

이러한 노동력 부족을 극복하기 위한 방안으로 후술하듯 하나는 농작업의 능률화이었다. 또 하나는 경영면적 조절과 그 용도를 모색하는 방법인데 이를 위해, 첫째 경영면적을 줄여서 소작을 주는 방법을 취하였다. 1939년 봄 경영면적을 보면 '논 1정2반보(논둑은 콘크리트로 만들어 비상시 제초하지 않는다), 보통 밭은 개간지 8반보(육도), 뽕나무밭 1정1반보, 택지·과수 및 야채 2반보'와 라미, 밤을 포함해서 3정5반보 정도였다. 즉 1938년도 경영면적과 비교하면 4반보 정도의 경지를 소작농으로 한 것이다.

둘째로, 될 수 있는 한 경영면적을 유지해 나가면서 경작지를 노동력에 맞추어 효율적으로 운영하는 방법이다. 노동력에 비해 경영면적이 넓으면 생각할 수 있는 것으로는 생력省力경영 밖에 없다. 그래서 오카와가 고안해 낸 것이 밤나무를 심는 것과 그 재배면적의 확대였다. 밤을 재배하는 것은 영리만을 목적으로 하는 것은 아니었던 것이었다. 오카와가 밤 재배지를 '무노력지'[5]라고 표현하고 있는 것은 밤을 생력경영 작물로서 선정했다는 것을 단적으로 나타낸 것이다. 밤 나무은 한번 심으면 손이 많이 가지 않으며, 수입도 기대할 수 있다. 밤은 1938년에 심기 시작하여 1941년에는 3반보에 이른다.

또 1941년에는 오동나무를 심고 있다. 그해 2월 경영면적을 보면 논이 靖田지역의 2反, 水下지역의 8반 3무, 西田지역의 4반으로 도합 14반 3무, 그 외 뽕나무밭이 11반, 육도지 4반, 야채·과수 4반, 밤 3反, 오동나무 3반으로 도합 25반보로 전부 합해서 3정 9반 3무였다.[6] 이 경영면적을 1939년과 비교해보면 증가되었는데, 그러나 이것은 개간에 의한 것이 아니라 소작지로 빌린 것이다. 수전 중 1반보는 와카야스若安라는 사람한테 빌린 것이고, 水下지역 1반보는 미

---

5) 『昭和一六年日記後記』 2月8日.
6) 『昭和一六年日記後記』 2月8日. 靖田, 水下, 西田은 지명.

야다 로쿠로宮田六郎에게 빌린 것이다. 미야다에게 빌린 이유는 경작하고 있는 기존의 水下경지에 인접해 있어서 집단경지 확보를 위해서였다. 밭 면적 중 3반 5무도 미야다에게 빌렸다.[7] 여기서 확인해 둘 것은 자신이 소작지로 빌려준 토지가 있음에도 불구하고 다른 사람에게 소작지를 얻고 있다는 점이다. 이것은 '拙宅 소작미 40俵정도, 수전 5반보에 해당한다. 내가 자작하는 것만 못하다'[8]고 생각이 들어도, '上地騷ぎこりごりなり(소작지 반환 소동 이제 신물이 난다)'[9]라고 감정적인 표현을 쓰고 있듯이, 소작인들 스스로가 토지를 반환하지 않는 한 좀처럼 회수하기 어렵게 된 시대상황을 반영하고 있다.

한편 1941년도의 경작지 중 오동나무가 3반보 재배되고 있는 점이 주목된다. 오동나무는 '뽕나무밭에 식목, 완료'라고 되어 있듯이 뽕나무밭을 줄이고 오동나무를 심었다. 전시기에 있어서는 오카와의 농업경영에 있어서 작물재배 특징은 뽕나무밭 축소와 과수, 오동나무 등 비 곡물류의 확대에 있었다. 여기에서 오동나무를 심은 이유에 대해서 살펴보고자 한다.

『昭和十六年手帳(1941년 수첩)』에는 '果樹 및 桐樹 개시의 건: 세습적 자가경영, 토지의 일시적 유지 방책으로서 장남이 성인이 될 때까지 적은 노동력으로 토지를 유지하기 위함'이라고 쓰여 있다. 세습적 자가경영, 즉 현재의 경영면적을 그대로 장남에게 물려주는 것이 제일의 목표인 것이었다. 그러므로 그러기 위해서 '과소한 현재의 노동력'을 갖고 그에 비해서는 면적이 넓은 경작지를 유지해

---

7) 宮田六郎는 아들 부부가 미국으로 이민을 갔기 때문에 혼자 남아있었다. 따라 노인 혼자서 농사를 짓지 못하게 되자 미야다한테 반 정도 부탁 받아 빌리게 되었다.
8) 『昭和一六年日記後記』2月 8日.
9) 『昭和一六年手帳』.

나가지 않으면 안 되었다. 따라서 손이 많이 가지 않는 과수나 오동나무를 심어두는 것이다.

1941년도 노동력 상황을 보면, '永吉 0.8, 昭平 0.6, 大竹(大川) 1.0, 春(처) 1.0, 母 0.3, 합계3.7로 일인당 약 1정보 경영'[10]으로 계산하고 있다. 축력 기계화의 선구자인 마에바시 신파치로前橋眞八郎가 축력 기계화로 두 사람이 2정보의 이모작과 4반 정도의 밭을 경영할 수 있다고 말하고 있는 것으로 보아,[11] 축력 기계화가 진전되지 못한 오카와 집의 '일인당 약 1町步 경영'은 최대한도의 노동력 발휘였음에 틀림이 없다. 오카와가 '노동력 분배 제일주의, 현 경영 유지에 노동력 면에서 어려움 있음'[12]이라고 지적할 수밖에 없었던 것은 그런 현실을 그대로 반영해 주는 것이다.

현재의 노동력 부족만이 문제는 아니다. 앞으로는 고용인들도 떠나게 된다. 즉 이농현상, 특히 전시 하에 있어서의 징병, 징용 등이 오카와 다케로의 농업경영에도 그 영향을 미치게 되는 것이다.

> 昭平 1940년 12월부터 1943년 11월까지, 永吉 1943년 2월까지, 즉 1944년도부터 일손이 적어진다. 이 해에 소생 34세, 春(처) 30세, 博道(장남) 9세, 敦美(딸) 6세가 됨. 대체로 이 해까지는 省力경영 형태를 확립하여 앞으로는 고용인 없는 자가노동력만의 경영으로 전환한다. 즉, 일손은 적어지고 고용인은 불가능해지는 시대가 되어 1944년부터 어떤 방법으로 경영을 省力적으로 유지해 갈 수 있는지를 고찰하여 금년부터 대책을 수립하자.[13]

---

10) 『昭和一六年日記後記』 3月 28日.
11) 『昭和一六年日記後記』 3月 28日.
12) 『昭和一六年日記後記』 3月 30日.
13) 『昭和一六年日記後記』 2月 8日.

쇼헤이와 에이키치는 계약이 만료되면 공장으로 가든지 징병으로 가게 되어 있다. 게다가 새로운 사람을 고용하는 것은 불가능한 시대, 다시 말해서 노동력 부족 현상이 일반화된 시대 상황이었다. 이제 가족 노동력에만 의존할 수밖에 없는 상황으로 省力경영 확보를 준비할 수밖에 없었다. 현재 '1인당 1정보 경영'이므로 고용인이 없어지는 '1944년부터 노동력 2인 반 정도, 2정5반보가 한계'[14]가 된다. 따라서 경영면적을 될 수 있는 한 줄이지 않고 농업경영을 하려면 밤 등의 과수나무나 오동나무와 같이 손이 많이 안가는 省力경영 작물을 재배 할 수밖에 없었다.

그런데 왜 남아도는 경영면적을 소작지로 하지 않았을까. 그 이유중 하나는, "오동나무 심는 변명: (중략) 일시적으로 빌려주는 것은 서로에게 도움이 되지 않고, 게다가 소작지 회수 문제 지긋지긋하다"[15]라고 되어 있듯이, 한번 소작을 주면 필요한 때에 소작지를 회수하기 어려운 상황이었기 때문이었다. 또 하나는, 오카와는 자신이 경작권확립, 소작지국유화, 세습농지제를 주장했기 때문이다. 즉 기본적으로 토지를 경작하는 사람이 그 토지를 소유해야 한다고 생각했다. 당시 전시 하에서는 생산력의 관점에서 그러한 논의가 활발히 진행되고 있었고, 그 영향 아래 오카와는 그러한 시대가 올 것이라고 믿고 있었던 것이다.

桐辯: 토지세습제, 가산제, 소작지 국유를 전제로 노동력이 적은 시기에는 粗放경영으로(1941년부터), 노동력이 많을 때에는 야채의 집약제로. 될 수 있는 한 노동력을 들이지 않고 많은 토지를 경작하기 위해 경지의 산림화로. 차입지 불안, 미국으로 이민간 집(宮田六郞)이 귀국하더라도 우리 집 경지가 3정보 확보될 수 있도록 설계. 大正 용수 실

---

14) 『昭和一六年日記後記』 3月 28日.
15) 『昭和一六年手帳』.

현 가능성 있음 등에 의함.[16]

　이 사료에서도 알 수 있듯이 소작지 국유 등이 실현된다고 생각한다면 안이하게 경지를 소작지화 할 수 없는 일이다. 장래를 위해 가족 노동력으로 운영할 수 있는 적당량의 경작지를 확보해 두지 않으면 안 된다. 그러기 위해서는 당장은 손이 많이 가지 않는 쪽으로 경지를 확보해 두었다가 필요할 때에 노동집약적인 경지로 전환할 수 있도록 해두는 것이 필요하다. 소위, 밤이나 오동나무를 심어두는 토지는 예비지적 성격을 지니는 셈이다.

　그리고 오카와는 자가 노동력으로 경작할 수 있는 적당량의 경영면적으로 3町步 전후를 목표로 했다.[17] 이 면적은 '기계화, 집단경지, 유축화, 협동화, 노동과학화' 및 대정용수가 실현된다는 것을 계산해서 얻은 면적이다.[18] 그런데 자신의 이상적 경영면적인 3정보 보다 현재 1정보 정도 많은 경작지를 갖고 있었기에 미야다에게 빌린 소작지를 반환하고 남을 3정5반 정도를 '대체적으로 이것은 이상적'으로 보고 유지하려 애썼던 것을 알 수 있다.[19] 다시 말해서, 앞으로의 전망을 예견하여 여분의 면적인 과수, 오동나무 밭을 그대로 유지하려고 마음을 먹었던 것이다.

　정부에서 식량증산정책을 부르짖어도 예비지인 밤이나 오동나무 경지를 소작지로 전환하지 않았던 이유를 엿볼 수 있다. 오카와의 과수나 오동나무 재배에 대한 '변명'을 보면, 이상 살펴본 내용과 일치함을 알 수 있다.

---

16) 『昭和一五·一六年帳面』.
17) 『昭和一五·一六年帳面』 장래 농업, 지주로서의 기계화, 유축화, 3町 전후가 목표.
18) 『昭和一六年日記後記』 3月 6日.
19) 『昭和一六年日記後記』 3月 28日.

과수원 연구. 3반보 宅園에 적지 있음. 나아가 장래 농업의 기계화 시대 도래, 또는 博道, 敦美가 성장해서 집안 노동력이 늘어날 때에는 소작지의 반환 요구도 서로 곤란한 문제가 되므로 예비지로서의 의미 및 노동력 분배상에 있어서 밤(만추와 초추 사이 노동력 이용)과 감, 보리 파종의 가을 노동력 이용, 둘 다 노동력 분배상 좋다.[20]

이상에서 알 수 있듯이 밤 등의 과수나무나 오동나무를 심은 이유는 다양하다. 앞으로의 농업여건 개선(용수확보), 기술측면(기계화, 축력화)을 고려하고, 또 소작문제에 대응한 고심의 결과이기도 했다. 게다가 오동나무는 국책작물인 미라에도 좋은 효과가 있다고 이유를 대기도 하고, 밤나무를 심은 것은 효율적으로 노동력을 분배 활용하기 위해서라고 하였다. 그러나 그것들을 심은 가장 중요한 이유는 전시 하에 발생한 노동력 부족에 대한 대응책이었던 것이다. 뽕나무밭 축소와 밤나무, 오동나무 경지 확대는 생력경영을 고려해서 나온 것인 것이다. 바로 오카와 집의 밤나무와 오동나무 문제는 전시 하에 있어서 노동력이 부족한 농촌의 일 단면을 그대로 드러내고 있다고 할 수 있다.

뽕나무밭은 1938년에 1정 5반보를 최고로 해서 그 후로는 1정1반보를 유지해나가지만, 이것은 전시 하 정부의 식량증산정책에 따라 뽕나무밭을 정리해버린 것이 아니라, 노동력 부족이란 여건의 변화에 자생적으로 대응한 결과였다는 것을 확인 할 수 있다.

지금까지 전시 하 노동력 부족 현상 속에 그것에 대응해서 경작지를 어떻게 이용하고자 했던가에 대한 것을 살펴보았다. 다음은 농경작업의 기술면을 검토해서 전시하의 특징을 살펴보고자 한다.

---

20) 『昭和一六年日記後記』 2月 8日.

Ⅲ. 전시기의 농작업과 생산향상 노력

1. 1938년경의 농작업

1938년도 경작물은 육도, 밀, 보리, 뽕나무, 야채, 과수 및 국책작물인 라미(모시의 일종)등이 있었다. 야채나 과수는 자가용에 머물렀다. 경영형태는 '도작과 양잠을 중심으로 한 형태로서 먼저 이 두 가지 큰 요소 연구. 다음으로 육도, 매실, 밤, 라미, 축산 연구'[21]로 되어 있듯이 '米と繭'중심의 경영이었다. 1938년에는 春蠶 上簇 이후 7월 농한기까지, 즉 가장 바쁜 6월 15일부터 7월 16일까지 주요한 농사업무 항목과 노동시간을 기록하고 있다.[22]

이것을 보면 춘잠 상족 이후 한 달 동안의 오카와 다케오大川竹雄의 주요한 농경작업 시간은 250시간에 달하고 있다. 그렇다면 적어도 하루 평균 노동시간은 8시간 이상이 된다. 게다가 야채재배 및 산양, 닭 사육에 신경을 쓰게 되면 노동시간을 더욱더 늘어난다. 이러한 중노동을 조금이라도 줄이기 위해서, 그리고 노동력 부족에 대응하기 위해 농경작업을 어떻게 해결하려고 했을까. 오카와 다케오는 아주 바쁜 시기인 7월 7일에 지금까지의 농작업을 되돌아보면서 1939년의 실행방안의 세웠다.

昭和十四年度實行

1. 농사 전기화의 연구
2. 밀은 밭(특이 파종을 빨리 할 것)에 농림 16호, 농림 1호. 주력전인 西田만은 埼玉 품종으로
3. 논두렁의 콘크리트화, 田堰의 신설

---

21) 『昭和一三·一四年帳面』.
22) 『昭和一三·一四年帳面』.

   4. 합리적인 채소농원 설립
   5. 노동력분배의 합리화
   6. 뽕나무밭의 합리화
   7. 농경상태 조사서 연구
   8. 유축화의 연구
   9. 원동기의 연구(유축농업)[23]

이 중 '1. 농사 전기화의 연구'라는 것은 석유를 이용한 발동기에서 모터로 전환하려고 하는 것이다. 오카와는 탈곡할 때는 본인 소유의 축력원동기 또는 친척소유의 발동기를 이용했다. 발동기는 축력원동기보다 효율은 좋지만 자주 고장이 발생하는 단점이 있다. 또 전쟁이 격심하게 돌입함에 따라 연료인 석유 구입도 쉽지가 않았으므로 모터에 관심을 갖게 되었다. 그러나 모터 구입에 있어서 문제가 되는 것은 사용 전기전압이 220볼트여서, 모터를 사용하는 데에는 가정전력과는 별도의 전력공급을 필요로 하였다. 그것은 쉬운 문제가 아니었기에 1939년 첫 번째의 농사조합의 공동안건이 되었다(전력 공급과 부속품의 배급 신청).

'2.'의 내용은 품종에 따라 파종시기를 달리 할 수 있고 그에 따라 수확시기도 달리하여 노동력 배분의 효율성을 꾀하려고 하는 것이었다. '3. 논두렁의 콘크리트화'는 쥐나 두더지가 논두렁에 구멍을 내어 물이 새어나가기도 해서 매년 물이 새지 않도록 진흙을 논두렁에 바르지 않으면 안 되는 중노동을 피하기 위해서다. 그러므로 논두렁을 콘크리트화하면 매년 반복되는 중노동을 피할 수 있어 그만큼 노동력이 절감된다, '4. 합리적인 채소농원 설립'은 연작을 피하고 합리적으로 토지이용을 할 수 있는 채소농원을 만들

---

23) 『昭和一三·一四年帳面』.

고자 하는 내용이다. '5. 노동력분배의 합리화'의 주요 내용은 품종
배합이었다. '6. 뽕나무밭의 합리화'는 주로 품종연구와 나무와 나
무의 간격을 탐구하는 내용이고, '8. 유축화의 연구, 9. 원동기의 연
구'는 말을 이용하여 노동력 절감을 꾀하고자 하는 것이다.

  이상의 내용을 볼 때 노동력의 분배와 절감이 주요한 관심사였
던 것을 알 수 있다. 그것을 위해 오카와는 논두렁 콘크리트화 등
의 경지개량, 파종법·품종배합 등의 농사개량, 유축화·전기화에 의
한 농기구개량 등 자신이 할 수 있는 모든 수단을 구상했다. 이러
한 노력은 능률적인 노동력 이용, 다시 말해서 생산비 절감의 기술
이라고도 할 수 있다. 오카와는 그것과 함께 반수 증대도 무시하지
않았다. 좀 더 농작업의 내용을 살펴보기로 하자.

  1938년에는 밤에 대한 기록도 많다. 그 내용은 품종에 대한 조사,
모종할 때의 간격 등이었다. 즉 岸根은 밤의 양은 많으나 晩生이어
서 수확시기가 농번기인 10월로 노동력분배 면에서 효율성이 낮은
점이 단점이다. 또 나무가 성장해서 큰 나무가 되므로 처음에 나무
와 나무사이를 넓게 배치를 하지 않으면 안 된다. 大正早生은 수확
시기가 다른 것보다 빨라서 8월로 농번기와 겹치지 않아서 좋은 장
점을 지니고 있다. 게다가 나무와 나무사이를 넓게 하지 않아도 되
지만 수확 양이 적은 것이 단점이다. 이러한 것을 어떻게 배합하느
냐 하는 것이 관심거리였다. 결국 大正早生을 많이 심고 있다. 논에
서는 水稻비료의 배합 연구가 주된 내용이었다. 단비료單肥料를 토
지마다 품종마다 어떻게 합리적으로 배합해야 할까 하고 고민한
기록이 많다. 麥에 대해서는 다음과 같은 쓰고 있다.

  1939년도 밀·보리 재배 연구 : 양질 밀의 안전 다수확 방침. 노동
  력을 절약하고 과잉인자가 되는 徒費를 조심하는 능률 재배를 실시
  할 것. 不整地 파종 활용. 3성분배합 방법을 토지마다 생각한다. 파

종적기의 실행. 地力費인 퇴비 시용을 토지에 따라 주의한다. 후작을 생각한다. 품종은 농림16호(제1품종, 白澁病에 약함), 埼玉 7호, 이 안전한 두 품종 조합. 보리는 關取2호(다수확, 양질, 早熟) 좋다. 밀보다 보리의 적기는 10일 뒤.[24]

이와 같이 재배법, 비료배합, 품종 등에 대해서 아주 간단히 정리해 놓았다. 농림16호는 맛이 좋고 가격도 비싸고 수확량도 많은 '제1품종'이었다. 그러나 농림16호만을 재배하는 것은 위험한 일이었다. 白澁病에 걸려 실패하면 그 해의 밀 재배는 전멸하고 만다. 그래서 맛은 떨어지지만 무엇보다도 양이 많은 埼玉와 조합하여 안전을 꾀하였다. 또 농림16호는 비료를 많이 주면 쓰러지는 특징이 있는 품종이다. 그러므로 '밀, 보리 완숙 퇴비를 조금만 뿌려주는 것'을 염두에 두지 않으면 안 된다. 따라서 농림16호는 잘 재배하면 비료 양과 노동력의 절감으로 연결지을 수 있다. 노동력의 절감은 파종 방법에도 있다. 乾田의 경우 벼 수확 후 경운하지 않고 그대로 밀을 파종하는 不整地 파종을 함으로써 노동력 절감을 꾀하고 있다. 게다가 일찍 파종하고 늦게 파종하는 것에 의해 노동력 분배를 꾀하고 있다. 요컨대 안전, 多收, 노동력 분배를 주요 항목으로 하여 밀, 보리 농사를 구상하고 있는 것이다.

한편, 암거배수 등 경지개량에 의한 밀, 보리 수확량 증가도 검토하고 있다. 아카보리赤堀에서는 乾田은 30% 정도 밖에 되지 않고 대부분은 半濕田 지역이다. 半濕田은 밀, 보리 재배에는 적합하지 않으므로 그곳에서는 高畦재배로 밀, 보리를 재배할 수밖에 없어서 乾田에 비하여 생산량이 반으로 줄게 된다. 오카와 집의 밀, 보리의 평균목표 반수는 4俵 정도에 지나지 않았다. 게다가 高畦를 만들려

---

24) 『昭和一三·一四年帳面』.

면 노동력이 필요하다. 오카와는 노동력 부족이 심한 1942년에는 논 1정4반3무 가운데 2모작지로 7반밖에 사용 못하고 나머지 7반정도는 포기하고 있다.[25] 이것은 논을 쉬게 함으로써 벼의 모종시기를 빨리할 수 있는 一毛作地가 늘어나 모내기 때 노동력분배 효과를 갖고 오기도 하지만 밀, 보리 수확량이 감소된다. 따라서 濕田의 乾田化를 위해서 반영구적 배수인 암거배수를 실시할 필요성을 느끼게 되었다. 그러나 이것은 한 개인이 할 수 있는 일이 아니었다. 부락사람들의 협조가 필요한 일이었다.

양잠에 대해서는 '多肥 안전 사육' 'p.k 多施에 의한 노동력 절감'라고 되어 있듯이 多肥料에 의해 노동력 절감을 꾀하려고 하고 있다. 뽕나무밭에 다량의 비료를 주면 번성하고 또 잡초가 나지 않는다. 잡초를 제거하는 노동력이 절감되는 것은 두말 할 필요가 없다. 노동력 절감과 생산량유지·확대는 다량의 비료를 쓸 수밖에 없다. 다량의 비료사용은 생산력 증대에 공헌하지만 생산비 증대도 가져다준다. 따라서 '토지가 비옥하면 생산력이 증대된다(금비, 노동력의 2대 생산비 동시에 수익). 따라서 축산-사료의 자급'[26]이란 인식하에 퇴비증산을 꾀한다. 퇴비는 낙엽이나 볏짚, 보리짚을 돼지나 말 등의 가축에게 밟게 하여 퇴비더미에 모아둔다. 몇 번이고 반복하고 자주 뒤섞어 주면 좋은 퇴비가 된다. 따라서 축산이 필요로 되고 "가축이 없으면 농업을 할 수가 없다"고 할 정도였다. 퇴비 자급은 생산비 절감에 직결된다. 그러나 퇴비를 만드는 일이 용이하지 않다. 게다가 퇴비를 운반하고 논, 밭에 뿌리는 일도 중노동이었다. 따라서 비료 자급화를 하려해도 좀처럼 이루어지지 않는다. 1935년 벼농사에 있어서 金肥 60엔의 지출을 자급화해서 5엔 정도로 축소시키려 개선목표를 세웠지만 실패로 돌아가고 말았는데 이는 비료

---

25) 『昭和一七年日記』 3月 10日.
26) 『昭和一三·一四年帳面』.

자급화의 어려움을 잘 말해 주고 있다.[27]

한편, 새로운 농기구 구입 및 기계화에도 모색을 계속하고 있다. 1938년의 기록을 보면 효율 좋은 입력식 籾摺機(도정기), 전기 라미박피기, 축력원동기, 모터 등이 주요 관심사였다. 농기구의 개선은 노동력 절감을 가져다준다. 또 그만큼 경작면적을 넓힐 가능성도 있다. 오카와가, '합리적인 모범 경영확립'의 요소로서 '기계화, 면적, 작물재배, 경영계획'을 들고 있듯이 기계화를 중시하였는데 이는 노동력 부족현상에도 불구하고 경영면적을 유지하려는 데서 나온 결과였다. 1939년에는 '장래의 계획전망 : 농업의 기계화(자본주의, 지나치면 반대하지만)는 생산력 감퇴 속에서 국가존립의 의의 적지 않다. 불가피'[28]라고 생산력 저하에 대한 기계화의 필요성을 역설하고 1943년에는 마을 공동으로 경운기를 도입하게 된다.

이상이 중일전쟁 초기인 1938, 1939년경 오카와의 농업개선책이었다. 노동력 부족에 의한 노동력 절감과 反收증대의 원칙은 때에 따라서는 모순되는 경우도 있다. 노동력 분배나 노동력 절감을 위한 不整地 파종이 반수감소를 초래하는 것은 두말 할 필요가 없다. 이 모순을 줄이고 또 구체적인 개선안을 실행할 수 있도록 지식습득에 전념을 기울였다. '本村 양잠가의 누에고치 평균 反收 증대 목적으로 이웃 마을 佐波郡 □村 양잠가 반수60관 시찰', '農試시찰', '연구 결과를 가지고 다음과 같은 곳 방문. 和合恒男氏, 農士학교, 宇都宮농학교 농장, 東京(櫻澤, 岡本利光, 노동과학, 勞研, 압력솥연구소 등)'의 방문, 밤 산지 茨城縣 千代田村 四萬騎 농원 시찰 등 각지를 방문하여 지식과 농도정신을 배우려 했다. 그 목적은 '과학을 응용한 여러 경영의 실제를 조망하여 금년 소생의 경영방책 연구'에 있었다. '과학' '능률' '합리'란 키워드 아래 노동력 절감, 안전, 반수증대

---

27) 『昭和一〇年帳面』.
28) 『昭和一四年手帳』.

를 목표로 주어진 여건 속에서 실패도 하면서도 최대의 효과를 얻으려했던 것이다.

그런데, 노동력 절감이라고 해도 노동력 절대량이 감소하는 것이 아니다. 노동력 부족 발생을 해결하기 위한 노동력 절감이기도 했기 때문이다. 따라서 노동력의 질을 높이는 방법으로 효율적 생산활동을 꾀하려고도 했다.

1. 일찍 자고 일찍 일어나기 실천, 야식 후 가급적 빨리 휴식을 취할 것(강제적으로 할 것), 원칙적으로 대문을 빨리 잠그고 밤의 방문을 피할 것, 가장 일찍 일어날 것(소생부터 실천), 특히 農休 이후 맑은 날은 낮잠 1시간을 자지 말 것, 저녁에는 일찍 귀가하여 아침 일찍 시작함이 가장 간요.
2. 日中에는 전심 노동할 것, 양보다 질을 추구할 것.
3. 날씨 및 1주일 뒤를 생각해서 논밭 상황을 점검하고 노동 예정의 게시를 반드시 행할 것.
4. 아침식사 전 반드시 택지 및 집 남쪽의 밭에 나갈 것.[29]

이것은 노동시간을 효율적이고 집약적으로 이용하려는 마음 다짐이었다. 오카와 다케로에게 있어서 이런 마음가짐을 각오하는 근본적 이유는 자기의 농업 노동을 최고의 가치인 神, 천황에 대한 봉사라고 하는 '성스러운 의의'와 전시기에 강조된 '국방적 의의'에 두고 있었기 때문이었다. 그것을 한마디로 말한다면 '농도진충'이라 할 수 있는데 그 의의를 충족시키는 성직을 수행하기 위한 마음가짐이 부단히 반복적으로 나타나고 있다.

그리고 이 성스러운 노동을 지속하기 견디어내기 위해 건강을

---

29) 『昭和一三・一四年帳面』.

중요시하였다. 오카와에 있어서 건강을 유지하기 위한 주된 방법은 식사였다. 그것은 식사가 올바르면 심신도 올바르게 된다[30]라는 정신에 기초하고 있다. 그가 '식양학食養學'에 강한 관심을 갖기 시작한 것은 그 때문이었다. 그에게 올바른 식사, 올바를 심신은 첫째 자신과 가족의 건강을 지키고, 둘째 가정의 안정과 원활한 농업경영을 수행하기 위함이며 나아가 자가 레벨을 넘어 의의 있는 농업을 완수하여 건강한 식품을 풍부하게 먹을 수 있는 나라를 만들기 위한 토대였던 것이다.

1938, 1939년에 비해 1941년 이후는 더욱 심각한 노동력 부족을 느낀다. 이때의 오카와의 농업경영에 대해서는 지면 제약상 후고로 넘긴다.

2. 1941년경의 省力經營

1938년에 비해 1941년에 오카와大川는 노동력 부족을 더욱 심각하게 느끼고 있다. 자기 집 고용 인력이 떠나는 것에 대한 위기의식은 앞에서 살펴보았지만, 그뿐만이 아니다. 징병, 징용, 이농 등으로 황폐해져 가는 주변지역의 노동력 부족까지 실감하는 시대였다.

1941년 9월 1일 筑波村 시찰

尾島, 小泉, 大川, 高島(지명)등을 지남. 공업화의 必至와 농경 대변혁이 급선무인 것을 통감함. 이 지대 농지의 5, 6%나 잡초로 황폐하고, 농작물 상태 나쁘다. 논밭에 여자 아이, 노인들 뿐, 최근 이촌자 극심하다. 筑波村 前橋 촌장댁 논의 성장 발육 좋음에 놀라다. 모두 30本 가까이 자라고 있다. 모두 축력 제초의 水田이다. [생략] 수전의 축력, 화력

---

30) 『昭和一六年日記』 8月 1日.

건조기, 電化[전기화], 협동화 등등 개발의 길 많음을 깨달음. 나의 논과 밭을 시험대로 활용하여 한층 더 연구해서 작금의 가장 큰 문제(노동력 문제) 해결하고자 한다.[31]

3월 11일에도 당시 도치기현栃木縣 야나다군梁田郡 츠쿠바촌筑波村 (현 아시카가시足利市)를 시찰하고 있는데 이런 빈번한 방문은 새로운 농경기술을 배우기 위해서였다. 새로운 기술에 대한 강한 관심은 그의 일기에서도 알 수 있듯이 전시하 노동력 부족를 실감하고 있기 때문이었다. 토지가 황폐해져 가는 것은 지금까지 생각해보지 못한 문제였다. 노동력 부족으로 더 이상 인력 중심의 농업은 힘들고 어떻게 해서든지 생력省力경영을 하지 않으면 안되는 필요성을 통감하였음에 틀림없다. 이 1941년 오카와 다케오大川竹雄의 농경에 대해서 살펴보자.[32]

먼저, 양잠대책을 보면 노동력 절감이 될 수 있는 새로운 기술을 시도하고 있다. 가장 특징적인 것은 양잠에 대해서 지금까지 바구니나 상자에서 키우는 蘢飼 대신에 平飼(넓게 치기)방식으로 뽕잎을 따지 않고 가지 채 주는 條桑育을 채용하였다. 그것도 춘잠의 경우에는 잠실이 좁기 때문에 2단 條桑育을 하고 있었는데, 간이잠실을 확대하면서까지 노동력이 덜 드는 1단 조상육으로 바꾸었다. 더욱이 晩秋蠶(늦가을 누에)에도 조상육을 확대하고자 條(가지)의 선단벌채 기술을 도입하고 있다.

또 하나의 기술혁신은 지금까지 제초용 낫을 사용한 수작업의 제초작업 대신에 축력제초를 채용하였던 것이다. 제초에 말이나 소를 이용하려면 파종이나 모종 방법을 바꾸지 않으면 안된다. 파종 방법으로서는 요시오카吉岡식 직파을 채용하고 있다. 또, 말을 이용

---

31) 『昭和一六年日記』 9月 1日.
32) 다음 내용은 『昭和一六年日記後記』 3月 31日에 의한다.

하기 위해서 말에 사용하는 농기구를 준비하지 않으면 안된다. 이에 따라 1942년 밭 축력제초기로서 홋카이도산 컬티베이터(중경제초기)를 들여와 축력제초를 실행하고 있다.[33] 이밖에도 벼, 밀 농작업과 동시기에 겹치지 않기 위해 품종선택, 품종조합을 중요시하고 있는데, 특히 춘잠의 경우는 "白繭은 上簇이 빠르고, 勞力 대단히 편하다"고 평가하면서 벼농사 작업과 겹치지 않는 백견白繭를 품종으로 선택, 조기 상족上簇(누에올리기)을 꾀하고 있다.

양잠대책에서 볼 수 있듯이 노동력 절감 원칙은 다른 작물재배에도 적용하고 있다. 밀, 보리의 경우, "품종 조합 연구가 제일, 각 논 배수에 신경 쓸 것, 부정지 파종을 할 수 있도록 할 것, 품종조합에 부단한 노력을 기울 것, 運搬車 활용, 탈곡 연구" 등이 적혀있다. 이전에는 보여지지 않았던 것은 역시 제초에 있어서의 축력의 활용이었다. 또, 운반차라고 지금까지의 손수레 리어카를 개조하여 소를 이용한 대형 리어카를 고안한 것이다. "소생이 고안한 운반차 이용 때문에 소의 활용, 노동력 절감 대단히 크다"라고 되어있듯이, 운반차 활용에 의해 노동력 절감을 꾀하고 있다.

벼농사에서는 어떠한 것을 강구하고 있었는가.

> 稻 : 제방 수리, 들쥐 구축, 논둑의 콘크리트화, 축력제초, 품종 조합, 旭·農林何号(농촌에 나와 있다)·野洲千本[품종명], 直播연구, 苗代연구, 가을 벼베기 방법, 운반차활용, 탈곡조정 개량 등 노동력 절감 방법 아직 대단히 많다. 특히 제초시기 연구, 大正用水 실현이 근본

벼농사도 역시 새로운 기술은 축력제초였다. 지금까지의 수전은 正條植으로 2번째까지 제초는 8단뽑기 제초기를 사람의 힘으로 사

---

33) 『昭和一七年日記』.

용하였고, 3번째는 손으로 제초하는 방식으로 엄청나 중노동이었
다. 그래서 축력제초를 이용하여 노동력 절감을 꾀하려 했다.

그러나 축력제초을 이용하는 데에는 꽤 주저한 듯하다. 지금까
지 모를 심고 나서 논에 말을 들인다는 것은 상상도 할 수 없어 그
효율성에 자신이 없었기 때문이었다. 그러하기에 축력제초나 기계
화에 선두를 달리고 있는 도치기현 츠쿠바촌으로 자주 시찰을 갔
고 자기 나름대로 연구한 흔적이 보인다. 1942년에는 수전에 축력
제초를 실시하였다.

오카와 다케오의 이야기를 들어보자.

> 지금까지 모를 심고 나서는 논에 말이 늘어간다는 것은 상상도 할
> 수 없었던 풍토였기 때문에 처음에 시도할 때는 모두 비웃었다. 그러나
> 말을 이용하여 실험해 보니 생각했던 것 만큼 말이 벼를 밟지 않았다.
> 예를 들어 100주정도 넘어지면 그 주변의 벼가 잘 자라기 때문에 수확
> 량은 큰 차이가 없었다. 이것을 해보고 나서야 알았다. 마을 사람들은
> 처음에는 주저했지만 성공하고 나서는 퍼지기 시작하였다. 이 당시의
> 기계화는 마에바시(前橋)씨가 선두. 아카보리(赤堀)청년들이 모두 함께
> 배웠다. 단지, 문제는 조작 기술이 필요했기 때문에 여자나 노인들에게
> 는 무리였다.[34]

새롭고 효율성 좋은 기술이어도 마을에 정착하기에는 확신이 설
때까지 저항이 있었던 것을 엿볼 수가 있다. 이 외에 다른 중심작
물들은 어떠했을까.

> 라미 拔根은 1943년까지. [중략] 택지 뽕나무 뽑기와 야채 및 감자
> 재배지 정할 것, 1941년 봄에 실행한다. 陸稻는 대개간지 4反步와 뽕나

---

34) 大川竹雄씨 談.

무밭 開植으로 매년 1反步, 보통 5反步가 표준이다. 반은 直播, 반은 이식재배 할 것. 경운기 있으면 충분히 밀을 수확, 나중에 경운기로 전부 이식재배 하는 것도 한 방법. 품종은 무 中 晩의 조합, 감자는 宅地 심을 것, 畜力堀取 가능하도록 하고 또 다수확 재배 연구. 야채는 가급적 택지 이용, 食養學적인 각종 채소를 많이 재배할 것. 콩, 면, 사료 玉蜀黍[옥수수] 등의 자급책 강구. 모든 택지 작업은 아침식사 전에 하는 것을 원칙으로 한다.[35]

국책작물인 라미 뽑기와 육도, 보리 재배에 있어서 경운기의 필요성이 주목되고 있다. 지금까지 마경(말이 징발되면서는 우경)에 의해 耕起·整地작업을 해왔는데 경운기를 채용하고 나서는 노동력 절감은 물론이거니와 "벼, 보리의 성장이 좋아졌고, 육도 이식재배가 간단해졌으며 게다가 성장도 좋다. 따라서 전작의 보리도 수확하고 나서 경운하기 때문에 전면이용 파종할 수 있다. 부정지 파종의 경운에" 이용하는 등 反收증대 효과도 기대하고 있다. 그리고 1943년 다른 농민 한사람과 공동으로 경운기를 구입하였다. 노동력 부족이 이전보다 더욱더 심각해지는 1941년, 1942년 오카와 다케오는 '노동력분배 제일주의'를 방침으로 정해 "다각경영을 포기하고 중점주의"[36]를 채용하는 것으로 자신의 농업경영 방침을 결론짓고 있다.

IV. 개인과 촌락과 국책

이상과 같이 오카와 다케오大川竹雄는 전시하의 노동력 부족, 물자부족(특히 비료부족)이라는 여건의 변화 속에서도 농업경영상의 노력을 게을리 하지 않았다. 전시기 이전부터 품종선택, 품종배합, 노

---

35) 『昭和一六年日記後記』 3月 31日.
36) 『昭和一六年日記後記』 3月 31日.

동력 배분, 자급비료의 확대 등의 노력을 해왔으며, 전시기에는 논둑의 콘크리트화, 기계화, 협동화, 유축화, 전기이용, 암거배수, 신농기구 구입, 신기술 습득을 꾀하고, 또 물 확보를 위해 大正用水 운동에 전력을 다한다. 전시기에 있어서 오카와의 농업경영 특징은 전시기가 되어서 시작된 것은 아니다. 각지에서 실행되고 있었던 것을 농작업의 필요상 연구하고 채용하려고 했다. 전부터 필요성을 느끼고 있었던 것이 전시 하의 조건변화에 따라 박차를 가하게 되었던 것이다.

이 가운데 협동화에 관한 예를 들면 산업조합, 공동작업, 공동취사 등과 같은 일은 마을 사람들의 협력 없이는 이룰 수가 없었다. 이 협동화는 1930년대 경제갱생운동 시에도 정부에서 대단히 강조되었지만, 개별 농가경영을 기반으로 하고 있는 촌락사회에서 간단히 될 수 있는 일은 아니었다.

오카와 다케오는 1938년에 기자키木崎 산업조합이사, 1939년에는 아카보리赤堀농사조합장의 직책을 맡게 된다. 1939년 8월 15일 기자키정木崎町 농회협의회에서는 '자급비료 증산 건'으로 퇴비증산이 논의되었다. 현 당국으로부터 강한 요청이 있었기 때문이다. 협의회에서 '9월 10일까지 퇴비반의 결성 희망자 신청할 것. 5인 1조, 1인당 10엔 이내에서 시멘트, 砂利代 縣보조'[37)로 결정이 났어도 신청자가 없었다. 5인 1조로 타 농가와 퇴비반을 결성했을 때 경작지와 떨어진 곳까지 가서 퇴비를 만들고, 나중에 그것을 운반한다거나 퇴비를 분배하는 일 등 골치 아픈 일까지 하면서 공동작업을 하려는 사람들이 없었기 때문이다.

모내기나 가을 추수기 때의 공동작업, 공동취사, 탁아소 운영에 참가하지 않는 사람들이 있었다. 1941년 11월 공동작업 때에는 "첫

---

37) 『昭和一四年手帳』.

날이지만 공동작업, 공동취사 모두 의외로 호평이어서 안도했다. 성황리에 진행되자 宮辰, 宮芳도 추가 참가하고, 關源도 나중에 참 가할 수 있도록 해달라고 요청했지만 그때그때의 기회만 쫓는 것 이기에 앞의 집만은 거절했다"[38]라고 쓰여 있듯이 공동작업에 참가 해서 얻을 이해를 계산해서 참가하지 않는 사람들도 있었음을 알 수가 있다. 아카보리 마을에서는 협동화가 현 당국의 지도와 그 필 요성을 아는 오카와와 같은 사람의 리더쉽에 의해 실행되어 갔 다.[39] 오카와는 "적은 물자배급, 농산물공출, 공동작업·공동취사 등 부락협동화 경영에 있어, 보수 일색이던 마을 주민이 금일 비약적 으로 마음의 전개를 하게 됨을 보니, 사변 전의 농촌을 생각하면 격세지감을 느끼지 않을 수가 없다"[40]라고 적고 있다.

암거배수 역시 관련 농지의 마을 사람들의 협력과 자금 면에서 현의 지원이 필요한 사업이었다. 우여곡절 끝에 1943년에 실시되었 는데 실시될 때까지의 상황을 다음 사료를 통해 알 수 있다.

昭和十七年(1942년)

4월 15일 토지개량회의. 町議, 區長, 農會 행정 담당자, 농지과에서 三原 기사 來村. 암거 장려함. 대체적으로 (赤堀에서) 宮峰, 石傳, 磯登 참 가위해 감. 금년 가을 실시를 위해 조사, 측량 의뢰.

4월 17일 암거배수공사 시찰

4월 25일 경지과에서 2사람 暗渠배수 공사 답사로 오다. 村 행정 담당자 전원 나옴.

4월 29일 암거측량 종료.

7월 19일 一村會에서 토지개량 총액 3만 엔의 암거배수 건 연기 결정.

---

38) 『昭和一六年日記』 11月 15日.
39) 『昭和一六年日記』 『昭和一七年日記』.
40) 大川竹雄, 「農本日本にかへれ」『國民運動』 35, 1942년, p.14.

> 8월 7일 상회. 경지과 久保田 주사가 암거를 실시하라고 강요하기 위해
> 옴. 그가 돌아간 후 모두 상담하였지만 어떤 반응도 없고 결국 大正
> 용수 실현 후까지 기다리기로 함.[41)]

아카보리에는 원래 습전이 많아 보리농사는 적합하지 않다. 현
당국의 제안으로 건전화를 위해 암거배수 운동이 시작되었다. 오카
와는 이전부터 보리, 밀 생산성 향상을 위해 암거배수의 필요성은
상식적으로 알고 있었지만 관련 농지의 농민들의 협조가 필요한
사업이었기 때문에 이야기만 오고간 상태였다. 그러나 전시 하 증
산이라는 국가정책 하에 현의 장려를 받는 증산사업의 일환이 되
었다. 예산은 현 부담이었고 노동력은 아카보리 마을에서 제공하기
로 했다.

그러나 측량이 끝나고 공사가 시작되자 마을 사람들의 반응이
달라지기 시작했다. 공사에 필요한 토관을 둘 장소가 2~3정보나 필
요했고, 노동력이 부족한 때의 노동력을 제공해야 하는 문제, 언제
공습이 시작될지 모르는 불안감, 암거를 하면 지반이 침하한다는
소문 등이 그 요인이었다. 현의 강요가 와도 꿈쩍하지 않았다. 지
역의 자기 이익 중시 입장은 현 당국의 강요도 통하지 않았다는 것
을 알 수 있다. 그 후 1943년에 현의 암거배수 강요와 암거배수의
유용성을 확신하고 있던 오카와의 노력에 의해 실행되었다.

더욱이 大正용수 건설은 정부의 지원 없이는 불가능한 사업이었
다. 군익찬회, 군농회 등의 조직을 이용해서 현 직원 및 관련 지역
의 유지들을 도움을 요청하고 또 관련 지역의 縣議, 代議士들에게
도움을 요청하는 속에서 大正용수 사업은 1943년에 착공하게 된
다.[42)] 즉 정부에서 요구하는 식량증산 구호를 역으로 이용하여 암

---

41) 『昭和一七年日記』.
42) 『昭和一七年日記』『昭和一八年日記』.

거배수운동, 大正용수운동 등의 지역이익을 꾀하려 했던 것이다.

이와 같은 오카와 다케오가 '증산'에 반대할 리가 없었다. 오카와와 마을 주민은 전시기의 증산정책을 이용하면서 농업경영 향상을 위한 현안을 성취하려고 했다. 오카와가 사는 아카보리를 보더라도 오카와와 같이 노동력부족, 물자부족 등의 시대의 변화에 대응하여 농업경영에 있어서의 변화를 모색하고, 마을의 기존조직을 보강[43] 하는 등 자생적 노력을 하고 있었던 사람들이 있었던 것이다. 정부나 현의 관료도 이 지역사회의 자생적 노력이 가능하도록 지원하지 않을 수 없었다. 여기에 전시기에 있어서 관료와 농민의 공통의 영역이 있었다고 생각하는 바이다.[44] 즉 국책의 '강제'에 의한 '수용'만으로 볼 수만은 없는 것이다.

그러나 정부의 식량증산정책은 전쟁수행을 목적으로 한 국가정책이고, 지역 주민의 '증산'은 개인의 농업경영 향상과 지역이익을 기반으로 한다. 그 의도에는 분명한 차이가 있는 것이다. 예를 들어 농업작업에 있어서 작물 선택은 개인 자신의 경영이익과 농경

---

43) 大川竹雄는 1936년 縣의 지도 아래 자발적으로 産靑聯을 결성하여, 木崎 産業組合 진흥에 노력하였다. 赤堀에서는 1939년에는 기존의 農事組合이 조합장, 부조합장, 회계, 감사 등의 임원과 조합원으로 구성한 것을 총무부, 생산부, 경제부, 사회부 등으로 개편하여 조직의 강화를 꾀하였다. 1942년에는 양잠조합과 농사조합을 통합하여 부락경제조합을 조직하려고 했다. 또 1940년에는 공동작업연구회, 1941년에는 농지연구회, 1943년에는 영양주기설 연구회가 결성되었다.
게다가 부락회의를 효율 좋게 이용하기 위해서 常會와 농사조합회합, 양잠조합 회합을 같은 날 개최하였으며 1943년부터는 바빠서 회합의 빈번한 참가가 어려워지자 部落常會와 組合會合을 통합한 曉天會를 만들어 신사참배 때를 이용하여 마을일을 의논하였다.

44) 1939년 10월 郡馬縣 발행 「농업 노동력 수급 조정 계획」(『郡馬縣史資料 編 24』, p.178)을 보면 大川와 같은 개인의 농가경영 방향과 일치하는 면이 보인다. 전시기의 관료 농업정책에 대해서는 田中學, 「戰時農業統制」 (『ファシズム期の國家と社會2』, 東大出版社)를 참조 바람.

조건을 생각하여 자신이 결정해야할 문제다. 그러나 전시 하에서는 그렇게 되지 않았다. 국가의 입장에서 필요한 국책작물이 縣에 의해 장려되어 내려온다. 즉 개인의 자율성이 제한되고 관료의 통제가 농작업에 까지 미치게 된다. 오카와는 어떻게 대응하였을까.

라미는 마의 일종으로 태평양전쟁으로 미국으로부터 면화의 수입이 불가능해지자 양복 원료로서 현이 장려하는 국책작물이었다. 그러나 7월말, 가장 바쁜 농번기에 잎을 따버리지 않으면 안 되었고, 또 해충이 많고 수입도 적었기 때문에 1938년 말에 이미 '라미 뽑기'를 생각하고 있었다. 그러다 1943년에는 '라미 뽑기'를 단행하고 있다. 현 당국은 국책작물이라고 해도 라미에 대해 장려나 공정가격에 의한 물자확보 방법 외에 어쩔 수가 없었다.

현 당국이 기자키정 지역에 주력한 것은 양잠 정리와 감자 강제 공출이었다.[45] 1941년 3월에는 아카보리의 양잠조합, 농사조합 회의에 현의 관리가 파견 나와 뽕나무밭 정리할당 및 후속작물 할당을 지시하고 이를 받아들여 개최된 상회에서도 '기술원, 증산할당 설명, 정리 뽕나무밭 할당, 후속작물 할당의 설명'[46]이 이루어졌다. 뽕나무밭을 일부 정리하고 군마현群馬縣의 국책작물인 감자가 할당된 것이다. 그러나 마을 사람들의 반응은 "식량증산시대가 있으면 감소시대도 있다. 정부의 전망은 심히 곤란하다. 공익 우선이라 누구도 뽕나무를 뽑고 식량증산을 해야 하지만 그렇게 할 수 없다. 개간, 가산제, 분촌이 먼저 제일 필요하다"[47]라고 하는 소극적인 것이었다. 노동력부족의 省力경영시대에 노동력이 많이 드는 뽕나무밭 정리는 그리 간단한 작업은 아니었다. 또 감자는 가솔린, 알코올의 원료로서 현 당국으로부터 재배가 장려되었지만, 제초 작업등에 손

45) 「甘蔗·馬鈴薯及び麻類の增産計劃」(『群馬縣史資料24』, p.450).
46) 『昭和一六年日記』 3月 17日.
47) 『昭和一五·一六年帳面』 3月 16日.

이 많이 갔고, 중량이 많이 나가 운반이 쉽지 않았다. 더욱이 감자는 '밀, 水稻, 晩秋蠶에 미치는 영향을 극복하여 공출해도 생산비 10~12전 보다 적은 8전에 공출하게 되어 경영상 엄청난 손해(라미도 마찬가지임)'를 보는 기피 작물이었다.[48]

1939년 5월에는 아카보리 주민들이 '비료, 감자문제로 현에 진정하러 가기로 결정하고 18일에 진정하러 가는 도중, 기자키의 주재소로부터 진정에 관한 이야기를 들은 오타太田경찰 特高가 이를 막으려 급히 오다 도중에서 격돌'[49]하는 사건이 일어났다. 기피 작물인 감자 공출에 협력하려 마음먹고 경작하려 하는데도 배급 비료는 적고 오히려 비료 상인들 창고에는 비료가 산적해 있는 등 비료 배급제도 결함에 불만이 폭발하여 아카보리 사람들이 이 불만을 현 당국에 진정하려는 데서 생긴 사건이었다. 5월 17일 아카보리 농사조합에서는 다음과 같은 결의를 하고 있다.

> 우리 농민들은 시국의 중대함과 우리들의 부담인 농업생산력 유지, 아니 그 신속한 확충이 급무인 것을 통감하고 있다. 그런데 우리들이 직면한 농업정책은 그 수행을 저해하고 있다. 이런 현상으로 심히 우려하여 □□□에 의해 다음과 같이 결의한다.
>
> 결의
>
> 성전수행 상 희생 분담이 공평하지 못하다고 믿는다. 게다가 특히 농림증산의 주요인인 비료와 그 밖의 자재 분배가 올바르지 못하다. 이것은 시국 인식의 차이에서 오는 실정으로 본다. 우리들은 당면 정책에 수정을 가하고 반성이 있을 때까지 주정원로 감자 공출을 유보한다.[50]

---

48) 『昭和一四年手帳』 6月 13日.
49) 『昭和一四年手帳』 5月 19日.
50) 『昭和一四年手帳』 5月 17日.

이 자그마한 반항은 비료상이 비료를 공정가로 조달하는 선에서 마무리 지어졌지만, 이것은 개인의 농업경영과 정부의 증산정책 사이에 이해의 차가 분명하게 드러난 사건이었다. 이상과 같은 예에서도 알 수 있듯이 전쟁물자 확보라는 정부의 증산정책은 개인의 자율성에 맡겨서 이루어지는 일이 아니었다. 장려금이나 공정가격 유도만으로 안 되었다. 따라서 증산정책은 점점 더 강제적 통제에 의할 수밖에 없었다. 1939년 최초로 식량증산계획을 책정하였고, 1941년에 중요 식량 자급강화 10년 계획을 세웠고, 그 실현을 위해 10월에는 농지작물 통제규칙, 12월에는 농업생산 통제령이 제정되어 개인의 자율적인 농업활동이 규제되었다.[51]

군마현에서는 1939년 '중요 생산물 증산계획에 관한 건' '농업 노동력 조정에 관한 건' 등이 지사의 지시사항으로 하달되었다.[52] 1941년에는 정부의 증산계획에 대응하여 미곡 150만석, 보리 43만석, 밀 80만석, 감자 2000만관, 고구마 2200만관의 식량증산계획을 수립하였다. 또 뽕나무밭 4만 정보 가운데 2천 정보를 식량 농산물 경작지로 전환할 것을 결정하였다.[53] 전쟁후기에 이를수록 통제가 심해지고 공출량도 증가해 갔다. 1943년 2월 관리미 추가 공출 지시를 내려 보냈다. 곧이어 3월에는 기자키 농사조합 협의회에서는 '根岸木崎 분소장 1만 공출에 이를 때까지 보유 쌀 모두 내놓을 것을 주장해 소생이 힐문함. 그는 입장이 곤란해져 회의장은 소란에 빠짐'[54]이라는 일막이 벌어졌다. 마을 분위기는 '우리들의 시국에의 불평',[55] '마을에 환자 속출, 節米때문이라고 사람들이 말한다'[56]는

51) 田中學, 앞의 논문, pp.354~365.
52) 『群馬縣昭和一四年六月市町村長會會議事項』.
53) 『群馬縣昭和一六年5月市町村長會議事項』.
54) 『昭和一八年日記』3月 12日.
55) 『昭和一八年日記』3月 29日.
56) 『昭和一八年日記』4月 29日.

등 흉흉했다.

한편, 농업기술에도 통제가 일어나 施肥기술에 있어서도 單肥가 아니라 배합비료가 배급되어 배합 자율성이 제한되었다. 아카보리에서는 오카와가 주선하여 영양주기설과 分施를 주장하는 東京농업대학 오이노우에 야스시大井上康 교수의 "비료학이 있어도 농학회에 施肥學은 없다면서 현 관료기술진을 통렬히 공격했다"는 내용의 강연회를 개최하고 단비배급을 요구했다. 그러나 特高경찰에 의해 반정부행위로 조사 받고 국가정책에 따르라고 주의 받는 장면도 있었다.[57]

관료에 있어서는 식량증산은 절대적인 수행목표였다. 그들에게 있어서는 '농업(農)' 의의라는 것은 오카와가 바라는 것과 같은 농민의 경제적, 사회적 지위향상에 있는 것이 아니었다.

> 증산계획을 완수해서 그 결실을 올리기 위해서는 먼저 모든 농가에 농업보국정신을 고양하여 묵묵히 증산에 몸을 바치는 기운을 배양함과 동시에 철저한 기술 지도를 하는 것이 가장 중요한 일이다.(중략) 식량 증산은 지금 절대적으로 수행하지 않으면 안 되는 과제다. 따라서 이 한정된 자료를 가장 유효하게 이용하고, 물자가 부족한 곳은 정신력을 갖고 보충하며 증산에 매진하는 것이야말로 오늘날과 같은 비상시에 요구되는 진정한 농민도임을 굳게 믿는다.[58]

관료에게 있어서는 농민도는 정부의 정책에 따라서 묵묵히 증산에 정진하는 '신민'의 모습이었다. 이상과 같이 관료의 의도와 지역주민의 논리 사이에는 메울 수 없는 괴리가 있었던 것이다.

그러나 정부는 농산물의 생산량 및 농지면적 등을 정확히 파악

---

57) 『昭和一七年日記』 9月 8日.
58) 「知事訓示要旨」 『群馬縣昭和一六年五月市町村長會議事項』.

할 정도의 계획성도 없으며 그것을 소화해 낼만한 인적자원이나 능력도 부족했다. 그러므로 정부는 마을 책임제를 도입하여 마을의 집단능력에 의존하지 않을 수밖에 없었다. 게다가 군마현 당국은 무리하게 작물면적의 할당요구를 강제하는 것을 그만두고, 중요농작물 공출량을 확보하는 노선을 취하게 되었다. 관료도 현실에 맞는 강제정책을 취하지 않으면 안 되었다. 아카보리에서는 감자에 대해서 감자재배를 하는 사람에게는 보조금을 주었고, 또 高畦재배(높은 밭이랑 재배)로 다수확을 꾀하는 丸山式 재배방식을 채용하여 개인경영과 국가적 요청 모두를 만족시켜 나가려 했다. 이러는 와중에 앞에서도 언급했듯이 '증산'을 슬로건으로 暗渠배수, 大正용수 건설 등 지금까지 실현되지 못했던 지역사업을 실현시켜 가는 능동성이 있었다.

그리고 전시하의 관료 정책과 지역 주민과의 이해의 차를 극복해 가는 하나의 기반이 구국의식, 즉 애국심이었다. 그 한 예가 오동나무 뽑기였다. 전술한대로 오동나무 밭은 노동력 부족시기에 무노력지로서 장래를 내다본 예비지적 성격을 갖는 것으로 오카와는 이를 어디까지나 유지하고자 마음먹고 있었다. 그런데 1941년 그것을 뽑게 되었다.

오동나무 문제

식량증산의 목소리가 높아지는 지금, 梅 7무, 밤 3반은 6, 7년 전에 설계한 것으로 어찌할 도리가 없지만, 오동나무 3반 새로이 심은 것은 소년대 부대장, 익찬회이사로서 좋은 말만 하는 소생으로서, 예를 들면 작년의 설계라 해도 (뽑기를)단행하지 않고 지금까지 조석으로 어떻게 처리해야 할까 얼마나 고심했는가. 정의감에 호소하고, 또 「日ノ本」잡지에 실린 和合선생님의 전시 농업경영법을 독파하여 느낀 점이 있어 드디어 뽑기를 단행한다.[59]

오동나무 뽑기 단행하여 宅南에 이식함은 식량증산을 위한 신도 실
천. (오동나무 3반 힘들여) 질서정연하게 심었고, 게다가 없는 비료를 2
叺나 주고 볏짚도 많이 깔아 놓았는데 (이제 그것을)1주일 동안 세 사람
이 뽑는다고 생각하니 유감스럽기 그지없어 몇 번씩 생각을 고쳐먹고,
굳게 마음먹고 뽑는다고 가서는 그만두고 하였던가. 그러나 단행하기
로 결정을 내리니 후련하다.[60]

오동나무 이식 단행 후 비게 된 堀端北(지명) 3반 3무 중, 1반 전용
뽕나무밭은 磯恒에게, 다음 1반 磯實군에게, 나머지 1반 3무 宮龜에게
소작료 이야기를 하고 오늘 분배함. 反 당 15엔 정도의 소작료로 잠정
적으로 정하여 5년 계약. 라미 뽑기 금년에 불가능하면 그대로 남겨 두
는 것도 가능. 모두 대단히 기뻐함. 오랜 기간 동안의 현안이 오늘 단행
되어 기쁘기 그지없음. 오동나무 이식하여 경지해방 이상의 중농으로
되어 가는 것이 기쁘다.[61]

오동나무 뽑기 작업은 고민 끝에 선택한 결과였지만 강제적인
것은 아니었다. 마을의 리더로서의 책임감, 식량증산을 위한 '신도
실천'이라는 의식에 의한 행동이었다. 이것이 바로 불만이 있으면
서도 주어진 공출량 등을 완수해 가는 원동력이 되었다고 할 수 있
다. 오카와가 "지금 농촌은 나치스의 소위 '식량 자급 없이는 국가
독립 없다'라는 마음가짐으로 자급식량 증산, 수출농산물 증산, 손
실과 이득을 초월한 군수품의 봉사적 공출, 출정 유가족에게 노동
력 봉사 등, 사람과 가축의 극심한 결핍과 싸우면서 노인도 젊은이
도 부녀자도 눈물겹도록 聖戰貫徹에 노력정진을 계속하여 그로 인

---

59) 『昭和一六年日記』 4月 19日.
60) 『昭和一六年日記』 4月 25日.
61) 『昭和一六年日記』 4月 25日.

해 과로로 건강을 해치고 있는 상태"[62] 라고 말하고 있다. 또 '가솔린 한 방울은 피 한 방울이라는 애국심 정열로부터', 군수품으로서 감자를 '봉사적 공출'한다고 표현 한 것도, '백성(천민)이라고 불리면서도 제국 황도 선포를 위해 매우 중요한 역할을 담당하고 있는 농민의 모습'[63]으로 표현하고 있는 것도 과장이 아니라, 자기 자신이 실제로 체험하고 느낀 현장에서의 소리였다고 생각되어 진다.

V. 맺음말

지금까지 살펴봤듯이 오카와 다케오大川竹雄는 전시 하의 노동력 부족, 물자부족(특히 비료)이라는 악조건 속에서도 농업경영의 이익 향상을 위해 꾸준히 노력을 하였다.

경작지 운용 면에서 본다면 뽕나무밭의 축소와 밤나무, 오동나무 재배 확대가 전시기의 특징으로 나타났다. 오동나무 밭은 노동력 부족과 소작문제 등에 대응하면서 장래를 대비한 예비지적 성격을 띠고 있었기에 정부에서 식량증산을 부르짖어도 곡물 경작지로 전환시키지 않았다. 뽕나무밭이 1938년에 1정5반보을 최고로 해서 그 후 1정1반보로 감소한 것도 노동력 부족 등의 여건 변화에 대응하는 자생적 노력의 결과로서 정부의 강제적인 뽕나무밭 정리정책에 의한 것이라고 일괄적으로 말 할 수 없다. 게다가 국책 작물로서 심은 라미를 해충 문제와 수입성을 따져 1943년에는 뽑아버리고 있다.

한편 농작업 측면에서 보면 당시의 조건 속에서 할 수 있는 모든 농사개량을 꾀했고 동시에 경지개량도 실시하고 있다. 나아가 정부의 식량증산 구호를 역으로 사용하며 지역현안이었던 암거배

---

62) 大川竹雄의 발언, 『家の光』 1939년 8월호.
63) 『昭和一四年手帳』.

수, 대정용수 건설운동에 참여하며 자신과 마을의 경제적 이익을 꾀하기도 했다.

이런 오카와가 정부의 증산정책 중 농업생산력 향상의 측면을 마다할 이유가 없었다. 그에게 있어 전시기의 통제정책 속에서도 그를 움직이게 했던 추진력의 하나는 경영 이익의 추구였던 것이다. 이점은 마을 주민들의 반응에서도 동일하다. 소작문제의 잔존이나 마을 공동화 과정, 농작물 생산 할당, 공출 등에서 보이는 마을 주민의 실리적 대응에서 확인 할 수 있었다.

그런데 오카와는 자기의 경영 이익추구 행동을 이 시대의 언어로 포장하고 있다. 즉 오카와 다케오에게 있어서 농업에 종사하는 이유는 최고의 가치인 신이나 천황에 대한 봉사라고 하는 '성스러운 의의'와 전시기에 강조된 '국방적 의의'에 두고 있다. 그것을 한마디로 '農道盡忠'이라 표현하며, 그 의의를 충족시키는 '성직'으로서의 농경생활의 제일보를 자가 농업경영의 확립에 두었다. 그리고 자신의 근로를 절대적 가치인 천황과 국가를 위해 봉사하는 일로 적극적으로 평가하고 성실히 일하여 그 결과로 얻게 되는 농업경영 이익에 대해서는 부정하지 않고 오히려 적극적이었다. 따라서 야스다 츠네오安田常雄가 말하는 것처럼 전시 하라는 시대상황에 쫓겨 스스로 납득해 가는 수동적 자세로 일관하지는 않았다.[64] 전시 하에서도 이전부터 지속되어 온 능동적 노력이 저변에 흐르고 있었던 것이다.

국가와 직접적인 연이 없이 살아온 한 농민이 農의 의의를 천황과 전쟁에서 구하고, 거기에서 농민으로서의 긍지와 자부심을 느끼고자 할 때 자연스럽게 일본 국가의 한 일원이라는 자각을 강하게 인식해 가게 되었다. 여기에 전시 하의 '국가의 일원'의식을 강조하

---

64) 安田常雄, 「戰中期民衆史の一斷面」 『昭和の社會運動』, 山川出版, 1983.

는 동원정책이 침투해 가는 기반이 있었다고 생각되어진다. 게다가 농업생산력 향상 노력도 전시 하의 식량증산 정책과 중복되는 것도 많았다. 오카와의 능동적인 노력과 관료의 정책내용에는 공통항이 있었던 것이다. 그러므로 스자키 신이치須崎愼一와 같이 전시 하의 국가와 지방사회의 관계를 '강제'만으로 해석[65] 할 수는 없는 문제인 것이다.

그러나 관료에게 있어서 농의 의의는 정부정책에 따라 묵묵히 식량증산에 정진하는 '신민'의 모습이었다. 관과 민이 추구하는 목적에 괴리가 있었다. 그렇기에 재배 농작물의 선정에서의 자율성의 제한, 배급제도의 모순, 과중한 공출량, 암거래 등으로 '시국에의 불평'은 끝이 없었다. 오카와로서는 '농민은 公租公課의 불공평, 도시편중의 정책 등 정치 경제적으로 압박'[66]받는 현실, '조세에, 문화적으로도 냉대 받고 경제적으로는 농산물 지수 123, 구입농가용품 156'이라는 현실에 대해서 '지금 이대로 놔둘 수밖에 없는가'[67]하고 분노를 금치 못했다. 농민은 사회로부터 천민시 되어 농촌 내부에서도 자연스럽게 이농자가 늘어만 갔다. 전업농가인 오카와는 도시 발전 제한, 도시와 농촌격차 해소 등을 주장했지만 그것을 받아들이는 데는 없었다. 이것을 보더라도 이타가키 쿠니코板垣邦子씨가 말하는 것처럼 전시기 농민의 식량증산 정책의 협조를 전시혁신에 거는 기대감에서 찾고 있는 것은[68] 한 단면에 지나지 않는 것이다.

불만을 갖고 있으면서도 국책에 접근해 가는 한 농민의 모습은 '성전관철'이라는 구국의식, 즉 전쟁에서 지면 안 된다는 애국심을 기반으로 하고 있다고 해도 과언이 아니다. 그 단적인 예를 오카와

65) 須崎愼一, 「戰時下の民衆」 『體系日本現代史第3』, 日本評論社, 1979.
66) 『昭和一三・一四年帳面』.
67) 『昭和一四年手帳』.
68) 板垣邦子, 『昭和戰前・戰中期の農村生活』, 三嶺書房, 1992.

가 1941년 오동나무를 뽑아버리고 소작지로 전환시키는 행동에서 확인할 수 있었다. 구국의식이 요청된 시대상황 속에서 농업의 의의를 '농도진충'에 둔 인간이 자기 의도는 달리 있었음에도 불구하고 그 논리에 자승자박해 가는 시대의 모습을 확인했다고 할 수 있다.

제8장 조직과 농촌생활

I. 농사실행조합, 常會, 보건소

8장에서는 전시동원정책의 실행조직이었던 농사실행조합, 정례 부락회인 상회常會, 대정익찬회 지방지부, 보건소 등의 활동과 역할을 중심으로 농민 농촌생활을 살펴본다.

대상지역은 군마현群馬縣 닛타군新田郡 기자키정木崎町[1]의 아카보리赤堀 부락이다. 사료적으로는 앞서 언급되었던 오카와 다케오大川竹雄(1911~)가 남긴 기록을 중심으로 살펴본다. 오카와 다케오 집안은 1923년 縣稅戶數割賦課額 순위로는 기자키정 전체 중 10위에 위치하고 있으며, 집안의 소유면적은 산림을 포함해서 10町 6反 9畝로, 그중 경영면적은 1935년 당시 3町 5反 정도였고, 소작지는 2町 2反 정도였다. 오카와 다케오는 1938년에 기자키정 산업조합이사, 1939년에는 아카보리 농사실행조합장, 1941년 대정익찬회 기자키지부 이사(지부장 하시모토 시게로橋本重郎 町長), 기자키 壯年隊 부대장(대장 구리하라 케이고栗原啓吾 助役)의 직책을 맡게 된다.

군마현 당국은 1939년 중앙정부의 중요농림수산물증산계획에 따라 '중요생산물증산계획에 관한 건', '농업노동력조정에 관한 건' 등을 지사의 지시사항으로 하달하고 있다.[2] 1941년에는 정부의 '주요

---

1) 木崎町은 1889년 町村制 시행으로 木崎(숙), 中江田, 下江田, 高尾, 赤堀의 1숙 4개 촌이 합병되어 하나의 행정촌으로 탄생하였다. 赤堀 부락은 上組, 中組, 下組, 本鄕의 4개 隣組(도나리구미)로 구성되어짐.

식량등 자급강화10년 계획'에 대응하여 米穀 150만석, 보리 43만석, 밀 80만석, 감자 2,000만관, 고구마 2,200만관의 식량증산계획을 수립하였다. 또 뽕나무밭 4만 정보 가운데 2천 정보를 식량 농산물 경작지로 전환할 것을 결정하고 있다.[3]

아카보리 부락에서는 1939년5월5일 농사실행조합과 양잠실행조합 이사협의회가 열렸다. 안건은 "1. 누에고치 증산문제, 2. 농업노동력수급에 관한 건(1정보 3인 표준), 3. 감자공출, 4. 비료문제"[4]였다.

배급과 공출은 町長의 책임과 권한이었다. 1939년 '중요생산물증산계획'에 따라 할당된 증산 및 공출양을 지시받으면, 회의에 의해 각 부락에 할당했다. 町長나 區長은 하부조직을 갖고 있지 못하기에 실무는 각 부락의 실행조합이 맡는 시스템이다. 위 협의회에서 '1. 누에고치증산문제'에 있어서는 "아카보리 증산, 기준 4006貫, 증산목표 4876貫, 본년도 증산분 868관. 伸玉(屑繭)을 포함해서 증산하면 十匁당 20鐵(현 보조금) 온다"하여 별 이의가 없었다고 보인다. 문제는 감자공출과 비료문제였다. 감자공출문제에 있어서는 "기자키 본년도 공출양 18,000貫, 4町步정도(昭和13년도와 같은 정도). 감자苗 農會에 신청할 것, 苗床이름과 평수를 신고할 것(보조금 있음)"이라는 지시시항에 대해, "아카보리의 할당량을 받아들일 수가 없다. 마을 사람들에게 말 듣는다. 감자 공출양 오늘 받아들인 것이 아니라 추후 협의함"이라고 결정을 유보하고 있다. 비료문제는 비료 할당배급제 시행에 따른 문제로 "昭和12년 실적에 따라 상인에게도, 조합에게도 배급, 대단히 불합리하다. 1차 비료신청 5월8일까지로 묘자리에는 사용할 수 없다. 시간적으로 늦다"라 하면서 불만적이다.

위 이사협의회에서 남겨진 문제에 대해, 다음날 5월 6일 오후 8

---

2) 『群馬縣昭和十四年六月市町村長會會議事項』(群馬縣古文書館 소장).
3) 『群馬縣昭和十六年五月市町村長會議事項』(群馬縣古文書館 소장).
4) 『昭和十三年·十四年組合關係帳』.

시부터 사무소에서 아카보리 농사실행조합 회의가 열렸다.

部會
1. 조합원수 확정 및 농경상태조사
2. 조합원자격 産組法 제10조 5의 규정에 의한 책임을 부담함
4. 조합비 十錢의 회비
5. 勞力問題 [농업노동력 부족대책…耕馬班의 건, 勞力需要班의 건]
6. 감자 공출결정 받아들임, 7계급 정도(각 조합장, 町長, 구장, 伍長에게 일임), 상급계급은 2배, 하급계급은 반정도, 감자 苗床 보조는 조합기금으로 하여도 가능
7. 비료

감자는 가솔린, 알코올의 원료로서 현 당국으로부터 재배가 장려되었지만, 제초 작업등에 손이 많이 갔고, 중량이 많이 나가 운반이 쉽지 않았다. 더욱이 감자는 "밀, 水稻, 晚秋蠶에 미치는 영향을 극복하여 공출해도 생산비 10~12전 보다 적은 8전에 공출하게 되어 경영상 엄청난 손해(라미도 마찬가지임)"를 보는 기피 작물이었다.[5]

기피 작물인 감자 공출에 협력하려 마음먹고 경작하려 하는데도 배급 비료는 적고 오히려 비료 상인들 창고에는 비료가 산적해 있는 등 비료 배급제도 결함에 불만이 폭발하여 5월 17일 아카보리 농사실행조합에서는 다음과 같은 결의를 하고 있다.

우리 농민들은 시국의 중대함과 우리들의 부담인 농업생산력 유지, 아니 그 신속한 확충이 급무인 것을 통감하고 있다. 그런데 우리들이 직면한 농업정책은 그 수행을 저해하고 있다. 이런 현상으로 심히 우려

---

5) 『昭和十三年·十四年組合關係帳』 6月 13日.

하여 □□□에 의해 다음과 같이 결의한다.

    결의

    성전수행 상 희생 분담이 공평하지 못하다고 믿는다. 게다가 특히 농림증산의 주요인인 비료와 그 밖의 자재 분배가 올바르지 못하다. 이 것은 시국 인식의 차이에서 오는 실정으로 본다. 우리들은 당면 정책에 수정을 가하고 반성이 있을 때까지 주정원료 감자 공출을 유보한다.[6]

아카보리 농사실행조합은 이런 불만 속에 "비료, 감자문제로 현에 진정하러 가기로 결정하고 18일에 진정하러 가는 도중, 기자키의 주재소로부터 진정에 관한 이야기를 들은 오타경찰 特高가 이를 막으려 급히 오다 도중에서 격돌"[7]하는 사건이 일어난다. 이 자그마한 반항은 비료상이 비료를 공정가로 조달하는 선에서 마무리 지어졌지만, 이것은 개인의 농업경영과 정부의 증산정책 사이에 이해의 차가 분명하게 드러난 사건이었다.

    6월 3일 협의회 오후 9시~12시 참가 33인
    1. 감자공출은 제1회에는 작년과 마찬가지로 공출, 2회에는 비료문제의 반성을 받을 때까지 유보하자는 의견 있음, 오늘밤 수량을 확정하지 않고 될 수 있는 한 공출에 진력하기로 결정함
    1. 水稻肥(6月20日경 배급 예정) 구입방법에 관한 건, 信用許定表의 발동 및 連帶保證制内規 중요문제에 대해 논의
    1. 水稻肥 부족분, 桑肥 주문 결정 건
    1. 農事組合의 조직 강화
       총무부…정신, 회계, 서무일반…大東 [大川東一郎(33)]

---

6) 『昭和十三年·十四年組合關係帳』 5月 17日.
7) 『昭和十三年·十四年組合關係帳』 5月 19日.

생산부…農會 계통…關口渡[37] 大川芳雄

경제부…産業組合, 양잠조합

사회부…생활개선, 교화문화, 민심작흥, 보건위생, 사회봉사…石塚幾
太郎 [소작]

연대보증제 내규

1. 본 조합은 구입 사업상 편의를 위해 구래관습의 자치, 행정구역을 단
   위로 하는 上組, 中組, 下組, 本鄕 내의 농사실행조합전원으로 각 연
   대보증반을 설립한다.

2. 조합원이 산업조합이나 그 위로부터 자금 및 물자를 차용하고자 할
   때에는 연대보증반 연명의 연대보증차용증에 날인 서명을 받아 농사
   실행조합장에 제출하여야만 한다.

3. 연대보증반 차용의 총액은 木崎産業組合에서 정한 信用許定 총액을
   기준으로 한다.

4. [생략]

5. 반원 중 차용의 변제가 대단히 늦을 경우 그 회원을 농사실행조합으
   로부터 제명하도록 한다.

6. 조합원중 연대보증반에 자기개인 이유 때문에 가입하지 않는 경우,
   농사실행조합은 그 조합원에 대해 일체의 취급을 정지한다.[8]

   총회－제5장 회의 39조 5－규약의 변경 또는 [판독불가] 총회를 요함

위 협의회 기록을 통해 농사조합이 비료 배급·공급 및 공출의
말단기관으로 활동하고 있음을 다시 한 번 확인할 수 있다. 또 기
존의 농사조합이 조합장, 부조합장, 회계, 감사 등의 임원과 조합원
으로 구성한 것을 총무부, 생산부, 경제부, 사회부 등으로 개편하여

---

8) 『昭和十三年·十四年組合關係帳』.

조직의 강화를 꾀하고 있는 점이 주목된다. 농사조합 내 사회부를 두어 생활개선, 교화문화, 보건위생 등 일상생활규범 실천 문제에까지 활동범위를 넓히고 있다.

또 연대보증제를 만들어 공동체적 규제를 강화하고 있음을 확인할 수 있다. 비료배급 시대에는 산업조합-농사실행조합 라인을 통해 각 개인에게 배급되는데, 이중에는 비료대를 지불하지 못하는 사람도 있다. 이전에는 비료상인에게 개인적으로 부채가 생기지만 조합 단위로 산업조합에 가입한 뒤에는 조합의 책임이 되기에, 산업조합으로부터 비료나 자금을 차용할 때에는 연대보증제도를 정하지 않을 수 없었다. 연대보증반의 반강제적 가입규정과 더불어 연대보증에 의해 담보도 없는 빈농의 차용을 꾀하는 것을 볼 때, 손익에 대해 민감한 현실 농촌사회에서 인보공조의 논리로 약자보호 원칙을 관철하고 있었다고 보아도 될 것이다. 여기서 보이는 지배원리란 '공동화의 확대'라고 표현할 수 있겠다. 아카보리 농사조합원수는 6월 16일 현재 "上組 14인, 中組 8인, 下組 16인, 本鄕 14인 총 52인/ 아카보리 호수 61호"[9]이었다.

이하 농사조합, 부락회 정례모임인 상회의 활동모습을 살피기 위해 중요회의를 발췌한다.

1940년 2월 7일 常會
1. 11일 오후 2시 紀元節 제전 2. 저축증가의 건
3. 경지교환 分合의 건 4. 金肥 절감의 건 5. 절전, 節米의 건[10]

1940년 2월 13일 농사실행조합 임원회
1. 공동작업 지도 2. 부정 비료의 건

---

9) 『昭和十三年·十四年組合關係帳』 6월 16일 農組임시총회.
10) 『昭和十五年手帳』 2월 7일.

3. 赤堀 할당 硫安 배급종료 건 4. 돼지 콜레라 방역(4월 실시)

1940년 3월 12일 農組 총회 제출사항
1. 공동작업연구회 2. 保証班, 배급상의 주의
3. 제1회 [정부미]응모 쌀매수 木崎 150, 赤堀 34

1940년 3월 20일 常會
1. 석회 공동계산의 건 2. 보리 손질, 들쥐 구제의 건
3. 감자 할당 건(자가의 3분의 1 부담)

4월 10일 常會
정부미 건, 農組 비판, 배급소 토지의 건

6월 18일 常會
물 문제 해결하면 勞力分配, 신농경의 기초확립. 反당 1斗 증산하면 약
100俵 증가, 경작자에게 득.
大川 서기, 節米의 철저적 실시와 우리들의 정치적 무책임.

7월 25일 농사조합 大正用水의 설계
1. 의원으로부터 大正用水 설계의 언질
2. 農會(郡農會) 大正用水 조급실현 서명진정서 언질. 농회장, 현 농회
　로서의 운동 실현
3. 木崎町長－常會에서의 언질
4. 木村 縣議, 小林 縣議, 須永 代議士
　　군 농회에
　一. 勞力節減의 방책
　　경영요소의 재편성, 품종의 組立, 인간개선, 경영 개선(기계화, 有畜

化), 농번기 탁아소, 공동취사, 공동작업, 경지의 분합, 노동강화, 비료·
자재·勞力의 부족은 多勢力化

　　그러나 유명한 筑波村에서도 6, 7월 노력절감의 방책 없다(약간의
直植, 畜力除草 뿐). 6, 7월의 노력 극복 어떻게 하는가, 揚水 실현

　　9월 13일 상회
1. 내년 밀 계획, 공출재배자 10인 지정 2. 空俵
2. 보리 재배계획 考究, 비료배합의 건
　　町長 설명
1. 상회의 강화
2. 쌀 배급 木崎 시작됨, 공출 의뢰, 쌀 1인 1일 2.3合…현재 30俵의 在米
　　이것은 配給 3. 연탄, 목탄…재고조사 5. 방첩 철저 6. 國勢調査
7. 가옥세의 국세 이관 (昭和 15, 16년 縣稅, 17년부터 국세로 됨)
　　　질문
1. 斥量制의 건 2. 大正揚水의 件 3. 공출의 건(調査 때에는 판명되지 못
　　함)

　　12월 2일 농사조합 간부 협의회
1. 미곡 국가관리의 건 2. 馬鈴薯의 건 3. 産靑聯의 건

　　1940년 12월 14일 村常會
1. 배합의 건, 이번 비율의 건 2. 절식 건 3. 反別 재조사
4. 組合員의 借金의 건 5. 건물 개조는 신고할 것, 토지 매매는 신고할
　　것, 가옥 변경신고는 昭和17년 정월까지, 17년부터 국세로 됨 6. 저금
　　의 건[11]

---

11) 『昭和十五年手帳』 12월 14일.

12월 22일 配給所에서

農組 감사회 및 자기자금조성표 작성, 감사외 9인

1. 自己資金造成法…組合員 1인당 5円＝250円, 목표 1500원~2000원

2. 皇紀2600年 기념강연회…淸水先生

3. 健康조사

4. 大正用水運動 경비의 건, 구체화 운동

5. 시국간담회 개최

6. 보조금정책 검토

7. 배급비료 기구개혁의 연구, 배급위원설치의 건

1941년 1월 31일

關口善平 혼례 [생략] 신체제 혼례로서 大長, 大竹, 角榮, 關後 뿐. 助人 각조(隣組)마다 한 사람씩 초대. 술도 얼마 지나지 않아 끝나고 안주도 나오지 않았다.[12]

1941년 2월 15일 常會 오후 7시 50분~11시

참가 반수정도, 赤堀의 상회일 14일 밤으로 결정

가래를 도로에 뱉는 것 또는 담배꽁초를 재떨이 외에 버리는 것은 벌, 건축에는 대리인을 세워 건축허가건을 제출할 것, 萬日堂의 보고, 太田署에 銃後경찰상담소 개설됨.

大正用水문제 宮茂가 제출하였다. 大正用水의 代用用水운동을 전개할 것. 즉 18일 대의원을 통해 농회장에게 개통구역 농회장회의 개최 독촉을 하자고 함. 응하지 않을 경우 사직강요할 것. 宮菊 "구체적인 것은 유지에게 부탁하고 해산하자"고 하자 宮茂 말하길 "그 유지에 菊太郎이 되어달라"고 함. 이에 양자 오랫동안 설쟁함.

---

12) 『昭和十六年日記』 1月 31日.

또 小澤碩, 농회와 町會에서는 用水문제를 열 수 없다고 했다. 宮茂君이 "町會에서는 用水상정하는 것은 안 되는가"라고 말하자 碩氏 "茂君은 이상한 말을 한다"며 응수, 또 논쟁함.[13]

1941년 12월 22일 常會
철의 회수, 저축, 공채, 양잠조합으로부터 여러 가지 배급의 보고. 농사조합으로부터 馬小代의 징수, 芋 1俵 부족 보고. 小澤碩 농지위원으로서 소작쟁의 없도록 주의, 양자 협력 바란다고 함.

1942년 6월 14일 사무소에서 오후 6시~9시까지 常會
구장이 저축, 양잠조합장이 누에고치 출하, 농사조합이 [생략], 사쿠라이 기수 왔다. 생산통제령 해설, 이어서 大川 협동화의 필요성을 강조, 천수지이기 때문에 용수통제 제안을 함.

기자키정 아카보리 부락은 하나의 행정구로 이 지역 전호로서 부락회를 설치하고 부락회 상설 회합인 常會를 마련, 부락회 구역에 있는 각종 회합을 부락회에서 통제하는 형태였다.

1939년 6월 13일 군 농회에서 마련한 좌담회에서 증산, 공출문제에 대해, 오카와는 "지금 농촌은 나치스의 소위 '식량 자급 없이는 국가 독립 없다'라는 마음가짐으로 자급식량 증산, 수출농산물 증산, 손실과 이득을 초월한 군수품의 봉사적 공출, 출정 유가족에게 노동력 봉사 등, 사람과 가축의 극심한 결핍과 싸우면서 노인도 젊은이도 부녀자도 눈물겹도록 聖戰貫徹에 노력정진을 계속하여 그로 인해 과로로 건강을 해치고 있는 상태"[14]라고 말하고 있다. 또 "가솔린 한 방울은 피 한 방울이라는 애국심 정열로부터", 군수품으

---

13) 『昭和十六年日記』 2月 15日.
14) 大川竹雄의 발언, 『家の光』 1939년 8월호.

로서 감자를 "봉사적 공출"한다고 표현 한 것도, "백성(천민)이라고 불리면서도 제국 황도 선포를 위해 매우 중요한 역할을 담당하고 있는 농민의 모습"[15]으로 표현하고 있는 것도 과장이 아니라, 자기 자신이 실제로 체험하고 느낀 현장에서의 소리였다고 생각되어 진다.

그러나 전쟁후기에 이를수록 통제가 심해지고 공출량도 증가해 갔다. 1942년 4월 성립된 식량관리법에 따라 현 당국은 1943년 2월 관리미 추가 공출 지시를 내려 보냈다. 곧이어 3월에는 기자키정 농사조합 협의회석상에서, "根岸 기자키 분소장 1만 공출에 이를 때까지 보유 쌀 모두 내놓을 것을 주장해 소생이 힐문함. 그는 입장이 곤란해져 회의장은 소란에 빠짐"[16]이라는 일막이 벌어졌다. 마을 분위기는 "우리들의 시국에의 불평",[17] "마을에 환자 속출, 節米때문이라고 사람들이 말한다"[18]는 등 흉흉했다.

농작업에 있어서도 작물 선택은 개인 자신의 경영이익과 농경조건을 생각하여 자신이 결정해야할 문제다. 그러나 총력전 하에서는 그렇게 되지 않았다. 국가의 입장에서 필요한 국책작물이 縣에 의해 지정, 장려되어 내려온다. 즉 개인의 자율성이 제한되고 관료의 통제가 농작업에 까지 미치게 된다.

1941년 정부의 '주요식량등 자급강화10년 계획'에 대응하여 현 당국이 기자키정 지역에 주력한 것은 양잠 정리와 감자 공출이었다.[19] 1941년 3월 17일에는 아카보리의 양잠조합, 농사실행조합 회의에 현의 관리가 파견 나와 뽕나무밭 정리할당 및 후속작물 할당을 설명하고 이어서 개최된 常會에서도 '기술원, 증산할당 설명, 정리 뽕나무밭 할당, 후속작물 할당의 설명'[20]이 이루어졌다. 뽕나무

---

15) 『昭和十三年·十四年組合關係帳』
16) 『昭和十八年日記』 3月 12日.
17) 『昭和十八年日記』 3月 29日.
18) 『昭和十八年日記』 4月 29日.
19) 「甘蔗·馬鈴薯及び麻類の增産計劃」 『群馬縣史 資料編24』, p.450.

밭을 일부 정리하고 군마현의 국책작물인 감자가 할당된 것이다. 그러나 마을 사람들의 반응은 "식량증산시대가 있으면 감소시대도 있다. 정부의 전망은 심히 곤란하다. 공익 우선이라 누구도 뽕나무를 뽑고 식량증산을 해야 하지만 그렇게 할 수 없다. 개간, 가산제, 분촌이 먼저 제일 필요하다"[21]라고 하는 소극적인 것이었다. 노동력부족의 생력경영시대에 노동력이 많이 드는 뽕나무밭 정리는 그리 간단한 작업은 아니었다. 농사조합에서도, 부락회 상회에서도 강요할 수 있는 사안이 아니었다.

라미는 마의 일종으로 태평양전쟁으로 미국으로부터 면화의 수입이 불가능해지자 양복 원료로서 현이 장려하는 국책작물이었다. 그러나 7월말 가장 바쁜 농번기에 잎을 따버리지 않으면 안 되었고, 또 해충이 많고 수입도 적었기 때문에 기피작물이었다.[22] 1941년에는 국책작물임에도 오히려 '라미 뽑기'를 생각하고 있었고, 그러다 1943년에는 '라미 뽑기'를 단행하고 있다.[23] 현 당국은 라미에 대해 장려나 공정가격에 의한 물자확보 방법 외에 어쩔 수가 없었다. 이렇듯 국책작물이라 하더라도 기존작물의 정리 → 농작물의 전환은 그다지 쉬운 일은 아니었다.

그러나 전시하의 식량증산 정책과 지역 주민과의 이해의 차를 극복해 가는 하나의 기반이 구국의식, 즉 애국심이었다. 그 한 예가 오카와 다케오의 오동나무 뽑기였다. 오동나무 밭은 노동력 부족시기에 무노력지로서 장래를 내다본 예비지적 성격을 갖는 것으로 오카와는 이를 어디까지나 유지하고자 마음먹고 있었다. 그런데 1941년 4월 식량증산의 일환으로 그것을 뽑게 되었다.

20) 『昭和十六年日記』 3月 17日.
21) 『昭和十五·十六年帳面』 3月 16日.
22) 『昭和十三年·十四年組合關係帳』 6月 13日.
23) 『昭和十六年日記後記』 3月 31日.

오동나무 문제

식량증산의 목소리가 높아지는 지금, 梅 7畝, 밤 3反은 6, 7년 전에
설계한 것으로 어찌할 도리가 없지만, 오동나무 3反 새로이 심은 것은
장년대 부대장, 익찬회이사로서 좋은 말만 하는 소생으로서, 예를 들면
작년의 설계라 해도 (뽑기를) 단행하지 않고 지금까지 조석으로 어떻게
처리해야 할까 얼마나 고심했는가. 정의감에 호소하고, 또 「日ノ本」잡
지에 실린 와고和合선생님의 전시 농업경영법을 독파하여 느낀 점이
있어 드디어 뽑기를 단행한다.[24]

오동나무 뽑기 단행하여 宅南에 이식함은 식량증산을 위한 신도 실
천. [오동나무 3反 힘들여] 질서정연하게 심었고 게다가 없는 비료를 2
叺나 주고 볏짚도 많이 깔아 놓았는데, [이제 그것을] 1주일 동안 세 사
람이 뽑는다고 생각하니 유감스럽기 그지없어 몇 번씩 생각을 고쳐먹
고, 굳게 마음먹고 뽑는다고 가서는 그만두고 하였던가. 그러나 단행하
기로 결정을 내리니 후련하다.[25]

오동나무 뽑기 작업은 고민 끝에 선택한 결과였지만 강제적인
것만은 아니었다. 마을의 리더로서의 책임감, 식량증산을 위한 '신
도실천'이라는 의식에 의한 행동이었다. 이것이 바로 불만이 있으
면서도 주어진 공출량 등을 완수해 가는 원동력이 되었다고 할 수
있다.

노동력 부족 시기에 식량증산을 위해, 공동작업 또한 정부의 역
점 사업이었다. 앞서 소개한 아카보리 농사조합 회의안건을 보더라
도 1939년, 1940년 아카보리에서도 공동작업 실시에 대하여 논의되
고 있었다. 개별경영 자체를 그대로 놔둔 채 노동과정만을 결합시

---

24) 『昭和十六年日記』 4月 19日.
25) 『昭和十六年日記』 4月 25日.

킨 공동작업의 실시는 그렇게 간단한 일이 아니었다. 아카보리에서
는 1941년 공동경작이 실시되었다. 그 모습을 오카와 다케오의 기
록을 통해 살펴보면 아래와 같다.

> 1941년 11월 14일(金) 快晴
> ○○○君에게 共同炊事 준비를 의뢰함에도 磯實[磯實太郞, 자소작]
> 上組[아카보리 부락 내의 한 隣組]의 첫날 공동작업 출석 때문에 어떤
> 준비도 하지 못했다. 오후 磯實, 宮茂[미야다 모지宮田茂次, 지주] 저녁
> 짓기를 위한 준비에 들어감. 소생 中江田[木崎町 내의 한 부락]에서 열
> 리는 공동취사 講習에 감. 오늘 箕輪道場생 20인 도와주러 오기 때문에
> 조합 총출동하여 준비에 무척 수고함. 中沢 技手의 講習이지만 대단한
> 말도 없다. 공동취사 용 사탕 56斤半, 기름 5升6合의 特配를 오구라, 오
> 치아이 두 상점에서 구하고 [생략] 일체를 조합비로 사가지고 돌아옴.
> 떠들썩함 속에 저녁식사 제1회 배급을 행함. 저녁 郡農會의 山崎 技師
> 및 보건소의 中澤 技手, 坂本 技手補가 왔다. 여자 청년단을 집합시켜
> 두 사람의 講話會를 10시까지 개최[26]

> 1941년 11월 15일(土) 快晴 공동작업 제1일
> 오전 宮茂宅(小茂宅이었는데 강우 때문에) 6시 반 집합, 퇴비를 쌓
> 고 水下[지명]의 二反 西田[지명]의 一反五畝 계 三反五畝에 不整地 파
> 종 완료함. 남자들은 [판독불가] 大芳, 昭平은 퇴비 운반, 여자는 퇴비
> 를 쌓고 宮茂는 비료담당. 공동작업 제1회이지만 전원 총력을 발휘, 보
> 통 不整地 파종 3인 1反 파종 정도이다.
> 오후 關原宅 西田 二反六畝 단 그중 二反步는 三本 및 주변은 [판독
> 불가] 부정지 파종함, 西의 六畝는 [판독불가], 퇴비운반했다. 저녁 남

자들만 三畝 벼베기를 하였다.

共同炊事 오늘 아침부터 본격적인 배급을 시행하였으나 좀처럼 준비완료 하지 못하고 일시적으로 혼란하였다. 어제저녁 배급소에서 여자 청년단에게 지도를 하였다. 中沢 기수 및 坂本 기수보도 소생댁에 숙박하고 5시 기상 ○○와 시찰을 하였다. 취사주임의 노고가 대단하였다. 조수 松本きふ 최고의 여자이다. 급식신청의 정정 대량있었음. 西田[지명]의 田에서 上組의 공작반 중 3組, 中組 중의 1組 각 장소에서 작업을 열심히 하고 있는 모습을 보고서 시찰 온 農會의 櫻井, 坂本기수 감격하였다. 제1일이지만 공동작업 공동취사 모두 의외의 호평으로 안도하였다. 이런 상황에 宮辰, 宮芳도 추가 참가하였다. 關源댁도 참가하고 싶다고 찾아왔지만 종종 있었던 일 때문에 그 집만큼은 거절하였다.[27]

1941년 11월 22(토) 大雨 후 晴

奉仕班을 보냄. 淸水선생 및 봉사반 新嘗祭 참례 때문에 8시 발 전차로 떠남. 역까지 小生 大芳 磯毎 갔다 돌아옴. 공동취사장 뒷정리 및 회계를 했지만 끝내지 못함. 봉사반원에게 사탕료로 300匁 및 50전을 드림. 저녁 一升[한 되 : 1.8L]의 술을 가지고 노고를 치하하며 공동취사반 일동 마심. 남은 물건을 삶아서 먹었다. [생략][28]

위 사료를 통해서 첫째, 기자키정의 아카보리 부락 전체를 하나의 단위로 삼아 공동경작이 실시되고 있음을 알 수 있다. 이는 새로운 형태의 공동경작이었다. 즉 이전 농업생산 활동에서의 노동관행으로는 개별경영을 기본으로 하여 농번기인 파종기와 추수기에 주변의 친한 농가나 친척 관계가 있는 농가끼리 무보수의 상호 노

---

27) 『昭和十六年日記』 11月 15日.
28) 『昭和十六年日記』 11月 22日.

동력 제공을 기본으로 하는 '結い'(유이, 품앗이)가 지배적 공동작업이
었다. 이에 반해 새롭게 장려된 공동경작은 효율적인 노동력 배분,
농업생산력 확대를 꾀하기 위한 것으로, 특히 수전·桑園에서 장려
된 공동경작은 '結い'보다 규모가 커서, '結い' 단위의 구성원 범위
를 넘어서 부락규모의 공동경작이었다.[29] 아카보리 부락은 上組,
中組, 下組, 本郷의 4개 隣組(도나리구미)로 구성되어지는데 이 소지
역이 동시에 일제히 공동경작을 실시하고 있음을 알 수 있다.

　그런데 이것으로 인하여 '結い' 단계에서는 전혀 문제시되지 않
았던 공동경작에 참여하는 개인의 농작업 능력의 차이, 계급적 차
이, 경영규모의 차이 및 개별경영내의 가족구성의 차 등이 문제점
으로 등장하여 공동경작의 시행이 어려웠다.[30] 원래 이런 문제점들
은 개별경영 자체를 그대로 놔둔 채 노동과정만을 결합시킨 공동
경작 형식이었기에 발생하는 것으로, 이에 대해 관료는 먼저 개별
경영 농가에 대해 '협동심'이나 '사심을 버리고 부락을 위해'란 슬로
건을 강조하게 된다. 그러나 정신적 구호만으로 해결할 수는 없는
일이기에 개인 농작업 능력의 균일성을 전제로 한 노임지불 방식
을 장려하면서 공동경작을 지도하고자 했다. 따라서 공동경작 진행
과정에서 오히려 개인적 손해라고 생각하는 사람이 나오기 마련인
데 관료는 더욱더 인보공조의 정신을 강조하며 그 명분으로 공동
작업을 이끌어가고자 했다.

　위 아카보리의 공동작업에서도 나타나듯이 공동경작, 공동취사,
탁아소 운영에 참가하지 않는 사람들이 있었다. 11월 15일 공동작
업 때 "제1일이지만 공동작업 공동취사 모두 의외의 호평으로 안도
하였다. 이런 상황에 宮辰, 宮芳도 추가 참가하였다. 關源댁도 참가
하고 싶다고 찾아왔지만 종종 있었던 일 때문에 그 집만큼은 거절

---

29) 長野縣, 『經濟更生計劃實行事例』, 1936.
30) 須永重光, 『日本農業技術論』, 御茶の水書房, 1987, p.180.

하였다"라고 쓰여 있듯이 공동작업에 참가해서 얻을 利害을 계산해서 참가하지 않는 사람들도 있었음을 알 수가 있다.

또 농회 및 보건소의 기사, 기수가 지도하러 찾아왔던 것에서 알 수 있듯 공동작업은 현 당국의 강력한 지도 장려에 의하여 실시되고 있음을 알 수 있다. 특히 보건소에 의한 공동취사 지도는 총력전시기의 특징이었다. 1938년 이후 후생운동은 후생성·문부성 등 관계관청이나 국민정신총동원운동, 대정익찬운동과 연계하며 보건운동 문화운동 심신단련운동으로써 실시된다. 그 중 총력전시기 체력강화에 관한 보건운동은 후생성－각현 위생과－보건소의 지도아래 조직적으로 전국규모로 전개되었다. 보건소는 1937년 4월 보건소법에 근거하여 1938년 이후 전국 각 지역에 설치되어졌다.

기자키정의 보건문제를 관리하고 있던 오타太田보건소는 공동취사의 취지에 대해 다음과 같이 말한다.

> 전쟁이 있은 후에는 필연적으로 국민의 체위가 저하되기 때문에 이 같은 때야말로 국민각자의 強健한 體位가 긴히 요구됩니다. 국가백년의 계는 우선 국민보건위생에 주목하기 시작해야할 것입니다. 단지 전쟁에 이긴 것만으로 부흥한 국가는 동양에서도 서양에서도 존속되지 못했으며 이는 역사가 명백히 증언하는 바입니다. [생략] 지금, 유사이래의 사변하에 人的資源의 拡充強化를 부르짖는 것은 생각건대 당연한 일입니다. 특히 生産 戰線의 제일선에 서는 농촌에 대해서는 통절히 요구되는 바입니다. 농번기가 되어 고양이 손이라도 빌리고 싶은 때야말로 강건한 신체가 요구되며, 따라서 매 식사마다 완전한 식사, 즉 영양가가 있는 것을 필요로 합니다만 실제로는 그다지 행해지지 못하고 있습니다. 그래서 지금 후생성에서 널리 장려되고 있는 공동취사라는 것이 문제시 되는 것입니다.[31]

공동취사는 전쟁수행에 필요한 생산력 담당자인 '인적자원'을 확충·강화하려는, 즉 강건한 신체를 육성하려는 취지임을 명백히 밝히고 있다. 이런 의도의 공동취사를 실시토록 하기 위해 현 당국은 '농번기공동취사 장려규정'[32]을 두고 적극 지도해갔다.

이렇듯 공동작업은 새로운 부락질서를 창출해 내는 역할을 하였는데, 거기에서 보이는 지배원리란 '공동화의 확대'라고 표현할 수 있겠다. 이 '공동화의 확대'는 농촌경제갱생운동 이전이나 패전 이후의 촌락사회에서 나타나지 않는 현상으로 총력전시기의 시대적 특징이라 할 수 있다.

한편, 농업기술에도 통제가 일어나 施肥기술에 있어서도 單肥가 아니라 배합비료가 배급되어 배합 자율성이 제한되었다. 아카보리에서는 농사조합의 주선으로, 영양주기설과 分施를 주장하는 東京농업대학 오이노우에 야스시大井上康 교수의 "비료학이 있어도 농학회에 施肥學은 없다면서 현 관료기술진을 통렬히 공격했다"는 내용의 강연회를 개최하고 단비배급을 요구했다. 그러나 特高경찰에 의해 반정부행위로 조사 받고 국가정책에 따르라고 주의 받는 장면도 있었다.[33]

---

31) 群馬縣立太田保健所,「農繁期榮養食共同炊事に就いて」, 1940.
32) 群馬縣告示第84號
   농번기공동취사장설치장려규정 左의 내용을 通定하고 昭和15년 3월 1일부터 이를 행함.
   昭和 15년 2월 27일
   郡馬縣知事 熊野 英
   농번기공동취사 장려규정
   제1조 농번기공동취사장의 설치를 장려하기 위하여 공동취사장 설비에 예산의 범위 내에 한해 보조금을 교부한다.
   제2조 보조금은 한개소에 百圓을 한도로 하고 설비를 위한 지출비용의 3분의 1 이내로 한다.
33)『昭和十七年日記』9月 8日.

암거배수 역시 단위 면적당 생산량 증가를 위해 필요한 사업이었다. 우여곡절 끝에 1943년에 실시되었는데 실시될 때까지의 상황을 다음 사료를 통해 알 수 있다.

> 1942년 4월 15일 토지개량회의
>
> 町議, 區長, 農會 행정 담당자, 농지과에서 三原 기사 來村. 暗渠 장려함. 대체적으로 [赤堀에서] 宮峰, 石傳, 磯登 참가위해 감. 금년 가을 실시를 위해 조사, 측량 의뢰.
>
> 4월 17일 암거배수공사 시찰
>
> 4월 25일 경지과에서 2인 암거배수 공사 답사 오다. 村 행정 담당자 전원 나옴.
>
> 4월 29일 암거측량 종료.
>
> 7월 19일 一村會에서 토지개량 총액 3만 엔의 암거배수 건 연기 결정.
>
> 8월 7일 常會
>
> 경지과 久保田 주사가 암거를 실시하라고 강요하기 위해 옴. 그가 돌아간 후 모두 상담하였지만 어떤 반응도 없고 결국 大正용수 실현 후까지 기다리기로 함.[34]

아카보리에는 원래 습전이 많아 보리농사는 적합하지 않다. 현 당국의 제안으로 건전화를 위해 암거배수 운동이 시작되었다. 아카보리에서는 이전부터 보리, 밀 생산성 향상을 위해 암거배수의 필요성은 상식적으로 알고 있었지만 관련 농지의 농민들의 협조가 필요한 사업이었기 때문에 이야기만 오고간 상태였다. 그러나 전시하 증산이라는 국가정책 하에 현의 장려를 받는 증산사업의 일환이 되었다. 예산은 현 부담이었고 노동력은 아카보리 마을에서 제

---

34) 『昭和十七年日記』.

공하기로 했다.

그러나 측량이 끝나고 공사가 시작되자 마을 사람들의 반응이 달라지기 시작했다. 공사에 필요한 토관을 둘 장소가 2, 3정보나 필요했고, 노동력이 부족한 때의 노동력을 제공해야 하는 문제, 언제 공습이 시작될지 모르는 불안감, 암거를 하면 지반이 침하한다는 소문 등이 그 요인이었다. 현의 강요가 와도 꿈쩍하지 않았다. 지역의 자기 이익 중시 입장은 현 당국의 강요도 통하지 않았다는 것을 알 수 있다. 그 후 1943년에 현의 암거배수 강요와 암거배수의 유용성을 확신하고 있던 아카보리 마을 리더들의 노력에 의해 실행되었다.

오카와는 "적은 물자배급에, 농산물공출에, 공동작업·공동취사 등 부락협동화 경영에 있어, 보수 일색이던 마을 주민이 금일 비약적으로 마음의 전개를 하게 됨을 보니, 事變前의 농촌을 생각하면 격세지감을 느끼지 않을 수가 없다"[35]라고 적고 있다.

한편 아카보리 농민들은 정부의 식량증산 정책을 역으로 이용하여 지역현안이었던 대정용수大正用水 건설운동을 전개한다. 앞서 인용한 농사조합, 상회 내용에서 나타나듯 1940년에 그 운동은 고조되었다. 1941년 대정익찬회가 조직되자 대정익찬회를 통해 운동을 전개하기도 한다.

> 1941년 3월 19일 대정익찬회 新田郡지부 발회식
>
> 大正用水 진정(10시~저녁무렵까지), 군 익찬회발회식 참집 유력자에게 실현진정하기로 결정[36]

대정용수 건설은 정부의 지원 없이는 불가능한 사업이었다. 군

---

35) 大川竹雄, 「農本日本にかへれ」 『國民運動』 35, 1942, p.14.

36) 『昭和十六年日記』 3月 19日.

익찬회, 군농회 등의 조직을 이용해서 현 직원 및 관련 지역의 유
지들에게 도움을 요청하고 또 관련 지역의 縣議, 국회의원들에게
도움을 요청하는 속에서 대정용수 사업은 1943년에 착공하게 된
다.[37] 즉 '증산'을 슬로건으로 대정용수 건설 등 지금까지 실현되지
못했던 지역사업을 실현시켜 가는 능동성이 있었다.

아카보리를 보더라도 노동력부족, 물자부족 등의 시대의 변화에
대응하여 농업경영에 있어서의 변화를 모색하고, 마을의 기존조직
을 보강[38] 하는 등 자생적 노력을 하고 있었던 사람들이 있었던 것
이다. 정부나 현의 관료도 이 지역사회의 자생적 노력이 가능하도
록 지원하지 않을 수 없었다. 여기에 전시기에 있어서 관료와 농민
의 공통의 영역이 있었다고 생각하는 바이다.[39] 즉 국책의 '강제'에
의한 '수용'만으로 볼 수만은 없는 것이다.

Ⅱ. 촌락 조직을 보는 시각

이상과 같이 총력전하 국민동원정책의 내용과 그것이 농촌생활
에 미친 영향을 조직의 측면에서 살펴보았다. 그리고 이를 통해 총
력전에 일본 농민이 어떻게 연관되어지를 규명하였다.

---

37) 『昭和十七年日記』, 『昭和十八年日記』.
38) 1942년에는 양잠조합과 농사조합을 통합하여 부락경제조합을 조직하려
　　고 했다. 또 1940년에는 공동작업연구회, 1941년에는 농지연구회, 1943년
　　에는 영양주기설 연구회가 결성되었다.
　　게다가 부락회의를 효율 좋게 이용하기 위해서 常會와 농사조합회합,
　　양잠조합 회합을 같은 날 개최하였으며 1943년부터는 바빠서 회합의 빈
　　번한 참가가 어려워지자 部落常會와 組合會合을 통합한 曉天會를 만들
　　어 신사참배 때를 이용하여 마을일을 의논하였다.
39) 1939년 10월 郡馬縣 발행 「농업 노동력 수급 조정 계획」(『郡馬縣史資料
　　編24』, p.178)을 보면 大川와 같은 개인의 농가경영 방향과 일치하는 면
　　이 보인다.

총력전하 국민동원정책의 요체는 일본정신의 함양과 일생생활 규범실천, 자기직분(노동)에의 力行이었고, 최종목표는 생산력확대에 있었다. 즉 전시동원정책 내용은 생산력 확대에 국민의 자발성을 동원하기 위해, 일본국민으로서 자각(국체관념, 국민정신, 경신숭조, 공민적 정신)과 촌민으로서의 자각(향토의식)을 고취시켜 조국애와 향토애를 양성하여, 조국과 향토에서의 자기 자신의 존재 가치·의의를 깨닫게 하려고 하였다. 이를 통해 일상생활규범(근면성과 건강 위생, 소비생활면에서는 예산생활의 강조와 납세, 절약, 허례허식 타파, 저축, 모든 생활에서의 '시간엄수')을 실천하고 농업생산에 근검역행케 하는 것이었다. 그리고 총력전시기 농민에게는 주어진 생산력확대의 구체적인 책무가 식량증산이었다.

문제는 이런 동원정책을 국민들 사이에 어떻게 침투시켜, 자발성을 발휘, 스스로 실천시켜 가도록 하는 점이었다. 정부는 농사실행조합, 부락회, 대정익찬회지부를 실행의 추진력으로 삼았다. 이에 이 실행기관을 축으로 하여 국민동원정책의 실태를 군마현群馬縣 닛타군新田郡 기자키정木崎町 지역에서 살펴보았다.

총력전시기 이전 농사실행조합 활동은 생산력향상에 필요한 농사개량과 경지개량을 위해 '과학의 응용', '능률', '합리'란 키워드 아래 당시 할 수 있는 모든 노력을 경주해 간다. 이런 농사조합이 정부의 증산정책 중 농업생산력 향상의 측면을 마다할 이유가 없었다. 전시기의 통제정책 속에서도 농촌주민을 움직이게 했던 추진력의 하나는 경영 이익의 추구였던 것이다.

그러나 정부의 식량증산정책은 전쟁수행을 목적으로 한 국가정책이고, 지역 주민의 '증산'은 개인의 농업경영 향상과 지역이익을 기반으로 한다. 그 의도에는 분명한 차이가 있는 것이다. 농작업에 있어서도 작물 선택은 개인 자신의 경영이익과 농경조건을 생각하여 자신이 결정해야할 문제다. 그러나 전시 하에서는 그렇게 되지 않았다. 국가의 입장에서 필요한 국책작물이 縣에 의해 장려되어 내려온다. 즉 개인의 자율성이 제한되고 관료의 통제가 농작업에 까지 미치게 된다.

그렇기에 농작물 선정에서의 자율성 제한, 배급제도의 모순, 과중한 공출량, 암거래 등으로 마을 주민들의 '시국에의 불평'은 끝이 없었다.

국민동원정책의 말단 실행조직으로서 농사실행조합, 부락회의 常會 등은 동원정책의 내용을 충실히 전달했다. 조직화의 강제성이 강조되는 까닭이다. 부락회, 농사실행조합만 보더라도 일상생활실천규범은 물론, 비료분배 생산물출하 농작물선정 등으로 각 농가경영에 깊숙이 개입했다. 즉 유통과정의 통제를 통해 생산과정 통제로 나아갔다. 생산과정의 통제조직으로서 파시즘체제의 말단기구라는 평가는 별개로 하더라도 부락회, 농사조합에 의한 주민 조직화는 당시로서는 극한 단계에까지 이르렀다고 볼 수 있다.

그러나 동원정책을 '이용'한 측면을 간과해서는 안될 것이다. 아카보리赤堀에서 농사실행조합, 부락회의 常會, 대정익찬회 조직을 통해 '증산'을 슬로건으로 전쟁을 역으로 이용하며 지역현안이었던 大正用水건설 등 지금까지 실현되지 못했던 지역사업을 실현시켜 가는 능동성이 있었다.

제9장 농민생활과 시간 건강

I. 머리말

일본에서는 1937년 중일전쟁 발발 이후 전쟁이 장기화되면서 총력전체제를 구축하려는 움직임이 가속화된다. 이 총력전 시기에는 「前線」과 「銃後」의 구별이 소멸하고, 감정과 신체, 문화, 물자 등 각 영역이 동원되어지면서 이제껏 사적영역에 머물고 있던 국민 개개인의 일상생활에까지 국가권력이 침투 동원해 간다.

총력전하 전시동원정책의 요체는 일본정신의 함양과 일생생활규범실천, 자기직분(노동)에의 力行이었고, 최종목표는 생산력확대에 있었다. 즉 전시동원정책 내용은 생산력 확대에 국민의 자발적 참여를 이끌어내기 위해, 일본국민으로서 자각(국체관념, 국민정신, 경신숭조, 공민적 정신)과 촌민으로서의 자각(향토의식)을 고취시켜 조국애와 향토애를 양성하고, 조국과 향토에서의 자기 자신의 존재 가치·의의를 깨닫게 하여 자발적 에너지를 발휘, 일상생활규범[1]을 실천하고 농업생산에 근검역행케 하는 것이었다.

필자는 7장, 8장에서 총력전 시기 전시동원 아래 생활하는 일본국민, 그중 농촌 농민의 일상생활을 노동의 측면에서 살펴보았다. 본고에서는 노동과 불가분의 관계에 있는 시간, 건강이라는 측면에

---

1) 근면성과 건강 위생, 소비생활면에서는 예산생활의 강조와 납세, 절약, 허례허식 타파, 저축, 모든 생활에서의 '시간엄수'

서 검토해보고자 한다. 즉 본고는 개인과 단체로 구성된 사회가 어떻게 총력전과 관련되어지는지를 밝히려는 것이며, 일본국민에게 있어서 총력전시대의 의미가 무엇인지를 밝히려는 것이다.

한편 최근 역사학분야에서 전시하의 신체, 위생문제에 관한 연구가 활발히 진행되고 있다. 그런데 이런 연구는 주민의 주체적인 인식·행동을 추적하려는 노력 대신 국민국가 혹은 근대사회의 시스템이나 규범 메카니즘이 주민을 어떻게 휘어잡아 가는가 하는 점에 시점이 맞추어져 있기에 처음부터 국가와 주민의 관계에서 전자가 후자를 압도하고 있다는 전제에서 출발하고 있다. 따라서 이로부터 만들어진 역사상은 국가도 주민도 결국 한 덩어리가 된 존재로서 제시되고 있다고 보여진다. 본고에서는 총력전체제 아래 정책이 어떻게 시행되었는지 밝히는 것에 머무르지 않고 실제 주민 자신들의 주체적인 동향에 대해서도 밝히고자 한다.

이를 위해 먼저 총력전시기 정책 이전의 건강, 위생정책을 살펴봄으로써 총력전시기의 정책적 특징을 파악하고자 한다.

II. 근대일본의 건강과 위생

메이지유신초기인 1874년 위생제도, 의학교육, 의술 및 약국시험 제도의 기본을 규정한 醫制가 공포되면서 근대일본의 위생행정이 스타트했다. 이 위생행정은 문부성의 관할을 전제로 한 것이지만 1875년에 내무성으로 이관되어 위생국이 성립된다. 이후 1938년 후생성이 신설되기까지 위생행정은 내무행정의 일환으로서 추진되었다. 당시의 위생행정의 주임무는 콜레라 등 폭발적으로 유행하는 감염증을 방지하는 것에 있었고 위생행정은 곧 방역이라고 해도 과언이 아닐 정도였다. 1880년 전년의 콜레라대유행을 계기로 전염병예방규칙이 공포되었는데, 그 대상이 되었던 것은 콜레라·장티

푸스·적리赤痢·디프테리아·발진티푸스·두창이었다. 그해 9월에는 전염병예방심득서를 만들어 각각 전염병마다 청결법, 취생법, 소독법을 명확히 했다. 전염병예방심득서는 1890년에 시제정촌제 취지에 맞게 개정되어 이 규정에 의하여 전염병예방은 원칙적으로 시정촌이 부담하는 사무로 되었고, 시정촌에서는 편의적으로 위생조합을 설치해 여기에 대응했다.[1891년에 설립된 정촌레벨의 위생조합이 많다] 1897년에는 전염병예방규칙 질병에 성홍열·페스트를 대상에 추가한 전염병예방법이 공포되었다. 이 전염병예방법에는 지방장관이 위생조합을 설치, 청결방법 소독방법 그 외 전염병예방구치에 관해 규약을 정하고 이행시킬 수 있게 되었다. 이에따라 위생조합의 설치는 점점 본격화하게 되었다.

1916년 제2차 오쿠마 시게노부大隈重信내각은 내무성에 보건위생조사회를 설치하였다. 여기서 그 초점이 되었던 항목은 乳幼兒·아동·청년의 건강·결핵·성병(화류병)·한센병·정신장애의 예방, 의식주 위생, 농촌위생 등이었으며, 방역으로 일관했던 그때까지의 위생행정을 탈각하고 국민전체의 체력을 강화해 그때까지 미흡했던 만성감염증이나 정신장애의 예방에도 힘쓰는 모습을 보였다. 거기에는 건강이라는 것이 한 개인만을 위한 것이 아니라 국가와 민족 발전의 초석이라는 인식이 성립되어 있었다.

1917년 6월, 항례의 지방위생기술관의회 석상에서 내무성위생국장 스기야마 시고로杉山四五郎는 "지금 구미각국에서는 민족위생이라는 사고방식이 널리 퍼지고 있다"는 인식아래 결핵·성병·트라홈(trachom), 그 외 지방병과의 싸움의 필요를 훈시하였다. 민족위생이란, 민족·국가의 발전을 의학적으로 진보시키기 위하여 구체적으로는 결핵·성병·한센병 등의 만성감염증, 유전과 관련된 정신장애·지적장애 등을 예방하고, 심신이 우수한 인구를 증식시킨다는 것으로 그 근저에는 우생학(우생사상)이 흐르고 있다. 보건위생조사회에

서도 1921년 6월의 총회에서 '민족위생에 관한 조사 건'을 전회 일치가결하고 있다.[2]

1927년 5월 다나카 기이치田中義一내각은 내각 내에 '인적 및 물적 자원의 통제운용계획에 관한 사항 통괄사무'을 관할할 자원국을 설치하고, 7월에는 '인적 및 물적자원의 통제운용계획과 그 설정 및 수행에 필요한 조사와 시설에 관한 중요사항을 조사심의'하는 것을 목적으로 한 자원심의회를 설치하였다. 1930년, 자원국은 '자원통제운용의 의의'에 관해 기술하는 가운데 "자원이란 국력의 원천을 말하는 것이다. 따라서 자원의 종합은 즉 잠재적 국력 그 자신이다. 따라서 소위 자원은 그 범위가 극히 광범하고 인적, 물적, 유형, 무형에 걸치고 있다. 따라서 국력의 진전에 이바지 할 일체의 사물을 포함한다"고 자원의 의미를 정의하고, 따라서 "국민의 지력, 체력의 육성 및 사회봉사의 훈련"도 '자원보유'로서 규정하고 있다.[3] 인적자원을 국가, 국력의 자원으로서 자리매김하고, 인적자원의 국가관리를 명백히 밝히고 있는 것이 주목된다. 인적자원이라는 용어는 법적으로는 자원국관제에서 사용된 것이 처음이나, 이후 정착되지 못하다 1938년 '국가총동원법'에서 '인적 및 물적 자원의 통제운용'으로 완전히 정착하게 된다.[4]

한편 1927년 7월, 다나카 기이치내각은 인구식량문제조사회를 설치하였다. 그것은 내각직속으로서 회장은 다나카수상이었다. 무제한적인 인구증식은 식량부족을 야기하여 사회불안을 부르는 위험요소이기도 하였다. 1918년의 쌀소동은 그 교훈이다. 요컨대 식

---

2) 藤野豊, 『强制された健康 : 日本ファシズム下の生命と身體』, 吉川弘文館, 2000.

3) 藤野豊, 위의 책.

4) 岩崎正彌, 「戰時下農村保險運動の歷史的意味」 『農本思想の社會史』, 京都 大出版會, 1997.

량증산과의 밸런스를 꾀하면서 인구증식을 추진하는 일이 필요했던 것이다. 조사회는 하마구치 오사치浜口雄幸내각 때인 1929년 12월, '인구통제에 관한 제방책'이라는 수상에의 답신을 결정하였다. 거기에서는 "인구대책상 긴급실시를 필요로 한다고 인정된 것"으로서 "결혼·출산·피임에 관한 의료상 상담에 응하기 위해 적당한 시설을 갖추는 것" 우생학적 견지에 의한 제시설에 관한 조사연구를 하는 시행하는 것으로 명기되어 있다. 이후 건강한 자의 피임은 인정하지 않지만 열등자의 피임은 단종을 포함해 검토하는 방향으로 국가에 의한 국민의 건강, 체력, 출산의 관리체제가 모색되어져갔던 것이다.[5)]

국가위생이 정부기관의 주도로만 이루워지지 않았다. 1883년 조직된 반관반민 조직인 일본사립위생회나 1877년 설립된 일본적십자사는 위생전람회 개최 등 보건위생사업을 추진하였는데, 일본적십자사 주최의 1928년 위생전람회 '민족위생전'은 우생사상을 널리 퍼뜨리기 위한 전람회였다. 병자, 병약자가 많아지면 국력이 떨어져 민족이 멸망해 버리기 때문에 우생사상을 널리 퍼뜨려야 된다는 것이, 그 무렵 자주 언급되기 시작하였다. 위생전람회에서 체력 향상이라는 것이 어떻게 전해졌는가를 보면, "체력 향상은 우선 좋은 배우자의 선택에서부터"라는 표어가 있다. 우생학이 계몽되어 "우량한 양친에서부터 우량아가 탄생됩니다"라는 것처럼 결혼도 위생적인 배려를 모토로 지도되었다. 예를 들면 "우생결혼의 제1조건"이라는 제목의 縮尺模型에는 "혼약은 서로 신용있는 의사에게 건강진단서를 교환하는 것에서 시작합시다"라는 설명이 붙어있다. 건강상태나 유전에 관련한 정보를 기록한 진단서를 교환하고 혼약을 해야 한다는 것이다. 결혼상대가 어떤 사람인가를 보는 것이, 건강

---

5) 藤野豊, 앞의 책, 『强制された健康 : 日本ファシズム下の生命と身體』.

이라는 관점에서 중시되어 병력이나 유전적인 배경까지를 확인하라는 것이다. 이에 따라 위생학적 결혼관점에서 모성이라는 것도 굉장히 중요시 되어, "체력 향상과 부인위생, 국방도 국부도 강건한 어머니에서부터"라고 일컬어져, 부대의 체력을 어떻게 높여가는가 하는 과제가 어머니들에게 지워졌다. 그러나 보이지 않는 곳에 병 침입의 경로를 찾아 그것을 절단한다, 강한 신체를 만든다고 해도, 우생사상의 경우에는 전염병예방과 같은 논법일 것이다.

이상과 같이 국책적인 의도 아래서 국민의 체력을 높이려는 운동은 계속되었지만, 건강증진에의 욕구는 국책으로서 추진된 것만은 아니었다. 메이지말 경부터 서서히 건강법적인 것이 등장해 다이쇼 중반부터 쇼와 초기에 걸쳐서는 민간에 뿌리내린 건강 붐도 있었다.

병에 이르는 인과의 선을 연결시켜 그 경로를 잘라 격리하거나 한다는 발상은 위생사상의 핵이라 할 수 있지만 그것과는 조금 계통을 달리하는 발상도 서서히 강해지고 있었다. 오히려 그렇게 하면 인간자체는 오히려 약해지고 만다고 비판하고, 병에 지지 않는 신체를 단련하는 것이야말로 본래의 위생이라고 하고 이것을 적극적 위생이라고 부르는 사람들이 나타난다. 이러한 발상 자체는 러일전쟁 무렵부터 나타났지만 메이지 말기에는 후에 이시즈카 사겐 石塚左玄(1850~1909)의 이시즈카식 食養法, 오카다 토라지로岡田虎二郎 (1872~1920)의 오카다식 정좌법이나 후다키 겐조二木謙三(1873~1966)의 후지타식 복식호흡법, 히다 하루미츠肥田春充(1883~1956)의 히다식 강건술, 니시 가츠조西勝造(1884~1959)의 니시식 동양체조법 등의 건강법이 유행하기 시작해 다이쇼 중기부터 쇼와 초기에 걸쳐 여러 가지 건강법이나 치료술이 성황을 맞이하는데, 그 대부분은 자신의 힘을 기르는 것을 목표로 하고 있었다.[6)]

1927년 무렵부터 이후 수년이 전전의 건강법 붐의 정점이라고 생각된다. 동경일일신문의 '우선 건강!' 캠페인이 1929년에 실시되고, 1930년에는 『건강시대』라는 건강정보지도 창간하게 된다. 건강이라는 것이 주목을 끄는 시대였기 때문이다. 그것은 전염병의 유행이 이전보다 약해졌기 때문이겠지만, 일종의 대중운동이라고 불러도 좋을 만큼의 기세를 타게 된다.

동경일일신문이 1929년 '우선 건강!'이란 표어를 케치플레이즈로 삼아 1월부터 6월까지 철저한 건강증진캠페인을 진행하여, 지면뿐만 아니라 전람회 강연회 개최, 영화도 상연하였다. 또 메이지 이후 일본에서 체조는 주로 학교에서 수업의 일환으로 시행되고 있었는데, 학교 밖에서 일반인을 대상으로 한 체육이 라디오체조에 의해 등장하게 되었다. 정식명칭은 국민보건체조. 미국 메트로폴리탄사가 실시하고 있던 라디오체조를 모방하여, 우체국 간이보험국의 발안과 NHK 제휴로 시작되었다. 이 라디오체조가 시작되는 시기에 자신의 신체에 손을 대는 것에 의해 건강이 얻어진다, 즉 건강은 획득하는 것이 가능하다 새로운 신체관이 널리 유포되고 있었다 한다. 1930년대 초에는 하이킹 붐으로 1932년 4월 잡지 『하이킹』이 창간되는데, 이런 움직임에 편승하여 철도성이 동경일일신문과 함께 '비상시'를 배경으로 국민보건운동이란 명목하에 하이킹 캠페인을 전개하였다.[7]

III. 전시동원정책의 전개 : 「銃後」의 규율화

총력전시기의 시간, 건강에 관한 전시동원정책은 위와 같은 흐

---

6) 野村一夫, 『健康ブームを讀み解く』, 靑弓社, 2003.
  石田秀實, 「東洋醫學と民間醫療」 『近代日本文化論9』, 岩波書店, 1999.
  島薗進, 『癒す知の系譜』, 吉川弘文館, 2003.
7) 野村一夫, 앞의 책, 『健康ブームを讀み解く』.

름의 연속선상에 있었다. 총력전의 양상으로부터 스트레이트로 시간, 건강 등의 동원정책을 이시기의 특징으로 파악하고자 한다면 일면만을 보는 것일 것이다. 즉 총력전 단계로 진행되기 전에 건강의 사회적 의미 혹은 사회적 제관계에 변화가 있었고 그 전제하에 1930년대 건강문제가 존재했던 것이다. 총력전 시기 체조, 심신단련, 하이킹, 시간엄수 등이 장려 진흥되었지만 이는 총력전시기에 처음으로 등장했던 것이 아니고, 그 이전 단계에서 행정의 관여를 수반하면서 사회적으로 침투되고 있었던 것이다. '15년전쟁'이나 '총력전체제'론의 틀로서는 시간, 건강 문제를 충분히 처리할 수 없다는 지적[8]에 필자도 동의하고 있다.

국민정신총동원운동은 구체적으로는 '국민정신총동원강조주간', '메이지절봉축 및 국민정신작흥주간', '국민정신총동원건강주간', '국민정신총동원저축보국강조주간', '총후후원강화주간' 등을 설정해 집중적인 캠페인을 벌여갔다.[9] 이것들은 국민정신총동원실시에 맞추어 그때까지 개별적으로 실시하던 국민교화책을 망라하고 또한 재구성한 것이었다.

이중 國民精神總動員健剛週間(1938.5.17~23)은 최초의 전국 일제 조직적 보건운동으로 위치지울 수 있다. 이후 건강주간(1939.5.2~8), 국민심신단련운동(1939.8.1~20), 건강증진운동(1940.5.1~10), 국민심신단련운동(1940.8.1~20), 건강증진운동(1941.4.28~5.7) 으로 이어지며 실시되는데, 첫 운동인 국민정신총동원건강주간(1938.5.17~23)의 내용을 살펴보면

---

8) 高岡裕之, 「『十五年戰爭』『總力戰』『帝國』日本」 『現代歷史學の成果と課題 1980-2000 1」, 靑木書店, 2002.

9) 小野雅章, 「戰民精神總動員運動の始動と敎育」 『硏究紀要』(日本大學人文科學硏究所)48, 1994, 9.
  淸水勝嘉, 「戰民精神總動員運動のなかの健康增進キャンペーンについて」 『防衛衛生』 27(8), 1980.8.

다음과 같다[10)]

국민정신총동원건강주간

1) 취지

현재의 비상시국하에 대처하고 총후국방에 만전을 기하기 위해서는 국민의 건강을 증진하여 체력의 향상에 힘씀으로써 인적자원의 충실을 꾀하여야 한다.

따라서 국민정신총동원의 취지에 준하여 국민교화운동방책이 정한 바에 따라 관민일체로 건강증진에 관한 운동을 실시하여 소기의 목적을 달성한다.

국민정신총동원건강주간 일반적운동항목

1. 保健衛生思想의 함양
2. 心身의 鍛鍊
3. 環境衛生의 개선
4. 영양개선
5. 결핵의 예방
6. 화류병의 예방
7. 소화기 전염병의 예방
8. 母性, 乳幼兒의 보건
9. 공중위생도덕의 향상
10. 보건시설의 이용

2) 심신단련운동

1. 각종체육회, 무도회의 거행

---

10) 清水勝嘉, 앞의 논문.

　2. 등산, 소풍 등의 실행

　3. 옥외운동의 실행

　4. 도보통학, 통근의 실행

　5. 체조의 실행

　6. 노력봉사

　3) 환경위생개선운동

1. 의복, 침구의 청소 및 일광소독 勵行

2. 주거의 정돈, 청소, 채광, 환기, 소독 등의 勵行, 부엌, 침실 등의 개선

3. 우물, 하수, 도랑, 욕탕, 변소 비료류 등의 청소 및 개선

4. 도로청소, 撒水

　4) 영양개선운동

1. 식품의 영양에 관한 지식 보급

2. 영양요리메뉴표의 제작배포

3. 영양요리 시식회 등의 개최

4. 공동취사에 의한 영양의 개선

5. 올바름 식습관 장려

6. 백미식 폐지(배아미, 七分搗 등의 장려)

　위 사료 내용은 전시합리성이란 기능면에서 인적자원으로서 국민을 보는 시각을 전제로 하여, 총후국방의 최대목표인 생산력확대를 위해 노동력의 질적향상을 꾀하기 위한 건강과 체력증진 방안이었다.

　1938년에 시즈오카현靜岡縣이 주최하고 이 해에 막 창설된 후생성이 후원한 "건강보국전람회"의 포스터를 보면, "건강보국"이라 한 것처럼 확실히 건강이라는 것이 국가에 보답하는 것이 라는 발상

이 더욱 강조된다. 전람회자체가 전시색을 띠고 있기 때문에 국가를 위해 신체가 있다는 자세가 단적인 모습으로 계몽되고 있다.

그런데 여기서 주목해야 할 점은 총력전시기의 보건운동 내용이 만주사변시기 착수된 농촌경제갱생운동 때 전국 각지 정촌에서 마련된 경제갱생계획안 내의 채용되고 있다는 점이다. 한 예로 군마현群馬縣 닛타군新田郡 고시촌剛志村의 「經濟更生計劃樹立基本調査 및 計劃案」(1935)[11]에 명백히 나타나 있다. 고시촌의 경제갱생위원회 작성한 계획안을 보면, 크게 [경제갱생기본조사서] 와 [경제갱생계획서] 2가지로 구성되어져 있다. [경제갱생 기본조사서]에서는 경제갱생계획안을 수립하는데 토대가 되는 고시촌의 현황이 조사되어져 있고, [경제갱생계획서] 에서는 1.경제갱생수립취지, 2.경제갱생계획대강, 3.갱생계획실행촉진계획, 4.경재갱생계획실행규정 및 조직(경제갱생위원회규정), 5.계획안① 교화부(교화계획) ② 생산부 ③ 경제부 ④ 생활개선계획부로 구성되어져 있다. 그 중 5.계획안① 교화부(교화계획)] 중 위생개선 실시항목을 인용하면 다음과 같다.

○ 衛生保安의 部
1. 가정위생에 유의하고 청결·정돈. 트라홈[Trachom; 1910년대로부터 1930년대에 걸쳐 國民病으로 인식되었던 전염성만성결막염]의 치료·예방, 기생충구제예방 등에 주의할 것
1. 健康村의 건설을 위해 身體, 精神의 위생에 가일층 주의할 것
1. 心身鍛鍊에 유의하고 체위향상에 전념할 것
1. 결혼은 쌍방의 健康을 존중하고 健康診斷書를 교부할 것
1. 학교아동의 신체검사표에 나타난 병증 및 신체결함은 가정위생상 특히 주의할 것

---

11) 『群馬縣古文書館文書』 議會1442-7/9.

1. 가정에서 트라홈 환자의 수건 및 대야를 별도로 할 것. 또 병균에 접촉된 수건, 침구, 의류를 혼용하지 않을 것 등에 전념하여 根治에 노력할 것

1. 매일 잠들기 전에 이를 닦는 습관을 갖도록 할 것

1. 전염병 유행시에는 특히 생수 날것 등의 음식을 경계하고 환자의 은닉, 患家의 交通 등에 주의할 것

1. 환자의 조기발견에 노력하고 공동일치해서 전염병 예방에 전력을 기울일 것

1. 화재예방에 관해서는 自衛消防 上 필요한 설비에 유의하고 화기취급 목욕탕 기타 그 외에 세심한 주의를 기울일 것

1. 절주 절연에 노력할 것

1. 役場村사무소, 위생조합, 학교 및 일반 가정과 연락을 긴밀히 하여 자주 위생훈련을 할 것

   ○ 소학교·청년학교의 부

   사회교육중심이 되어 그 교육에 있어서 적절히 경제갱생에 관한 내용을 인식시키는 것에 노력할 것.

이 [衛生保安의 部] 내용을 통해 볼 때, 총력전시기의 보건운동에 앞서 광범위한 조직적 보건운동이 시행되고 있음을 알 수 있다.

위 계획안 중 [①교화부(교화계획)] 실시요항은 경제갱생계획안 수행의 기초조건, 원동력이었다. 경제갱생계획안을 통해볼 때, 계획안의 의도는 일본국민으로서 자각(국체관념, 국민정신, 경신숭조, 공민적 정신)과 촌민으로서의 자각(향토의식)을 고취시켜 조국애와 향토애를 양성시키고, 조국과 향토에서의 자기 자신의 존재 가치·의의를 깨닫게 하여 자발적 에너지를 발휘, 일상생활규범을 실천하고 농업생산에 근검역행케 하는 것이었다. 그리고 계획안에 나타난 경제적, 사회적 조직화는 그들의 에너지를 집약하기 위한 시책이었음을 알

수 있다. 이 경제갱생계획안에 나타나는 논리구조, 즉 일본정신의
함양과 일생생활규범실천, 자기직분(노동)에의 力行이란 3가지 구조
는 앞서 살펴보았듯이 정동운동, 나아가 대정익찬운동에도 계승되
어 전쟁수행이라는 목적아래 실시되게 된다.[12] 즉 총후 규율화의
출발점으로서 農村經濟更生運動에 주목할 필요가 있다.

　이상과 같은 총력전하 전시동원정책이 농촌생활에 미친 영향을
건강, 시간이라는 측면에서 검토해보고자 한다.

Ⅳ. 農道盡忠과 시간

　총력전시기 이와 같이 식량증산을 기본으로 하는 정부 농업통제
정책 하에서 농민들의 생활은 어떠하였는가. 이것을 군마현群馬縣
닛타군新田郡 기자키정木崎町의 아카보리赤堀 부락에 살았던 오카와
다케오大川竹雄(1911~　)가 남긴 기록을 중심으로 살펴 본다. 오카와 다
케오 집안은 1923년 縣稅戶數割賦課額 순위 기자키정 전체의 10위.
집안의 소유면적은 산림을 포함해서 10町 6反 9畝로, 그중 경영면
적은 1935년 당시 3町 5反 정도였고, 소작지는 2町 2反 정도였다.

　오카와 다케오는 농민으로서의 자기 존재 가치를 찾아 편력하는
과정에서 중일 전면전을 맞이하게 된다. 그는 이런 시대상황에 영
향을 받으며 1938년, 1939년 자기 나름의 농업·농민관을 정리하고
있다.

---

12) 須崎槇一는 정동운동·익찬체제기의 국민동원정책이 이전의 국민통합정
　　책과 달리 강화된 측면에 대해, 첫째 목적·운동의 양상이 국민의 모든
　　자주적 조직을 해체하는 한편, 그 자발성을 동원하기 위해 전국민을 전
　　면적으로 조직화하는 특징, 즉 강제성과 조직성에 있고, 둘째 운동 담당
　　자의 변화, 셋째 전국민에게 宮城遙拜의 강제에서 나타나는 천황신앙의
　　강제, 등을 들고 있다(『日本ファシズムとその時代』, 大月書店, 1998)

농본주의의 근거: 1. 일본은 어느 시대 농업이 충실했는가, 그리고 그 시대의 국세 및 문화상황, 2. 상공업화는 국민정신의 연약화 초래, 3. 공업화의 한도, 매년 증가인구를 부양할 수 있는가, 결국 상품을 외국에 팔고 식량을 산다. 영국식의 입국방식은 결국 멸망하는 것이 아닌가 (중략) 10. 기계문명의 정체와 도시문명의 정체에 대한 농본이론

余의 농본관(농업을 성대히 하지 않으면 안되는 이유)

1. 식량의 국내생산(제2의 강점)

2. 견실한 국민정신(일본정신)의 원천. (수신서의 실행자) 정직, 견인, 질소. 加藤莞治 말하길 「천황의 근위병과 같다」

3. 인구증가의 원천(국력의 원천).

4. 견실한 인간을 상공업에 보낸다.

5. 국방적 필요(농인 없으면 식량, 강병, 말이 없다).

6. 해외발전 모두 농민뿐(日滿一體도 이민에 의함. 대륙건설의 근본이다)

7. 體位의 保持.
   농…국방적, 식량, 공업원료, 정신[13]

농본국가의 필요성을 지향하고 더욱 농도에 정진하고자 한다. 소비절약, 생산력 확충도 농인생활을 국민이 배우면 해결된다. 만주이민문제의 필요, 농업이주자 이들이 진실로 그 토지를 영구히 지배할 수 있다. 혁명은 농인에 의해 행해진다. 해외발전도 농인에 의해 이루어진다. 민족발전의 방법으로서 이민은 고대 방식이지만 본질적인 근저이다. 농은 국가의 근본·민족적 신념, 농촌과 금후의 사변

농촌과 금번의 사변

1. 식량의 자급

---

13) 『昭和十三年·十四年手帳』.

2. 인구의 저수지···양질의 강병, 직공의 원천

3. 유축물 (군수)

4. 동아신질서의 건설···만주이민

　비교. 영국···중공업만, 미국···중공업과 영리농업, 일본···농민적 농업과 중공업. 근대과학산물의 고마움, 농민적 농업의 질소적인 인적요소 이번 사변에서 뼈 속 깊게 그 고마움을 느꼈다.[14)]

　이런 내용들은 결국 일본국가를 받치고 있는 '농'(농민·농업·농촌)이 얼마나 중요한가를 강변하고 있는 것들이다. 근대 일본은 메이지유신으로부터 불과 50여년이 지난 제1차 세계대전 이후에는 세계 5대 강국의 하나란 국제적 지위를 얻게 되면서 일본인들은 일등국이란 자부심을 갖기도 했다. 그러나 당시 일본국민의 50%를 차지하는 농민은 급속한 근대화의 진행 속에서 일등국이란 자부심과는 전혀 무관하게 사회로부터 무시당하고, 이농현상과 농민 자신들조차 스스로를 비하하는 현실 속에서 일본 농민으로서의 자긍심을 가질 수 없었다. 게다가 1929년 세계 대공황으로 인해 농촌의 궁핍이 더욱 심각해졌다고 인식하게 되었다. 오카와 다케오가 주장하는 '농'의 의의는 그의 창조물이 아니다. 당시 정부나 재야의 농본주의 고취자들의 주장을 자기 나름대로 받아들인 결과물이었다. 농촌의 현실에서 도피하지 않고 현실에 도전하여 농민의 자긍심을 구하고자 했던 일군의 농민들이 농본주의에 영향 받은 것은 당연할 것이다.

　오카와는 '농'의 의의를 중일전쟁 이전에는 생명의 유지, 인간성의 회복이나 최고의 가치인 신이나 천황에 대한 봉사 등의 '성스러운 의의'에서 찾았지만 중일전쟁 이후 전쟁이란 현실 속에서 새롭게 '국방적 의의'를 농민 자부심의 근거로 삼으려 하고 있다. 즉 전

---

14) 『昭和十四年手帳』.

시 하에서는 농의 '성스러운 의의'에 '국방적 의의'가 첨가되는 특징이 보인다. 한마디로 '農道盡忠'이었다.

이상과 같이 농의 의의 자각은 단지 자부심을 갖는 것에 그치는 것이 아니라, 그런 농의 자부심에 걸 맞는 인간이 되고자 하는 노력으로 나타난다. 그것은 천황의 국가를 지탱하는 생산활동이고, 그 생산활동을 이루워 낼 수 있는 건강이고, 농의 자부심에 걸 맞는 인격의 형성이었다. 둘째는 자기가 사는 향토에 대한 자각과 애정으로 연결되어 진다. 셋째는 농업전념과 농민운동에 대한 에너지로 나타난다.

오카와 다케오는 전시하의 노동력 부족, 물자부족(특히 비료부족)이라는 여건의 변화 속에서도 농업경영상의 노력을 게을리 하지 않았다. 전시기 이전부터 품종선택, 품종조합, 노동력 배분, 자급비료의 확대 등의 노력을 해왔으며, 전시기에는 논둑의 콘크리트화, 기계화, 협동화, 유축화, 전기이용, 暗渠배수, 신농기구 구입, 신기술 습득을 꾀하고, 또 물 확보를 위해 大正用水 운동에 전력을 다한다. 오카와는 자가 생산력향상에 필요한 농사개량과 경지개량를 위해 당시 할 수 있는 모든 노력을 경주해 갔다.

노동력 부족에 의한 노동력 절감과 反收증대의 원칙은 때에 따라서는 모순되는 경우도 있다. 노동력 분배나 노동력 절감을 위한 不整地 파종이 반수감소를 초래하는 것은 두말 할 필요가 없다. 이 모순을 줄이고 또 구체적인 개선안을 실행할 수 있도록 지식습득에 전념을 기울였다. "本村 양잠가의 누에고치 평균 反收 증대 목적으로 이웃 마을 佐波郡□村 양잠가 반수60관 시찰", "農試시찰", "연구 결과를 가지고 다음과 같은 곳 방문. 와고 츠네오和合恒男氏, 農士학교, 宇都宮농학교 농장, 東京(櫻澤, 岡本利光, 노동과학, 勞研, 압력솥연구소 등)의 방문", "밤 산지 이바라기현茨城縣 지요다촌千代田村 四萬騎 농원 시찰 등 각지를 방문"하여 지식과 농도정신을 배우려 했다. 그의 농경 생활의 기본적 자세는 "본년연구 목표……1. 과학을 응용한 여러 경영의 실제를 조망하여 금년 소생의 경영방책 연구, 2. 건강……식양학의 응용·의식주의 전면합리화」"[15]로 과학과 합리화였다.

그런데, 노동력 절감이라고 해도 노동력 절대량이 감소하는 것이 아니다. 노동력 부족 발생을 해결하기 위한 노동력 절감이기도 했기 때문이다. 따라서 노동력의 질을 높이는 방법으로 효율적 생산활동을 꾀하려고도 했다.

> 1. 일찍 자고 일찍 일어나기 실천, 야식 후 가급적 빨리 휴식을 취할 것 (강제적으로 할 것), 원칙적으로 대문을 빨리 잠그고 밤의 방문을 피할 것, 가장 일찍 일어날 것(소생부터 실천), 특히 農休 이후 맑은 날은 낮잠 1시간을 자지 말 것, 저녁에는 일찍 귀가하여 아침 일찍 시작함이 가장 간요.
> 2. 日中에는 전심 노동할 것, 양보다 질을 추구할 것.
> 3 날씨 및 1주일 뒤를 생각해서 논밭 상황을 점검하고 노동 예정의 게시를 반드시 행할 것.
> 4 아침식사 전 반드시 택지 및 집 남쪽의 밭에 나갈 것.[16]

이것은 노동시간을 효율적이고 집약적으로 이용하려는 마음 다짐이었다.

1938년에는 春蠶 上簇 이후 7월 농한기까지, 즉 가장 바쁜 6월 15일부터 7월 16일까지 주요한 농사업무 항목과 노동시간을 기록하고 있다.[17]

---

15) 위의 책.
16) 『昭和一三·一四年帳面』.
17) 『昭和一三·一四年帳面』.

〈표 9〉 농번기 大川가의 노동력 배분(1938년 6월 15일~7월 16일)

		主	春	初	永	昭	他	他	母
蚕	春蠶上簇								
	桑園中耕	29	38	41	24				
	秋蠶準備		2	7	3				4
大麥	大麥베기								
	發動機, 原動機	8	11	11	5	2	6		
小麥	수확	57	57	57	29	12			
	밀 발동기 및 건조	27	31	34	15	13		22	
水稻	못자리 잡초뽑기	9	10	9	5				
	모뽑기 苗跡耕起	6	37	1	3	2		4	
		3	11	7	5	4			
	논둑 보수(くろ塗り)	37	2						
	마경			45	7	23			
	모내기	9	18	9	7	4		7	
	비료뿌리기	10		8					
	彝天田수리	2	1						
		4	4	4	2	2			
	配苗외 모내기 잡일	3		5	10	2			
陸稻	손으로 제초	48	64	62	50	4			

　이것을 보면 춘잠 상족 이후 한 달 동안의 오카와 다케오의 주요한 농경작업 시간은 250시간에 달하고 있다. 그렇다면 적어도 하루 평균 노동시간은 8시간 이상이 된다. 게다가 야채재배 및 산양, 닭 사육에 신경을 쓰게 되면 노동시간을 더욱더 늘어난다.

　시간엄수는 일본근대에서 일관되게 강조되고 있다. 근대일본을 관통하는 질서 중 하나는 근세까지의 지역차나 자연 변화와 연결되어 있던 曆의 시간을 단절시키며 등장한 클럭 타임의 메카니즘이라 한다. 그것은 시간엄수를 행동 규율의 중심에 위치시켜, 사회 구성원의 임무가 막힘없이 빠르게 실시되어지는 것을 사회덕목으로 삼는 것이었다. 그러나 사회교화 활동을 통하여 시간엄수, 효율적 시간활용을 강조하여도 간단히 침투되지는 못했다.

　오카와 다케오의 1928년 1월 15일 일기를 보면 재패니즘 타임에 대한 비판이 있다.

> 전전일의 예정에 의하면 오늘 아침 일찍 지주회의를 열기로 했다. 11시는 이미 아침이 아닌데도 겨우 간신히 정직한 大川長十郎가 왔다. 松村씨가 왔다가 집안 일 때문에 귀가. 小沢씨가 왔다가 다들 모이지 않기 때문에 귀택. 겨우 12시 넘어서야 3, 4인 왔다. 무슨 이런 지주회의가 있는가. 아침이라고 해서 아침 일찍이 온 신참 등은 바보같이 좋은 얼굴을 하고 있다. 아침 일찍 와서는 계속 기다리기만 하다가 사람들이 모이자 심부름꾼으로 이용만 된다. 쓸모가 없기 때문일 것이다. 정직하고 성실하고 열심히 일하는 사람을 오히려 지주조합뿐이 아니지만 바보라든지 하나 덜떨어진 사람이라고 하는 것은 일본제국의 國粹일 것이다.

이러하기에 자기 이익을 위해서도 시간에 대한 자기규율이 점점 강해진다.

> 일본시간 타파하기 위해 시간 勵行에 더 한층의 노력을 할 것.
> 훈집
> 1. 아침의 시간은 금화보다 낫다
> 2. 일년의 계획은 정월 초하루에, 일일의 계획은 아침에 있다.
> 3. 천직을 즐거워하는 자는 행복하다
> 4. 근면은 재능결핍을 보완한다.
> 5. 良農은 良兵이다.
>   생략
> 13. 서 있는 농부는 앉아있는 신사보다도 존경스럽다.
> 15. 농업은 국민을 질소로 유도하고 상공업은 국민을 사치로 유도한다.[18]

더욱이 1937년도에는, "수도정진, 1. 早起早寢의 실행 갱생의 제1
보, 2. 황조황실조상에의 합장, 3. 극기 심중의 적을 깬다, 4. 인생은
지금 뿐, 일시의 나태는 즉 일생의 나태로 됨".[19] 1939년에도 "숙면
5시간을 표준으로 할 것. 11시 취침 4시 기상. 또는 밤 일찍 쉬고 아
침 일찍 일어나는 것도 ㅍ. 원칙으로서 早寢早起[20]의 각오를 다지
고 있다.

농촌경제갱생운동이나 국민정신총동원운동, 대정익찬운동에서
농촌지역 내 사회교화 활동의 첨병조직은 農事組合과 常會였다. 기
자키정에서는 1936년 縣의 지도 아래 자발적으로 産靑聯을 결성하
여, 기자키 産業組合 진흥에 노력하였다. 기자키정 내 아카보리 부
락에서는 1939년에는 기존의 農事組合이 조합장, 부조합장, 회계,
감사 등의 임원과 조합원으로 구성한 것을 총무부, 생산부, 경제부,
사회부 등으로 개편하여 조직의 강화를 꾀하였다. 1942년에는 양잠
조합과 농사조합을 통합하여 부락경제조합을 조직하려고 했다. 또
1940년에는 공동작업연구회, 1941년에는 농지연구회, 1943년에는 영
양주기설 연구회가 결성되었다. 게다가 부락회의를 효율 좋게 이용
하기 위해서 常會와 농사조합회합, 양잠조합 회합을 같은 날 개최
하였으며 1943년부터는 바빠서 회합의 빈번한 참가가 어려워지자
部落常會와 組合會合을 통합한 曉天會를 만들어 오전 6시 신사참
배 때를 이용하여 마을일을 의논하고 하루 일과를 시작하였다.

더불어 國民精神總動員運動 일환으로서 1939년9월부터 1942년1
월까지 매월 1일 실시된 興亞奉公日, 이후의 大詔奉戴日에 상회를
실시하고 있다.

---

18) 『昭和九年手帳』.
19) 『昭和12年手帳』.
20) 『昭和14年日記』.

V. 촌민생활과 건강

기자키정木崎町 기록을 보면 주민들도 농업생산활동을 이루워낼 수 있는 건강에 신경쓰고 있음을 알 수 있다. 이 지역 농촌청년들은 1931년 청년단활동으로 츠쿠바筑波방면 무전여행과 六里カ原 强健여행이 실시되고 있다. 1930년대 초의 하이킹 붐과 무관치 않다.

　　筑波방면 무전여행

　　4월 14일 인원9인. 竜舞 筑波 도착 11시 반 출발 4시5분 真壁까지 3리 笠間까지 이곳으로부터 10리 真壁부터 笠間까지 길 기복이 많아 배고픔 참상이다. 도중에 어두워져 笠間에서 橋本屋에서 숙박. 다음날 8시 15분 출발 友部국민학교에, 5시 반 기상, 냉수욕 6시주터 武道와 체조, 7시 식사 8시 반 학과 1시부터 7시까지 실습 8시 자습

　　쇼와6년도 江原청년단단장과 六里カ原 强健여행

　　木崎 上江田에 집합 3시15분, 계 20인. 이세자키 도착 5시30분, 다카사키 발 8시42분, 다카사키에서 1시간정도 기다림. 야와타역--少林山寺, 안나카, 이소베 鑛泉. 요코가와(해발 385) 이부근 산들 妙義와 같은 산산, 機關車로 바뀜. 옛날 개척. 하코네 토지회사 앞에서 중식. 六里カ原 도착

한편 오카와 다케오大川竹雄의 기록을 보면 건강문제에 관심을 집중하고 있는데, 1931년에는 엄수해야할 항목으로서 다음과 같이 적고 있다.

　1. 농도정진신념의 확립
　　[생략]

2. 건강방법의 실행

　　1 肝油상용 2 細魚중식 3 間食不行 4 腹八分目 5 뇌에 좋은 식물섭
　　취 6 절주 절연 유흥을 금함 7 식후의 양수 8 때때로 간식

3. □□를 절대행하지 않음,

4. 저금 실행(월 2엔), 술 40전, 과자 30전, 유흥 100전, 담배 30전, 합계 2
　　엔. 이는 절대적 금지는 아닌 것으로 사교상에 방해되지 않도록 한다.

5. 凡欲에 이기도록 노력한다」

　　이상의 5항 엄수해야만 할 것.[21]

1934년 일기에 보면 다음과 같은 기록이 있다.

1. 「우선 健康!」을 최중요시하여 가족의 건강중심주의을 시종일관할
　　것.

2. 술은 節酒主義. 어쩔 수 없는 교제 외에는 외출 중 마시지 않고 집에
　　서 피로할 때 마실 경우에도 3잔을 넘지 않을 것. 연회 등에서는 즐
　　겁게 마실 것. 煙草는 사람과의 교섭대담 이외에는 절대 사용하지 않
　　을 것. 사용시에도 최소한도로 할 것.

3. 精進統一, 趣味 및 呼吸器系統을 건전하게 하는 의미에서 尺八를 연
　　습할 것.

4. 숙면 5시간을 표준으로 할 것. 11시 취침 4시 기상. 또는 밤 일찍 쉬
　　고 아침 일찍 일어나는 것도 可. 원칙으로서 早寢早起. 취침 전 눈
　　약을 點眼なし. 오늘 나의 행적을 반성하고 내일 희망을 생각하며 조
　　용히 숙면할 것. 就床 中 閱讀은 절대로 하지않을 것.

5. 농촌영양 粗食料理 연구. 健康의 원천은 식사에 있는 것을 생각하여
　　가일층의 연구 필요. 玄米食 完全食 등을 考究하라. 또 식사는 腹八

---

21) 『昭和7年手帳』.

分目主義로 할 것. 외출 시 등 공복 유지할 것.

6. 「漢方醫學」「按摩術」「民間療法」 등 農村的 衛生思想의 연구 보급을 꾀할 것.

7. 체력증가, 뇌를 총명하게 하는 방책, 鼻病根治의 방책을 연구할 것.

8. 가족은 산양의 젖 및 肝油의 常用, 間食不行, 細魚中食, 食後의 湯水, 油類の食用, 매운음식, 참깨, 소 간 등을 다식하도록 할 것.[22]

1929년에 실시된 동경일일신문의 '우선 건강!' 캠페인 슬로건이 그대로 적혀있음이 주목된다. 오카와에 있어서 건강을 유지하기 위한 주된 방법은 식사였다. 그것은 "식사가 올바르면 심신도 올바르게 된다"[23]라는 정신에 기초하고 있다. 그가 '식양학食養學'에 강한 관심을 갖기 시작한 것은 그 때문이었다. 그에게 올바른 식사, 올바를 심신은 첫째 자신과 가족의 건강을 지키고, 둘째 가정의 안정과 원활한 농업경영을 수행하기 위함이며 나아가 자가 레벨을 넘어 의의 있는 농업을 완수하여 건강한 식품을 풍부하게 먹을 수 있는 나라를 만들기 위한 토대였던 것이다.

더욱이 자신의 건강을 위해서 취한 현미식을 "식량증산정책은 소극적으로는 먼저 소생의 집과 같이 현미식을 하는 것"[24]이라고 국가정책을 지지하는 것으로서 위치지우려 하고 있다. 기자키정에서도 1920년대 유행하였던 사쿠라자와 유키카즈 櫻澤如一의 食養學, 니시 가츠조西勝造의 西式健康法, 후타키 켄죠二木謙三의 현미식·복식 호흡법 등의 건강법이 침투되고 있었다. 과학적 합리적인 건강법이라는 태도로 수용하고 있다.

한편 미래의 건강을 위해 우생결혼관도 퍼지고 있음을 알 수 있다.

22) 『昭和9年日記』.

23) 『昭和一六年日記』 8月1日.

24) 經營愚感, 『昭和16年日記後記』.

결혼에 대한 인식을 가질 것. 「생리위생」「결혼철학」「결혼 후 부모
에 대한 태도」「결혼 후 가계 및 농업경영」「결혼 후의 거실」「처에 대
한 태도」 등 각종 방면을 考究할 것. 또 신혼여행은 빨리 相愛親密한
사이가 되기 때문에, 장래의 방침·가정의 모습·부모 친척에 대한 태도
등 정합할 필요가 있기 때문에 가야 하는 것이라 믿는다. 이박삼일 정
도가 적당하다고 생각된다(중략).[25]

배우자선정 방법(1933년 수첩)

1. 본인 혈통 바르고, 건강하고, 교육이 높고, 溫良 古情하고, 용모단정
   할 것.

2. 2차적 조건으로 선량한 양친 있을 것, 末子 아닐 것, 형제 많지 않을
   것.[26]

한편 건강과 관련하여 환경위생개선운동으로 주택개량이 모색
되고 있다. 오카와는 도시주택을 참고로 하여 자신의 주택개량안을
생각해 간다. 1933년에는 "住宅 : 1.통풍, 채광, 전망 등 살기 편한 지
점. 2. 이층으로 하여 굉대 문화농촌주택을 만들 것. 3. 방 배치는
종일 햇빛이 들어 올 수 있도록 하고 하량동난일 것. (중략) 6. 부엌
은 밝은 곳, 식당은 부엌 쪽에 채광 좋은 곳. 우물이 가깝고 욕실에
들어 있으면서 창고, 축사, 과수소채원의 관리하기 좋은 곳, 또 응
접실에 가까운 곳, 주부는 여기서 반생을 보내기 때문에 연구해야
만 함"[27]이라고 주택개량을 구상하고 있다.

국가는 지역 공동화작업을 관리하며 건강문제에 신경을 썼다.
공동작업 또한 총력전시기의 새로운 부락 질서였다. 개별경영 자체

---

25) 『昭和9年手帳』.
26) 『昭和8年手帳』.
27) 『農家經營改善簿』.

를 그대로 놔둔 채 노동과정만을 결합시킨 공동작업의 실시는 그
렇게 간단한 일이 아니었다. 기자키정에서는 1941년 공동경작이 실
시되었다. 그 모습을 오카와 다케오의 기록을 통해 살펴보면 아래
와 같다.

> 1941년 11월 14일(金) 快晴
>
> 　어제 降雨 때문에 오전 중 伊勢崎에 어머니와 함께 감. ○○○君에게
> 共同炊事 준비를 의뢰함에도 磯實[磯實太郎, 자소작] 上組[아카보리 부
> 락 내의 한 隣組]의 첫날 공동작업 출석 때문에 어떤 준비도 하지 못했
> 다. 오후 磯實, 宮茂[宮田茂次, 지주] 저녁짓기를 위한 준비에 들어감.
> 소생 中江田[木崎町 내의 한 부락]에서 열리는 공동취사 講習에 감. 오
> 늘 箕輪道場생 20인 도와주러 오기 때문에 조합 총출동하여 준비에 무
> 척 수고함. 中沢 技手의 講習이지만 대단한 말도 없다. 공동취사 용 사
> 탕 56斤半, 기름 5升6合의 特配를 오구라, 오치아이 두 상점에서 구하고
> [생략] 일체를 조합비로 사가지고 돌아옴. 떠들썩함 속에 저녁식사 제1
> 회 배급을 행함. 저녁 郡農會의 山崎 技師 및 보건소의 中澤 技手, 坂
> 本 技手補가 왔다. 여자 청년단을 집합시켜 두 사람의 講話會를 10시까
> 지 개최

　위 사료 중 농회 및 보건소의 기사, 기수가 지도하러 찾아왔던
것에서 알 수 있듯 공동작업은 현 당국의 강력한 지도 장려에 의하
여 실시되고 있음을 알 수 있다. 특히 보건소에 의한 공동취사 지
도는 총력전시기의 특징이었다. 기자키정의 공동취사를 관리하고
있던 太田保健所는 공동취사의 취지에 대해 다음과 같이 말한다.

　　전쟁이 있은 후에는 필연적으로 국민의 체위가 저하되기 때문에 이
　같은 때야말로 국민각자의 強健한 體位가 긴히 요구됩니다. 국가백년

의 계는 우선 국민보건위생에 주목하기 시작해야할 것입니다. 단지 전
쟁에 이긴 것만으로 부흥한 국가는 동양에서도 서양에서도 존속되지
못했으며 이는 역사가 명백히 증언하는 바입니다. [생략] 지금, 유사이
래의 사변하에 人的資源의 擴充强化를 부르짖는 것은 생각건대 당연한
일입니다. 특히 生産 戰線의 제일선에 서는 농촌에 대해서는 통절히 요
구되는 바입니다. 농번기가 되어 고양이 손이라도 빌리고 싶은 때야말
로 강건한 신체가 요구되며, 따라서 매 식사마다 완전한 식사, 즉 영양
가가 있는 것을 필요로 합니다만 실제로는 그다지 행해지지 못하고 있
습니다. 그래서 지금 후생성에서 널리 장려되고 있는 공동취사라는
것이 문제시 되는 것입니다.[28]

공동취사는 전쟁수행에 필요한 생산력 담당자인 '인적자원'을
확충·강화하려는, 즉 강건한 신체를 육성하려는 취지임을 명백히
밝히고 있다. 이런 의도의 공동취사를 실시토록 하기 위해 현 당국
은 '농번기공동취사 장려규정'[29]을 두고 적극 지도해갔다.
이렇듯 공동작업은 새로운 부락질서를 창출해 내는 역할을 하였
는데, 거기에서 보이는 지배원리란 '공동화의 확대'라고 표현할 수
있겠다. 이 '공동화의 확대'는 농촌경제갱생운동 이전이나 패전 이

---

28) 群馬縣立太田保健所,「農繁期榮養食共同炊事に就いて」, 1940.
29) 群馬縣告示第84號.
     농번기공동취사장설치장려규정 左의 내용을 通定하고 昭和15년 3월 1
     일부터 이를 행함.
     昭和 15년 2월 27일.
     郡馬縣知事 熊野 英.
     농번기공동취사 장려규정
     제1조 농번기공동취사장의 설치를 장려하기 위하여 공동취사장 설비에 예산
          의 범위 내에 한해 보조금을 교부한다.
     제2조 보조금은 한개소에 百圓을 한도로 하고 설비를 위한 지출비용의 3분
          의 1 이내로 한다.

후의 촌락사회에서 나타나지 않는 현상으로 총력전시기의 시대적 특징이라 할 수 있다. 오카와는 "적은 물자배급에, 농산물공출에, 공동작업·공동취사 등 부락협동화 경영에 있어, 보수 일색이던 마을 주민이 금일 비약적으로 마음의 전개를 하게 됨을 보니, 事變前의 농촌을 생각하면 격세지감을 느끼지 않을 수가 없다"[30]라고 적고 있다.

VI. 맺음말

이상과 같이 총력전하 전시동원정책의 내용과 그것이 농촌생활에 미친 영향을 시간 건강의 측면에서 살펴보았다. 그리고 이를 통해 총력전에 일본 농민이 어떻게 연관되어지를 규명하였다.

총력전하 전시동원정책의 요체는 일본정신의 함양과 일생생활 규범실천, 자기직분(노동)에의 力行이었고, 최종목표는 생산력확대에 있었다. 즉 전시동원정책 내용은 생산력 확대에 국민의 자발적 참여를 이끌어내기 위해, 일본국민으로서 자각(국체관념, 국민정신, 경신숭조, 공민적 정신)과 촌민으로서의 자각(향토의식)을 고취시켜 조국애와 향토애를 양성하고, 조국과 향토에서의 자기 자신의 존재 가치·의의를 깨닫게 하여 자발적 에너지를 발휘, 일상생활규범[31]을 실천하고 농업생산에 근검역행케 하는 것이었다.

그러나 총력전의 양상으로부터 스트레이트로 시간, 건강 등의 동원정책을 이시기의 특징으로 파악하고자 한다면 일면만을 보는 것일 것이다. 즉 총력전 단계로 진행되기 전에 건강의 사회적 의미 혹은 사회적 제관계에 변화가 있었고 그 전제하에 1930년대 건강문

---

30) 大川竹雄, 「農本日本にかへれ」 『國民運動』 35, 1942, p.14.
31) 근면성과 건강 위생, 소비생활면에서는 예산생활의 강조와 납세, 절약, 허례허식 타파, 저축, 모든 생활에서의 '시간엄수'.

제가 존재했던 것이다. 총력전 시기 체조, 심신단련, 하이킹, 시간 엄수 등이 장려 진흥되었지만 이는 총력전시기에 처음으로 등장했던 것이 아니고, 그 이전 단계에서 행정의 관여를 수반하면서 사회적으로 침투되고 있었던 것이다.

이 전시동원정책 아래에서의 노동생활과 불가분의 관계인 시간, 건강의 실태를 군마현群馬縣 닛타군新田郡 기자키정木崎町의 아카보리赤堀에 살았던 지주 오카와 다케오大川竹雄의 개인문서를 중심으로 분석하면서 살펴보았다.

이 과정 속에서 한 농민인 오카와 다케오는 자신의 농업생산활동을 전쟁과 적극적으로 연관시켜갔다. 그는 사회로부터 촌놈이라 무시당하고, 농민 자신들조차 스스로를 비하하고 이농하는 현실 속에서 일본의 농민으로서의 자긍심을 가질 수 없었다. 이런 현실에 대해 그는 농민으로서의 자신의 존재가치를 찾고, 농민의 경제적 지위와 사회적 지위를 향상시키려는 의도 하에 '農'의 의의를 찾아 편력하게 된다. 그 결과 의의를 어디에서 찾았는가 하면 당시 최고의 가치인 일본 神이나 天皇에 대한 奉仕에서 찾았고, 중일전쟁 이후 새롭게 국방과 「해외발전」적 의의를 첨가하였다. 이것은 한마디로 「農道盡忠」이었다. 초라한 사회적 약자로서 그것을 돌파하기 위해 당시의 최고가치였던 천황, 전쟁에 의존해 자신의 존재의의 찾았던 것이다.

이상과 같이 농의 의의 자각은 단지 자부심을 갖는 것에 그치는 것이 아니라, 그런 농의 자부심에 걸 맞는 인간이 되고자 하는 노력으로 나타난다. 그것은 천황의 국가를 지탱하는 생산활동이고, 그 생산활동을 이루어 낼 수 있는 건강이고 효율적 시간활용이었다. 따라서 오카와는 자가 생산력향상에 필요한 농사개량과 경지개량를 위해 '과학의 응용' '능률' '합리'란 키워드 아래 당시 할 수 있는 모든 노력을 경주해 간다. 이런 오카와가 정부의 증산정책 중

농업생산력 향상의 측면을 마다할 이유가 없었다.

1930년대 특히 전시하에서의 특징은 생산력의 관점에서 조직화에 의한 공동화의 확대와 개인의 사적영역에 머물러 있던 일상생활에까지 국가의 개입이 강화된다. 그리고 주민의 일상생활에서 필요하다고 생각하고 있으나 잘 되지 않았던 부문이 국가나 민간단체의 활동에 영향을 받으며 정착됨을 발견할 수 있었다.

물론 오카와 그에게 있어 전시기의 통제정책 속에서도 그를 움직이게 했던 추진력의 하나는 경영 이익의 추구였던 것이다. 그러나 관료에게 있어서 農의 의의는 정부정책에 따라 묵묵히 식량증산에 정진하는 '臣民'의 모습이었다. 官과 民이 추구하는 목적에 괴리가 있었다. 그렇기에 재배 농작물의 선정에서의 자율성의 제한, 배급제도의 모순, 과중한 공출량, 암거래 등으로 마을 주민들의 '시국에의 불평'은 끝이 없었다.

그러나 오카와는 불만을 갖고 있으면서도 마을 리더로서 구국의식이 요청된 시대상황 속에서 농업의 의의를 '農道盡忠'에 두고 국책에 접근해 갔음을 확인할 수 있었다.

참고문헌

1. 자료

『百姓』瑞穗精舍發行.

『農政研究』.

『國民運動』35, 1932.

『帝國農會報』.

『斯民』.

『ひのもと』ひのもと會發行.

『家の光』一九三九年八月.

群馬縣文書.

新田町 役場 文書.

『群馬縣史 資料編』.

『笠縣村誌 近現代史料集』.

『新田町誌 資料編 下』.

八潮市, 『八潮の經濟更生運動史料』, 八潮市役所, 1984.

『政友』.

『民政』.

大川竹雄 個人文書.

原田熊雄, 『西園寺公と政局』, 岩波書店, 1950.

澁谷隆一編, 『資産家地主總覽群馬編』, 日本圖書センター, 1988.

楠本雅弘編, 『農山漁村經濟更生運動と小平權一』, 不二出版, 1983.

武田勉·楠本雅弘編, 『農山漁村經濟更生運動史資料集成』, 柏書房, 1985.

帝國農會史稿編纂會編, 『帝國農會史稿』, 農民敎育協會, 1972.

楠本雅弘·平賀明彦編, 『戰時農業政策資料集』, 柏書房, 1988.

和合恒男遺稿刊行會編, 『耕雲歌集』, あふち社, 1970.

文部省,『國民精神總動員＝關スル內閣告諭訓令及通牒一覽』, 1938.

內閣情報部,『國民精神總動員實施槪要(第一輯)』, 內閣情報部, 1938.

『風俗·性』, 日本近代思想大系 23, 岩波書店, 1990.

2. 단행본

나루사와 아키라, 박경수 역,『일본적 사회질서의 기원』, 소화, 2004.

남상호,『근대일본의 제문제』, 경기대출판부, 2006.

『群馬縣史』.

群馬縣議會事務局,『群馬縣議會史 4』, 群馬縣議會, 1956.

『新田町誌 通史編』.

『笠縣村誌 下』.

『農林水産省百年史』, 編纂.

加藤陽子,『模索する一九三〇年代－日米關係と陸軍中堅層』, 山川出版, 1993.

綱澤滿昭,『農本主義と近代』, 雁思社, 1979.

綱澤滿昭,『農本主義と天皇制』, イザラ書房, 1974.

綱澤滿昭,『日本の農本主義』, 紀伊國屋書店, 1971.

綱澤滿昭,『傳統と解放』, 雁思社, 1983.

高橋泰隆,『昭和戰前期の農村と滿洲移民』, 吉川弘文館, 1997.

古川隆久,『昭和戰中期の總合國策機關』, 吉川弘文館, 1992.

菅野正,『近代日本における農民支配の史的構造』, 御茶の水書房, 1978.

菅野正外,『東北農民の思想と行動』, 御茶の水書房, 1984.

宮地正人,『日露戰後政治史の硏究－帝國主義形成期の都市と農村』, 東大出
　　　　版, 1973.

吉田裕,『アジア·太平洋戰爭』, (シリーズ日本近現代史6), 岩波書店, 2007.

那須皓,『農村問題と社會思想』, 岩波書店, 1927.

農民組合史刊行會,『農民組合運動史』, 日刊農業新聞社, 1960.

農法硏究會編, 『農法展開の論理』, 御茶の水書房, 1975.

大江志乃夫編, 『日本ファシズムの形成と農村』, 校倉書房, 1978.

大島美津子, 『明治國家と地域社會』, 岩波書店, 1994.

大島美津子, 『明治國家と地域社會』, 岩波書店, 1994.

大島美津子, 『明治のむら』, 敎育社, 1977.

大島太郎, 『官僚國家と地方自治』, 未來社, 1981.

大豆生田稔, 『近代日本の食糧政策』, ミネルヴァ書房, 1993.

大門正克, 『近代日本と農村社會』, 日本經濟評論社, 1994.

大濱徹也·山本七平, 『近代日本の虛像と實像』, 同成社, 1984.

大石嘉一郎, 『近代日本の地方自治』, 東京大學出版會, 1990.

大石嘉一郎·西田美昭編, 『近代日本の行政村』, 日本經濟評論社, 1991.

大石嘉一郎編, 『日本帝國主義史·2-世界大恐慌期-』, 東大出版, 1987.

大竹啓介, 『石黑忠篤の農政思想』, 農山漁村文化協會, 1984.

大河內一男, 『國民生活の理論』, 光生館, 1948.

都丸泰助, 『地方自治制度史論』, 新日本出版社, 1982.

東敏雄, 『勤勞農民的經營と國家主義運動-昭和初期農本主義の社會的基層』.

藤田省三, 『天皇制國家の支配原理』, 未來社, 1966.

藤田勇編, 『權威的秩序と國家』, 東大出版, 1987.

鹿野政直, 『大正デモクラシーの底流-土俗的精神への回歸-』, 日本放送出版
　　　　協會, 1973.

栗原百壽, 『現代日本農業論』, 中央公論社, 1951.

福武直, 『日本の農村』, 東大出版, 1973.

山口定, 『ファシズム』, 有斐閣, 1979.

山田公平, 『近代日本の 國民國家と 地方自治』, 名古屋大學出版會, 1991.

山中永之佑, 『近代日本の地方制度と名望家』, 弘文堂, 1990.

山下肅, 『戰時下における農業勞働力對策』, 農業技術協會, 1948.

森武磨編, 『近代農民運動と支配體制』, 柏書房, 1985.

西田美昭編著, 『昭和恐怖下の農村社會運動－養蠶地における展開と歸結－』, 御茶の水書房, 1978.

石田雄, 『明治政治思想史研究』, 未來社, 1954.

石田雄, 『近代日本政治構造の研究』, 未來社, 1956.

石田雄, 『日本近代史大系8·破局と平和』, 東大出版, 1968.

石川一三夫, 『近代日本の名望家と自治』, 木鐸社, 1987.

石黑忠篤先生追憶集刊行會編, 『石黑忠篤先生追憶集』, 1962.

小松和生, 『日本ファシズムと「國家改造」論』, 世界書院, 1991.

小川省吾, 『の群馬縣一世紀步み』, 有明社, 1982.

松沢裕作, 『明治地方自治體制の起源』, 東京大學出版會, 2009.

須永徹, 『未完の昭和史』, 日本評論社, 1986.

升味準之輔, 『日本政黨史論』, 東大出版, 1968.

安田常雄, 『日本ファシズムと民衆運動』, れんが書房新社, 1979.

野本京子, 『戰前期ペザンティズムの系譜－農本主義の再檢討－』, 日本經濟評論社, 1999.

野村重太郎外, 『軍部と轉換期の政治』, 今日の問題社, 1937.

玉川治三, 『近代日本の農村と農民』, 政治公論社, 1969.

有泉貞夫, 『明治政治史の基礎過程』, 吉川弘文館, 1980.

伊藤隆, 『近衛新體制』(中公新書 709), 中央公論社, 1983.

伊藤隆, 『昭和史をめぐる』(朝日文庫 750).

伊藤隆, 『昭和十年代史斷章』, 東京大學出版會, 1981.

伊藤正直外, 『戰間期の日本農村』, 世界思想社, 1988.

一九二〇年代史研究會編, 『一九二〇年代の日本資本主義』, 東大出版, 1983.

日本村落講座編集委員會, 『政治Ⅱ』(日本村落史講座5), 雄山閣, 1990.

庄司俊作, 『近代日本農村社會の展開－國家と農村』, ミネルヴァ書房, 1991.

庄司俊作, 『近現大日本の農村－農政の原点をさぐる－』, 吉川弘文館, 2003.

赤木須留喜, 『近衛新體制と大政翼贊會』, 岩波書店, 1984.

赤木須留喜, 『翼贊·翼壯·翼政』, 岩波書店, 1990.

井上光貞その他偏, 『日本歷史大系』(全5卷別卷1), 山川出版, 1984.

齊藤之男, 『日本農本主義研究』, 農産漁村文化協會, 1978.

佐藤竺, 『現代の地方政治』, 日本評論社, 1927.

中村隆英編, 『日本經濟史6·二重構造』, 岩波書店, 1989.

中村靖彦, 『日記が語る日本の農村』, 中央公論社, 1996.

中村政則, 『近代日本地主制史研究』, 東大出版, 1979.

池田元, 『大正「社會」主義の思想-共同體の自己革新』, 論創社, 1993.

倉澤愛子ほか編, 『岩波講座 アジア·太平洋戰爭』 全8卷, 岩波書店, 2005~2006.

川東靖弘, 『戰前日本の米價政策史研究』, ミネルヴァ書房, 1990.

丑木幸男編, 『大正用水史』, 大正用水土地改良區, 1983.

太田忠久, 『むらの選擧』, 三一書房, 1975.

筒井淸忠, 『昭和期日本の構造』, 有斐閣選書27, 1984.

坂本多加雄, 『市場·道德·秩序』, 創文社, 1991.

板垣邦子, 『昭和戰前·戰中期の農村生活-雜誌「家の光」にみる』, 三嶺書房,
          1992.

坂下明彦, 『中農層形成の論理と形態』, 御茶の水書房, 1992.

鶴卷孝雄, 『近代化と傳統的民衆世界』, 東京大學出版會, 1992.

和田傳, 『日本農民傳5』, 家の光社, 1965.

丸山眞男, 『現代政治の思想と行動(增補版)』, 未來社, 1973.

荒木幹雄, 『農業史-日本近代地主制論』, 明文書房, 1985.

暉峻衆三, 『日本農業問題の展開上·下』, 東大出版, 1971.

暉峻衆三, 『日本農業史』, 有斐閣, 1981.

下中彌三郎, 『翼贊國民運動史』, 翼贊運動史刊行會, 1954.

高橋泰隆, 『昭和戰前期の農村と滿洲移民』, 吉川弘文館, 1997.

山本悠三, 『近代日本の思想善導と國民統合』, 石田亘, 2011.

木村礎, 『村の生活史』, 雄山閣, 2000, pp.11~12.

上揭論文, 『敎育』 10-2,

豊田正子, 『綴方敎室』, 角川文庫版, 1952,

永野順造, 『國民生活の分析』, 時潮社, 1939.

中山太郎, 『戰爭と生活の歷史』, 弘學社, 1942.

大河內一男, 『國民生活の理論』, 光生館, 1948.

下中彌三郎, 『翼贊國民運動史』, 翼贊運動史刊行會, 1954.

『灯は燃え續けて : 國民生活學院第1回同窓會の記錄』, 國民生活學院同窓會,
    1982.

丸山眞男, 『日本の思想』, 岩波書店, 1961.

中山太郎, 『戰爭と生活の歷史』, 弘學社, 1942.

永野順造, 『國民生活の分析』, 時潮社, 1939.

石川一三夫, 『近代日本の名望家と自治』, 木鐸社, 1987

藤田省三, 『天皇制國家の支配原理』, 未來社, 1966.

丸山眞男, 『日本の思想』, 岩波書店, 1961.

野村一夫, 『健康ブームを讀み解く』, 靑弓社, 2003.

島園進, 『癒す知の系譜』, 吉川弘文館, 2003.

藤野豊, 『强制された健康 : 日本ファシズム下の生命と身體』, 吉川弘文館, 2000.

Smith, Kerry, A Time of Crisis : Japan, the Great Depression and Rural Revitalization,
    Harvard University Press, 2001.

Garon, Sheldon, Molding Japanese Minds, Princeton University Press, 1997.

3. 논문

高橋泰隆, 「日本ファシズムと農村經濟更生運動の展開」 『土地制度史學』 65,
    1974.

高岡裕之, 「『十五年戰爭』『總力戰』『帝國』日本」 『現代歷史學の成果と課題 1』,

靑木書店, 2002.

古川隆久, 「國家總動員法をめぐる政治過程」『日本歷史』 469. 1987.

古川隆久, 「革新官僚の思想と行動」『史學雜誌』 99-4. 1990.

古川隆久, 「革新派としての柏原兵太郎」『日本歷史』 496. 1989.

橋本紀子, 「戰時下の生活科學と生活敎育に關する一考察」『女子榮養大學紀
　　　要』 21, 1990.

宮崎隆次, 「大正デモクラシー期の農村と政黨(1)－農村諸利益の噴出と政黨の
　　　對應－」『國家學會雜誌』 9317·8, 1980年7·8月.

宮崎隆次, 「大正デモクラシー期の農村と政黨(2)」『國家學會雜誌』, 9319·10.

宮崎隆次, 「大正デモクラシー期の農村と政黨(3·完)」『國家學會雜誌』 93111·12.

宮崎隆次, 「政黨領袖と地方名望家」『年報政治學』, 岩波書店, 1984.

大門正克, 「農民的小商品生産の組織化と農村支配構造」『日本史研究』 248,
　　　1983.

大門正克, 「名望家秩序の變貌」『シリーズ日本近現代史 3』, 岩波書店, 1993.

大石嘉一郎, 「地方自治」『岩波講座日本歷史 16』, 岩波書店, 1962.

島袋善弘, 「大正末－昭和初期に於ける村政改革鬪爭(上·下)－群馬縣〈强戶村
　　　爭議〉の分析を中心として－」『一橋論叢』 66-4·5, 1971.

鈴木正幸, 「大正期農民政治思想の一側面－農民黨論の展開とその前提－(上)」
　　　『日本史研究』 173, 1977.

鹿野政直, 「大正デモクラシーの思想と社會」『岩波講座日本歷史 18』, 1975.

鹿野政直, 「大正デモクラシーの解體」『思想』 583.

栗屋憲太郎, 「翼贊選擧の意義」『太平洋戰爭史4』, 靑木書店, 1972.

栗屋憲太郎, 「ファッショ化と民衆意識」『體系日本現代史 1』, 日本評論社,
　　　1978.

林宥一, 「農民運動史研究の課題と方法」『歷史評論』 300, 1974.

芳井硏一, 「滿州侵略と軍部·政黨」『講座日本歷史』 4. 1985.

服部敬, 「明治中期の名譽職自治と村政」『大阪經大論集』 42-6. 1992.

本山政雄,「生活刷新團體の動向」『敎育』10-2, 1942.

北河賢三,「翼贊運動の思想」『體系日本現代史 3』.

北河賢三,「翼贊體制確立期の國民運動」『日本史硏究』199.

北河賢三,「翼贊會地方支部及び翼贊壯年團の組織と活動－靜岡縣の場合－」『御殿場市史硏究Ⅵ』, 1980.

山室建德,「大正期の名譽職村長について」『社會科學』37.

山室達德,「1930年代における政黨地盤の變貌」,『年報政治學』, 1994.

山之內靖,「戰時動員體制の比較史的考察」『世界』, 1988. 4.

森武磨,「農業構造」『1920年代 日本資本主義』, 東大出版, 1983.

森武磨,「農村危機の進行」『講座日本歷史 10』, 東大出版, 1985.

森武磨,「東北地方における農村經濟更生運動と翼贊體制－山形縣三泉村」『駒澤大學經濟學論集』8-1. 1976.

森武磨,「養蠶＝畑作地帶における農村經濟特別助成事系の展開－靜岡縣印野村』『御殿場市史硏究』2-3.

森武磨,「日本ファシズムと農村協同組合」『日本史硏究』139·140, 1974.

森武磨,「日本ファシズムと都市小ブルジョアジー」『日本ファシズム 2』, 大月書店, 1982.

森武磨,「日本ファシズムの形成と農村經濟更生運動」『歷史學硏究·別冊』, 1971.

森武磨,「戰時經濟體制下の産業組合」『一橋論叢』70-4, 1973.

森武磨,「戰時農村の構造變化」『日本歷史 20』, 岩波書店, 1976.

森武磨,「戰時體制と農村」『體系日本現代史 4－戰爭と國家獨占資本主義』, 日本評論社, 1979.

森芳三,「昭和初期の農村經濟更生運動について－山形縣」『經濟學』(東北大學) 29-3·4, 1967.

三澤潤生·二宮三郎,「帝國議會と政黨」『日米關係史 3』, 東大出版, 1971.

西村甲一,「農林計劃行政」『農林行政史 2』, 農林協會出版, 1957.

石田雄,「農地改革と農村における政治指導の變化」『戰後改革6·農地改革』,

東大出版, 1975.

小野雅章, 「國民精神總動員運動の始動と教育」 『研究紀要』(日本大學人文科
　　學研究所)48, 1994.

小栗勝也, 「非常時下における旣成政黨の選擧地盤の維持」 『慶應義塾大學院
　　法學硏究科論集』 31.

小峰和夫, 「ファシズム體制下の村政擔當層」 『日本ファシズムの形成と農村』.

須崎愼一, 「翼賛體制論」 『近代日本の統合と抵抗 4』, 日本評論社, 1962.

須崎愼一, 「戰時下の民衆」 『體系日本現代史 3-日本ファシズムの確立と崩壞』,
　　日本評論社, 1979.

須崎愼一, 「地域右翼、ファッショ運動の研究-長野縣下伊那郡における展開」
　　『歷史學硏究』 486, 1980.

升味準之輔外, 「下部指導者の思想と政治的役割」 『近代日本思想史講座』.

勝部眞人, 「確立・興隆期における〈近畿型〉地主制の諸特質」 『史學研究』 149.
　　1980.

安田常雄, 「戰中期民衆史の一斷面」,『昭和の社會運動』(年報 近代日本研究 5),
　　山川出版, 1983.

野本京子, 「一九二〇-三〇年代の『農村問題』をめぐる動向の一考察」 『史學雜
　　誌』 94-6. 1985.

御廚貴, 「日本政治における地方利益論の再檢討」 『レヴァイアサン』 2, 1988.

鹽田咲子, 「戰時統制經濟下の中小商工業者」 『體系日本現代史4』.

玉眞之助, 「『農民的小商品生産概念』について」 『歷史學研究』 585, 1988.

玉眞之介, 「『協調體制』論の基本問題と九十年代の日本農業史研究」 『北海學
　　園大學經濟論集』(北海學園)39-2. 1992.

雨宮昭一, 「大正末期~昭和初期における旣成勢力の自己革新-『惜春會』の形成
　　と展開」 『日本ファシズム 2-國家と社會』, 大月書店, 1981.

牛山敬二, 「昭和農業恐慌」, 石井・海野・中村編 『近代日本經濟史を學ぶ下』,
　　1977.

宇佐見正史, 「經濟更生運動の展開と農村支配構造」 『土地制度史學』 128, 1990.

源川眞希, 「昭和恐慌期農村社會運動と地域政治構造」 『土地制度史學』 124, 1989.

源川眞希, 「昭和期農本主義運動の一側面」 『地方史研究』 223, 1990.

有泉貞夫, 「日本近代政治史における地方と中央」 『日本史研究』 271, 1985.

伊藤之雄, 「名望家秩序の改造と靑年黨－齊藤隆夫をめぐる但馬の人々」 『日本史研究』 241, 1982.

伊藤之雄, 「地方政治構造の變樣」 『1920年代の日本の政治』, 大月書店, 1984.

庄司俊作, 「戰間期農村史における『總合』論の課題」 『社會科學』 40, 1988.

庄司俊作, 「いわゆる『大正デモクラシーからファシズムへの推轉』下社會過程(農業問題)に關する豫備的考察」 『社會科學』 37, 1986.

田中學, 「戰時農業統制」 『ファシズム期の國家と社會 2』, 東大出版社, 1976.

田中和男, 「近代日本の『名望家』像」 『社會科學』 37, 1986.

宗像誠也, 「日本生活科學會の發足」 『教育』 10-1, 1942.

中村政則, 「經濟更生運動と農村統合」 『ファシズム期の國家と社會 1』, 東大出版, 1978.

中村政則, 「大恐慌と農村問題」 『岩波講座日本歷史 19』, 岩波書店, 1976.

中村政則, 「養蠶地帶における農村更生運動の展開と構造」 『ヘルメス』 27, 1976.

中村政則, 「天皇制國家と地方制度」 『講座日本歷史 8』, 東大出版, 1985.

中村政弘, 「千葉縣における『翼贊選擧』運動について」 『千葉縣の歷史』 20, 1980.

淸水勝嘉, 「國民精神總動員運動のなかの健康增進キャンペーンについて」 『防衛衛生』 27(8), 1980.

筒井正夫, 「近代日本における名望家支配」 『歷史學研究』 599, 1989.

筒井正夫, 「農村の變貌と名望家」 『シリーズ日本近現代史 2』, 岩波書店, 1993.

筒井正夫, 「成立期における行政村の構造」 『近代日本の行政村』, 日本經濟評論社, 1991.

筒井正夫, 「日本産業革命期における名望家支配」 『歴史學研究』 538.

筒井正夫, 「日本帝國主義成立期における農村支配體制」 『土地制度史學』 105.

筒井正夫, 「日淸戰後期における行政村の定着」 『近代日本の行政村』, 日本經濟評論社, 1991.

板垣邦子, 「戰前・戰中期における農村振興運動－山形縣最上郡稻舟村松田甚次郎の場合－」 『太平洋戰爭』(年報近代日本硏究 4), 1982.

中村吉治, 「生活の 歷史」 『形成』, 1940년 3월호, p.423.

大河內一男, 「國民生活の理論」 『大河內一男集』 제6권, 1981.

本山政雄, 「生活刷新團體の動向」 『教育』 10-2, 1942.

宇野正野, 「庶民生活の全體像を求めて」 『近代日本の生活研究－庶民生活を刻みとめた人々』, 光生館, 1982.

關谷耕一, 「戰時における國民生活研究」 『社會政策學の基本問題』, 有斐閣, 1966.

中村孝也 편, 「生活と社會」 『國民生活史研究』, 小學館, 1942.

中村孝也, 「生活と社會」 『國民生活史研究』, 小學館, 1942.

遠藤元男, 「新生活運動の歷史的展望」 『教育』 9-6,

大河內一男, 「標準生計費論の論」 『大河內一男集』 제6권, 1944,

城戶幡太郎, 「國防と女子教育」 『教育』 1941.11월호.

橋本紀子, 「戰時下の生活科學と生活教育に關する一考察」 『女子榮養大學紀要』 21, 1990.

本山政雄, 「生活刷新團體の動向」 『教育』 10-2, 1942.

大河內一男, 「國民生活の理論」 『大河內一男集 6』, 勞動旬報社, 1981.

中村孝也, 「生活と社會」 『國民生活史研究』, 小學館, 1942.

宇野正野, 「庶民生活の全體像を求めて」 『近代日本の生活研究－庶民生活を刻みとめた人々』, 光生館, 1982.

橋本紀子, 「戰時下の生活科學と生活教育に關する一考察」 『女子榮養大學紀要』 21, 1990.

遠藤元男, 「新生活運動の歴史的展望」 『敎育』.

森武磨, 「日本ファシズムと農村經濟更生運動」 『歷史學硏究·1971年度大會報
告別册特集』.

雨宮昭一, 「大正末期~昭和初期における旣成勢力の自己革新」 『日本ファシズ
ム2』, 大月書店, 1981.

伊藤之雄, 「名望家秩序の改造と靑年黨」 『日本史歷史』 241, 1982.

大門正克, 「名望家秩序の變貌」 『シリーズ日本近現代史3』, 岩波書店, 1993.

小峰和夫, 「ファシズム體制下の村政擔當層」 『日本ファシズムの形成と農村』 大
江志乃夫編, 校倉書房, 1978.

森武磨, 「農村の危機の進行」 『講座日本歷史10』, 東大出版會, 1985.

石田秀實, 「東洋醫學と民間醫療」 『近代日本文化論9』, 岩波書店, 1999.

小野雅章, 「國民精神總動員運動の始動と敎育」 『硏究紀要』(日本大學人文科
學硏究所) 48, 1994

淸水勝嘉, 「國民精神總動員運動のなかの健康增進キャンペーンについて」 『防
衛衛生』 27(8), 1980.

群馬縣立太田保健所, 「農繁期榮養食共同炊事に就いて」, 1940.

大川竹雄, 「農本日本にかへれ」 『國民運動』 35, 1942

大川竹雄의 發言, 「純農家と職工農家の言い分を訊く座談會」 『家の光』, 1939

淸水及衛, 「農村の立て直し」 『百姓』, 1931년 2월호~5월호

折口信夫, 「民族生活史より見たる農民の位置」 『百姓』 1933년 5월호.

安田常雄, 「戰中期民衆史の一斷面」 『昭和の社會運動』 山川出版, 1983.

須崎愼一, 「戰時下の民衆」 『體系日本現代史第3』, 日本評論社, 1979.

板垣邦子, 『昭和戰前·戰中期の農村生活』, 三嶺書房, 1992.

大川竹雄, 「農本日本にかへれ」 『國民運動』 35, 1942,

岩崎正彌, 「展示下農村保險運動の歷史的意味」 『農本思想の社會史』, 京都大
出版會, 1997.

찾아보기

남상호 南相虎

서울대학교 동양사학과 졸업
일본 츠쿠바(筑波)대학 박사과정 수료
일본 고쿠가쿠인(國學院)대학 역사학박사
일본 고쿠가쿠인(國學院)대학 초빙연구원
일한문화교류재단 방문연구원
George Washington 대학 객원교수
일본학술진흥회 외국인초빙연구원
현 경기대학교 인문대학 사학과 교수

주요저서

『昭和戰前期の國家と農村』, 日本經濟評論社, 2002.
『근대일본의 제문제』, 경기대학교출판부, 2006.
『황국사관의 통시대적 연구』(공저), 동북아역사재단, 2009.

아시아·태평양 전쟁기의 일본제국주의와 농민세계

초판 인쇄 2014년 12월 20일
초판 발행 2014년 12월 30일

저 자 남상호
펴낸이 한정희
펴낸곳 경인문화사
편 집 신학태 김지선 문영주 김인명 남은혜

주 소 서울 마포구 마포동 324-3
전 화 02-718-4831~2
팩 스 02-703-9711
등 록 1973년 11월 8일 제10-18호
이메일 kyunginp@chol.com
홈페이지 http://kyungin.mkstudy.com

정 가 25,000원
ISBN 978-89-499-1053-6 93910